MARAVILLAS
naturales del
MUNDO

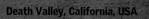
Death Valley, California, USA

READER'S DIGEST

MARAVILLAS
naturales del
MUNDO

GUÍA DE LOS LUGARES
MÁS ASOMBROSOS

Publicado por Reader's Digest
México • Nueva York

Table Mountain, Sudáfrica

PARA LA EDICIÓN ORIGINAL DE 2005

EDITORIAL

DIRECTORA EDITORIAL
Julian Browne

EDITOR GENERAL
Alastair Holmes

PREPRENSA
Penelope Grose

PRODUCCIÓN
Rachel Weaver

CORRECCIÓN
Kevin Diletti

ARTE

DIRECTOR DE ARTE
Nick Clark

EDITORES DE ARTE
Julie Bennett
Martin Bennett

PORTADA
Melanie Young

PARA LA EDICIÓN ORIGINAL

EDITOR
Noel Buchanan

ARTE
Joanna Walker

REDACTORES
Bernard Dumpleton
Anne Gatti
Anna Grayson
Derek Hall
Tim Healey
Tim O'Hagan
Peter Leek
John Man
Antony Mason
Geoffrey Sherlock
Keith Spence
Jill Steed

ILUSTRADORES
Geoffrey Appleton
Phil Bannister
Will Giles y Sandra Pond
Peter Goodfellow
Gary Hincks
Pavel Kostal
Janos Marffy
Malcolm Porter
Polly Raynes
Peter Sarson
Gill Tomblin
Raymond Turvey
Mapa del contenido:
Rod y Kira Josey

FOTOGRAFÍA
Vernon Morgan
Penny Markham

Desierto de Pináculos, Australia

ASESORES

Robert John Allison, BA, PhD
*Departamento de Geografía de la
Universidad de Durham*

Michael Bright, BSc
*Jefe de Redacción de la
Unidad de Historia Natural de la BBC*

Sara Churchfield, BSc, PhD
*División de Ciencias de la Vida del
King's College de Londres*

Chris Clarke, BSc, PhD
*Departamento de Geografía
de la Universidad de Sheffield*

Barry Cox, MA, PhD, DSc
*División de Ciencias de la Vida del
King's College de Londres*

Profesor Ian Douglas, BA, BLit, PhD
*Departamento de Geografía de la
Universidad de Manchester*

Roland Emson, MSc, PhD
*División de Ciencias de la Vida del
King's College de Londres*

Profesor Andrew S. Goudie
MA, PhD (Cantab), MA (Oxon)
*Departamento de Geografía de la
Universidad de Oxford*

A.T. Grove, MA

Peter Minto, MA, BEd
*Escuela de Enseñanza Media
Blyth Ridley County*

Peter Moore, BSc, PhD
*División de Ciencias de la Vida del
King's College de Londres*

Bill Murphy, BSc, PhD
*Departamento de Geología
de la Universidad de Portsmouth*

Sarah O'Hara, BSc, MSc, DPhil
*Departamento de Geografía
de la Universidad de Sheffield*

Henry A. Osmaston, BA, MA,
DPhil, FICF

Dick Phillips
*Servicio de viajes
especializado en Islandia*

John Picton, BSc
*Escuela de Estudios Orientales y
Africanos de la
Universidad de Londres*

Tom Spencer, MA, PhD
*Departamento de Geografía
de la Universidad de Cambridge*

Robert Talbot

David S.G. Thomas, BA, PhD
*Departamento de Geografía
de la Universidad de Sheffield*

Profesor Claudio Vita-Finzi,
BA, PhD, DSc (Cantab)
*Departamento de Ciencias
Geológicas de la Escuela
Universitaria de Londres*

Tony Waltham, BSc, PhD
*Departamento de Ingeniería Civil de
la Universidad de Nottingham Trent*

Grace Yoxon, BA
Centro Ambiental Skye

MARAVILLAS NATURALES DEL MUNDO

CORPORATIVO READER'S DIGEST MÉXICO, S. DE R.L. DE C.V.
DEPARTAMENTO EDITORIAL LIBROS

Editores
Cecilia Chávez Torroella y
Arturo Ramos Pluma

Asistencia editorial
Susana Ayala

Título original
Discovering the Wonders of Our World © 1993, 2005

Edición propiedad de Reader's Digest México, S.A. de
C.V., preparada con la colaboración de

Alquimia Ediciones, S.A. de C.V.

Traducción
Guadalupe Benitez Toriello
Sergio Fernández Bravo
Martha Laura Malo Esparza

D.R. © 2006 Reader's Digest México

Edificio Corporativo Opción Santa Fé III,
Av. Prolongación Paseo de la Reforma 1236, Piso 10, Col.
Santa Fe, Del. Cuajimalpa, C.P. 05348, México, D.F.

Visite www.selecciones.com
Envíenos sus dudas y comentarios a:
editorial.libros@selecciones.com

Esta primera edición se terminó de imprimir el día 30 de
junio de 2006 en los talleres de Leo Paper Products Ltd.
7/F, Kader Building, 22 Kai Cheung Road, Kowloon Bay,
Kowloon, Hong Kong, China.

ISBN 968-28-0403-5

Fotos de portada
Frente: Monte Roraima, Venezuela (fondo); Calzada de los
Gigantes, Irlanda del Norte (ab., izq.), volcán Anak Krakatau,
Indonesia (ab., der.)
Reverso: White Sands, Nuevo México, América del Norte

Impreso en China
Printed in China

CONTENIDO

Las grandes maravillas naturales del mundo

VOLCANES Y DESIERTOS, GLACIARES Y CASCADAS, TODOS LOS CONTINENTES DEL MUNDO ENCIERRAN PAISAJES QUE DESPIERTAN ADMIRACIÓN EN EL ESPECTADOR

Fuerzas que dan forma a la Tierra

LAS FUERZAS COMBINADAS DE LA DERIVA
CONTINENTAL, EL SOL Y LA GRAVEDAD
FORMAN A LAS MONTAÑAS PARA DESPUÉS
EROSIONARLAS EN EXTRAÑAS FIGURAS

Rasgos físicos

LOS PAISAJES AGRESTES ATRAEN A
AVENTUREROS Y ARTISTAS. TAMBIÉN FUERON
USADOS COMO FORTALEZAS POR
CIVILIZACIONES ANTIGUAS

Cada sitio se localiza en el mapa con un número de referencia.

OCÉANO

OCÉANO ATLÁNTICO NORTE

OCÉANO PACÍFICO NORTE

América del Norte

Sudamérica

Nueva Zelanda y el Pacífico

OCÉANO PACÍFICO SUR

OCÉANO ATLÁNTICO

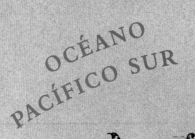

Australia

Nueva Zelanda y el Pacífico

América del Norte

Sudamérica

Antártida

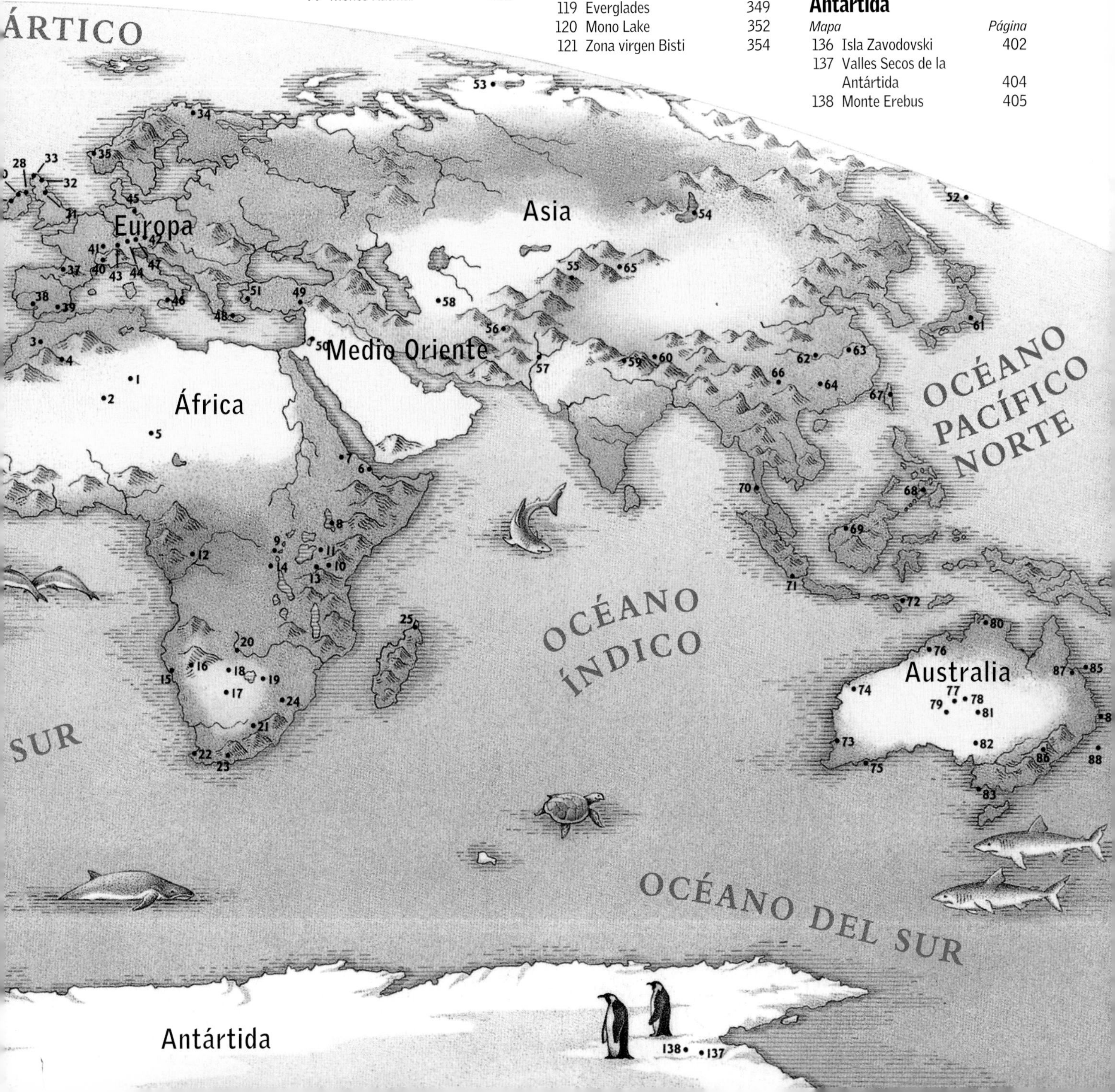

ÁRTICO
Europa
Asia
Medio Oriente
África
OCÉANO PACÍFICO NORTE
OCÉANO ÍNDICO
Australia
SUR
OCÉANO DEL SUR
Antártida

África

Tassili N'Ajjer

EN EL CORAZÓN DEL SAHARA, UNA TIERRA CASI DESPROVISTA DE VIDA ALBERGA MISTE-RIOSAS PINTURAS DE ANIMALES Y CAZADORES

Los viajeros bien equipados llegan en avioneta. Los que no lo están tanto, o menos osados, se van en camión de doble tracción a la fortaleza de las montañas Tassili de Argelia, atravesando gravilla, roca y arenas movedizas, donde el aire reverbera sobre un suelo cuya temperatura alcanza los 70° C.

Su destino no es una cordillera montañosa común, puesto que se eleva

FANTÁSTICAS CIMAS *El agua esculpió las extrañas rocas de Tassili N'Ajjer cuando en el Sahara había ríos y lagos.*

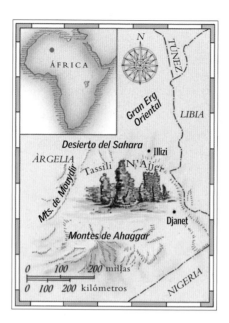

2 250 m sobre el nivel del mar. Se trata de una meseta de arenisca, de 640 km de largo, dividida en macizos separados por innumerables barrancos y *wadis* en un caos de acantilados y cimas de roca pelada. Es un lugar de singular belleza.

TIERRA QUE FUE FÉRTIL *Debajo de Tassili, un archipiélago de rocas derrumbadas se extiende hasta el mar de arena del Sahara.*

Quizá sea mejor verlo por primera vez al amanecer, cuando sus intrincados contrafuertes se pintan de fuego, rosa y morado, proyectando sombras índigo sobre la arena. En ese momento, un sofisticado toque basta para transformar la erosionada roca en rascacielos y catedrales, agujas y chimeneas.

Si bien el viento preñado de arena fue el artista que talló en las rocas más blandas formas que cautivan la imaginación, el principal arquitecto fue el agua. Rápidos torrentes ahondaron los barrancos, aislaron a los escarpados riscos de las pilastras y los monolitos, hendieron los filones y las fisuras y excavaron profundas cavernas.

Lo que hoy es el Sahara alguna vez gozó de un clima más húmedo. Muchas barrancas y *wadis* secos y llenos de arena del extremo sur del desierto fueron ríos o lagos. Lo que hoy es desierto en otro tiempo fue verde pastizal.

NIDO VENTILADO

El triguero negro de corona blanca, un industrioso habitante del desierto, construye su nido con un sistema de ventilación. Si esta ave, del tamaño de un gorrión, anidara en la roca pelada, sus huevos se cocerían con el calor abrasador. Por ello levanta un montículo de guijarros a la sombra de un peñasco, y luego hace un nido de ramitas sobre la abertura superior.

Los guijarros aislan al nido del calor del suelo y por ellos circula viento fresco. Además, son de arenisca porosa y absorben el rocío que se forma en la fría noche del desierto. El rocío se evapora durante el día, refrescando el nido.

ANTIGUAS PINTURAS QUE HABLAN DE UNA TIERRA DE ABUNDANCIA

De manera impresionante, las pinturas y los grabados en la superficie de las rocas y en las cavernas narran la vida y la muerte de Tassili N´Ajjer. Los tuareg, nómadas del Sahara, siempre supieron del arte de Tassili, pero no así el resto del mundo, hasta que el explorador y etnólogo francés Henri Lhote y sus ayudantes pasaron dos años haciendo miles de trazos y fotos en la década de 1950.

Casi todas las pinturas reflejan gran vitalidad, economía de trazos y un notable sentido del color, pero por su estilo y sus temas pertenecen a periodos claramente distintos. En las más antiguas, pintadas quizá entre 6000 y 4000 a. C., figuran hombres negroides cazando elefantes, búfalos, hipopótamos y ovejas salvajes de enormes cuernos (la fauna de un Sahara que fue más verde), o vestidos para participar en un rito tribal. Entre ellos vemos enormes criaturas blancas, mitad animal, mitad humanas, que quizá representaban a los dioses.

En el segundo grupo, realizado quizá entre 4000 y 1500 a. C., vemos pastores cuidando grandes rebaños de ganado variopinto y de largos cuernos, con jirafas y avestruces, entre otros animales. Hay también escenas de banquetes, de una boda, de niños dormidos bajo pieles de animal, y de una mujer golpeando el trigo para hacer harina.

Mas en el tercer periodo, de 1500 a 300 a. C., el Sahara estaba tan seco como hoy y allí vivía un nuevo pueblo, al parecer de soldados que conducían carros de dos o tres caballos a galope, aunque se ignora si eran invasores, aliados o un ejército del Mediterráneo huyendo de la ira del faraón. Poco a poco, de 200 a 100 a. C., los caballos desaparecen y en su lugar figuran infantiles dibujos de camellos. Después ya no hay más dibujos.

Queda en pie una curiosidad acuciante. ¿Qué fue del pueblo autor de las pinturas? ¿Emigraron hacia el sur a medida que la tierra se secaba, o simplemente murieron? Quizá nunca lo sepamos.

MURALES *Un pueblo desconocido uso el ocre y otros óxidos para pintar en muros de roca enormes bestias, así como escenas de la vida cotidiana, como es el cazador que aquí vemos.*

La sequía fue un proceso lentísimo: el nombre de Tassili N'Ajjer significa "meseta de los ríos", aun cuando su aridez data de mucho antes del inicio de la era Cristiana.

Fieles sobrevivientes de ese clima más húmedo son los grupúsculos de cipreses cuyas raíces rompen la roca en busca de agua. Tendrán 3 000 años de antigüedad y son los últimos de su linaje, pues aunque producen semillas fértiles, el suelo es muy seco para que germinen. Otro sobreviviente de ese pasado es la oveja montañesa, de gran cornamenta, que comparte su hábitat con jerbos y un triguero cuyos nidos pueden resistir al desértico medio.

Sin embargo, en la meseta habitó una fauna muy diferente. Había jirafas y antílopes, hipopótamos, leones y elefantes, e incluso hombres y mujeres que sobrevivían como pastores de ganado y cabras. Algo de esto se sabe por los antiguos huesos de animales que se han desenterrado, pero existe una prueba mejor, irrefutable y única en las pinturas rupestres (arr.) halladas en los elevados acantilados y en las maravillosas formaciones rocosas de Tassili N'Ajjer.

Montes Ahaggar

EN LO PROFUNDO DEL SAHARA HAY UN PAÍS CUYOS PAISAJES, LEYENDAS Y POBLADORES HUBIERAN AUMENTADO EL ENCANTO DE LAS MIL Y UNA NOCHES

En el Sahara, por lo menos cuando el sol está en lo alto, no hay horizonte, sólo una blanquecina vaguedad en la que no hay cerca ni lejos. Pero si desde el oasis de In Salah nos dirigimos al sur, hacia el centro del gran desierto, lentamente distinguiremos entre la opacidad una distante oscuridad que se extiende ampliamente a ambos lados.

Poco a poco, esa forma acaba por definirse como un acantilado muy elevado y al parecer sin límite: es el bastión más externo del macizo argelino Ahaggar. Sorprendente incluso entre las formidables maravillas africanas, Ahaggar es una enorme isla (del tamaño de Francia) ubicada en el mar del Sahara.

PAISAJE DE ETERNIDAD *Las cimas volcánicas de Atakor se yerguen sobre Ahaggar, una vasta meseta cuya área casi iguala a la de Francia.*

Rodeada en tres de sus lados por descollantes acantilados, en el oeste desciende hacia el Tanezrouft, la Tierra de la Sed, donde, en los viejos tiempos, un viajero que abandonara la caravana sólo podía resignarse a morir.

Aun cuando se le conoce como una cordillera montañosa, Ahaggar (llamada también El Hoggar) es una elevada meseta de granito. En su corazón, en la región llamada Atakor, los flujos de lava cubrieron al granito con 180 m de basalto, atabillado y roto como la superficie de un enorme montón de escoria.

Fuera de esto, elevándose casi hasta 3 000 m, es una fantástica formación de torres, apilamientos y agujas compuestos de fonolita, otra roca volcánica. A medida que se enfría, la roca se quiebra en largas formas prismáticas, por lo

general semejantes a cañones de órgano, aunque algunas parecen gigantescos manojos de espárragos invertidos. En un área de 777 km², en Atakor hay más de 300 de esos monolitos, que añaden inesperados perfiles a un paisaje de por sí desolado más allá de lo imaginable. Los tuareg, pueblo nómada vinculado a

HOMBRE DE AHAGGAR *Muchos tuareg de Ahaggar trabajan hoy en las plataformas petrolíferas, pero en los festivales demuestran que no han perdido la destreza guerrera de sus antepasados.*

Ahaggar desde hace por lo menos 2 000 años, llaman a este lugar Assekrem: "el fin del mundo".

En las montañas la vegetación es inexistente, y es muy escasa en todo el macizo de Ahaggar. Las lluvias son esporádicas y breves, pero aquí y allá, en los cañones de escarpadas paredes que demoran la evaporación, el agua se acumula en estanques que propician un poco de verdor y ofrecen en su profundidad la ilusión de frescura. Pese a ser escasos, los estanques son muy importantes para los rebaños de los tuareg.

EL PUEBLO DEL VELO

Los tuareg de Ahaggar son un pueblo sorprendente. Altos y de piel clara, los hombres llevan velo a partir de la pubertad, según dicen algunos, para evitar que los malos espíritus entren por la boca. Portan largas espadas y dagas, y escudos de cuero de antílope blanco. Según algunas autoridades, son los descendientes de los misteriosos conductores de carros que llegaron de Libia desde 1000 a. C., aproximadamente, y que se representan en las pinturas rupestres de Tassili.

Su nombre, tuareg, significa en árabe "abandonados de Dios", pues se convirtieron al Islam tardíamente y siguen discrepando con las creencias estrictas. Las mujeres van sin velo y tienen autoridad en los asuntos familiares. Las familias tuareg suelen ser monogámicas.

Hasta el siglo XIX dominaban en gran parte del desierto, desde los oasis poblados de Tamanrasset e In Salah, donde comerciaban con marfil, oro y esclavos, complementando su ingreso con el dinero que obtenían de las caravanas de paso so pretexto de protección.

En 1881, al enterarse de que su sustento estaba amenazado por el proyecto francés del ferrocarril trans-sahariano, reaccionaron masacrando a casi toda la expedición que se envió para explorar la ruta. Aunque esa expedición fue mal organizada y los nativos usaron armas medievales, la pujanza del ataque tuareg y su siniestro aspecto les ganó fama de invencibles a juicio de los franceses.

Los tuareg causaron una profunda impresión en los franceses, quienes los rodearon de todo género de leyendas que los nativos ignoraban. La figura más famosa en la novela L'Atlantide de Pierre Benoît, escrita en 1919. Se habla ahí de Antinea, hermosa reina de la Atlántida que vivía en un castillo en los montes Ahaggar, donde seducía y asesinaba a jóvenes oficiales franceses. En 1925, los arqueólogos difundieron el descubrimiento del esqueleto de una mujer que había sido sepultada con honores reales. La prensa popular no tardó en identificarla como Antinea.

El resultado fue pasmoso. Oficiales franceses escudriñaron las montañas en busca de más pruebas, incluso el gran explorador Henri Lhote sucumbió a la leyenda. En 1928, en una remota caverna, descubrió la pintura rupestre de una mujer cuyos senos estaban embadurnados de blanco. Afirmó tratarse de Antinea, la sirena del inolvidable Ahaggar.

Garganta de Dades

TORRENTES INVERNALES EROSIONARON LA BARRANCA

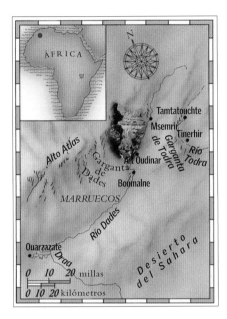

DIFÍCIL CAMINO *Por arriba del río Dades, un hombre camina con cautela por un sendero que atraviesa a la garganta. Sobre él se elevan hasta 500 m multicolores acantilados.*

Ahí donde el río Dades divide las escarpadas cimas del Alto Atlas, una estrecha garganta sigue su sinuoso curso entre paredes que se elevan a la vertiginosa altura de 500 m. A medida que el sol se eleva y se filtra por las paredes, las rocas cambian de negro a verdes y rojos hasta alcanzar un brillante amarillo.

Hace unos 200 millones de años, esas rocas fueron arrecifes de coral, pero en los últimos millones de años los movimientos de la corteza los elevaron y plegaron, formando el Alto Atlas, cuya historia geológica es legible en los estratos de arenisca, piedra caliza y arcilla que decoran las paredes de la garganta.

Desde noviembre hasta marzo, cegadores aguaceros se descargan sobre el Alto Atlas, haciendo del menguado río o de su lecho seco un atronador torrente que amaina de nuevo al cabo de pocas horas. En ese breve lapso, las torrenciales lluvias pueden aumentar 20 veces el caudal del río. En árabe, esos efímeros ríos se llaman *wadis o oueds*.

Cuando las aguas del Dades alcanzan su máximo ímpetu, los desechos que acarrean desde lo alto de los montes arrastran la blanda roca del lecho y lo rebajan constantemente, ahondándolo cada vez más. En una parte del valle, la erosión ha dado a las rocas formas que semejan tableros, pirámides y cimas dentadas, así como un extraño aspecto humano, por lo que localmente se les llama las "Colinas de los cuerpos humanos".

DE LA NIEVE A LA ARENA

El Alto Atlas, que divide a Marruecos, es una cadena de 740 km de la cordillera del Atlas. El río Dades nace en las nevadas montañas y corre al suroeste a lo largo de 350 km para unirse al río Draa en Ouarzazate, un oasis y antiguo poblado fortificado francés, al norte de los eriales, cuya arena viene del Sahara.

En sus trechos menos profundos, el río fluye entre bosquecillos de palmeras y almendros y por campos delimitados por setos de rosas, que se cultivan para elaborar perfumada agua de rosas. Los higos se cultivan en el verano, y en el otoño se ponen a secar en los aplanados techos para luego venderlos en el souk (mercado).

La garganta de Dades está a unos 24 km río arriba del pueblo mercader de Boumalne. Entre el pueblo y la garganta, las orillas del río están tapizadas de antiguas *kasbahs* (ciudadelas) y ksour (aldeas fortificadas), y hay campos de rica tierra roja a la sombra de nogales y almendros. Las "Colinas de los Cuerpos Humanos" están a unos 15 km de Boumalne. A medida que la garganta se estrecha, el camino prosigue al nivel del agua, y las escarpadas paredes brindan la anhelada protección contra el atroz calor solar.

El camino atraviesa un puente en la aldea de Ait Oudinar, y más allá se localiza la porción más estrecha y espectacular de la garganta. Un camino de grava sube hasta el pueblecito de Msemrir, más allá del cual la marcha se hace cada vez más accidentada a medida que las rocosas montañas del Atlas se aglomeran descendiendo hacia el río.

LA GARGANTA DE TODRA

Al noreste de la garganta de Dades se encuentra la espectacular garganta de Todra. Desde Tinerhir, conduce hasta ahí un camino paralelo a las cristalinas aguas del río Todra. A lo largo del camino, altas palmeras datileras brindan su sombra protectora a vides, olivos, castaños y granados. Donde el valle se estrecha adentrándose en la garganta, los acantilados se elevan a pico a 300 m, y en su punto más angosto la barranca mide apenas 9 m de ancho. Los aviones roqueros africanos vuelan en torno a sus nidos en la roca, y las águilas reales de Bonelli se elevan sobre los suyos.

Cerca de la garganta hay un límpido manantial, reverenciado por el pueblo bereber de la región debido a que le atribuyen ser milagroso (creen que si una mujer estéril lo cruza mientras invoca el nombre de Alá será fértil). Aunque el camino se va desvaneciendo en la garganta de Todra, camiones y vehículos de tracción total logran llegar hasta el corazón del Alto Atlas.

Desde la aldea de Tamtatouchte, al norte de la garganta, es posible transportarse hacia el oeste sobre traicioneros caminos montañeses a Msemrir, sobre la garganta de Dades, y de ahí al sur, en dirección a Boumalne,

bajar al valle de Dades, completando así un circuito que recorre algunos de los escenarios africanos más espectaculares.

EL PUEBLO DE LA MONTAÑA

Durante siglos, los bereberes vivieron en la región como pastores emigrantes antes de que llegaran los árabes. Se cree que son los descendientes de invasores del oeste de Asia que se diseminaron por el norte de África. Llegaron a Marruecos antes del siglo X a. C., y se convirtieron al Islam a inicios del siglo VIII d. C. Este pueblo se instaló en las montañas, y construyó fortificaciones en las tierras altas, donde, en condiciones

enemigos de sangre". Pero también había alegría y celebraciones, como los festivales de la cosecha, las canciones y leyendas de los trovadores.

Las heridas se curaban de modo inusitado: se pellizcaba la piel y a su lado se colocaba una hormiga roja viva. Una vez que ésta mordía la piel, su cabeza se desprendía de tajo, dejando en la piel sus mandíbulas como una grapa que se caía al sanar la herida.

Entonces, como ahora, la conducta de las bereberes era más liberal que la de las árabes. Las mujeres de la montaña salían sin velo y era más probable que se casaran por amor. Las chicas siguen llevando la batuta en un matrimonio bereber. Con regularidad tienen lugar *moussems* (ferias) en la ladera de las colinas en las afueras del poblado de Imilchil, al norte de Tinerhir. Las chicas de 14 o 15 años, muy maquilladas y tintineantes de plata, se aproximan a los posibles maridos y regatean sobre el precio de la novia. Si se ponen de acuerdo, los padres arreglan la boda.

ÚLTIMA PARADA *Más allá de la aldea de Aït Ameur (izq.), en el Alto Atlas, el camino del valle es intransitable.*

RITO DEL ISLAM *Un niño bereber (ab.) es conducido por las mujeres de su familia al cirujano ritual que lo circundará para hacer de él un seguidor del Profeta.*

adversas, fueron libres para vivir a su manera, alejados de los seductores placeres de los poblados.

El valor guerrero era su más alta virtud. Un bereber sospechoso de cobardía era obligado a llevar una gorra y sólo podía comer hasta que las mujeres hubiesen terminado de hacerlo. Las leyes de la hospitalidad se observaban estrictamente, y una vez que dos bereberes habían compartido el pan se protegían mutuamente hasta la muerte. En la década de 1920, el viajero británico Walter Harris describió la vida en una aldea bereber como "bélica y melancólica... cada familia tiene sus

Oasis de Oulad Said

LOS ÁRBOLES FLORECEN Y EL AGUA FLUYE EN UN FÉRTIL RECINTO EN LOS INFECUNDOS ERIALES DEL SAHARA

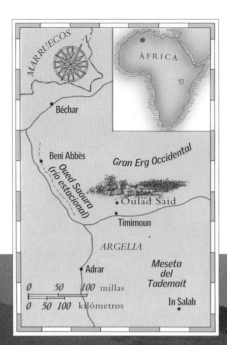

MARRUECOS

ÁFRICA

Béchar

Beni Abbès

Gran Erg Occidental

Oued Saoura (río estacional)

Oulad Said

Timimoun

ARGELIA

Adrar

Meseta del Tademait

In Salah

| 0 | 50 | 100 | millas |
| 0 | 50 | 100 | kilómetros |

El agua es vital en el desierto, y los cientos de oasis diseminados por el Sahara son como islas de fertilidad en un mar desolado. La imagen popular del oasis es romántica: ondulantes palmeras a la orilla de un estanque cristalino donde los nómadas se abastecen de agua antes de seguir adelante. Esta idílica versión no es del todo verdadera, pues algunos oasis, como el de Oulad Said, en Argelia, cuentan desde hace mucho con comunidades agrícolas permanentes.

Oulad Said, con sus bosquecillos de palmeras y huertos de verduras, es un lugar notablemente atractivo, las vestimentas de las mujeres añaden toques de color a las calles rebosantes de casas hechas con arcilla roja. Contrasta agudamente con sus alrededores: el Gran Erg Occidental. Aquí, enormes dunas se levantan como las olas de un encrespado mar de arena, y el sol implacable eleva la temperatura diurna del verano a 49° C o más. Un viajero solitario, sin sombra y sin agua, moriría de insolación y deshidratación en menos de 48 horas. Las personas que se han establecido en Oulad Said son en su mayoría jardineros mercaderes. Cultivan en terrenos irrigados verduras, uvas, higos, duraznos y naranjas, así como el árbol más precioso del desierto: la palma datilera. En los bosquecillos de palmeras, unos pilares aún señalan la ubicación del mercado de esclavos, cuya desdichada mercancía alguna vez fue forzada a cavar los canales de irrigación, o foggaras, que generaron toda esta fertilidad. Las salidas de agua de las foggaras se conservaban bajo tierra, en una vasta "esponja" arenosa que en algunos lugares (ab.) alcanzaba hasta 1 800 km de espesor.

La palma datilera, según se dice, mantiene su cabeza en el fuego y los pies en el agua. Como el camello, es esencial para la vida en el desierto, y debido a su importancia se le trata con reverencia, casi como a un pariente cercano. También es objeto de mitos y leyendas. Una de ellas dice que Alá hizo esa palma del barro que sobró tras haber creado a Adán. Otra afirma que después de expulsar a Adán del Paraíso, Dios le ordenó cortar sus cabellos y uñas y enterrarlos; de ello nació un árbol con jugosos frutos.

ÁRBOL DE LA VIDA

También se dice que las palmeras datileras se relacionan afectivamente entre sí. Si una muere, su "amiga" contigua entra en duelo y deja de fructificar. Una palmera hembra morirá si su compañero es derribado. El fruto de este árbol es un alimento básico y puede comerse fresco, o bien, secarse y molerse para hacer harina. Su tronco se utiliza como madera combustible y para construcción; con la corteza fibrosa se tejen cuerdas: los tallos se usan para cercas y techos; las hojas, para cestos, escobas, bolsos y sandalias. El jugo de algunas especies produce un jarabe; el de las palmeras jóvenes se fermenta para elaborar un vino sabroso, aunque muy embriagante. Incluso con los huesos de los dátiles, tostados y molidos, se hace "café" de dátil, que se saborea en los fríos atardeceres del desierto.

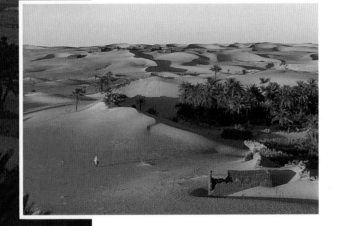

NOCHE Y DÍA *Una fogata entibia el frío de la noche, cuando las temperaturas descienden hasta −10°C. El día trae consigo ardiente calor a las dunas (ab.) en la orilla del oasis.*

EL FLUJO DEL LÍQUIDO VITAL DEL DESIERTO

Durante siglos, los pobladores del desierto han logrado abastecerse de agua subterránea cavando túneles, o foggaras, que conducen el agua a los oasis. Esos túneles se prolongan hasta 16 km, y yacen a una profundidad de hasta 30 m por debajo del nivel del suelo. Fueron cavados por enormes cuadrillas de hombres, muchos de ellos esclavos, con sencillas herramientas. Su mantenimiento es problemático: los canales se obstruyen, o bien, han de prolongarse para acarrear más agua.

El agua emerge de la foggara cerca de la tierra irrigada, minimizando así la pérdida de líquido por evaporación. Un "rastrillo" atravesado en la corriente dirige el agua a las parcelas individuales.

REPARTO JUSTO *Cada parcela de tierra recibe el agua que las foggaras extraen de la roca.*

Rocas flotantes

Foggara

Rastrillo de piedra

Parcelas irrigadas

Desierto del Teneré

DUNAS DE ARENA SIN VIDA, EN LAS QUE "HOMBRES AZULES" CON EL ROSTRO VELADO COMERCIABAN CON SAL, YACEN EN EL CORAZÓN DEL SAHARA

Una tierra tan desprovista de vida, que ha sido llamada "el desierto dentro del desierto", se encuentra tan alejada del mar como es posible estarlo en el Sahara. En el desierto del Teneré, de Nigeria, rizados mares de dunas de arena, algunas de 244 m de altura, se prolongan hasta el horizonte para conducir a más dunas, y así sucesivamente hasta el infinito.

Pero como sucede en el Sahara, en el Teneré hay algo más que arena. En un área equivalente a la de California, también hay mesetas cubiertas de grava a las que azota el viento, y formaciones rocosas que un viajero comparó con duendes, ogros y demonios.

En el extremo oriental del Teneré, la aldea oasis de Bilma es el punto de partida de las caravanas de camellos de los tuareg, que recorren 560 km por el desierto, transportando sal para venderla en el mercado de Agadez. Bilma dio nombre al Gran Erg de Bilma, una vasta extensión de arena que se prolonga al este 1 200 km de Nigeria a Chad. La parte sur del Erg consiste en dunas seif (enormes crestas de arena paralelas), que alcanzan 160 km de largo y 1 km de ancho. Las depresiones entre las dunas se conocen como gassis y las caravanas de mercaderes las usan como rutas.

Los tuareg, nómadas que vagan por este hostil entorno, son conocidos como los "hombres azules" debido al color de su cutis. A diferencia de otros musulmanes, los tuareg cubren su rostro, costumbre que quizá se originó como protección al viajar en camello por el Sahara. El tinte azul de la ropa que cubre su cabeza y su cara tiñó su cutis.

LA SAL DE LA TIERRA

La sal de los tuareg tiene su origen en los alrededores de Bilma, donde los depósitos naturales de sal se disuelven al llenar con agua hoyos cavados ex profeso en el suelo. En la superficie del agua se forman costras de cristales de sal; la sal se "desnata" y se le da forma cónica en moldes de madera. Cada cono pesa unos 18 kg. Para su recorrido

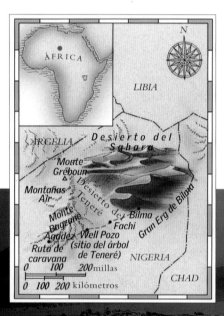

por el desierto, los tuareg transportan los conos, duros como piedra, en camellos, de los que cada uno carga seis bloques.

Las caravanas de camellos recorren en fila y a paso sostenido, el candente Teneré, y viajan de 14 a 18 horas diarias sin detenerse. Sus puntos de referencia son pocos, y uno de ellos, una solitaria acacia conocida como el "árbol de Ténéré", era el único árbol que los viajeros veían durante días, pero en 1973 fue misteriosamente destruido. Él los guiaba a uno de los pocos pozos de la ruta, donde había agua indispensable.

Lleva 15 días o más de arduo viaje llegar a Agadez, un centro comercial y sede de un enorme mercado de camellos en las montañas Air. Pero las hileras de camellos con conductores teñidos de azul pronto serán cosa del pasado, pues los tuareg de hoy usan cada vez más los vehículos de tracción total, reduciendo el recorrido por el desierto a unos pocos días.

En contraste con el árido desierto, las montañas Air, que delimitan el extremo noroccidental del Teneré, lejos están de

ser totalmente yermas. Alrededor del monte Bagzane hay manantiales que permiten cultivar dátiles, aceitunas y otros frutos en las terrazas de las laderas.

Las montañas, que se elevan hasta 1 950 m, abundan en vida salvaje: gacelas, avestruces, babuinos y antílopes figuran entre las especies mayores. Los primeros habitantes de Air dejaron su huella en pinturas y grabados rupestres, algunos con 5 000 años de antigüedad. Dibujos de elefantes, rinocerontes y jirafas indican que el Sahara central alguna vez contó con rutas pletóricas de hierba para las caravanas de mercaderes, y no sólo con abrasadoras arenas.

SOL CANDENTE *Yermas colinas se elevan sobre el rizado mar de las dunas del Teneré. La temperatura desciende abruptamente en la noche: los registros diurno y nocturno difieren hasta en 33° C.*

BARCO DEL DESIERTO

Los dromedarios tuareg (camellos de una joroba de África del Norte y Medio Oriente) cargan bloques de sal envueltos en colchonetas de paja a través del desierto del Teneré. Están bien adaptados; un camello puede, de una sola vez, tragar 136 L de agua que su cuerpo retiene: sus heces son secas y orina muy poco, y sus glándulas sudoríparas sólo comienzan a trabajar cuando su temperatura corporal se eleva 6-8° C por arriba de lo normal.

Los camellos también soportan comer erráticamente, almacenando grasa en sus jorobas, y alimentándose con vegetación seca y espinosa. Sus patas abanicadas no se hunden en la arena, y las ventanas de sus narices pueden cerrarse apretadamente para no aspirar arena.

Lago Assal

EL CUERPO DE AGUA MÁS
SALADO DEL MUNDO
ESTÁ EN UNA REGIÓN
QUE PODRÍA DIVIDIRSE, Y
PARTIR EN DOS A ÁFRICA

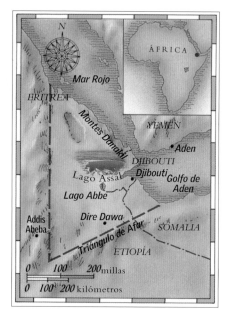

Hubo una época en la que los
antiguos romanos se hartaron del
exceso de maravillas africanas que, a la
última novedad de los viajeros,
respondían cortésmente: "Bien, siempre
hay algo nuevo en África". Desde luego,
ellos conocían un mínimo fragmento de
todo lo que el continente podía ofrecer;
pero, incluso hoy, ni siquiera los más
versados en la antigua África cometerían
el error de afirmar que las sorpresas del
continente han cesado.

El lago Assal es una muestra de ello.
Aun cuando los occidentales lo visitaron
hasta la década de 1920 y no fue
explorado ni comprendido durante los
años que siguieron, estableció nuevos
parámetros en nuestro conocimiento del
planeta. Por ejemplo, hoy se le considera
el punto más bajo en la superficie del

TRÁFICO ESENCIAL *Una hilera de camellos
que transportan sal hacia Etiopía proyecta
largas sombras mientras cruza los bordes
resecos y cegadores del lago Assal.*

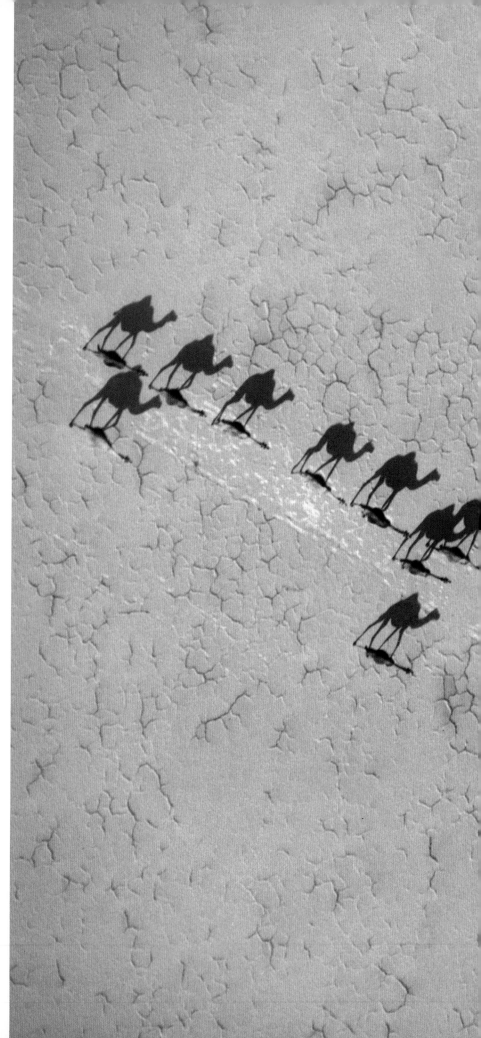

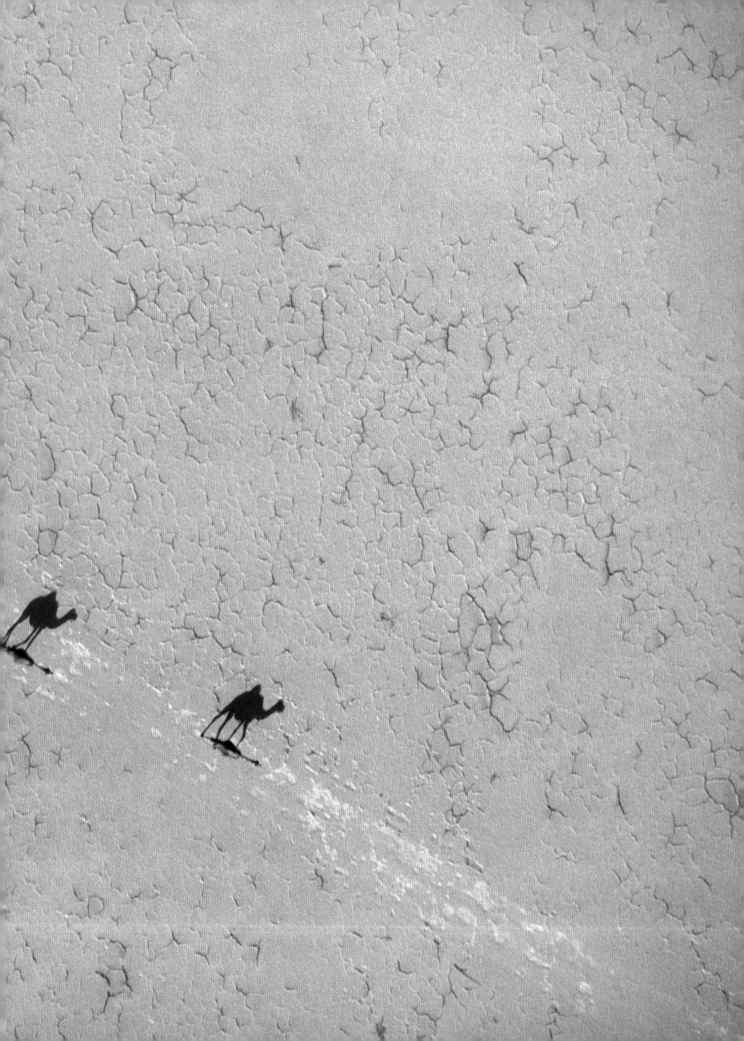

continente: 155 m bajo el nivel del mar, y su temperatura en verano (57° C) lo vuelve uno de los puntos más calientes. Ambos factores contribuyen a lo que de él también se afirma en el libro de récords: que es el cuerpo de agua más salado de la Tierra, 10 veces más que el océano e incluso más salado que el Mar Muerto. El lago Assal es también uno de los puntos más inhóspitos del planeta. En un escenario de cenicientas colinas de lava, requemado por el sol, difícilmente crecería una brizna de hierba, a no ser una ocasional espina pionera. No canta una sola ave. Nada, ni siquiera una lagartija se mueve en la orilla del lago. Estamos ante un paisaje de muerte.

PALETA DE COLORES

A cambio de lo anterior, posee una belleza extraterrenal. Sus alrededores son llanos de sal de resplandeciente blancura, en tanto que sus claras aguas son de un azul turquesa iridiscente. Delicados abanicos y frondas de sal afloran en su superficie, pintados por los minerales con todos los colores: del verde pálido a los tonos pardos, pasando por el violeta. En la playa del lago hay por doquier esculturas creadas por él mismo: figuras grotescas, semejantes a coles, formadas por los depósitos de sal.

El lago Assal está en Djibouti, un diminuto Estado que mira al Golfo de Adén en la desembocadura del Mar Rojo, y en un ángulo del Triángulo de Afar, una de las zonas geológicamente más perturbadas de la Tierra. Aquí confluyen las tres grandes fisuras en los cimientos del planeta (la grieta de África Oriental, el Mar Rojo y el golfo de Adén) y los sismos son frecuentes.

En el Triángulo de Afar las erupciones volcánicas son comunes, y durante millones de años ha ascendido lava a la superficie a medida que se separan las piezas que conforman la superficie del terreno. Todo esto ocurre en el lecho marino, como en el Atlántico, cuyo suelo se renueva constantemente a lo largo de su fosa. De hecho, el Triángulo de Afar también estaría bajo el agua si no fuese por la barrera costera de las montañas Danakil, que cierran el paso al Mar Rojo. En cambio, la región ofrece un raro espectáculo: la formación en tierra seca del tipo de corteza que suele encontrarse en el fondo de los océanos.

FORMACIÓN DE ÁFRICA ORIENTAL

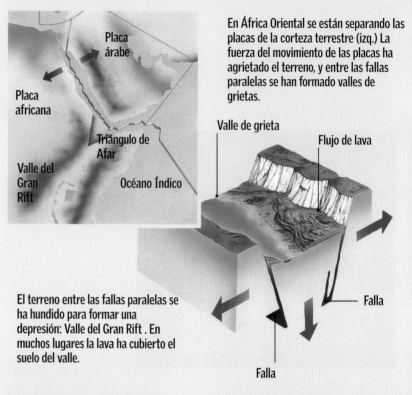

En África Oriental se están separando las placas de la corteza terrestre (izq.) La fuerza del movimiento de las placas ha agrietado el terreno, y entre las fallas paralelas se han formado valles de grietas.

El terreno entre las fallas paralelas se ha hundido para formar una depresión: Valle del Gran Rift . En muchos lugares la lava ha cubierto el suelo del valle.

Si se introduce una cuña en el borde superior de un tablón de madera seca, en toda la longitud de éste se generan tensiones y esfuerzos que lo agrietan en varios puntos a lo largo de su veta, lejos del punto donde se ejerce la presión. Esos son los efectos que los fenómenos geológicos del Triángulo de Afar están ejerciendo en el terreno de África Oriental.

Lo que ahí sucede es la confirmación más impresionante y visible de la teoría de la tectónica de placas, que postula que la corteza terrestre, o litosfera, consiste en media docena de placas separadas que flotan sobre la fundida astenósfera o manto. Las placas transportan los cimientos de granito de los continentes, rodeados por los suelos de basalto continuamente renovados de los océanos.

En determinados puntos del globo las placas se deslizan una debajo de otra y en otros se apartan. Esto último es lo que ha sucedido en la unión de las placas africana y árabe, que hace unos 20 millones de años comenzaron a apartarse dando lugar al Mar Rojo y al Golfo de Adén. Para verificar ese movimiento basta con mirar el mapa, donde

se ve cuán exactamente encajarían las orillas opuestas si volvieran a unirse.

Sólo en un punto no coinciden: en Djibouti, en el Triángulo de Afar. La fuerza conductora que separa las placas de la corteza es la efusión de roca fundida del manto, que presiona hacia arriba y hacia afuera, y que llena la grieta central, creando así nuevo suelo oceánico. Alguna vez el triángulo formó parte del Mar Rojo, pero con la elevación de la cordillera de Danakil de montañas costeras, el triángulo se segmentó y se secó lentamente. Empero, sigue sujeto a las mismas fuerzas que formaron el lecho marino. La lava sigue presionando hacia arriba, a través de las fisuras y de los conos volcánicos, en una enorme e inexorable expansión de lava que durante millones de años ha estado alejando entre sí los lados del triángulo.

Idénticos procesos han creado el sistema del Gran Valle del Rift, de África Oriental y de Arabia. A lo largo de 6 400 km, desde el Mar Muerto hasta Mozambique, este surco escinde un séptimo de la circunferencia de la Tierra. En toda su longitud es zona de volcanes y terremotos. Quizá incluso

CONTINENTE EN DIVISIÓN *En la costa de Djibouti, un agreste paisaje de fisuras y de conos volcánicos se crea a medida que la lava asciende desde la corteza terrestre. Aquí es donde África se está dividiendo debido a la fuerza de la deriva continental.*

responda a los relatos bíblicos de la clausura del Mar Rojo y la destrucción de Sodoma y Gomorra.

Tanto en Etiopía como en Kenya, el ascenso de la lava ha elevado y adelgazado la corteza continental, dando como resultado enormes mesetas montañosas, y es ahí donde El Gran Rift ofrece sus formas más notables. Incapaz de soportar la tensión, la Tierra se partió a lo largo de líneas de debilidad en grietas de 40 a 56 km de ancho, dejando caer la tierra entre ellas. La profundidad del hundimiento no siempre es manifiesta, pues en muchos casos, un profundo flujo de lava ha rellenado la fisura; pero, aún así, la altura de las escarpas que flanquean a los valles de grietas quita el aliento.

Por alguna razón aún desconocida, el sistema africano del Gran Rift ha tomado dos caminos separados. Debido a la alteración de los antiguos sistemas fluviales, su rama occidental, que se curva a través de Uganda, Tanzania y Zambia, está llena de grandes lagos, como Alberto, Tangañica y Malawi. Sin embargo, la grieta oriental, que atraviesa Etiopía, Kenya y Tanzania oriental, tiene líneas alcalinas poco profundas, como el lago Natron, y elevados volcanes, como el monte Kenya y el Kilimanjaro. Ahí se encuentra también la enorme reserva silvestre del cráter Ngorongoro, en tanto que algunos desechos volcánicos en los valles, como en Olduvai, alojan restos de los más antiguos ancestros del hombre, cuya antigüedad es, quizá, de 2.5 millones de años.

Es posible que lo más intrigante del Gran Rift no sea su pasado, sino su futuro. Si resulta ser una placa limítrofe en formación, el cuerno de África quizá se desprenda a la larga y comience a vagar por el océano Índico. Algunos geólogos afirman que no sucederá así. De hecho, creen que a medida que el Atlántico se ensanche, África será empujada contra Arabia, y el Mar Rojo se cerrará una vez más.

INSIGNIAS DE VIRILIDAD *La posesión más preciada de un hombre de Afar es una daga curva (der.), que se le ofrece en la adolescencia y equivale a masculinidad. La daga acompaña a los enseres de un recolector de sal. La sal del lago Assal se empaca en bolsas (inserto) amarradas con hojas de palma.*

Pese a la barrera montañosa, la mayor parte del agua del lago Assal proviene del mar: se filtra por las rocas y baja al cuenco más profundo del lago, donde se suma a ella la que desciende de las colinas durante las escasas lluvias de invierno.

La región no siempre fue tan impresionantemente árida como lo es hoy. Hace unos 10 000 de años el clima era bastante más húmedo y la superficie del lago estaba 80 m arriba de su nivel actual, como puede verse en las colinas circundantes por los restos de conchas de moluscos de agua dulce y la marca de la marea. Lo que era la mayor parte del lecho lacustre ahora es una llanura de resplandeciente blancura, en la que el único signo de vida es quizá un hombre de Afar que ha llegado con sus camellos para extraer sal, como lo hacían sus ancestros, para venderla en Etiopía.

JOYERÍA LACUSTRE *Mucha del agua del lago Assal proviene del Mar Rojo. El sol evapora la humedad y traza delicadas llanuras de sal.*

Erta Alé

DE LA DEPRESIÓN DE DANAKIL SE ELEVA UN ARCO DE VOLCANES: "UN PAISAJE DE TERROR, DE PENURIA, DE MUERTE".

El explorador británico Ludovico M. Nesbitt escribió en 1934: "Quizá nuestros nietos descubran medios para viajar a las estrellas; entonces sonreirán por nuestros esfuerzos…" Con otros viajeros de su generación, Nesbitt opinaba que las últimas zonas inexploradas del planeta sólo se alcanzarían al precio de los máximos esfuerzos humanos.

Creía que los vehículos motorizados y el aeroplano aislaban demasiado al viajero, impidiéndole formar parte del

CRÁTER EN LA NOCHE *riachuelos y fuentes de roca fundida resplandecen en la oscuridad en el punto de erupción del lago de lava de Erta Alé, una de las cinco "montañas humeantes".*

entorno. A Nesbitt le hacía feliz "emplear los antiguos métodos de exploración, por cuyo medio el sabor y el olor de remotas y primitivas latitudes no escapan, aunque por ello haya que pagar, a la observación del viajero".

Esos fueron los métodos que usó en su expedición de 1928, cuando, con dos compañeros italianos, vio el enorme grupo de volcanes llamado Erta Alé.

La meta era hacer una caminata de 640 km, de sur a norte, a través de la depresión de Danakil, una porción del Valle del Gran Rift que divide África Oriental visiblemente.

Las perspectivas eran desalentadoras. Gran parte era desierto alcalino, por

debajo del nivel del mar, donde las temperaturas se equiparan a las de un horno. El agua era casi inexistente, y las tribus locales, los afars, tenían fama de sanguinarios. Se creía que fueron masacradas unas seis partidas europeas que se habían aventurado en la misma región 50 años atrás.

Desde el punto de partida en el oasis Aussa, en el río Awash, la ruta de Nesbitt se internaba cada vez más en el

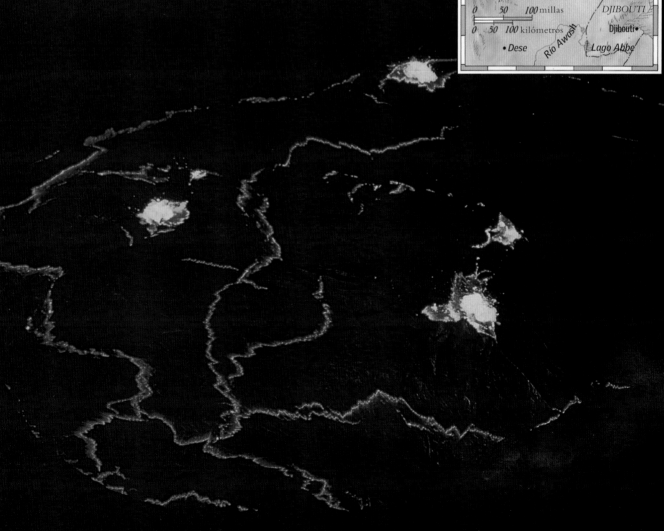

LAGO SALADO *El lago Karum ocupa el punto más bajo de la depresión de Danakil. Tras las lluvias, se llena con agua saturada de minerales que no tarda en evaporarse.*

desierto. Día con día el sol calentaba más y la expedición optó por marchar a la luz de la luna y al amanecer. A medida que el sol ascendía, el cielo y el desierto se fusionaban sin que pudiera discernirse horizonte, forma o distancia. El calor era el de un horno, pero si el desierto despejado era abrasador, no era nada comparado con las barrancas de la depresión de Danakil, donde el ardiente suelo quemaba a través de las suelas de las botas. Los hoyos de agua escaseaban cada vez más, e incluso los camellos comenzaron a morir. Bajo el sol, la temperatura subía a 75° C, y en las tiendas descendía sólo unos grados.

HOMBRES Y ANIMALES SE ARRASTRABAN BAJO LAS ROCAS PARA HUIR DEL CALOR

Hombres y animales se arrastraban bajo las rocas como insectos para huir del calor; pero, cualesquiera que fuesen las condiciones, siempre veían a lo lejos las elevadas figuras de arcilla blanca de los guerreros de Afar, tan implacables como el desierto. Para ellos, la expedición, en especial los rifles, representaba riquezas invaluables.

Una noche, mientras se levantaba la neblina, Nesbitt y sus compañeros contemplaron una vista maravillosa. Distribuidos en un arco de 80 km de

largo, se erguían escarpadamente cinco enormes volcanes desde la llana y blanca planicie. El guía susurró su nombre: Erta Alé, las "montañas humeantes". El más cercano era Ummuna, a cuya ladera se adhería una alargada nube de humo. Lo seguía el mismo Erta Alé, exquisitamente simétrico. A todos los cubría un manto de humo que, a medida que caía la noche, se encendía en su cara inferior con un palpitante destello rojo.

Al día siguiente, los exploradores salieron para acercarse más, pero lejos de ser liso como a lo lejos parecía, el terreno en torno a los volcanes era un sinuoso campo de lava, un negro oleaje congelado, con crestas afiladas como

navajas. Las depresiones estaban llenas de lava porosa que se quebraba bajo los pies, rasgando las botas. Derrotado y aliviando sus heridas, el pequeño grupo se dirigió al oeste, dejó atrás las hediondas fauces de monte Alu y trepó por una elevada escarpa, desde donde observaron una planicie de sal gema.

Con inextinguibles fuegos a su espalda y la amarga planicie ante sí, la región les pareció a los exploradores desprovista de piedad, sin par y aterradora. Nesbitt la llamó "un paisaje de horror". Al agotarse el agua, no tuvieron más opción que seguir adelante, esperando hallar el pozo que su guía daba por hecho. Casi a punto de desfallecer, por fin llegaron a un hoyo de agua, pero el camino hacia él estaba obstruido por un numeroso grupo de nativos. Éstos, para alivio de los exploradores, resultaron ser mineros de sal y no guerreros; los recibieron y los ayudaron a acampar cerca del agua dulce. Varios días después, la expedición inició la última etapa de su viaje al norte, hacia el Mar Rojo. Su travesía por uno de los peores territorios del mundo duró en total tres meses y medio.

EL VALOR DE SU SAL

La depresión de Danakil, inhóspita sede de las cimas volcánicas de Erta Alé, es uno de los paisajes menos accesibles del planeta. Durante gran parte del año es una planicie requemada y encostrada de sal. Una considerable porción de ella se halla por debajo del nivel del mar; de hecho era una rama del Mar Rojo hasta que los movimientos de la corteza terrestre elevaron las tierras altas de Danakil hacia el norte, separándola así del cuerpo principal del mar. El agua atrapada se evaporó, dejando una capa de sal de 3 km de espesor sobre lo que fuera lecho marino.

Ocasionalmente, la lluvia deslava más sal de los terrenos elevados y la conduce al punto más bajo: el lago Karum. Esta extensión de salmuera saturada de mineral es poco profunda y se encuentra a unos 120 m por debajo del nivel del mar. Cada año, su volumen aumenta brevemente hasta 72 km a lo largo; entonces brotan a su alrededor hirvientes manantiales originados por la filtración del agua que se encuentra con la roca fundida que asciende desde el centro de la Tierra.

ERRAR EN EL INFIERNO

ATARDECER EN DANAKIL *En un escenario de picos minerales erosionados, un niño afar cuida el rebaño que es el único medio de subsistencia de su familia.*

Pese a las condiciones de pesadilla de la depresión de Danakil, ésta es el hogar de tribus nómadas conocidas como los afar, o danakils, como los llaman otros nativos de la región. Con un calor espantoso y en una tierra requemada, sobreviven realizando dos actividades básicas: la agricultura nómada y la recolección de sal.

Durante siglos, la sal de lago Karum ha sido un recurso para los afar, que usan pértigas como palancas para extraer los bloques de la gruesa corteza de sal, a la que moldean como ladrillos. Luego transportan éstos a lugares del norte y el este de África. Muchos afars, sin embargo, aún siguen las tradiciones agrícolas de sus ancestros, yendo de un lugar a otro con sus rebaños de cabras, ovejas y camellos.

Los afar son un pueblo hermoso: altos, delgados y nervudos. Sus mujeres son bellas y llevan con gracia sus largas faldas cafés. Los hombres visten taparrabos de algodón blanco y togas, y cada uno va armado con una larga daga de hoja ancha, o con una lanza o un rifle.

EN CAMINO *Con dos camellos cargando sus posesiones, una familia afar se desplaza para hallar nueva pastura en el inhóspito desierto.*

Mujeres y niños cuidan los rebaños de animales mientras los grupos familiares vagan de uno a otro terreno de exigua pastura. La dieta afar consiste en un poco más que leche y carne: así, una larga sequía significa inanición y muerte para los animales y las personas.

Lago Turkana

UN RÍO QUE FLUYE POR LA SUPERFICIE DE UN LAGO EN EL NORTE DE KENYA HA CREADO SU PROPIA "VÍA RÁPIDA" DE ALUVIÓN

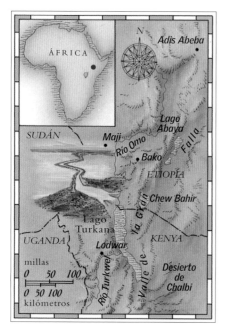

A través de la ancha superficie del lago Turkana, una "vía rápida fluvial" serpentea entre bancos de aluvión que parecen hechos por el hombre. A más de 5 km de la orilla, la vía rápida concluye en un espectacular delta semejante a la pata de un ave gigantesca.

Ahí acaba el río Omo, que sube 640 km desde Etiopía. El río se dirige hacia el sur, a través de impresionantes gargantas y sobre cataratas, hasta que acaba por fluir a través de zacates y secos arbustos para desembocar, saturado de sedimentos y con coloración café naranja, en el verde y brillante lago Turkana, al norte de Kenya.

El agua del río, aun rebosante de aluvión y de desechos que ha recogido en su travesía, es más ligera que el agua del lago, a la que depósitos volcánicos disueltos hacen más densa. Así, el río

RIVERAS NATURALES *Entre riveras, o diques, trazadas por él mismo, el río Omo se desliza sobre el lago Turkana. El conde Samuel Teleki von Szek (izq.) visitó el lago en 1897.*

fluye sobre la superficie del lago, aminorando poco a poco su rapidez y depositando en él cieno y desechos. De ese modo crea sus propias riberas. Cuando al fin se detiene, forma un delta y acaba confundiéndose con el lago.

Al lago Turkana, de 312 km de largo, lo alimentan varios ríos, pero carece de desagües. Hace mucho, cuando el caudal de los ríos era mucho mayor, el nivel del

lago estaba unos 180 m más elevado que ahora. Solía verterse en el Nilo por una garganta al noroeste, pero drásticos cambios climáticos bajaron el nivel del agua, y la garganta está hoy seca.

Durante siglos, grandes cantidades de ceniza y lava brotaron de los volcanes alrededor del lago y llegaron al agua, formando depósitos de sales minerales, incluyendo carbonato de sodio, o sosa.

Ubicado en el árido noroeste de Kenya, en la frontera con Etiopía, el lago Turkana está tan alejado que sólo los más osados viajeros y emprendedores arqueólogos van ahí y comparten la experiencia de las dispersas tribus que viven en sus alrededores.

Sus esfuerzos se ven recompensados, pues en el lago vive una colectividad impresionante de cocodrilos, hipopótamos y aves acuáticas.

Unos 12 000 cocodrilos viven en el lago Turkana y sus cercanías. Aunque son de los mayores en el mundo (miden hasta 5.5 m de largo), por lo general no son un amenaza para los hombres ni los animales porque se alimentan con las enormes percas del Nilo que pululan en el lago. En noches silenciosas, los visitantes cerca del agua oyen el crujir de las mandíbulas de los cocodrilos que acorralan a los peces, engulléndolos a medida que dan marcha atrás.

El principal criadero de cocodrilos del lago Turkana es Central Island, un pequeño racimo de cráteres volcánicos cercanos a la playa occidental. Ahí se han multiplicado, casi sin cambiar, durante 130 millones de años. El tamaño de los cocodrilos aumenta con la edad, y su enorme talla y aparente docilidad pueden deberse a la falta de predadores combinada con una buena alimentación. Quizá gracias al carbonato que contiene el agua, los cocodrilos tienen nódulos córneos en sus vientres, de modo que su piel es inservible para hacer zapatos o bolsos, lo que los ha puesto a salvo de la codicia humana.

EL EQUIPO... DE PELÍCANOS
También se alimentan de la abundancia de peces vastas asambleas de aves: osífragas, espátulas, garzas, ibis, corvejones, patos y gansos, así como pelícanos blancos. Éstos parecen imitar la técnica de pesca de los cocodrilos: forman una fila y nadan juntos hacia delante; de pronto, como obedeciendo a una señal, todos sumergen el pico en el agua y recogen peces.

Hasta principios de la década de 1970, el lago Turkana fue conocido como lago Rodolfo. El primer europeo que lo vio fue el conde Samuel Teleki von Szek, en 1897, y lo bautizó en honor del príncipe coronado de Austria. El conde Teleki era un rico deportista y geógrafo húngaro que, con una grande

y bien equipada caravana de 450 hombres y seis guías, recorrió parte de la región, disparándole a todo, desde pequeñas aves silvestres hasta elefantes, hipopótamos y leopardos.

El lago fue la pieza clave del "rompecabezas" que armó el geólogo vienés Edward Suess, que se percató del trazo que formaban los lagos y los ríos que se prolongaban desde el lago Nyasa, en el sur de África, hacia el río Jordán en Oriente Medio, e identificó la falla en la corteza terrestre que hoy se conoce como el Valle del Gran Rift. El lago Turkana tiene su encanto propio, pues fue ahí donde trabajaron por décadas antropólogos como a Mary y Louis Leakey y su hijo Richard, que exhumaron algunos de los más antiguos restos de los antepasados del hombre actual.

Mostraron que grupos primitivos vagaron por esa región hace dos millones de años, caminando sobre dos pies: se han hallado huellas preservadas en la "escayola" de los depósitos volcánicos. Hachas de mano de piedra usadas para cazar cubren el suelo en algunos puntos.

DE NOCHE SE PUEDE OIR EL CRUJIR DE ENORMES MANDÍBULAS

La abundancia de fósiles hallados en la región es el resultado de miles de huesos enterrados por generaciones y que se fosilizaron en sucesivas capas de sedimento y de lava volcánica. Posteriores alteraciones en el terreno dejaron al descubierto los estratos, creando un laboratorio de estudio de los primeros años del hombre en los alrededores del lago color jade.

LOS FRUTOS DEL LAGO

De todas las tribus que viven cerca del lago, sólo dos, los turkana y los El Molo, se benefician de los abundantes peces.

La pesca nocturna de los turkana es notable y emocionante. Parado en agua poco profunda en la orilla del lago, un pescador agita un haz encendido de juncos secos, cuya luz atrae a los peces a la superficie. Luego, sosteniendo en la otra mano un cesto hecho de renuevos atados, atrapa a los peces. Los turkana, que viven en la orilla occidental del lago, también pescan con líneas de mano con pesos de piedra para atrapar a la enorme perca del Nilo, que puede pesar hasta 90 kg.

El nombre de El Molo significa "el pueblo que vive de atrapar peces". Estos hábiles pescadores, que viven en el extremo sur del lago Turkana, lancean o atrapan en cestos a los peces, y también a los cocodrilos, desde balsas hechas con troncos de palmera.

REDES DE CESTERÍA *Al atrapar a los peces con cestos, los turkana emplean una técnica que ha sido probada y verificada durante varios siglos.*

Cordillera de Ruwenzori

SE CONSIDERA QUE LAS NEVADAS CIMAS DEL ECUADOR SON LAS "MONTAÑAS DE LA LUNA" DE LOS ANTIGUOS GRIEGOS

Hay aquí maravillas ocultas: la cordillera Ruwenzori de África Oriental, llamada también las Montañas de la Luna, vela el esplendor de sus cimas con un manto casi permanente de nubes; su nevada grandeza sólo se manifiesta cuando remolineantes vientos lo disipan.

El explorador Henry Morton Stanley (quien halló al doctor Livingstone) llegó en 1888 a la cordillera, nunca antes descrita por europeos. Notó que durante 300 días del año las cimas se ocultaban tras arremolinadas nubes, pero cuando éstas se abrían la vista era magnífica. "Una cima tras otra pugnaban detrás de nubes de negrura nocturna", escribió,

IMPETUOSOS TORRENTES *Las cataratas se precipitan desde la Ruwenzori. Ptolomeo, geógrafo griego, creía que la cordillera era la fuente del Nilo. No lo es, pero está exactamente donde lo señala su mapa.*

"hasta que al fin la nevada cordillera, inmensa y hermosa... atrajo todas las miradas y cautivó la atención."

Ruwenzori significa "hacedor de lluvia", y fue Stanley quien dio ese nombre bantú a esas montañas nevadas que se encuentran a menos de 48 km del ecuador. Su masa recorre unos 96 km a lo largo de la frontera entre Uganda y la República Democrática del Congo. En el corazón del macizo, elevadas montañas, donde los glaciares descienden hasta los valles, rozan el cielo. Margherita, una de las cimas del monte Stanley, se eleva 5 110 m.

El duque italiano de los Abruzos, Luis de Saboya, fue el primero en escalar, cartografiar y fotografiar las montañas en 1906, pero la oscura intuición de su existencia data de tiempo atrás. Hace más de 2 000 años, los geógrafos griegos hablaron de montañas cuyas nieves y torrentes alimentaban las fuentes del

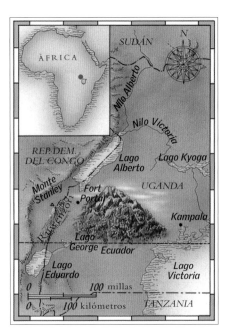

Nilo. En el siglo IV a. C., Aristóteles se refirió a una "montaña plateada" en África central, y Ptolomeo las llamó las "Montañas de la Luna". Hoy se cree que esas montañas eran las Ruwenzori.

ROCAS CHISPEANTES

Cuando se disipa la neblina, las cimas resplandecen con un brillo escalofriante que no se debe sólo a la nieve. La roca posee brillo propio debido a que al granito subyacente lo cubren esquistos de mica: rocas de tosca veta transformadas por el calor y la presión de los vigorosos movimientos terrestres. La Ruwenzori, a diferencia del Kilimanjaro y del monte Kenya, no se formó por acción volcánica. Una inmensa porción de tierra fue empujada hacia lo alto e inclinada en un cataclismo que tuvo lugar hace menos de 10 millones de años, lo que no es mucho en la escala del tiempo geológico. A esta relativa juventud, se debe en parte, el accidentado perfil de las montañas.

Quizá lo más maravilloso del Ruwenzori sea la extraña vegetación que le otorga a las laderas de las montañas un estremecedor aspecto.

El clima juega un papel importante. Las nubes de Ruwenzori, que bajan a cerca de

NEVADA CIMA AFRICANA *La vegetación sobrevive en lo alto de la ladera noreste del Monte Stanley (der.), alrededor de los lagos Trene. No obstante, la nieve puede impedir que se cierren las rosetas de hierba cana gigante.*

SE ALIMENTA DE NÉCTAR *El suimanga malaquita, cuyo tamaño se aproxima al del mirlo, usa su largo pico curvo para extraer el néctar de las lobelias gigantes.*

RINCÓN SECRETO *El paso de las lluvias y los glaciares de Ruwenzori han creado lagos al abrigo del húmedo bosque. Las bananas crecen entre árboles de helechos y enredaderas.*

2 700 m, propician un clima extremo. En noviembre, el mes más lluvioso, la precipitación pluvial llega a ser de 51 cm.

La niebla permanente genera una atmósfera acuosa a la que responde la lujuriante vegetación. Las plantas alcanzan tamaño inusitado en medio del húmedo olor de los hongos, los muelles musgos y el incesante goteo del agua. Las lobelias son sorprendentes. Las especies *Lobelia wollastonii y L. bequaertii,* emparentadas con las familiares lobelias de jardín, alcanzan a triplicar la estatura de un hombre y de ellas brotan agujas semejantes a las de la yuca. Las hierbas canas (*Senecio*) alcanzan la altura de postes telefónicos, y las especies de brezo llegan a medir 12 m.

Esos prodigios crecen principalmente por arriba de los árboles, y es la ausencia de competencia de éstos lo que los ha ayudado a alcanzar su fenomenal tamaño. Otro factor es el suelo ácido, rico en humus, que también nutre gusanos de tierra tan largos como el brazo de un hombre.

Así pues, apenas sorprende que la superstición haya arraigado en este reino de hadas ecuatorial. Por mucho tiempo el pueblo banande ha creido que Ruwenzori alberga espíritus que hacen rodar rocas contra los intrusos. No hace mucho, un naturalista que cortó una aguja de lobelia gigante se encontró con que sus cargadores se negaban a llevarla, y aun a tocarla, por temor a morir. Los nativos tampoco tocarán al extraño camaleón (*Chameleo johnston*), uno de los más singulares habitantes de la selva: este reptil de funesto aspecto tiene tres cuernos en la frente, por lo que se le considera una creatura de malos presagios.

Existen ahí otros animales. Los suimangas usan su curvado pico para sorber el néctar de las enormes lobelias. Los monos colobo blancos y negros viven en ramas altas, alimentándose de hojas y bajando rara vez al suelo; los leopardos merodean por la selva casi hasta el borde de la nieve. La creatura más extraordinaria es el damán arbóreo, que parece un conejo y chilla como un cerdo de Guinea, aunque no es pariente de ellos. El damán tiene cascos en vez de garras y se emparenta más con el elefante que con ningún otro animal. Los elefantes también frecuentan la Ruwenzori, aunque sólo hasta el pie de las montañas. Se mueven pesadamente por la densa vegetación de juncos y papiros en pantanos y ciénagas poco profundos, como centinelas que vigilan este peculiar reino montañoso.

Ol Doinyo Lengai

UN RETUMBANTE VOLCÁN EN EL GRAN VALLE DEL RIFT DE ÁFRICA ES CONOCIDO POR LOS MASAI COMO LA "MONTAÑA DE DIOS"

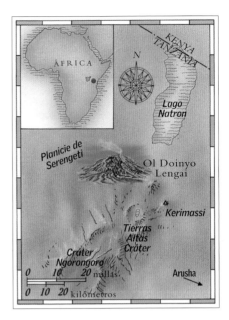

Entre las polvorientas y agostadas Tierras Altas Cráter del norte de Tanzania, en una región tachonada de manantiales calientes y chorros de vapor sulfúreo, se eleva una montaña conocida como Ol Doinyo Lengai, nombre masai que significa "Montaña de Dios".

Unos pocos baobabs y retorcidas magnolias atenúan el inhóspito carácter del entorno. Los demonios del polvo forman remolinos sobre la tierra agrietada, y el escaso pasto existente se convierte en paja en tiempo de sequía.

El volcán activo Ol Doinyo Lengai apenas llama la atención: mide sólo 2 856 m de altura, y no muy lejos hay montañas majestuosas, como el Kili-

DENTRO DEL CRÁTER *La luz de la luna imprime en el cráter de Ol Doinyo Lengai un resplandor estremecedor a medida que las manchas de brillante ceniza blanco grisáceo contrastan con la negra marea de lava.*

manjaro. Pero en lugar de arrojar fuego y humo, Ol Doinyo Lengai ¡escupe sosa! Sus erupciones de lava incluyen ceniza y carbonatita, que se transforma en carbonato de sodio al contacto con la humedad del aire. Es el único volcán de carbonatita activo en el mundo, y lo que en su cima algunas veces parece nieve es en realidad ceniza blanqueada.

Sin embargo, la roca fundida en el interior del volcán es negra, y aunque ahí amenaza con estallar, brota sólo la mitad de caliente que la lava normal y apenas resplandece a medida que sale de la chimenea. Una vez en contacto con el aire, cambia de color y se vuelve carbonato del que se usa para limpiar y blanquear, que puede ser lo suficientemente agresivo como para quemar.

Ol Doinyo Lengai explotó en agosto de 1966, y de nuevo en 1967 . Hoy el volcán sigue trepidando. Subir a su borde toma seis horas, y cuando los

visitantes entran al cráter, de unos 300 m de diámetro, abajo ven una sibilante chimenea donde la lava borbotea. Un visitante, el profesor Curt Stager, escribió en 1990: "El suelo oscila a intervalos de pocos segundos; una montaña de lava emerge por la chimenea y choca contra las paredes. A medida que me aproximo, me percato de que este pozo de alquitrán es un hoyo en una corteza congelada. Bajo mis pies amenaza con estallar un lago de lava." El profesor

DECEPCIÓN *Las pálidas venas que rodean el cráter de Ol Doinyo Lengai no son nieve, sino ceniza blanca que el volcán escupe junto con carbonato de sodio.*

describe cómo uno de sus acompañantes atravesó con su pie la delgada costra: "Logró liberarlo entre una bocanada de humo… Sus agujetas habían desaparecido. La pernera estaba carbonizada. Reí para mis adentros: la 'Montaña de Dios' hace justicia".

MONTAÑA SAGRADA

Al oeste de Ol Doinyo Lengai se extiende la planicie de Serengeti. A toda esta región la cubren capas de ceniza alcalina, que quizá descargó el Kerimassi, un volcán vecino ahora inactivo. El suelo alcalino, sumado a la larga estación seca de junio a octubre, no favorece el crecimiento de árboles variados. El pasto brota cuando llegan las lluvias de noviembre, y en los pastizales abundan los animales que pacen (gacelas, ñúes, zebras), así como sus predadores: leones y perros salvajes.

SEÑAL DE HUMO

Nubes de humo cada vez más densas anuncian la erupción de Ol Doinyo Lengai en el africano Gran Valle del Rift.

El 9 de agosto de 1966, después de 10 días de ominosas amenazas de explosión, mientras el suelo se sacudía y retumbaba, el volcán estalló, lanzando ceniza negra a 10 000 m de altura y sobre las planicies circundantes.

Al cabo de 48 horas el suelo era de color blanco sucio (la ceniza cambia de color a medida que se enfría). Pasaron tres semanas antes de que se calmara la erupción.

Bajo las laderas norte de Ol Doinyo Lengai está el lago Natron, cuyas aguas, poco profundas y saturadas de carbonato, cubren un lecho de rancio lodo negro. Hay ahí pocos peces y ninguna planta. En cambio, en el caldo alcalino abundan las algas verde-azules (microscópicas plantas acuáticas) junto con diminutas creaturas que se alimentan en el pestífero lodo. Hay un ave excepcional que anima el entorno: el flamenco. Rosas y brillantes multitudes de más de un millón de flamencos suelen cubrir la superficie del lago mientras se alimentan de algas o de diminutos organismos.

Los masai, pastores nómadas de Tanzania y Kenya, creen que su dios, Engai, truena en el cráter de la cima. Una de las figuras de su religión se asemeja a Eva, la Madre primigenia: Naiteru-Kop vivía en el paraíso con muchos hijos, pero sin compañero. A menudo miraba extasiada a la luna. Un día Engai le pidió que eligiera entre la vida de la luna y la de uno de sus hijos. Debido a que podía tener más hijos, Naiteru-Kop eligió a la luna. Y así se creó la mortalidad humana.

Los masai valoran la condición y la riqueza de un hombre por el tamaño de su rebaño. Comen carne, pero rara vez de su propio ganado, salvo en ocasiones rituales. Los rebaños de cebúes se preservan por su leche y su sangre, la que sorben cuando aún está caliente por un junco clavado en la yugular del animal vivo, o la mezclan con leche y almacenan en calabazas. Los masai creen que esta dieta les da fuerza: sus guerreros fueron alguna vez señores de todas las tierras de pastoreo del Gran Valle del Rift y sus alrededores.

Algunos masai son aún nómadas, y conducen su ganado a los mejores pastos según la estación; pero los avances médicos se han traducido en un gran aumento de la población. Hoy los pastizales están exhaustos y muchos masai se han aglomerado en las ciudades.

Durante siglos, los pastores masai han peregrinado en tiempo de sequía por el requemado paisaje gris ceniza al pie de Ol Doinyo Lengai para orar por la lluvia. *"¡Eng kare! ¡Eng kare!"* es su eterna plegaria a Engai por el agua restauradora de los pastos para su desfalleciente ganado.

RITOS GUERREROS

Los masai adultos que viven a la manera tradicional, tanto guerreros como mujeres, portan enormes pendientes, vistosos collares de cuentas y brazaletes de cobre forjado; las mujeres también llevan ajorcas. Los guerreros portan capas naranja rojizo anudadas al hombro, y tiñen sus largos y esbeltos cuerpos con barro ocre y grasa. Los hombres y las mujeres solteros pintan su cabello color ocre y lo trenzan sobre el cráneo; las mujeres casadas llevan las cabezas rapadas y untadas con barro rojo.

A cada etapa de la vida le corresponde un ritual: hay ceremonias para bautizar a los niños y ritos de circuncisión para los chicos y las chicas mayores. Cada 15 días, cuando hay luna llena, tiene lugar la ceremonia de consagración para los guerreros, *E unoto*. La principal se celebra en Mukulat, Tanzania.

Los guerreros con melenas de león, plumas de avestruz y pieles de leopardo como tocados, se reúnen para el ritual que dura cuatro días e incluye tanto danzas y sacrificio de bueyes, como el rapado de la cabeza. Los jóvenes no pueden casarse sin volverse guerreros de rango.

ALTOS VUELOS *Tradicionales danzantes masai saltan hacia arriba acompañados de rítmicos cantos.*

Lagos Soda

UNA CADENA DE LAGOS POCO PROFUNDOS Y
SATURADOS DE CARBONATO SE EXTIENDE A LO
LARGO DEL EXTREMO SUR DEL GRAN VALLE DEL RIFT

Verdes, rosas o blancos, los poco profundos lagos de carbonato de África Oriental se diseminan a lo largo del Valle del Rift como un rosario. Algunos resplandecen con la luz solar: en ellos el carbonato se ha recogido hasta formar en su orilla una dura costra. Otros, como el lago Bogoria, tienen en sus orillas manantiales de agua caliente que arrojan vapor.

Las plantas y los animales microscópicos que pululan en el agua son la causa del color, verde o rosa, de los lagos de carbonato. Existen millardos de algas y de pequeñísimos animales que se alimentan de ellas, como los camarones de salmuera. Su abundancia es tal que hacen bullir al agua.

La blancura de los lagos se debe al carbonato que se seca por evaporación. Ese carbonato (bicarbonato de sodio, sobre todo) proviene del terreno y de las cenizas arrojadas por los volcanes locales. Los lagos Magadi y Natron, en el sur del valle, son los más profundos y calientes y los que tienen mayor concentración de carbonato, debido a que ambos carecen de desaguaderos.

El lago Magadi ocupa un remoto paraje semidesértico donde la temperatura diurna alcanza 38° C: sus aguas las ha espesado el carbonato. El lago Natron, al que a menudo iluminan erupciones rosas, es ligeramente menos denso, si bien su superficie es mayor: 64 km de largo y 16 km de ancho. En estos lagos el calor evapora más agua que la que aporta la lluvia, que no excede las 400 mm al año. El quemante carbonato cenagoso que rodea las orillas del lago puede alcanzar a mediodía una temperatura de 65° C.

Otros lagos de carbonato, como el Bogoria, el Nakuru y el Elmenteita, son más benignos con la vida silvestre debi-

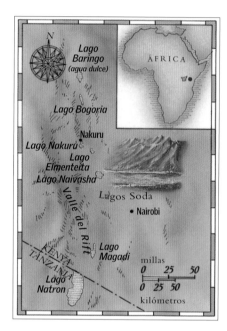

do a que en ellos desaguan ríos que mantienen al agua en movimiento y reducen la concentración de carbonato, si bien la evaporación no deja de afectarlos. En la década de 1950, el Elmenteita y el Nakuru casi desaparecen sin dejar más huella que polvo sofocante.

Los científicos creen que el agua subterránea, que se abre camino a través de las capas de carbonato del lecho del Valle del Rift, aumenta sin cesar la cantidad de carbonato en los lagos. En el Magadi, se ha extraído comercialmente el carbonato desde inicios del siglo XX sin que disminuya el abasto.

LA ABUNDANCIA DE ORGANISMOS DIMINUTOS HACE BULLIR EL AGUA

Los manantiales calientes y los géiseres de vapor son calentados por las rocas volcánicas. En el Bogoria, fluyente agua hirvie sobre los pastos, lo que es un peligro para los turistas. En el Natron y en el Magadi, los manantiales calientes son la única agua relativamente dulce disponible. Esos lagos son el hogar de la

tilapia enana, un pez que se ha adaptado al agua caliente. Después de la lluvia, cuando el carbonato está diluido, los peces se propagan rápidamente. Millones de ellos se reúnen en las aguas poco profundas, haciéndolas bullir.

En la década de 1950, Leslie Brown, naturalista británico y Ministro de Agricultura de Kenya, fue al lago Natron para averiguar si los flamencos podían reproducirse ahí. Acercarse lo suficiente para poder observarlos requería caminar 11 km o más. Desde su campamento a la orilla del lago se puso en marcha al amanecer caminando sobre la costra de carbonato. Pudo pisar con firmeza al principio, pero la superficie no tardó en desmoronarse bajo sus pies, hundiéndose en lodo blando y hediondo. Avanzar era cada vez más difícil: cada paso era agotador. Para colmo, el agua de su cantimplora se contaminó con polvo de carbonato.

Pese a su fortaleza y a su experiencia como cazador, su empresa se tornó tan desesperada que tuvo que regresar. El calor, la deshidratación y el agotamiento casi hicieron que el viaje de regreso fuera fatal. Cuando alcanzó una superficie dura se quitó las botas: estaban saturadas de sales de carbonato; sus piernas, ampolladas, se ennegrecían al contacto con el aire. Tras la caminata, Brown se derrumbó y permaneció inconsciente en el hospital tres días. Recuperarse le tomó seis semanas y un tratamiento a base de injertos de piel.

ASAMBLEA DE FLAMENCOS

Los lagos, aunque hostiles al hombre y a mucha de la vida salvaje, son el hogar de cerca de 3 millones de flamencos menores y de 50 000 flamencos mayores que se alimentan de la vida que bulle en las aguas. Los pigmentos de su dieta son los responsables del color rosa de su

LEGIONES DE FLAMENCOS *Miles de flamencos menores se reúnen en el lago Bogoria, uno de los menos saturados de carbonato. Acuden a lavarse el carbonato que los manantiales calientes espolvorearon en sus plumas.*

plumaje. Los flamencos buscan su alimento en los lagos donde abunda. Suelen reproducirse en los lagos remotos, como el Natron, cuyas orillas encostradas de carbonato disuaden a merodeadores como los chacales.

Los flamencos se alimentan de algas o de larvas de insectos: flexionan la cabeza mientras filtran el agua y el lodo a través de sus picos, los que sumergen como cucharones. Comen principalmente de noche, cuando el viento ha dejado de soplar: la brisa diurna puede hacer ondear el agua e inundar sus picos, aunque a veces forman una cerrada valla en cuyo quieto centro pueden alimentarse.

VIDA FAMILIAR

Los flamencos se reproducen sobre todo después de las lluvias. Se pavonean estirando el cuello en un ritual de cortejo que dura semanas; luego construyen vastas colonias de nidos de lodo con un orificio superior. Uno o dos huevos se abrirán un mes después. Tras una semana en el nido, los polluelos se congregan en "guarderías" donde sus padres los alimentan con la "leche" roja que han cosechado. Mientras puedan volar, unas once semanas más tarde, los polluelos estarán a merced de predadores como el águila acuática.

Río Congo

ALGUNA VEZ CONOCIDO COMO ZAIRE, SE ARQUEA A TRAVÉS DEL CORAZÓN DE ÁFRICA HACIA EL ATLÁNTICO

CERCA DE LA DESEMBOCADURA *Los manglares cubren las orillas del bajo río Congo, visitado por primera vez por los portugueses en el siglo XV.*

Innumerables tributarios alimentan al gran río Congo en su larga trayectoria hacia el Atlántico desde los pastizales de la frontera de la República Democrática del Congo y Zambia. Esos tributarios se vierten en una zona de selva y de pastos altos cuya superficie se aproxima a la de India. En su curso de 4 700 km, los meandros del río atraviesan manglares y espesas selvas; sobre ellos atruenan rápidos y cataratas, y acumulan tal fuerza que arrojan en el mar unas 41 700 toneladas de agua por segundo. Su descarga sólo la supera el Amazonas.

Cuando el explorador portugués Diogo Cão descubrió en 1482 el estuario del río, no pudo navegar por los atronadores rápidos río arriba (lo que hoy se conoce como las cataratas Livingstone). Así, el poderoso río permaneció ignorado cerca de 400 años. Los europeos del siglo XIX lo consideraban "lo más oscuro de África".

En 1899, el novelista Joseph Conrad escribió en *El corazón de las tinieblas*: "[es] un país de horrores dignos de una pesadilla". Originalmente llamado Zaire, el río fue rebautizado como Congo (nombre del pueblo kongo) por los exploradores europeos en el siglo XVII. En 1971, el que fuera Congo Belga retomó, junto con el río, el nombre de Zaire. Desde 1997, ambos se llaman Congo una vez más.

David Livingstone, misionero y explorador escocés del siglo XIX, pensó que el Congo era la fuente del Nilo, o quizá del Níger. Pero los aterradores relatos de caníbales que vivían en lo profundo de la selva disuadieron aun al intrépido Livingstone de querer probar su teoría. Sólo hasta 1876–1877 el explorador norteamericano, oriundo de Gales, Henry Morton Stanley se aventuró a recorrer el río para conocer su identidad.

La fuente del Congo es el río Lualaba, del que sólo unas partes son navegables. Primero fluye hacia el norte por rocosas gargantas, y luego recorre ciénagas y pantanos bordeados de juncos para desembocar en el lago Kisale, lugar favorito de águilas

Henry Morton Stanley (1841-1904) decidió explorar el río Congo cuando en 1873 se enteró de la muerte de David Livingstone. Admiraba a éste desde su famoso encuentro en el Congo en 1871, cuando Stanley, corresponsal del New York Herald, había sido comisionado para hallar a Livingstone.

En noviembre de 1874, Stanley partió de la costa este con 350 hombres. Se dirigió primero al lago Victoria, llevando consigo un pequeño barco desarmado, el Lady Alice. Stanley circunnavegó en ese barco los lagos Victoria y Tanganyka, concluyendo que no desaguaban en el río Congo.

Cuando el grupo llegó a Nyangwe, en el Congo, en octubre de 1876, Stanley consiguió la ayuda de Tippu Tib, un mercader de esclavos árabe, y se puso en marcha hacia el norte con unos mil hombres. El avance era lento y difícil, y los árabes lo abandonaron en diciembre, tras haber viajado 320 km.

Stanley se hizo de algunas canoas y siguió adelante por agua y por tierra, sorteando rápidos y peleando unas 30 batallas con los nativos. Sólo 114 hombres del grupo de Stanley alcanzaron por fin el mar en agosto de 1877.

GRAN EXPLORADOR

Sir Henry Morton Stanley (nombrado caballero en 1899) ubicó en el mapa al río Congo. Su grupo viajó por tierra y por agua.

pescadoras, garzas martines pescadores y otros pescadores locales. En Kongolo, el cada vez más rápido río ha sextuplicado su anchura a 500 m, y el puente que lo atraviesa es el único en los siguientes 2 800 km. Más allá se encuentra una escarpada garganta con cascadas y remolinos: las Puertas del Infierno. Luego siguen unas partes navegables que se mezclan con los rápidos ante Nyangwe, donde el río penetra en la imponente jungla que en 1871 atemorizó a Livingstone; éste no se aventuró más al norte. Stanley inició su viaje desde Nyangwe hacia el Congo en octubre de 1876, tras un viaje de dos años desde la costa este de África. Desde

Nyangwe tardó nueve meses en llegar a la boca del río, y en el camino su grupo tuvo enfrentamientos con los nativos de las aldeas ribereñas.

Stanley sostenía una de esas batallas cuando escuchó el sonido de una catarata. Era la primera de siete que juntas caían en el río a 60 m a lo largo de 90 km. El grupo tardó casi un mes en rodearlas. Stanley les dio su nombre, pero hoy se llaman cataratas Boyoma, cuya descarga de agua es la mayor del mundo: unas 166 850 toneladas por

ÁFRICA

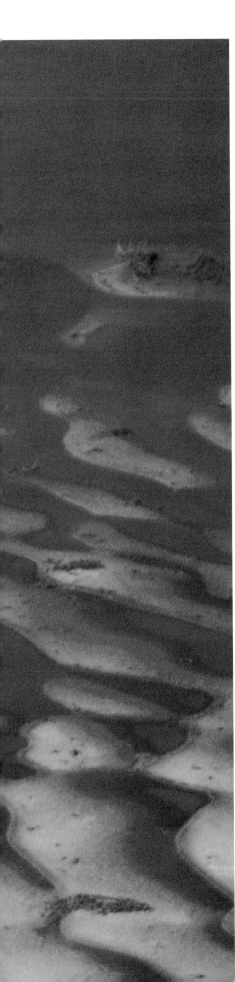

AGUAS TRANQUILAS *El estanque Malebo, cerca de Kinshasa, abarca unos 24 km, y empequeñece la diminuta embarcación que surca sus aguas.*

segundo. Más allá de las cataratas, Stanley encontró un poblado al que llamó Stanleyville. Se percató de que los nativos atrapaban grandes cantidades de peces con palos y cestos cónicos de mimbre. Así siguen haciéndolo, y Stanleyville es hoy Kisangani, un activo centro pesquero, fabril y turístico, y el destino final de los barcos que transportan mercancía río arriba.

Desde Kisangani, donde el Congo se curva hacia el oeste, el río es la principal ruta de tráfico a Kinshasa, la capital del país, exactamente 1 600 km río abajo. En el trayecto se vuelve hacia el suroeste, recorriendo una espesa selva animada con el griterío de los monos y el chillido de coloridas aves. Esta parte del río Congo se alimenta con más tributarios: el Lomami, el Aruwimi, el Tshuapa, el Oubangui y el Sangha, que aumentan su caudal.

Al oeste de Kisangani, donde se une con el Aruwimi, el Congo se ensancha y luego baja hacia Mbandaka. Miles de islas de aluvión desvían su curso en un laberinto de riachuelos, formando una red de oscuras lagunas a las que agobian jacintos acuáticos y sobre las que penden enmarañados árboles. *En El corazón de las tinieblas*, Conrad describe el viaje por el río "como un retroceso a los comienzos del mundo, cuando tumultuosa vegetación cubría la tierra y los grandes árboles eran los reyes: un seco cauce, un enorme silencio, una selva impenetrable".

Una de las embarcaciones más raras del mundo surca el río entre Kisangani y Kinshasa: el vapor llamado Big Pusher. Este pesado barco, una aldea

"COMO UN RETROCESO A LOS COMIENZOS DEL MUNDO"
Joseph Conrad

flotante de traficantes, arrastra un número enorme de barcazas, balsas, pontones y canoas, todas ellas amarradas entre sí y repletas hasta sumar 5 000 personas; de éstas, unas ocupan diminutos camarotes y otras se apiñan en las cubiertas y las pasarelas.

El barco arriba sólo a los puertos comerciales más grandes. Fuera de eso, no hace sino bajar la velocidad, y a media corriente lo rodean canoas y piraguas como enjambres de insectos. Alinearse a su costado es empresa precaria, los negocios deben ser expeditos. En cuestión de minutos, en las cubiertas se amontonan pescado seco, antílopes, frutas y fiambres de mono ahumado. La aldea flotante se desplaza hasta toparse con otra flotilla.

Más allá de Mbandaka, a medio camino hacia Kinshasa, la selva se angosta y el río gana impulso para precipitarse en el mar, dilatándose hasta 16 km en ciénagas que se prolongan a lo lejos. El río es tan ancho antes de llegar a Kinshasa que Stanley lo llamó el Stanley, pero ahora se llama estanque Malebo.

Kinshasa, en la ribera sur del Malebo, es la capital de la República Democrática del Congo. Las aguas del estanque no son sino un presagio de tormenta. Al oeste de Kinshasa, el Congo inicia su recorrido final y se torna innavegable. Esas cataratas, con rápidos y caídas que atraviesan una profunda garganta en las montañas Crystal, descienden 260 m a lo largo de 350 km y terminan a unos 145 km del mar. Fueron el último obstáculo en el viaje río abajo de Stanley, que las describió como "un descenso a un infierno acuático".

PARA LA SALUD *Stanley diseñó este maletín para su viaje. Los medicamentos, como la quinina para la malaria, iban en frascos de vidrio..*

Cráter de Ngorongoro

AISLADO DE LAS LLANURAS INFERIORES, EL CRÁTER VOLCÁNICO ES UN REFUGIO DE LA VIDA SILVESTRE DONDE ABUNDAN TODO TIPO DE ANIMALES

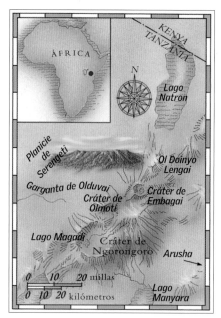

Cubiertos por una maraña de desgarrada vegetación, los escarpados flancos de este volcán extinto en el norte de Tanzania apenas dan una idea de lo que albergan las paredes de su cráter. El silencio del enrarecido aire, a unos 1 800 m sobre el nivel del mar, sólo es roto por el roce de las hojas cuando cálidas brisas se elevan desde la llanura circundante y juguetean sobre el borde en el azul del cielo africano.

En la cresta del borde el escenario cambia radicalmente. El terreno se precipita en un confuso vacío para formar un enorme plato de colores pastel. Al principio es difícil adaptarse a la inmensidad del espacio. El único punto de enfoque es la filigrana de los cursos de agua, a unos 600 m más abajo, que serpentean hacia resplandecientes estanques pintados de rosa.

Oscuras manchas salpican el piso del cráter. Sólo cuando éstas comienzan a vagar como nubes de formas cambiantes

resulta claro lo que son: miles de ñúes y cebras pastando. De pronto, una marea agita los estanques a medida que rosas celajes se elevan en el aire, vuelan en círculo y luego vuelven a posarse en el agua. Se trata de inmensas parvadas de flamencos que se reúnen en el lago del cráter, de escasa profundidad.

Una de las mayores concentraciones de vida silvestre en África (un estimado de 30 000 animales) es lo que se ve en el cráter de 260 km^2. Enumerar los animales de Ngorongoro es como leer el catálogo de un safari para fotógrafos. Existen unas 50 especies diferentes de grandes mamíferos, incluyendo leones, elefantes, rinocerontes, hipopótamos, jirafas, antílopes diversos como órix e impalas, monos verdes, babuinos, jabalíes verrugosos y hienas. Hay también más de 200 especies de aves, entre las que figuran avestruces, patos y gallinas de Guinea. En efecto, el cráter reproduce a pequeña escala la vida silvestre de África Oriental, y se eleva a lo alto como llevado en la mano de un dios complacido.

TIERRA ALTA DEL CRÁTER

Esta arca de Noé natural es un feliz accidente geológico. Ngorongoro se encuentra en la estribación oriental de Great Rift Valley, una falla de la corteza terrestre que se curva a través de África, desde Mozambique hasta Siria. Varias veces, durante millones de años, la enorme presión en la corteza terrestre hizo estallar los puntos débiles de la falla, y a la superficie emergió roca fundida en la serie de volcanes que hoy forman la "Crater Highland" de África Oriental.

Ngorongoro es uno de esos volcanes. Alguna vez tuvo forma de cono y cerca del doble de su altura actual. Cuando hace unos dos y medio millones de años

ESTA ARCA DE NOÉ NATURAL ES UN FELIZ ACCIDENTE

IMPRESIONANTE AMANECER *Ls nubes avanzan sobre el cráter de Ngorongoro mientras el sol tiñe de plata el lago y los pantanos. El agua disponible en la estación seca sustenta a gran cantidad de animales.*

su fuerza se agotó en una última erupción y toda la roca fundida que se hallaba bajo su cono fue arrojada como lava, la cubierta del cono se hundió en la cavidad. Todo lo que queda de ello es Round Table Hill, en el sector noroeste del cráter.

Técnicamente, el cráter volcánico resultante de una erupción o de un colapso volcánico se denomina caldera. Ngorongoro es la sexta caldera más grande del mundo: mide unos 18 km de

diámetro y es más o menos circular; es también la mayor caldera cuya orilla no se ha roto. Pero el nombre africano del cráter no considera detalles estadísticos: Ngorongoro significa sin más: "gran hoyo".

En 1959 se construyó un accidentado camino que conduce al suelo del cráter y que desciende 600 m en sólo 3.2 km. Al cráter sólo pueden entrar vehículos de tracción total, lo que no impide miles de visitantes durante todo el año.

A diferencia de los animales de la planicie de Serengeti, ubicada al oeste, que emigran anualmente en busca de agua y pastos frescos, casi toda la fauna

REBAÑOS QUE PASTAN *En la extensa llanura del cráter, las rayadas cebras contrastan con los ñúes, sus vecinos y acompañantes. Pero se confunden con su entorno cuando se desplazan o pacen en la neblina.*

ÁRBOL DE LA VIDA

ARQUITECTO *Un tejedor macho con antifaz teje un nido de pasto, usando como gancho una espina de acacia. Debe atraer a la hembra antes de que el pasto se seque; si no, será rechazado y deberá comenzar de nuevo.*

Las acacias y los arbustos dominan las llanuras de África Oriental. Aunque tienen espinas, los animales se alimentan de ellas: los antílopes pequeños, como los dik-diks y las gacelas de Thompson, se comen los brotes; los grandes, como los impalas, ramonean los arbustos, y los elefantes y las jirafas descortezan los árboles maduros.

Además de alimento, las acacias sirven como puestos de vigía, despensas, sombrillas, paraguas, postes para rascarse y hogares. El leopardo otea a su presa desde lo alto de sus ramas, y después de matarla la coloca en una horquilla de ramas, fuera del alcance de las hienas. Los leones descansan del calor diurno bajo el dosel de su follaje, y las serpientes tigre buscan entre sus ramas nidos de tejedores y polluelos.

Los capullos de seda de las orugas de saquito cuelgan de las ramas. Durante el cortejo, la hembra permanece dentro del capullo y el macho afuera, donde se expone al ataque de las hormigas que viven en diminutas escamas en la base de las espinas. Las hormigas defienden al árbol de los insectos comedores de hojas, pero no de invasores como los monos verdes, que pelan las vainas de semillas y se las comen.

Las semillas maduras que se comen los impalas y los elefantes son suavizadas por sus jugos gástricos, pues de otro modo no germinarían. Los escarabajos peloteros entierran las semillas al rebuscar en las heces, y así es como nace una nueva acacia.

APETITO VORAZ *En la niebla de Ngorongoro, un elefante se alimenta de una acacia. Al descortezar y deshojar los árboles pueden matar poblaciones enteras de éstos.*

de Ngorongoro permanece en el cráter todo el año, pues el agua nunca falta. Dos manantiales y dos ríos (el Munge y el Lonyokie) alimentan una larga serie de pantanos y al lago principal, poco profundo y salobre, denominado Magadi.

Al no tener salida, el agua del lago contiene muchísima sal como resultado de siglos de evaporación, origen intenso color azul de algunos claros. Sólo las algas y algunos crustáceos, como los camarones, sobreviven en sus aguas, lo que favorece a los flamencos que ahí se alimentan y de los que hay dos especies: los más grandes, cuyas largas patas simulan tallos a la orilla del lago y que curvan su cuello mientras atrapan crustáceos con sus picos, y los flamencos menores, que comen algas en aguas más profundas. En los pantanos vecinos los hipopótamos se revuelcan en el lodo, y hay lugares donde beben los elefantes y los rinocerontes negros, con sus vigilantes pájaros garrapateros, aves que se alimentan con los parásitos que se fijan sobre la piel.

LLUVIA Y RENOVACIÓN

Cada año, después de las "largas lluvias" (diciembre a abril o mayo), las llanuras del cráter se tornan verde esmeralda y en el rico suelo volcánico brotan flores rosas, amarillas, azules y blancas: petunias, astramuces, margaritas y el raro trébol azul. A medida que avanza la estación seca (mayo-noviembre), el color del cráter cambia poco a poco de verde a amarillo, luego a café grisáceo y finalmente a café pajizo, mientras los animales vagan por los alrededores del pantano Munge. El pasto cubre cerca de dos tercios del cráter y nada interrumpe la tersa uniformidad de los colores, salvo los diseminados grupos de acacias y los promontorios.

Prácticamente aislados del mundo exterior por la muralla del cráter, los animales de Ngorongoro tienen todo para sobrevivir. Cebras, ñúes y gacelas son mayoría en llanura, y son la presa de leones, leopardos, chitas, hienas y chacales. Estos carnívoros merodean en torno a los herbíboros como despreocupados salteadores a la espera de un incauto. La mayoría de los herbíboros, dan a luz en enero y febrero, cuando el pasto está más verde, y los predadores hacen lo mismo, cuando abundan los

SEGURIDAD SOCIAL *La mayoría de los ñúes del cráter (unos 15 000) permanecen ahí todo el año, más o menos en manada. Los rezagados son presa de predadores.*

terneros con los que se alimentan las madres que amamantan y los cachorros destetados.

Pero, no todo es paradisiaco en ese Edén. La agitación que se apodera de un rebaño de ñúes al ver una leona al acecho; el precipitado salto de una asustada gacela Thompson; el batir de las alas de los flamencos cuando se apartan del camino de una astuta hiena: todo ello ilustra la constante alerta, esencial para sobrevivir en esta limitada comunidad. Los fatuos buitres que vuelan en espiral sobre un animal sacrificado son la señal de que, en este cotidiano ritual de muerte, otra vida ha llegado a su fin.

LABORATORIO VIVIENTE

La fauna de Ngorongoro es una bendición para la comunidad científica. Durante varios años, zoólogos y otros científicos han ido para estudiar la vida silvestre en un ecosistema sin par. Pero hay una nube en el horizonte: la endogamia. Un estudio de la población de leones ha mostrado que el total estimado de 100 ejemplares ha descendido a 15. En 1962, los leones tampoco sobrevivieron a una plaga de moscas mordedoras. Ello significa que el capital genético de los leones de Ngorongoro es muy bajo, lo que amenaza tanto su capacidad para resistir enfermedades como la fertilidad de las futuras generaciones.

Pocos animales abandonan cada año el cráter. Los que así lo hacen se unen a las migraciones de la estación seca, y luego regresan. Esos migradores son un pequeño porcentaje, pero abren las puertas de Ngorongoro al aporte genético del exterior. Sin embargo, el desarrollo agrícola de la región circundante amenaza con invadir esas rutas de migración, aislando más al cráter.

Alguna vez Ngorongoro fue parte del Parque Nacional de Serengeti. Esto puso en desventaja a los pastores masai, así que en 1959 el cráter y la zona que lo rodea se convirtieron en una reserva de unos 8 300 km^2.

Los elegantes y altivos masai, con sus ropas color óxido atadas al hombro, son parte de la magia de Ngorongoro. La suave pisada de un pastor-guerrero masai, el susurro de los pastos, el acre olor de la vida animal: todo conforma la atmósfera intemporal que se cierne sobre este paisaje. Con todo, la cantidad de ganado en el cráter está limitada y no se permiten construcciones.

Montañas de Virunga

OCHO VOLCANES, DOS DE ELLOS ACTIVOS, SE ELEVAN HASTA LAS NUBES EN LA CONFLUENCIA DE TRES PAÍSES DE ÁFRICA ORIENTAL

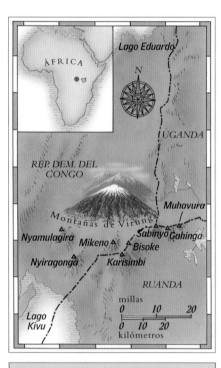

Vistas desde lejos, las cimas de las montañas de Virunga alcanzan una altura alucinante en medio de la niebla. Dominan las planicies de Ruanda, Uganda y la República Democrática del Congo, y verlas reaviva la estremecedora conciencia de los orígenes del planeta. Ocho volcanes que se distribuyen en 58 km constituyen la cordillera de Virunga. Seis de ellos están extintos y silenciosos; los otros dos, en un extremo de la cordillera, están activos y amenazan sin cesar con una erupción.

Nyamulagira significa "comandante" y es uno de los volcanes más activos del mundo. Los europeos presenciaron por primera vez una erupción suya en 1894, y desde entonces se ha descargado varias veces por las grietas que recorren sus flancos. Durante una erupción en 1938-1940, la lava de un depósito en la ladera del volcán se precipitó hacia el lago Kivu, a 24 km de distancia. Un testigo señaló que la lava brillaba "como escoria de un horno" mientras fluía, y que "enormes nubes de vapor se desprendían" ahí donde la lava se encontraba con las aguas del lago. La pérdida de tanta lava ocasionó el colapso de la cima del Nyamulagira, abriendo un enorme cráter de más de 2 km de diámetro.

Un impresionante cráter también corona al vecino volcán activo de Nyiragonga. En 1977 su casi perfecto cono se partió en cinco puntos, arrojando lava fundida que todo lo destruyó en su ardiente ruta colina abajo.

LAGO LIMITADO POR LAVA

Los derrames de lava de Virunga han configurado, en gran parte, el paisaje circundante. Las montañas se encuentran en la rama occidental del Gran Valle del Rift. En un tiempo, los ríos de esta rama desaguaban al norte, hacia el Nilo, pero se cree que los flujos de lava de los volcanes limitaron a los ríos, dando origen al lago Kivu. Para muchos, este lago, con su ribera bruscamente recortada, es el más hermoso de todos los de África;

VOCES NOCTURNAS

Fuertes silbidos suenan durante la noche en las boscosas laderas de Virunga, territorio del damán arbóreo, del tamaño de un conejo. Estos animalitos salen de sus madrigueras sobre todo de noche, y su código incluye señales de peligro, llamadas amistosas y alertas territoriales de "aléjate". Pese a su pequeño tamaño, su pariente más cercano es el elefante.

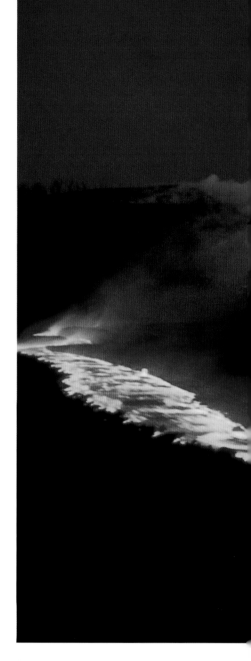

CORRIENTE ABRASADORA *Durante una erupción, quemante gas y una corriente de lava rojo dorado son arrojados por uno de los volcanes activos de la cordillera de Virunga.*

pero, pese a su apacible belleza, el lago es una bomba de tiempo.

Se filtra dióxido de carbono a través del lecho del lago y se acumula ahí, atrapado por la enorme presión que el agua ejerce sobre él: el lago tiene unos 180 m de profundidad, pero en algunos puntos alcanza 400 m. Cuando en 1986 las mismas condiciones se presentaron en el lago Nyos de Camerún, una mortal nube de dióxido de carbono surgió de pronto a través del agua y cubrió como un sofocante manto valles densamente poblados, matando a más de 1 700 personas.

En el lago Kivu las consecuencias podrían ser aún más devastadoras, pues la acción bacterial transforma al dióxido de carbono en metano. La intrusión humana en el lago, donde se bombea el metano para usarlo como combustible, podría ocasionar que el gas desprendiera burbujas en la superficie del agua. Una vez ahí, una chispa podría transformar al inflamable gas en una granada de mano, incendiando el área circundante.

Las conmociones de la corteza terrestre no plantean amenazas en ningún otro punto de las montañas de Virunga, pues los demás volcanes se extinguieron hace mucho. Karisimbi, el punto más alto con 4 507 m de altura, deriva su nombre de *nsimbi* ("cauris blanca"), aludiendo a la nieve que suele cubrir su cima. Las laderas del vecino Bisoke son el hogar del gorila de las montañas. A Sabinyo lo coronan varias cimas, en la más elevada se encuentran las fronteras de la República Democrática del Congo, Ruanda y Uganda.

Las montañas de Virunga desempeñaron su papel en la búsqueda de las fuentes del Nilo. Las especulaciones sobre los orígenes del gran río egipcio retroceden hasta el apogeo de la antigua Grecia. Ptolomeo, geógrafo, astrónomo y matemático del siglo II a. C., creía que el agua surgía en las "Montañas de la Luna". En 1862, el explorador británico

EN PAZ *Una ligera neblina se arremolina en torno a la dentada cima de Sabinyo, uno de los volcanes extintos de la cordillera de Virunga. El Gahinga se ve en primer plano.*

BOCA DEL VOLCÁN *Las caras internas del enorme cráter del Nyiragonga descienden casi a pico desde su borde: un círculo perfecto de que mide más de 1.1 km de diámetro.*

John Hanning Speke señaló que las Virunga, con sus "gruesos conos que llegaban al cielo" eran las montañas de Ptolomeo. Ahora se cree que las Montañas de la Luna son los Ruwenzori, al norte.

Speke sólo vio las montañas de lejos, pero de haberlas escalado se hubiera topado con una sorprendente variedad de plantas. Hoy, mucha de la tierra baja se ha desbrozado para la agricultura, pero aún hay restos de la selva original. Espeso bambú crece más hacia arriba y, a mayor altura todavía hay una multitud de árboles, arbustos y claros de hierba dispersos por aquí y por allá. Por arriba de los 3 000 m hay espectaculares formas gigantes de brezos, lobelias y hierba cana, en tanto que por encima de los 4 000 m apenas sobrevive algo más que musgos, pastos y líquenes. En esta variada flora viven 180 especies de aves y más de 60 especies de mamíferos, incluyendo leopardos, civetas, hienas y chacales, así como búfalos, jabalíes, elefantes y damanes arbóreos.

Las selvas de las montañas de Virunga son también el único hogar del gorila de las montañas. Durante las décadas de 1960 y 1970 su población descendió de unos 400 o 500 a unos 250, pues tuvieron que enfrentar la competencia de ganado, además de su captura para zoológicos y de ser víctimas de los cazadores furtivos que cortaban sus manos y cabezas para vendérselas a los turistas. Dian Fossey, una terapeuta ocupacional americana que había trabajado con niños discapacitados, llamó la atención sobre semejantes hechos.

En 1967, Fossey se estableció en Ruanda, en las laderas de Bisoke, y estudió de cerca a los gorilas durante

LA LAVA BRILLABA "COMO LA ESCORIA DE UN HORNO"

18 años. Con infinitas curiosidad y paciencia se ganó su confianza. A veces pasaba días gateando alrededor del bosque empapado de lluvia, imitando las acciones cotidianas de los gorilas, simulando que se alimentaba de hierbas, rascándose, golpeándose el pecho y eructando. Al cabo de tres años de trabajar con ellos, hizo un notable avance. Extendió su mano hacia un gorila y éste tocó con sus dedos los de Fossey: fue la primera vez que un gorila salvaje tocó a un ser humano.

LA LABOR DE UNA VIDA
Para proteger a los animales, organizaciones ecologistas internacionales establecieron el proyecto "Gorilas de las Montañas". Su objetivo era aumentar los conocimientos sobre los gorilas y alentar el turismo para crear empleos y reducir la caza furtiva. El plan fue desaprobado por Fossey, que quería patrullas autorizadas para dispararles a los cazadores furtivos.

En 1985 Fossey fue hallada muerta en su cama, decapitada por un desconocido. Fue enterrada en la parte trasera de su cabaña, pero la labor de su vida ha dado frutos, pues hoy aumenta el número de gorilas que viven en las selvas de las montañas de Virunga.

TIERNOS GIGANTES *Los gorilas de las montañas viven en grupos familiares de 5 a 20 miembros. Son vegetarianos: se alimentan de follaje, apio silvestre, ortigas y cardos.*

Costa del Esqueleto

LOS RESTOS DE BARCOS QUE NAUFRAGARON O SE ESTRELLARON CUBREN UNA DE LAS COSTAS MÁS PELIGROSAS Y DESOLADAS DEL MUNDO

Entre el antiguo desierto de Namibia y las heladas aguas del Atlántico se encuentra un desierto de arena blanca. Los marineros portugueses llamaron "la costa del infierno" a este tramo de la playa de Namibia. Hoy se conoce como la Costa del Esqueleto.

500 km de playa que parecen tensarse bajo un sol despiadado conforman un paraje infernal y, en virtud de su total desolación, extraordinariamente bello.

Cuando en 1859 el explorador y naturalista sueco Charles John Anderson visitó la costa experimentó "un escalofrío muy próximo al horror". "La muerte", exclamó, "sería preferible a vivir desterrado en semejante región".

A la Costa del Esqueleto la surcan un millón de dunas doradas que corren de norte a este desde el Atlántico hasta las planicies de grava de tierra adentro. Entre las dunas, reverberantes espejismos sobresalen entre las agrestes calzadas de roca desértica, los últimos vestigios de un terreno enterrado por la arena, que viaja hasta 15 m al año.

A todo lo largo de la Costa del Esqueleto, traicioneras corrientes encontradas, vendavales, nieblas sigilosas y arrecifes cuyos descarnados dedos se hunden en el fondo del mar han cobrado una impresionante cantidad de víctimas. Hay innumerables historias de los náufragos sobrevivientes asombrosa-

FIN DEL VIAJE *Restos de barcos cubren la costa. Vientos, corrientes y arrecifes amenazan a la embarcación que ose acercarse demasiado.*

mente arrojados a tierra y felices de estar vivos sólo para sufrir una lenta muerte en la arena. Restos de trasatlánticos, remolcadores, cañoneros, galeones, y fragatas yacen esparcidos de uno a otro extremo de la siniestra costa.

En 1943 se hallaron en la costa doce esqueletos sin cabeza y, en un refugio abandonado no lejos de ahí, el esqueleto

de un niño. En las cercanías, una curtida pizarra conserva el siguiente mensaje, escrito en 1860: "Me dirijo a un río 96 km al norte, y si alguien encuentra esto y me sigue, que Dios lo ayude". Hasta hoy se ignora quiénes fueron las desgraciadas víctimas, cómo naufragaron en la costa y por qué estaban decapitadas.

En noviembre de 1942, el Dunedin Star, un carguero británico con 21 pasajeros y 85 tripulantes, encalló en unas rocas a 40 km al sur del río Kunene. Todos los pasajeros, incluyendo tres bebés y 42 tripulantes, fueron llevados a la playa en lancha de motor.

> "LA MUERTE SERÍA PREFERIBLE A VIVIR DESTERRADO EN SEMEJANTE REGIÓN"

Fue uno de los rescates más difíciles conocidos: todos los naúfragos y la tripulación tardaron casi cuatro semanas en ser hallados y puestos a salvo. El rescate requirió dos expediciones por tierra desde Windhoek, en Namibia, tres bombarderos Ventura y varios barcos. Uno de los barcos de rescate encalló, ahogándose tres de sus tripulantes.

La Costa del Esqueleto recibió su nombre cuando un piloto suizo, Carl Nauer, se desplomó en algún punto de la costa en 1933, mientras volaba de Ciudad del Cabo a Londres. Un periodista afirmó que sus huesos se encontrarían algún día en la "Costa del Esqueleto". Los restos de Nauer nunca se recuperaron, pero el nombre se quedo.

ESCULPIDOS POR EL VIENTO

Más allá de las dunas costeras, unos promontorios de rocas, que por más de 700 millones de años el viento ha horadado esculpiéndoles fantásticas formas, se yerguen cual fantasmas en el desierto. Algunos semejan gigantescas setas venenosas deformes. Otros, como Skull Rock en el punto más bajo del río Munutum, tienen rasgos de calavera y ahuecadas "cuencas" que escudriñan los arenosos eriales.

En el sur, en las cadenas montañosas de tierra adentro nacen arroyos que las más de las veces se secan antes de llegar al océano. Esos requemados lechos fluviales sobreviven como caminos desolados a lo largo de todo el desierto, hasta que son tragados por las dunas casi en su totalidad. Otros ríos, como el Hoarusib, que fluye a lo largo de

escarpados muros de arcilla, ocasionalmente logra llegar al mar cuando las abundantes lluvias de tierra adentro lo transforman en una efímera avalancha de agua color chocolate.

Los científicos llaman a los lechos fluviales secos "oasis lineales" porque sus aguas subterráneas alimentan a una gran cantidad de plantas y animales. Aquí es donde los mamíferos de Namibia acuden a darse un festín de hierba y arbustos que la humedad preserva. Con sus colmillos, los elefantes cavan con ahínco en la arena para encontrar agua. Las gamuzas hienden la polvorienta superficie con sus cascos, anhelantes de un vestigio de humedad.

En la costa, donde el desierto y el mar se encuentran en un atronador oleaje que rompe contra playas en declive, las olas colorean el paisaje arrojando con geológica prodigalidad millones de piedritas en la playa: guijarros de granito, basalto, arenisca, ágata y cuarzo.

Los vientos sureños soplan desde el mar. Ellos fueron la marcha fúnebre que acompañó en su último viaje a los naúfragos que se asaron vivos y a los aventureros condenados al fracaso en medio de cegadoras tormentas de arena.

Los cazadores san de Namibia llaman a los vientos "Zuu-uup-ba" en razón de su sonido. Se trata de una de las más extraordinarias manifestaciones de la naturaleza. Cuando "Zuu-uup-ba" sopla, la cara lisa y expuesta de las dunas de arena se desploma, causando una fricción tan intensa entre los granos de cuarzo que la duna pareciera "rugir".

De noche, cuando el viento amaina y el desierto se enfría, la naturaleza mira a esta torturada tierra y envía a la niebla, que se desliza por playas y rocas apor-

FALSA ESPERANZA *La luna llena proyecta un reflejo inquietante en una laguna (der.) en el borde del desierto costero. Semejantes lagunas, junto con los deslumbrantes espejismos que las rodean, son falsa esperanza para los naúfragos.*

DADORA DE VIDA *La niebla se mueve sigilosamente sobre las dunas de arena de Namibia (recuadro) casi a diario, refrescando el suelo y aportando humedad a plantas y animales.*

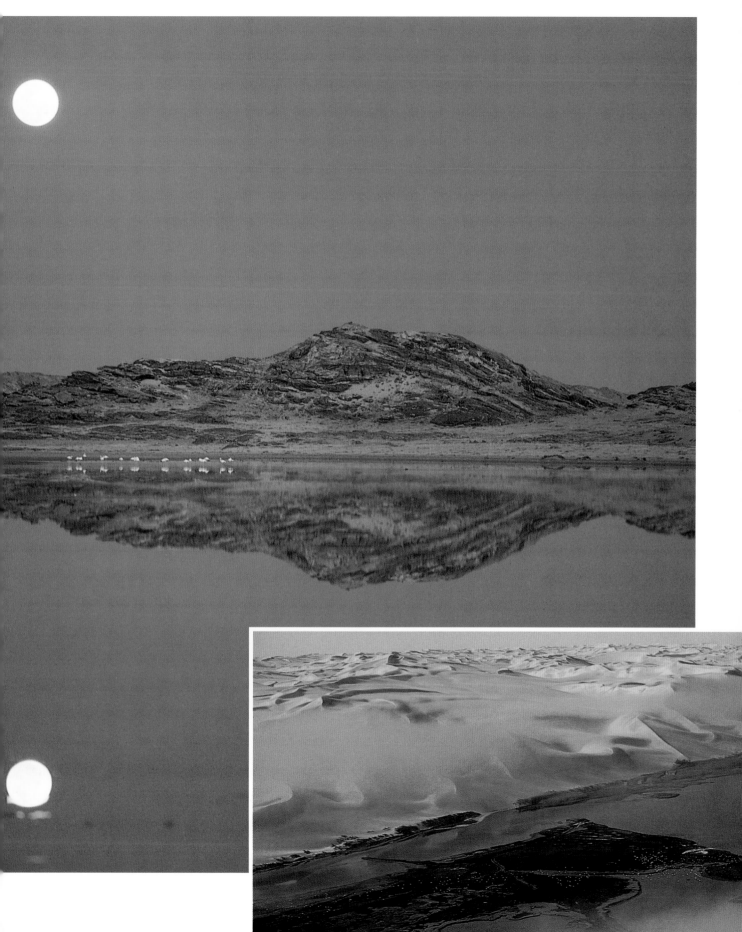

CÓMO LA NIEBLA SUSTENTA LA VIDA

De noche, la niebla se desliza sobre las dunas de la Costa del Esqueleto. Un escarabajo trepa a la cima de una duna, donde la niebla es más densa; inclina la cabeza y espera mientras la niebla comienza a condensarse en su dorso. A la larga, se acumula una gota de agua que cae en la boca del insecto. El escarabajo lepidochora recolecta la humedad de la niebla cavando una trinchera, con bordes leves, en ángulos rectos respecto de la niebla que se aproxima. Las gotitas de agua se condensan en los bordes y se acumulan en la trinchera, listas para que el escarabajo beba de ellas.

La niebla sustenta también a animales más grandes. El crótalo cornudo desliza su boca por sus escamas para chupar la humedad de su cuerpo. Seres humanos perdidos han sobrevivido lamiendo las gotitas de niebla que se condensan en las alas del avión.

Una planta que parece un monstruo de ciencia ficción, la welwitschia, también atrapa la niebla nocturna. Sus anchas hojas, que se abren hasta 3 m por arriba del suelo, absorben la humedad por millones de poros.

BEBEDOR DE NIEBLA *Para apagar su sed, un escarabajo negro (arr.) baja su cabeza; el agua condensada en su espalda se desliza hacia su boca.*

ABSORBEDOR DE NIEBLA *Sólo dos rígidas hojas brotan de la raíz de la welwitschia (der.), pero pueden dividirse y rizarse como virutas de madera.*

les permite desplazarse por la arena calcinada por el sol mucho después de que sus parientes de color negro se han sumergido en ella.

A medida que el día avanza, un viento seco del este azota las dunas, aportando materia orgánica viva y muerta de tierra adentro, lo que representa un festín para las creaturas del desierto. La arena caldeada cobra súbita vida mientras lagartos, escarabajos y otros insectos emergen de ella, precipitándose tras los deshidratados bocadillos que trae el viento.

LAGARTO BAILARÍN

Cuando su temperatura corporal se eleva peligrosamente, las creaturas del desierto se sumergen bajo la arena con rápidos movimientos hacia atrás en frenético zigzag. El único que no los imita es el lagarto de la arena, que combate el calor con una extraña danza, elevando alternadamente dos de sus patas para refrescarlas. Como un danzante reptil que se equilibra sobre la arena, el lagarto mantiene arqueadas su cola y sus patas traseras y delanteras.

A diferencia de la arena, el mar es frío, pues la corriente de Benguela se curva hacia el norte a lo largo de la costa desde la Antártida. Las heladas aguas se agitan con arenques menores, sardinas, anchoas y barbos que atraen a parvadas de aves

tando sustento y remozamiento a las plantas y los animales agostados.

En ninguna parte resulta ello más visible que en el estallido de color y vida que tiene lugar en las planicies de grava por detrás de las dunas. Durante el día, cada diminuto trozo de grava caliente se recubre de líquen al parecer seco y sin vida. Acariciado por la niebla, el líquen cobra vida en un mar de color.

A medida que avanza la noche y la niebla penetra en las dunas, diminutas creaturas emergen de la arena para "beber" de la niebla, única fuente de agua (arr.).

Al llegar el nuevo día, el milagro de la vida en el desierto no cesa. El desmán dorado de Grant, apenas más largo que un dedo y ciego del todo, se hunde a fondo en la arena, atrapando grillos, escarabajos o gecos que huyen del sol. Un escarabajo cauricara empieza a desplegar sus zancudos miembros para sacar su cuerpo lo más posible de la tierra: así se protege del abrasador calor del suelo y se expone a la relativa frescura de la brisa.

Los escarabajos blancos mantienen su temperatura corporal lo más baja posible gracias a su color, que refleja la luz. Ello

POSTURA REFRESCANTE *El lagarto de la arena levanta patas opuestas para refrescarse.*

marinas, así como a cientos de miles de osos marinos del Cabo que se reproducen en las islas y bahías de la desolada Costa del Esqueleto.

Etosha Pan

EN LAS LLANURAS DEL NORTE DE NAMIBIA YACEN LOS RESTOS DE UN GRAN LAGO QUE MURIÓ DE SED HACE MILLONES DE AÑOS

Este erial de arcilla encostrada de sal que se pierde en el horizonte es llamado por los nativos Ovambo Etosha: "el lago de los espejismos" o "el lugar del agua seca".

Visto desde el aire, es como si la naturaleza, en un indescriptible ataque de rabia, hubiera desterrado la vida de la tierra, desplegando su sudario sobre el yerto subcontinente.

La tierra tiene ámpulas y grietas, y en el inerte paisaje sólo los demonios del polvo y arremolinados vientos se

INCANSABLE BÚSQUEDA *En la estación seca, una red de veredas cubre la superficie encostrada de sal de Etosha Pan. Hoyos de agua e islas de verde vegetación son la meta de la incansable búsqueda de agua y alimento miles de animales.*

aventuran en su superficie. Una red de veredas atraviesa la cacerola para terminar por unirse en varios oasis dispersos como incongruentes islas de verdor.

Esos oasis en el desierto de sal de Namibia son los manantiales permanentes y los hoyos de agua que mantienen con vida a una de las mayores concentraciones de fauna salvaje del planeta. En la estación seca, que se prolonga de mayo a noviembre, grandes manadas de ñúes, cebras y antílopes corren el riesgo de ser atrapados por leones y otros predadores.

La cacerola forma parte de un fenómeno mucho mayor: la cuenca Etosha, que, junto con el delta de Okavango en Botswana y con otras

numerosas cacerolas y lagos más pequeños, alguna vez formó lo que los geólogos creen que fue el lago más grande del mundo.

Hace millones de años, los ríos que alimentaban ese lago se secaron. Privado de sus aguas y expuesto continuamente a la evaporación y la filtración, el lago acabó por desaparecer. Hoy Etosha sobrevive como una pequeña muestra de lo que fue: una cacerola de sal de 130 km de largo y 50 km de ancho. Ubicada en el centro del Parque Nacional de

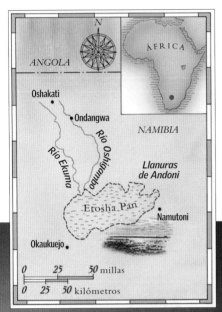

REFUGIO EN LA SAL *Las eflorescencias salinas en las orillas de Etosha acentúan las curvas de los poco profundos cursos de agua. Éstos atraen decenas de miles de flamencos y otras aves.*

Etosha, una de las mayores reservas de África, constituye un paisaje que cada año muestra grandes cambios.

Requemada, polvorienta y agostada en la estación seca, la cacerola de Etosha experimenta una transformación extraordinaria cuando empieza en diciembre la estación lluviosa. Las nubes se amontonan en el este para luego desplazarse vertiginosamente con su cargamento de agua.

Cortinas de agua caen en el lago Oponono, en el norte, llenándolo y enviando el vivificante líquido a lo largo de los ríos Ekuma y Oshigambo, hacia los marchitos alrededores de Etosha.

LAGO VASTO Y TRANQUILO

La requemada tierra despide vapor a medida que millones de toneladas de agua se vierten en ella y, transforman la cacerola en un vasto y tranquilo lago, cuyas efímeras aguas se pierden en el horizonte.

FIN DE LAS LLUVIAS *Efímeramente llena de agua en la estación lluviosa, la cacerola pronto se seca y su superficie parece un húmedo lienzo de huellas que se dirigen a inhóspitos y vacíos horizontes.*

La naturaleza lo celebra con una serie de extraordinarios sucesos. Millones de semillas de pasto, que durante meses han dormido en la seca tierra, de pronto cobran vida cubriendo la tierra con una capa de lujuriante verdor.

Acuciada por el olor de la lluvia, se inicia una de las mayores migraciones de animales en África. Decenas de miles de cebras y de ñúes afluyen hacia el noreste desde sus comederos de invierno en las llanuras Andoni. Al iniciarse la migración, primitivos sonidos comienzan a poblar el aire. El burlón ladrido de la cebra se une al triste berrido del ñu y a los bufidos, resoplidos, suaves relinchos y gimoteos de 15 especies diferentes de antílopes, tanto grandes como pequeños. Las jirafas recorren sin parar con su abarcadora mirada la planicie en busca de predadores, y los solemnes elefantes avanzan despacio en fila india.

Grandes manadas de gacelas damas, pequeños antílopes café y blanco del sur de África, también se unen a la enorme migración animal. Las gacelas damas son famosas por su ágil respuesta al peligro: ejecutan primero una serie de elevados saltos de ballet con las piernas rígidas, conocidos como "corcovos". Luego emprenden el galope. Pueden saltar una distancia de 15 m en un solo salto y alcanzar una velocidad de casi 90 km/h.

Leones y hienas, chitas y perros salvajes, los amos de esta tierra de abundancia, acechan a las largas columnas de hervíboros emigrantes.

En lo alto, rosas parvadas de flamencos también se dirigen hacia las aguas ricas en minerales de la cacerola. Se les unen en este magno vuelo aves multi- colores: gansos egipcios, pegas

rebordas de pecho carmesí, pichones volteadores de pecho lila, halcones, águilas, palomas, avefrías y alondras.

En 1876, el comerciante americano Gerald McKiernan describió la migración como "el África que he conocido en libros de viaje... si todos los zoólogicos del mundo se abrieran ello no se compararía con lo que vi ese día".

En el pasado, los nativos san (bosquimanos) cazaban libremente en esta llanura, y junto con los herero y los ovambo legaron a la región un reper- torio de hermosos nombres. Una baja cordillera de colinas en la frontera sur de Etosha se conocía como el Ondundozo- nanandana: "el lugar donde suelen ir los terneros jóvenes y del que nunca regresan". Uno de los campos turísticos del Parque Nacional de Etosha se llama Namutoni–Ovambo: "lugar alto que puede verse desde lejos". El nombre de otro campo, Okaukuejo, significa "lugar de las mujeres".

En 1907, el territorio de caza de los san fue proclamado reserva de caza: Etosha Game Park. Su área casi igualaba la de Islandia y era la reserva de caza natural más grande del mundo. En 1967 su tamaño se redujo para alojar a las tribus, convirtiéndose en el Parque Nacional de Etosha.

LEONES, HIENAS Y PERROS SALVAJES, LOS AMOS DE ESTA TIERRA DE ABUNDANCIA

¡A BRINCAR! *Cuando presiente el peligro, la gacela dama ejecuta varios saltos verticales, técnica conocida como corcovar.*

Desierto de Kalahari

UN REQUEMADO YERMO
DE ARENA, SAL Y PASTO
SECO ES EL HOGAR DE
UNO DE LOS PUEBLOS
MÁS NOTABLES DEL
MUNDO

TERRITORIO PELIGROSO *Un león, al que observan unas gallinas de Guinea, apaga su sed en uno de los hoyos de agua de Kalahari, punto ideal para cobrar presas: los predadores saltan sobre su víctima cuando ésta llega a beber.*

Por detrás de las grises planicies de grava del noroeste de Sudáfrica, el terreno se inclina suavemente para descubrir una intemporal obra de arte natural: un viejo mar de arena color albaricoque cuyo oleaje parece no cesar.

Se trata del Kalahari, una enorme planicie de arena en la meseta africana. Su longitud es la mayor del mundo y no se ve interrumpida por áreas pedregosas o de grava, como sucede en el Sahara.

El Kalahari, de cautivadora belleza, prehistórico por su carácter y su cultura, abarca casi todo Botswana: por el oeste llega hasta Namibia y continua por el norte hasta Angola, Zambia y Zimbabwe.

Quienes habitan en él lo conocen como Kgalagadi, que significa "aridez". Es una vasta e impenetrable región cuya antigüedad atesora secretos de civilizaciones que desaparecieron hace 500 000 años. Sus arenas son el hogar y el territorio de caza del pueblo más antiguo del mundo: los bosquimanos, o sans, cuya existencia apenas se ha modificado en 25 000 años. Su sorprendente adaptación al calor calcinante y a la escasez de agua y comida es lo que les ha permitido sobrevivir donde otros hubieran perecido.

Aun cuando hoy sólo sobreviven en el árido Kalahari contados miles de bosquimanos, sus ancestros legaron pinturas rupestres que es posible apreciar en la superficie de las rocas y en las cuevas de la región.

En los dilacerados acantilados y en las

PLANTA INCANDESCENTE *La lámpara sans, de gruesos tallos, arde porque su jugo alquitranado contiene cera, grasa y una sustancia semejante a la resina.*

Bien adaptada al sol y a las tormentas de arena de los desiertos de Kalahari y de Namibia, esta planta es conocida como la lámpara bosquimana debido a que su tallo resinoso es inflamable y arde violentamente cuando se enciende.

La jugosa planta crece más o menos hasta la altura del tobillo y tiene un grueso tallo cubierto de largas espinas. Sus delicadas flores, en forma de copa, son rosas o moradas.

Cuando sus secas hojas arden desprenden un agradable aroma similar al del incienso. En el siglo XIX, los hotentotes del sur de África usaron una especie de esta planta para curar la diarrea.

cuevas de las colinas Tsodilo, en el remoto Kalahari del noroeste, hay no menos de 2 750 obras de arte en 200 puntos. Los temas varían de sencillos dibujos geométricos a grupos de animales y hombres.

Muchos sans vivieron en el Kalahari del sur, donde cuatro antiguos ríos secos, el Molopo, el Kuruman, el Nossob y el Auob, se precipitan a su tumba de arena no muy lejos del río Orange. En esos desolados lechos, el agua sólo corre los

años en que llueve excepcionalmente. A su alrededor, la Naturaleza ha modelado sinuosas dunas cuyo color cobre y rojo se debe al óxido de acero que contienen los granos de arena.

En ese sofocante entorno, los meerkats y otros intrépidos animalitos salen de sus túneles sólo para alimentarse, siempre alertas ante el posible ataque aéreo de un águila o el asalto terrestre de una cobra del Cabo. Gamuzas, alcéfalos, duiqueros y otros pequeños antílopes pacen en los

largos pastos de las dunas, donde la temperatura a menudo rebasa los 50° C a la mitad del verano.

El Kalahari es como un grandioso monumento a los extraordinarios poderes del fuego, el viento, el agua y la arena. Hace unos 65 millones de años, grandes convulsiones sacudieron al planeta y enormes cantidades de lava volcánica fueron arrojadas en el centro de Sudáfrica. Esos ondulados mares de lava, de hasta 8 km de profundidad en

algunos puntos, formaron altas crestas y profundos valles fluviales.

A lo largo de más de 50 millones de años, el viento y la lluvia allanaron poco a poco el accidentado paisaje erosionando las montañas y llenando los valles con arcilla y grava. Finalmente, enormes cantidades de arena proveniente de la costa crearon una lisa llanura multicolor con un área equivalente a la de la moderna Sudáfrica.

DESIERTO LECHO FLUVIAL *El río Nossob (izq.), un seco sendero de arena, repta por el Kalahari. En la arena de las dunas vive una extraordinaria comunidad de creaturas.*

PELIGRO *Los búfalos (ab.) forman grandes manadas en el norte de Kalahari. Cuando algo los inquieta se convierten en unas de las creaturas más peligrosas de la tierra.*

La aridez del Kalahari se debe a la fría corriente Benguela, que desde el Antártico fluye hacia la costa oeste del sur de África. La helada agua marina enfría los vientos dominantes, evitando que absorban la humedad suficiente para generar lluvia en el interior

Durante la estación seca, en agosto y septiembre, en la superficie del Kalahari el agua casi desaparece y la lucha por la supervivencia es intensa. Los sans del Kalahari central y del sur sobreviven cavando en los lechos secos y en las cacerolas para encontrar el agua que almacenarán en huevos de avestruz vacíos. Cuando esas fuentes subterráneas de agua se secan, los sans la extraen del estómago de los antílopes que cazan. Los melones tsamma son otra fuente de agua: comen de ellos hasta 3 kg al día. Después de una inopinada lluvia, los sans sorben con juncos el agua de los agujeros en árboles y rocas.

GRANDIOSOS RECORRIDOS

Pese a su aridez, el Kalahari es el hogar de una enorme diversidad de animales: en sus planicies y llanuras vagan no menos de 46 especies de mamíferos mayores que un chacal.

Hace menos de un siglo, manadas de gacelas dama, cuyo número se estimaba entre 50 000 y varios millones, emprendieron grandes migraciones por el Kalahari. Una manada ocupaba más de 210 km con un frente de 21 km, causando estragos en las tierras cultivadas y pisoteando personas y animales hasta matarlos.

Aún hoy, grandes manadas de gacelas dama recorren los lechos secos de los ríos Auob y Nossob, levantando nubes en espiral de dorado polvo. En sus riveras, manadas de leones holgazanean bajo doseles de hojas de acacia, esperando la noche para iniciar la caza.

La gamuza, un vigoroso antílope, puede sobrevivir casi sin tomar agua gracias al aire acondicionado natural que controla su temperatura corporal.

Durante el crepitante calor diurno, el rápido entrar y salir de aire que obedece a sus palpitaciones recorre una delicada red de vasos sanguíneos que enfría la sangre que fluye al cerebro. Sin embargo, la temperatura del cuerpo sube simultáneamente, lo que al inhibir el sudor permite conservar el agua.

EN ARMONÍA CON EL KALAHARI

PRINCIPIA LA CAZA *Armados con lanzas, arcos y flechas envenenadas, tres bosquimanos emprenden la cacería. Después de herir a su presa, cuentan con el vigor para perseguirla.*

Los cazadores-recolectores nómadas conocidos como sans (o bosquimanos) alguna vez estuvieron diseminados por la mayor parte de Sudáfrica. Pero las influencias externas han invadido el Kalahari, el último refugio de los sans, y cobrado sus víctimas. Hoy sólo existen unos 55 000 de ellos, de los cuales menos de 2 000 viven exclusivamente de la caza-recolección.

Estos habitantes del desierto son quizá los mejores ecologistas del mundo: creen que si abusan de su entorno provocarán la ira del Ser Supremo.

De aquí que los sans recolecten y cacen sólo lo necesario para mantenerse vivos. Semejantes en tamaño a los pigmeos de África central, tienen nalgas anormalmente grandes y voluminosas, y gruesos muslos donde se almacenan las grandes cantidades de comida que han consumido en tiempos de abundancia.

Las mujeres y los niños pasan gran parte de su tiempo recolectando humedad, plantas y pequeños animales para comer. Un niño

FIN DE LA JORNADA
La dieta sans incluye diversos animales y plantas. Este pitón será la cena de la familia del cazador.

sans es capaz de identificar 200 plantas diferentes. Los hombres son cazadores excepcionales. Las puntas de sus flechas llevan un poderoso veneno que obtienen de las pupas de escarabajo.

"MÁS ALLÁ DE LA PUERTA DEL EDÉN"

Los exploradores arriesgan su vida y su integridad física para sondear las más remotas regiones del mundo

Desde que tenía cinco años de edad, escribió la viajera francesa Alexandra David-Neel, "ansiaba ir más allá de la puerta del Edén para seguir el camino que lo atravesaba y partir a lo desconocido". Este profundo deseo de sondear lo inexplorado alentaba en muchos aventureros. Otros, como el geógrafo sueco Sven Hedin, se inspiraron en los escritos de viajeros anteriores. Y otros más obedecen a una inextinguible sed de conocimiento del mundo natural. Cualquiera que sea el motivo, la pasión de explorar es devoradora y permite a hombres y mujeres soportar las penurias más extremas.

DINOSAURIOS EN EL GOBI
Cuando en la década de 1920 el naturalista norteamericano Roy Chapman Andrews (arr.) condujo a unos científicos al desierto de Gobi, en Mongolia, su interés por las águilas lo llevó a descubrir, cerca de un nido, huevos de dinosaurio de hace 95 millones de años: la primera prueba de que los dinosaurios eran ovíparos.

ASCENSO EN YAK
El geógrafo sueco Sven Hedin pasó 40 años cartografiando Asia central, a menudo en un camello (der.). En 1894 escaló las montañas Pamir, a más de 6 000 m de altura, en un yak.

PIONERA DEL TIBET
En 1924, la parisina Alexandra David-Neel atravesó a pie las montañas del Tibet para convertirse en la primera mujer europea que entró a la ciudad prohibida de Lhasa.

INVIERNO EN LA ANTÁRTIDA
El proyecto de Ernest Shackleton de cruzar a pie la Antártida con 27 hombres se vio frustrado en 1914 cuando a su barco lo aplastó el hielo. Después de dos inviernos en medio del hielo, el grupo fue rescatado cuando Shackleton navegó en un bote a South Georgia (ab.) y trajo ayuda.

Okavango

EL DELTA INTERIOR MÁS GRANDE DE LA TIERRA SE DILATA Y SE CONTRAE AL RITMO DE LAS INUNDACIONES DE MARZO

En Sudáfrica se encuentra un oasis que una vez al año supera en tamaño a Gales y derrama sobre el desierto el tesoro de la vida.

Es el Delta de Okavango, una maraña de cursos de agua, pantanos, islas y lechos de juncos esmeralda que forman el delta interior más grande del planeta.

Desde el aire, el delta, en el norte de Botswana, es semejante a unos enormes dedos esqueléticos que se despliegan por las arenas del norte del Kalahari. Los geólogos lo llaman "abanico aluvial", refiriéndose a los millones de toneladas de sedimento que las inundaciones han depositado a lo largo del tiempo.

REFUGIOS DE VIDA *Las aguas del delta de Okavango se deslizan entre islas de verdor, refugio de los animales más pequeños.*

La "muñeca" de la huesuda mano es una planicie inundada de 80 km de largo y 16 km de ancho, llamada el Panhandle, que sirve como conducto a más de 10 billones de toneladas de agua que cada año fluyen por el delta.

Los "dedos" son cuatro grandes canales que se prolongan hacia el sur, como palpando el interior de un ocre desierto que aloja cacerolas de sal y espinosos arbustos. Ahí, tras un recorrido

de 260 km bajo un sol que evapora 95% del agua, los cursos de ésta aminoran y acaban por morir en las arenas del Kalahari.

El pulso vital de este extraordinario delta late al ritmo del río Okavango, que nace en las tierras altas de Angola con el nombre de río Cubango.

INUNDACIONES QUE ANUNCIAN LA RENOVACIÓN DE LA VIDA

En marzo, el Cubango desciende inundado sobre rápidos y cascadas hacia la frontera sur de Angola. Con el nombre de Okavango penetra en el Kalahari en la frontera de Botswana.

Con un cauce de 15 km de ancho, el Okavango se vierte en el Panhandle. La pendiente aquí es ligera y el río transcurre por meandros que atraviesan un verde mar de papiros semejantes a juncos, rozando las riveras cercanas a las aldeas con techos de paja.

En la aldea de Seronga descarga su líquido tesoro en un laberinto de canales que forman un dilatado delta, a cuyos cursos de agua bordean papiros, tierras pantanosas e islas de arena.

El efecto del creciente nivel del agua se ejerce por todo el delta a medida que los laberínticos canales empiezan a aumentar su caudal para luego verterlo en la planicie. Los riachuelos derriban a su paso murallas de papiros y de juncos que crecen en los llanos circundantes, rodean a las islas bordeadas de palmeras y se fusionan en un azul mosaico de resplandecientes estanques.

En los años de lluvia abundante, los dedos del delta engrosan dilatándose hasta 22 000 km^2 más allá del Kalahari, transformando eriales de arena secos como huesos en un espejeante oasis.

A medida que el agua recorre las polvosas planicies inundadas, renueva el líquido de los estanques y dispersa los miles de animales que beben en ellos durante los meses más secos del año.

Los cursos de agua y las islas del delta del Okavango se transforman en un paraíso para una increíble variedad de plantas y animales. Aquí, las especies acuáticas comparten el hábitat con los animales del desierto de Kalahari.

Más de 400 especies de aves habitan en el delta, el único lugar del mundo donde se reproducen las garzas pizarreñas. Las águilas pescadoras se posan orgullosas y silentes en los altos

ANOCHECER EN EL DELTA *Tres mekoro, que son botes hechos con troncos ahuecados, permanecen inmóviles en la apacible corriente.*

árboles que flanquean los cursos de agua, esperando que las ondas de éstos les revelen la presencia de alguna de las más de 65 especies de peces que habitan en el delta para arrojarse sobre éstos volando en picada y con las garras extendidas.

El pez tigre, de dientes afilados como navajas, recorre a toda velocidad los lentos canales. En la superficie, las hojas de los lirios acuáticos funcionan como piedras de toque para los pájaros jacana y las ranas.

En un flotante lecho de papiro, un pequeño cocodrilo se asolea con la boca abierta, indiferente a los ojos vigilantes y a los impacientes "carraspeos" de los vecinos hipopótamos.

GIGANTES DEL DELTA DEL OKAVANGO

Un hipopótamo asoleándose en el delta del Okavango puede resultar una imagen engañosa. Si se le provoca cuando lo acompañan hembras o crías, el macho saldrá del agua mostrando unas enormes mandíbulas y unos dientes semejantes a colmillos, capaces de partir en dos a un hombre.

Los nativos bayei que cruzan las aguas del delta en sus mekoro evitan los enfrentamientos, pues saben que los hipopótamos han volcado barcas.

Los hipopótamos juegan un papel para mantener abiertos los canales del delta: en sus expediciones nocturnas en busca de alimento, trazan senderos por angostos cursos de agua. Además, consumen hasta 150 kg del pasto que crece en el pantano.

Casi todo el día los hipopótamos permanecen parcialmente sumergidos en el agua, con sus enormes cabezas sobresaliendo en la superficie. Cuando se sumergen, cierran las ventanas de sus narices y permanecen en el fondo hasta cinco minutos. Sus dedos palmeados les permiten desplazarse con facilidad bajo el agua por senderos claramente trazados en el lecho del río.

En el territorio de un macho viven de 10 a 15 hembras y crías. Esa zona, con forma de pera, mide hasta 8 km de largo.

MANADA DE HIPOPÓTAMOS *(dorso) Una manada de hipopótamos se desplaza por el canal Savuti.*

A medida que oscurece en el Okavango, los salvajes sonidos de las islas recorren los cursos de agua: el gemido de una hiena solitaria, el profundo rugido de una leona, los largos ladridos de los antílopes sitatunga y el prrp... prrp... prrp del búho común se fusionan con el apagado murmullo del agua.

A lo lejos, los tambores de los bayei y de los bosquimanos del río retumban a un ritmo aterrador y ominoso. Los bosquimanos, también conocidos como banoka, ocupaban el delta siglos antes de que los bayei llegaran ahí en 1750. Se especializaron en la cacería cavando fosos profundos tapizados con estacas puntiagudas y disimuladas con hojas y pasto.

Por su parte, los bayei son cazadores acuáticos que navegan en endebles barcas llamadas mekoro. Originalmente llegaron al Okavango en sus mekoro, impulsándolas como barquichuelas por los cursos de agua de los ríos Zambezi y Chobe y del Selinda Spillway.

CACERÍA DE HIPOPÓTAMOS

En sus mekoro, los bayei cazaban hipopótamos con burdos arpones atados a cuerdas: se deslizaban silenciosamente entre un grupo de hipopótamos; arponeaban luego a uno de ellos, que los remolcaba enfurecido por la corriente hasta que podían acercársele y rematarlo con lanzas. No era raro que el hipopótamo volcara el mekoro y atacara a sus ocupantes con letales mandíbulas.

Hoy los mekoro son los taxis del delta, y algunas familias se especializan en su fabricación. Cada canoa se hace con un solo árbol.

Otra tribu del delta, los hambukushu, pescan con cestos de juncos en forma de chimenea, que alinean uno junto al otro a través de la corriente. Las mujeres forman una valla corriente arriba y caminan hacia los cestos, acorralando a los peces. Se sabe que los cocodrilos han atrapado a algunas incautas, arrastrándolas a sus nidos sobre la superficie.

Cada primavera, el agua comienza a retroceder rápidamente en los pantanos, señal de que los reptiles, los anfibios y los peces deben emigrar sin tardanza a canales más profundos. Algunas tortugas y sapos escarban en el todavía húmedo suelo de los pantanos para reposar en silenciosos subterráneos hasta la próxima inundación en abril.

Sin embargo, muchos de los animales más pequeños sucumben a la veloz evaporación: cientos de peces, tortugas y ranas agonizan en los estanques casi vacíos.

Esa apurada situación de los animales acuáticos es el inicio de una enorme masacre. Grandes parvadas de garzas, cigüeñas, ibis y grullas acuden ahí para darse un festín de indefensas víctimas. Los cursos de agua se transforman en cornucopias para los carnívoros acuáticos, como son las nutrias, con y sin garras, del Cabo.

El extraordinario ciclo de la vida permanece inalterado, sustentado por una prístina jungla sin par. Para Charles Andersson, explorador sueco que fue el primer europeo que vio en 1853 el delta, éste poseía "indescriptible belleza". Y para quienes lo sucedieron seguirá siendo uno de los lugares mágicos de África.

VIDA Y MUERTE EN LA RESERVA DE MOREMI

La mayor concentración de fauna en el delta de Okavango es la Reserva de Vida Salvaje de Moremi. Bosques de árboles mopane, islas de largas palmeras, enormes higueras doradas y árboles de las salchichas conforman un paraíso para aves tales como pichones volteadores, abubillas, martines pescadores, búhos y pájaros carpinteros.

Los cocodrilos se deslizan por los canales de Moremi, siempre alertas para obtener alimento: a menudo una cría de hipopótamo que se ha apartado de la manada. Para proteger a las crías, los hipopótamos adultos forman a su alrededor un círculo, estrategia que el cocodrilo burla avalanzándose sobre las espaldas de los guardianes.

En lo profundo de los pastizales y los bosques de Moremi, las avestruces se reúnen con antílopes, elefantes, búfalos y babuínos. Esta vasta concentración de fauna atrae a los predadores: leopardos, leones, chitas, hienas y perros cazadores del Cabo, que también recorren las demás llanuras del delta. En Moremi se encuentra Chief's Island, uno de los pocos santuarios donde los humanos no pueden vivir ni acampar.

EL AVE MÁS GRANDE *El ave más grande del mundo, el avestruz, no vuela; pero sus fuertes piernas corren a más de 64 km/h cuando huye de los predadores. Los machos ayudan a criar a los polluelos.*

Matopos

EN UN IMPONENTE TERRENO DE PEÑASCOS EN ZIMBABWE, REPOSAN UN JEFE GUERRERO Y UN MAGNATE DE LOS DIAMANTES

Como dados apilados por un gigante niño, las redondeadas rocas de granito forman torres peligrosas. Mármoles enormes de granito basculan sobre lisos domos, como obedeciendo a un ligero envite.

Esta tierra de peñascos es el esqueleto de un paisaje que nació hace más de 3 300 millones de años, antes incluso de que la Tierra tuviese una atmósfera. Mares de roca fundida se enfriaron y solidificaron, agrietándose para crear juntas. Eones de erosión debida al viento ensancharon las juntas para dar lugar a la peculiar fisonomía de los montes Matopos de Zimbabwe.

Las águilas negras, los guardianes de los espíritus ancestrales del lugar, se remontan sobre su último baluarte en África.

La "caótica grandeza" de los viejos montes impresionó tanto al magnate de los diamantes, Cecil Rhodes, que éste las eligió para su reposo final. Rhodes le dio su nombre a Rhodesia, la vasta porción de África administrada por su empresa y que ahora abarca las repúblicas de Zambia y Zimbabwe.

TUMBA DE GRANITO

El 10 de abril de 1902, en lo más profundo de los montes Matopos, 12 bueyes negros tiraban del carro que transportaba el féretro de Rhodes a la pendiente de un enorme domo de granito, al que él bautizó Vista del Mundo, pero que los nativos matabele llamaban Malindidzimu, "Lugar de los Antiguos Espíritus". Ahí, en una tumba toscamente excavada en granito sólido y sellada con una roca de tres toneladas, fue enterrado en el ápice de un paisaje de fértiles llanuras y colinas distantes. Mientras su ataúd

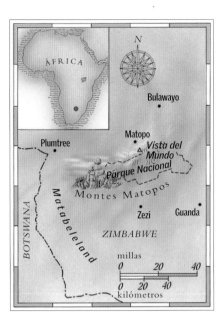

descendía, el saludo real de los guerreros matabele resonaba en las colinas circundantes: "¡Bayete! ¡Bayete! ¡Bayete!"

A 15 km de esta tumba, en una abertura entre las rocas, se encuentra la sepultura de Mzilikazi, el primer jefe supremo de los matabele de Zimbabwe.

A mediados del siglo XIX, Mzilikazi, en un momento de ligereza, llamó a estos montes Ama Tobo, que significa "cabezas calvas", porque le recordaban a sus consejeros.

GALERÍAS DE ARTE

La mística atmósfera de los Matopos influyó en los sans (bosquimanos), que habitaban en las cuevas de los montes de 20 000 a 2 000 años atrás. Los rocosos muros y las cuevas son ahora galerías naturales de arte primitivo. En la Edad de Piedra, los sans usaban arcilla mezclada con grasa animal y el hule de la Euforbia para pintar animales, paisajes, formas místicas y laberintos geométricos en el granito. Con rojos, cafés y amarillos representaron cazadores con arcos y flechas, rinocerontes, elefantes, impalas, leones y cebras. Una pintura reproduce las veteadas alas de una termita voladora.

El Parque Nacional de Matopo, al sur de Bulawayo, fue el regalo que Cecil Rhodes le hizo a los nativos para que pudiesen "disfrutar de la gloria" de los Matopo "de sábado a lunes".

AGRESTE LUGAR DE REPOSO *Oscilantes rocas se elevan precariamente en el bosque de los montes Matopos. Cecil Rhodes es el tercero de izq. a der. en Vista del Mundo (recuadro) en 1897.*

Cataratas Victoria

"HUMO QUE RETUMBA": LA CAÍDA DE AGUA MÁS ANCHA DEL MUNDO DESAPARECE EN UNA NUBE

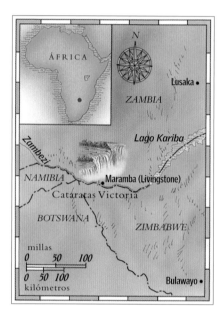

Si se llega a ellas desde el norte, las cataratas Victoria se anuncian con una nube de rocío que se remonta al cielo proclamando su propia inmensidad. Una tribu llamó a las cataratas Mosi-oa-Tunya: "el humo que retumba".

Las densas nubes, con una altura de 1 500 m, son visibles a 40 km de distancia y señalan la grandiosa catástrofe de un río desconfiable, ya que antes de llegar a ellas el Zambezi fluye serenamente y su curso sólo es interrumpido por algunas islas dispersas.

Nada en el paisaje circundante (una ondulante llanura salpicada de árboles en la frontera Zambia-Zimbabwe) o en el estable curso del río anuncia el drama que se avecina. Con un cauce de 1.6 km de ancho a la mitad de su curso, el hasta aquí apacible Zambezi de pronto se precipita sobre un borde rocoso y altera del todo su carácter. Hendida de orilla a orilla, el agua cae en largas

cortinas que estallan y braman a medida que alcanzan una estrecha cavidad rocosa y escarpada, donde el cauce del río se reduce a 60 m. El espectáculo es asombroso. El volumen del agua varía según la estación, pero la lluvia puede causar que el caudaloso río arroje 550 millones de litros por minuto sobre el rocoso borde de 1.6 km de ancho: la caída de agua más amplia del mundo. En Danger Point, un prominente

acantilado en el lado opuesto de la cavidad, la caída provoca un súbito aumento del rocío, el cual puede arrebatar hacia lo alto los pañuelos de los visitantes.

Brillantes arcoiris se crean a medida que los rayos solares se refractan en las gotas de rocío. Rocas elevadas e islas dividen el vasto frente de la líquida cortina en tres secciones principales. Una de ellas, Rainbow Falls, toma su

nombre de ese efecto (las otras dos son Main Falls e Eastern Cataract). Cuando brilla la luna, el velo de rocío crea un insólito arcoiris nocturno.

A lo largo de los acantilados, frente a las cataratas, un lujuriante bosque verdea todo el año a pesar del agostador efecto de la estación seca en las llanuras circundantes. Ese bosque, llamado Rain Forest, debe su verdor al húmedo microclima que crea el rocío de la cascada.

Corriente abajo, todo el caudal del río se precipita en la estrecha garganta y remolinea en todo su esplendor cuando llega al estanque llamado Boiling Pot. Más allá, se prolonga por más de 64 km en un meandro de gargantas.

UN LUGAR SAGRADO

Pocos lugares son tan alucinantes. Los kololo, que alguna vez vivieron sobre las cataratas (y las llamaron "el humo atronador"), sienten tal pavor por el torrente que nunca se acercan a él. La vecina tribu de los tonga consideraba sagradas a las cataratas, y al arcoiris como la presencia de Dios: celebraban ritos religiosos en la catarata este, donde sacrificaban toros negros.

El doctor Livingstone, médico y misionero escocés que en 1855 fue el primer europeo en ver las cataratas, las bautizó en honor de la reina Victoria. Gran explorador, navegaba río abajo por los 2 700 km del Zambezi, esperando que éste funcionara como "la vía rápida de Dios" para llegar a África central, cuando el 16 de noviembre alcanzó las cataratas, habiendo visto con suficiente anticipación las nubes de rocío. Desembarcó en una pequeña isla en la orilla de la cascada, y se percató de la forma en que todo el cuerpo de agua parecía desaparecer hacia arriba. Livingstone escribió: "...era como si se perdiera en la tierra el borde opuesto de la fisura en la que desaparecía, aun cuando estaba a sólo 27 m de distancia". Y agregó: "...no lo comprendí hasta que, moviéndome sigilosamente hasta el borde, miré abajo hacia un gran desgarrón que se extendía de orilla a orilla, y vi que un arroyo de 900 m de ancho se precipitaba hacia abajo 30 m, para luego angostarse bruscamente en un cauce de 13 o 18 m. Todas las cataratas no son sino una grieta que atraviesa de una orilla a otra

MARAVILLA AFRICANA
La estatua del doctor David Livingstone (der.), el primero que en 1855 vio y dibujó en su cuaderno (recuadro) las Cataratas Victoria (arr.), mira a lo lejos.

una dura roca de basalto, para luego continuar desde la orilla izquierda a través de 48 o 64 km de colinas". Más tarde señaló que había subestimado las medidas. Las cataratas eran, en la opinión de Livingstone, "la vista más maravillosa que hubiese presenciado nunca en África". Escribió: " sólo se ve una densa nube blanca… La cortina de níveo blanco era como miríadas de pequeños cometas precipitándose en un solo sentido, y cada uno de ellos dejaba tras de sí una estela de espuma."

Al día siguiente, Livingstone regresó a la isla desde la que había visto por primera vez la cascada (conocida ahora como Kazeruka, o Isla de Livingstone), sembró huesos de durazno y albaricoque y algunos granos de café. También grabó la fecha y sus iniciales en un árbol (al parecer un baobab): la única ocasión en la que sucumbió a la vanidad, como admitió después.

En su segundo viaje a las cataratas, en agosto de 1860, Livingstone calculó la profundidad de la cavidad bajando una cuerda con pesos a la que ató una tela de algodón blanco. "Uno de nosotros, acostado con la cabeza sobre un peñasco prominente, miraba bajar el calicó hasta que, después de haber descendido 103 m, el peso se detuvo en una saliente inclinada, probablemente a 50 m sobre la superficie del agua, mientras que el fondo se encontraba mucho más abajo. El calicó se veía del tamaño de una moneda."

Calculó que la profundidad era de unos 108 m, aproximadamente el doble de la de las cataratas del Niágara.

CÓMO SE CREARON LAS CATARATAS VICTORIA

Hoy sabemos mejor cómo se crearon las cataratas. La meseta central de Zambia es un gran lecho de lava de basalto de 300 m de espesor, y arrojada por los volcanes hace 200 millones de años, mucho antes de que existiera el río Zambezi. A medida que la lava se enfriaba, se endurecía y quebraba en una celosía de fisuras. Éstas se rellenaron con materia más blanda para formar una capa más o menos llana.

"LA VISTA MÁS MARAVILLOSA QUE HUBIESE PRESENCIADO NUNCA EN ÁFRICA"
Dr. David Livingstone

Pero hace unos 500 000 años, cuando el Zambezi comenzó a descender por la meseta, encontró a su paso una de las grietas. El agua comenzó a erosionar el blando relleno de la grieta, creando una trinchera. El río fluyó ahí en grandes cantidades, agitándose y bramando entre nubes de rocío, hasta que encontró una salida en su extremo más bajo: un lugar donde podía precipitarse sobre una saliente baja hacia el interior de una garganta. Así fue como apareció la primera cascada.

Pero el proceso no terminó ahí. La incesante caída del agua empezó a erosionar el borde de la roca en su punto más débil. Tumultuosos torrentes erosionaron aún más la falla, cortando el lecho fluvial río arriba para formar una nueva garganta que retrocedía en diagonal respecto de la original.

Entonces, retrocediendo aún más, el río encontró otra grieta que corría en sentido este-oeste y deslavó su blando relleno, ahuecándola. Abriéndose camino por detrás de la celosía de grietas, el río dejó una red de intrincadas gargantas río abajo de las cataratas.

LAS OCHO CATARATAS

Hoy, siete de esas cataratas pueden verse río abajo, y cada una de ellas es el vestigio de una caída ya desaparecida. La octava garganta es la de las actuales cataratas Victoria, pero incluso ella resiente la erosión. A lo largo de las gargantas, el ritmo de la erosión ha sido de cerca de 1.6 km cada 10 000 años. La probable ubicación de la novena catarata corresponde a la catarata del Diablo en el extremo oeste.

Ha habido muchos cambios desde los días de Livingstone. Colonos europeos fundaron el pueblo de Livingstone (hoy Maramba) 11 km al noreste de la catarata. Ahora es un gran centro turístico, con 72 000 habitantes y un museo dedicado a la vida y los viajes del explorador escocés.

En la catarata se yergue una estatua de Livingstone, y a la garganta la atraviesa en Boiling Point un puente que se concluyó en 1905 para el ferrocarril que sale de Bulawayo. En 1938 se construyó río abajo una central de energía, y en 1969,

el puente peatonal Knife Edge, tendido entre tierra firme y un gran promontorio que brinda una espléndida vista.

La estación seca (agosto-diciembre) ofrece el clásico panorama, de orilla a orilla, de las cataratas Victoria, aunque el nivel del agua puede ser muy bajo. La temporada de inundaciones (marzo-mayo) es la más sobrecogedora: el Zambezi está en su apogeo, precipitándose desenfrenadamente con un caudal 15 veces mayor que el de la estación seca.

EN RETIRADA

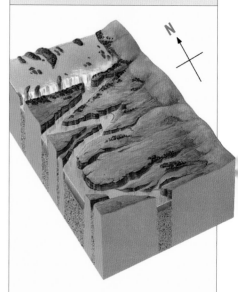

Las cataratas Victoria están en permanente retirada. Las actuales ocho aparecieron en el sinuoso curso del río durante el último medio millón de años. Cada catarata aparece en una falla del lecho de lava del río, saturado de grietas. Sus aguas erosionan el blando relleno de una falla y ocupan el hueco creado de ese modo. Acto seguido, deslavan una de las grietas más débiles, cavando una garganta hasta que alcanzan otra falla transversal.

El punto más débil de las cataratas es la del Diablo, en el extremo oeste. Ya ha sido cavada al nivel de unos 30 m por debajo de la línea de la caída principal, y seguirá ahuecándose hasta que el Zambezi corra por su fractura. Este es, probablemente, el noveno punto de las cataratas en retirada.

Mont-aux-Sources

MAJESTUOSOS ACANTILADOS BAÑADOS POR CASCADAS MARCAN EL LÍMITE DE UNA ALTA MESETA EN LA CORDILLERA SUDAFRICANA DE DRAKENSBERG

En el extremo norte de la cordillera de Drakensberg, en Sudáfrica, una muralla de abruptos acantilados se eleva sobre planicies de pasto. Conocida como el Anfiteatro, la altísima media luna forma el borde empinado de Mont-aux-Sources (montaña de manantiales), una meseta pantanosa y brumosa dominada por una cumbre de más de 3 200 m de altura.

Manantiales cristalinos borbotean en Mont-aux-Sources. El río Tugela nace aquí, precipitándose por un ligero

declive para luego saltar violentamente sobre la orilla del Anfiteatro, en una sucesión de magníficas cascadas. Su caída de 948 m hace de él la segunda cascada más alta del mundo.

Fueron los manantiales los que inspiraron a dos misioneros franceses el nombre de Mont-aux-Sources. Para los

MURALLAS DE MONTAÑAS *El dedo de roca entre Eastern Buttress (izq.) e Inner Tower es el Diente del Diablo: un reto formidable para los alpinistas.*

sotho se llama Phofung: el lugar del órix, un antílope de la región. Los misioneros, que exploraron la meseta en 1836, se percataron de que es el origen de algunos ríos importantes que fluyen al Atlántico y otros al océano Índico.

En el borde de la meseta hay dos grandes promontorios rocosos. El

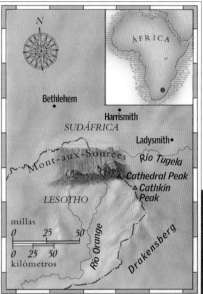

BAJO ATAQUE *Las lanzas cruzan el aire (arr.) mientras las mujeres Voortrekker (una raza fuerte) cargan rifles para los hombres, que disparan desde su laager de carretas.*

Centinela, con forma de colmillo, ocupa un extremo del Anfiteatro de 4 km. En el otro extremo se halla Eastern Buttress, un imponente pedestal de roca que se yergue oscuro y sereno sobre valles esmeralda. Amenazador de noche, el Anfiteatro cambia a medida que se eleva el sol y sus altas murallas se tiñen de oro.

Para quienes han escalado Mont-aux-Sources, éste es un lugar encantador, aunque solitario. Desde su cima se ven las otras grandes cumbres a lo largo del empinado borde este del Drakensberg.

El Drakensberg, o montaña del dragón, debe su nombre a una leyenda bosquimana sobre los dragones que alguna vez vivieron ahí. La cordillera montañosa es el resultado de erupciones volcánicas que acaecieron 150 millones de años atrás. La lava vertida por las grietas de la corteza terrestre se enfrió y fue cubierta a su vez por otras efusiones de lava. Al finalizar las erupciones, un manto de lava solidificada de 1 500 m de espesor en algunos puntos cubrió gran parte de Sudáfrica. Desde entonces, el agua y el viento han cavado valles y gargantas, y creado las torres y los contrafuertes que se perfilan contra el horizonte.

De vez en vez, un estrepitoso ladrido atraviesa las barrancas y gargantas del Drankensberg, pues en ellas habitan los

"GENTE QUE LLORA JUNTO A LAS CARRETAS SAQUEADAS, PINTADAS CON SANGRE"

babuinos chacma, semejantes a hombres. Su llamado advierte al resto del grupo, de 15 a 100 animales, de un peligro. Los babuinos reaccionan de inmediato. Con las hembras y las crías por delante, se precipitan hacia terrenos elevados, dejando tras de sí una defensiva de amenazadores chillidos. Sin embargo, si los enfrenta un leopardo, su principal enemigo, arremeten contra él lanzándole piedras y acometiéndolo con alaridos hasta hacerlo retroceder.

En 1837, un grupo boer, los voortrekkers, lucharon bajo el borde del Drakensberg, cerca de Mont-aux-Sources. Descendientes de colonos holandeses, los voortrekkers ("pioneros") estaban insatisfechos con el gobierno británico de la colonia de El Cabo, y anhelaban tierras desocupadas donde

PARTE DEL GRUPO *Los babuinos chacma viven en grupos organizados, encabezados por un macho viejo. Comen hierbas, insectos, raíces y huevos..*

DIFÍCIL CONDUCCIÓN *Las carretas de los voortrekkers, tiradas por bueyes, resistían pendientes pronunciadas, estrechas hendiduras rocosas y ríos. Incluso, podían desmantelarse y flotar en el agua*

poder fundar un Estado afrikaner con religión, lengua y costumbres propias.

Entre 1836 y 1838, cerca de 10 000 voortrekkers abandonaron sus granjas y se dirigieron al norte en carretas cubiertas de unos 4.5 m de largo. Una caja-almacén bajo el pescante contenía, entre otras cosas, la Biblia familiar. El grupo que se dirigía a Natal se topó con el brusco declive de la meseta del Drakensberg. Para frenar las carretas, reemplazaron las ruedas traseras por árboles, los conductores caminaban detrás, contrarrestando el peso de la carreta jalándola hacia atrás con correas de cuero.

Unos meses después, los zulúes atacaron a las carretas dispersas, matando a 500 voortrekkers de Natal y sus sirvientes. Un testigo habló de "personas llorando al lado de las carretas saqueadas, pintadas con sangre". Tras este ataque, los voortrekkers formaron sus carretas en *laagers* (círculos de carretas encadenadas una a otra para formar una muralla defensiva, con el ganado reunido en el interior). Hubo más batallas contra los zulúes antes de que los voortrekkers se establecieran para cultivar su nueva tierra en el espectacular escenario de los acantilados y las cimas del Drakensberg.

Table Mountain

ESTA APLANADA CIMA EN LA PUNTA SUR DE ÁFRICA ES UNO DE LOS LUGARES MÁS INOLVIDABLES Y MEJOR CONOCIDOS DEL MUNDO

En el ángulo suroeste de África se elevan sobre el mar murallas de arenisca. Éstas, visibles a más de 200 km, han servido de cómodo faro a los marinos desde que el explorador portugués Bartolomé Dias fue el primer europeo que las vio en 1488. Se trata uno de los lugares más inolvidables del mundo: la Table Mountain de Sudáfrica.

El monolito de aplanada cima, que mide más de 3 km de largo, se eleva majestuoso sobre Ciudad de El Cabo. Desde la cima, más allá de la ciudad que

REFERENCIA *Al atardecer, la cima de Table Mountain se ve al fondo de las aguas de Table Bay. El Pico del Diablo está a su izquierda y, a su derecha, la Cabeza de León.*

se despliega a sus pies, puede mirarse al oeste, a través del océano Atlántico, el sur del Cabo de Buena Esperanza, y luego volver la vista al norte para contemplar un África que parece no tener fin.

UN "MANTEL" PARA LA MESA

En verano, un manto de nubes abanicadas por el viento del sureste se despliega sobre la cima de la montaña y se desliza por su cara norte como un "mantel" de peculiar blancura.

Table Mountain es un enorme bloque de arenisca que 400 o 500 millones de años atrás yacía en un lecho marino poco profundo. Desde entonces, las conmociones geológicas lo han elevado, de modo que su cima está a 1086 m por arriba del nivel del mar. Su cara norte es

un abrupto acantilado al que flanquean dos cimas características: la Cima del Diablo al este, y la Cabeza de León al noroeste.

Las verdes laderas de Table Mountain ofrecen un brillante panorama de flores silvestres. Por lo menos 400 senderos peatonales (y un teleférico que transporta a medio millón de personas cada año) permiten acceder hoy a la montaña que fuera alguna vez el reino de leones y leopardos.

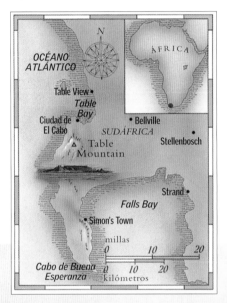

Cuevas Cango

EL INTERMINABLE
GOTEO DEL AGUA FORMÓ
EN LA MÁS TOTAL
OSCURIDAD UN REINO
ENCANTADO DE
PIEDRA CALIZA

SALE A LA LUZ *Las cuevas Cango, iluminadas por el hombre, exhiben hermosas y extrañas formaciones de piedra caliza que durante milenios permanecieron ocultas en subterránea oscuridad.*

BLANCO RESPLANDOR *Esta estalagmita, que parece un candente báculo, carece del óxido de hierro que tiñe a las formaciones cercanas.*

Una de las más espectaculares obras de la naturaleza se encuentra bajo la cordillera Swartberg: un cavernoso mundo de formas de piedra caliza, lagos encantados, pozos profundos y túneles interconectados. Este reino de formaciones de cristal constituye una de las cadenas de cavernas subterráneas más variadas del mundo: las cuevas Cango.

En ellas, las estalagmitas se elevan hacia una techumbre de aflautadas estalactitas. Extrañas figuras proyectan su tortuosa sombra en los muros que el óxido de hierro ha teñido de naranja y rojo. Bastones delicados y sinuosos crecen en apretados racimos, y "cortinas" listadas forman suaves pliegues.

Las extrañas estructuras calcáreas de las cuevas Cango se formaron, milímetro a milímetro y a lo largo de más de 150 000 años, por el goteo del agua a través de fisuras saturadas de calcita (una forma cristalizada de tiza).

El itinerario que siguen las cuevas lleva de una cámara a otra, conocida como Sala del Trono, Bosque de Cristal y Sala del Arcoiris, lo que describe sus formas más características. La Cámara Nupcial es una serie de estalagmitas que semejan un lecho con dosel.

LA AGUJA DE CLEOPATRA

Esta obra natural se descubrió en 1780, cuando un pastor tropezó en la entrada de las cuevas. Su patrón, un granjero llamado Van Zyl, entró en las cuevas acompañado de ocho esclavos con antorchas y descubrió una enorme cámara de 100 m de largo y 15 m de alto. En su interior, una estalagmita, a la que ahora se conoce como la Aguja de Cleopatra, se eleva 9 m.

En la década de 1950, los expertos comenzaron a investigar las corrientes de aire indicadoras de la existencia de más cuevas allende un aparente callejón sin salida. En 1972, dos guías de cuevas profesionales cruzaron una pequeña grieta y descubrieron más cámaras, una de las cuales rebasa los 300 m de largo. Las cuevas descubiertas más recientemente han llevado a los exploradores a 800 m bajo el suelo.

Cañón de Blyde River

UNA GRAN BARRANCA, DONDE LOS GAMBUSINOS BUSCARON ORO, ES UNO DE LOS SITIOS MÁS FASCINANTES DE ÁFRICA

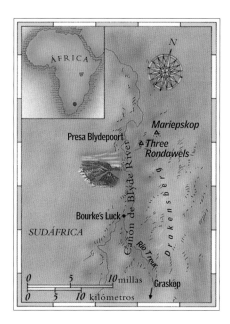

Los antiguos dómos de granito de la cordillera de Drakensberg del Transvaal de Sudáfrica se yerguen como gigantes sobre los sinuosos valles del cañón de Blyde River. A sus cimas las separan aterradoras barrancas.

Mucho más abajo, ríos y arroyos de plata descienden por un sereno paisaje, sorteando los albergues de antiguos gambusinos, olvidadas estaciones forestales y cascadas con rocas cubiertas de líquen. El estruendo de los rápidos alterna con el llamado de aves raras y los aullidos de los babuinos al pie de los acantilados teñidos de rojo, amarillo y naranja por los minerales.

Este extraordinario cañón, que forma

FIN DEL VIAJE *Las ahora plácidas aguas del río Blyde, detrás de la presa Blydepoort, han excavado un vasto cañón a través de la cordillera de Drakensberg.*

parte de la línea que divide la gran meseta del sur de África y el Lowveld al este, es uno de los más hermosos paisajes de toda África. Con cerca de 1 000 m de altura, el acantilado desciende a pico sobre el cañón del río Blyde.

En lo alto del acantilado, la triple cima de Three Rondawels debe su nombre a su parecido con los cobertizos circulares de paja que son tradicionales en algunas comunidades africanas.

CAZADORES DE LA EDAD DE PIEDRA

Cien mil años atrás, los cazadores de la Edad de Piedra vagaron por estos valles y verdes laderas, mucho antes de que llegaran los bosquimanos (sans), quienes ejecutaron pinturas en los muros del cañón. Otro legado son los huesos de los guerreros swazi que perecieron en las guerras tribales contra los pedi y los pulana en 1864. Los swazi sufrieron muchas pérdidas mientras las lanzas llovían sobre ellos desde la cima de Mariepskop, que sus enemigos eligieron como fortaleza natural.

El acantilado ofrece sorprendentes vistas del Lowveld y es una de las reservas africanas más famosas: el Parque Nacional Kruger.

La fauna salvaje recorre las montañas y los valles de la reserva. Los babuinos y los monos se refugian en las selvas, en tanto que los antílopes (kudús y gamuzas africanas) permanecen en las tierras altas. Entre los predadores figuran los leopardos, y los hipopótamos y otros animales viven en las presas y los arroyos.

Aquí, en 1840, una partida de pioneros boers dejaron atrás a sus mujeres y niños mientras exploraban el este en dirección al puerto de Lourenço Marques (hoy Maputo). Al no regresar los hombres en la fecha fijada, las mujeres creyeron que habían muerto y llamaron Treur (pena) al arroyo en el que habían acampado. Poco después ambos grupos se reunieron en otro río, al que llamaron Blyde (gozo).

El Blyde nace en el acantilado, cerca de la pequeña aldea de Pilgrim´s Rest, donde los gambusinos buscaban oro hace más de un siglo. Hoy ellos ya no están, pero el agua del Blyde sigue arremolinándose, descendiendo hacia el cañón en una serie de imponentes rápidos y cascadas.

Al paso del tiempo, el Blyde ha acarreado miles de toneladas de partículas flotantes que han erosionado su cauce a lo largo de 24 km a través del cañón.

GUARDIANES *Las Three Rondawels se elevan sobre el cañón de Blyde River como orgullosos y coloridos centinelas en una de las más asombrosas escenas africanas..*

LA LÓGICA TRIUNFAL DE TOM BOURKE

Cerca del comienzo del enorme cañón de Blyde River, las aguas del río Treur se precipitan en una pequeña catarata y luego se reúnen, casi en ángulo recto, con el Blyde.

El repentino cambio de curso genera la corriente que ha esculpido los baches de Bourke´s Luck. Siguiendo el movimiento de la corriente, piedras flotantes que han caído en ella durante muchos milenios han erosionado la suave arenisca para formar cuencas de hasta 6 m de profundidad.

Esos baches se hallaban en las tierras del granjero Tom Bourke, quien pensó que si los gambusinos encontraban oro río arriba, él podría encontrar las pepitas depositadas en el fondo de sus "baches". Su lógica resultó ser correcta, y este extraño lugar fue conocido como Bourke´s Luck.

AFORTUNADOS BACHES *El agua que remolinea en la confluencia del Treur y el Blyde ha desgastadoa la roca y creado los baches de Bourke's Luck.*

Tsingy en Madagascar

AGUJAS AFILADAS COMO NAVAJAS CALCÁREAS SON EL REFUGIO DE SINGULARES CREATURAS SILVESTRES EN UNA DE LAS ISLAS MÁS GRANDES DEL MUNDO

Imaginémonos un reducido mundo perdido en la cumbre de un acantilado calcáreo de más de 180 m de altura. Un mundo de agujas de roca, afiladas como navajas, y que alcanzan 30 m de altura, donde las botas más resistentes se desgarran en minutos y un solo paso en falso puede desollar un miembro o cortar una arteria. Un mundo en el que los cocodrilos viven en lo profundo de cuevas subterráneas, donde lémures de enormes ojos atisban desde los árboles como tímidos fantasmas, y diminutas abejas atacan en enjambre si uno solo de los miembros de la colmena es aplastado.

Se trata de la meseta de Ankarana en la punta norte de Madagascar, quizá la más extraordinaria región de la no menos extraordinaria isla. Magadascar se encuentra a 600 km de la costa de África Oriental. Mide 1 600 km de norte a sur, y su superficie es de 600 000 km², lo que hace de ella la cuarta isla más grande del mundo después de Groenlandia, Nueva Guinea y Borneo. Conocida como "Gran Isla Roja" debido al color de su tierra (que hoy se adentra en el mar a un ritmo pavoroso debido a la erosión provocada por el hombre), ha desarrollado sus propias flora y fauna.

Su exclusivo ecosistema se originó 120 millones de años atrás, cuando el continente comenzaba a fragmentarse.

El mapa del supercontinente de Gondwana muestra claramente a Madagascar emparedada entre la punta sur de India, la costa oriental de África y la costa norte de la Antártida.

En la era de los reptiles gigantes, los dinosaurios aún podían llegar a tierra seca desde África, y durante millones de años, tras haberse iniciado la división, plantas y animales pudieron flotar a través de la brecha sobre balsas de vegetación para colonizar Madagascar. Pero hace 40 millones de años, esa brecha se ensanchó y ese tránsito evolutivo llegó a su fin (cerca de 500 d. C., cuando los primeros humanos llegaron ahí en botes desde Indonesia y no de la vecina África Oriental).

PINÁCULOS, CUEVAS Y RÍOS SUBTERRÁNEOS

La meseta de Ankarana es un paisaje calcáreo del tipo que se conoce como karst. Milenios de copiosas tormentas de lluvia, cuyo promedio anual es de 1 800 mm, han disuelto la roca (que es blanda y caliza en su parte superior, y dura y cristalina en su base) en agujas, pináculos y bordes, cuyo espesor es a menudo el de una oblea. La piedra caliza está hendida por profundos cañones boscosos, donde florecen baobabs, higos y palmeras que forman un dosel de hojas de 25 m de altura. Más de 720 km al sur, ese paisaje se

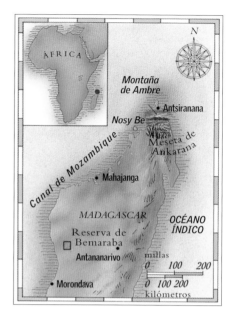

PAISAJE DE AGUJAS *Traicioneras agujas de piedra caliza, donde se refugian peculiares animales y aves, configuran el sin par paisaje calcáreo (der.) de Madagascar.*

repite en la Reserva Nacional de Bemahara, en el oeste de Madagascar.

Al filtrarse a través de la áspera roca de Ankarana, la lluvia ha excavado profundas cuevas, donde los depósitos de cal han formado espectaculares estalagmitas y estalactitas. Los arroyos que desaparecen en las fisuras reaparecen a lo lejos como ríos que fluyen por túneles y cavernas subterráneos, como la enorme gruta Andrafiabe, donde se han explorado 11 km de pasajes. Los techos de algunas de las cuevas más grandes se han derrumbado, y el suelo ha sido colonizado por plantas y animales para formar bolsos aislados de selva virgen.

Las aterradoras rocas del centro de la meseta se conocen como *tsingy*, debido al sonido que emiten cuando se les golpea, que es similar al tañido de una campana cuarteada. Los malgaches (pobladores de Madagascar) dicen que no hay suficiente suelo parejo en los *tsingy* para dar una sola pisada completa. A veces osados naturalistas luchan entre las orillas más externas del laberinto de agujas antes de caer en la desesperación y batirse en retirada. Los pocos que han intentado penetrarlo afirman que es mejor ver al *tsingy* desde un avión, a distancia segura.

La mayor parte de la fauna salvaje de Madagascar se encuentra amenazada por

VERSÁTILES ESPINAS *Un tenrec rayado, que sólo habita en Madagascar, busca gusanos con su hocico. Agudas espinas lo protegen y le permiten, asimismo, comunicarse: al hacerlas vibrar producen sonidos.*

la constante necesidad de territorio de la población humana, pero el carácter fortificado de la meseta de Ankarana y de la reserva de Bernaraha ha conseguido salvaguardar las extrañas creaturas que ahí habitan. Varias especies de lémur (el mamífero indígena más típico de Madagascar) viven en árboles que crecen en las grietas y las sentinas entre las afiladas rocas.

Los lemures son primates inferiores, lejanamente emparentados con los simios y los humanos. Algunos de ellos, como el diminuto y extraño lémur enano de Coquerel, pacen de noche en su territorio; otros, como el sifaka, de mayor tamaño, vagan en grandes grupos y se alimentan en pleno día, brincando de una rama a otra y aferrándose a ellas con manos increíblemente semejantes a las humanas.

Otros mamíferos que habitan en la Ankarana son el lémur de cola anillada y la fosa, parecida al gato, el mayor predador de Madagascar. Se alimenta principalmente de sifakas.

En lo profundo de la Ankarana, los únicos cocodrilos del planeta que habitan en cuevas se refugian

LOS ÚNICOS COCODRILOS QUE SE REFUGIAN EN RÍOS SUBTERRÁNEOS

en ríos subterráneos durante los seis meses de la estación seca (mayo-octubre). Los ejemplares grandes llegan a medir 6 m de largo.

Afortunadamente para quien se aventura en las cuevas, los cocodrilos necesitan tomar el sol antes de activarse, y la temperatura de los ríos subterráneos es lo suficientemente baja, pues es inferior a 26° C, para mantenerlos en estado casi letárgico.

Más pequeñas que los cocodrilos, pero mucho más peligrosas, son las anguilas de resistente piel que viven en los ríos subterráneos. Miden por lo menos 1.2 m de largo, son agresivas y están armadas con feroces dientes. Se dice que atacan a los nadadores, e incluso a los botes inflables, sin que medie provocación.

La remota e inhóspita naturaleza de las reservas de Ankarana y de Bemaraha ha logrado preservar su fauna salvaje, pero no puede decirse lo mismo del resto del país.

Se encuentran en peligro preciosas especies. Los lémures auténticos no viven en ningún otro sitio de la Tierra, y la mayoría de las 235 especies de reptiles malgaches son nativos del país.

Madagascar cuenta con más de 250 especies de aves, de las que más de 100 son exclusivas de la isla. Su cantidad ha mermado debido a la tala, pero un factor de peso es que los turistas suelen dispararles por deporte.

Lo que puede sucederle fácilmente a una especie de aves lo ilustra la triste historia del Aepyornis, o "pájaro elefante", que no es volátil y es el pájaro más grande del mundo, pues su tamaño es el de una avestruz y media. Con un peso aproximado de 450 kg, deposita huevos seis veces más grandes que los de las avestruces, y ha sido acosado prácticamente hasta la extinción. Se registró por última vez en 1666.

Los camaleones también están amenazados, y la mitad de las especies que hay en el mundo son oriundas de Madagascar. Aunque ellos son del todo inofensivos, los malgaches les temen pues creen que son espíritus humanos en pena, toda vez que sus ojos, que rotan independientemente uno del otro, les permiten mirar con uno al pasado y con el otro al futuro.

Con todo, hay esperanza. Aquí y allá se han iniciado proyectos cuyo fin es salvar a las especies en peligro: los ornitólogos, por ejemplo, estudian las poblaciones amenazadas de pigargos africanos y de águilas culebreras.

Unas pocas millas al norte de Ankarana, en el Parque Nacional Montaña de Ambre, se ha alentado a los granjeros para que administren su tierra con rendimientos a futuro, plantando árboles indígenas en lugar de deforestar el terreno para obtener carbón, y usando sistemas de riego eficientes. La promoción del ecoturismo apunta a garantizar que lugares únicos, como es la meseta de Ankarana, funcionen como cofres de plantas y animales para los siglos venideros.

AFILADOS PINÁCULOS *El* tsingy *de filosa piedra caliza debe su nombre al sonido metálico que emite cuando se le golpea.*

ÁGILES BELLEZAS

Los lémures, llamados como los romanos denominaban a los espíritus de los muertos, existen en todos los tamaños: desde el de un ratón hasta el de un gato, sin hablar del indri, cuyo tamaño es el de un niño pequeño. En la década de 1920 un viajero los describió como "los animalitos más gráciles que existen. No son ni gatos ni monos, pero están dotados con las cualidades de ambos: belleza y agilidad".

El juguetón lémur de cola anillada, que suele ser domesticable, se ha convertido en la mascota de Madagascar. Durante mucho tiempo se pensó que otra especie, el lémur del bambú, de mayor tamaño, se había extinguido; pero en 1986 unos naturalistas encontraron especímenes supervivientes: una aislada ganancia en el triste catálogo de extinciones de Madagascar.

Un pariente cercano del lémur, el aye-aye, habita principalmente en las selvas de la costa este de la isla, pero también se le encuentra en el Ankarana. Este tímido animal nocturno, que mide unos 40 cm de largo, se alimenta de frutas, semillas, insectos y larvas de escarabajo barrenillo. Su fino oído le permite escuchar dónde se alojan éstas. El aye-aye usa su excepcionalmente largo y delgado tercer dedo para extraerlas de la madera.

CREATURA TSINGY *Un lémur coronado, cuya cola es mucho más larga que su cuerpo, es una de las raras creaturas que habitan en las regiones* tsingy.

Europa

Vatnajökull

EL GRAN MANTO DE HIELO DE ISLANDIA LATE AL RITMO DEL VIOLENTO VOLCÁN QUE ARDE BAJO ÉL

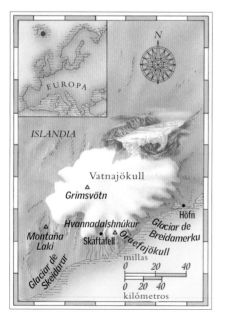

En Vatnajökull, el enorme manto de hielo de Islandia, hay tanto hielo como en todos los glaciares europeos juntos. Su área es casi la mitad de la de Gales o la de Nueva Jersey, y empuja hacia fuera una docena de glaciares importantes.

Visto desde la costera, Vatnajökull parece un desierto de arena donde el hielo se eleva por las montañas para formar una llanura blanca de más de 800 m de ancho. Pareciera sin rastros de vida, pero ésta, aunque de género ígneo, existe ahí sin duda. El helado erial crece sin cesar, contrayéndose y pulsando a un ritmo volcánico, unas veces lento, otras violento.

La agitación de Vatnajökull es típica del paisaje de Islandia, una isla casi del tamaño de Inglaterra, pero con una población no mayor que la de un lugar mediano, diseminada sobre todo a lo largo de su estrecha faja costera. Geológicamente joven y aún en formación, Islandia descansa sobre roca basáltica con un espesor de 6.4 km, que durante los últimos 20 millones de años vertió un "punto caliente" en la Dorsal Media del Atlántico: una profunda hendidura creada a medida que Europa

ORILLA TIZNADA *La ladera de Fjallsjökull, uno de los glaciares de desagüe al sur de Vatnajökull, está tiznado por los desechos provenientes de las tierras altas volcánica.*

MASAS DE HIELO FLOTANTE *En la ancha boca del glaciar Breidamerku el hielo se despedaza en la laguna de agua helada. Cuando esas masas se derriten, se unen a aguas glaciales que fluyen 1.6 km hacia el océano.*

CALOR OCULTO *Un profundo lago azul de hielo fundido revela la presencia de un volcán subterráneo, Grimsvötn, que ruge bajo la gruesa capa de hielo.*

y América del Norte se apartaban debido a la deriva continental.

La superficie de roca volcánica de Islandia fue cavada por glaciares de más de 1.6 km de espesor durante los 2 millones de años de la última Edad de Hielo, que terminó hace 10 000 años. El centro de la región es un erial de montañas volcánicas, cráteres y lava. Un décimo de la isla está cubierto de lava arrojada por 200 volcanes. Uno de los campos de lava abarca más de 2 600 km^2.

La primera noticia de Islandia data de 1 500 años atrás y se debe a san Brandán (alrededor de 484–578 d. C.), abad de Clonfert en el condado de Galway,

Irlanda. Se dice que viajó a América unos 300 años antes de que los vikingos se asentaran en Islandia (según la tradición, en 874 d. C.). Hubo un tiempo, en el que el relato de su viaje se consideraba fantástico. Hoy, la mayoría de los estudiosos admite que quizá tuvo lugar.

Cuando llegaron los vikingos, la tierra era cultivable; pero a partir más o menos del siglo XIV, el clima de Islandia se hizo más severo, los glaciares avanzaron y el hielo del mar aumentó considerablemente. El clima mejoró en el siglo XIX, pero el hielo aún cubre un décimo del terreno y el crecimiento de los cultivos es limitado.

Los islandeses siempre han entendido la naturaleza del hielo. En palabras de Sveinn Palsson, un científico del siglo XVIII: "El hielo es de suyo semilíquido

y fluye sin derretirse, como la brea." El hielo se rompe 800 m al año, en los valles más cálidos, al resquebrajarse para formar grietas a medida que cae sobre roca dispareja. Cuando en los niveles más bajos el hielo se funde y desaparece, deja escombros rocosos, arena y gravilla que arrastró desde las montañas.

Según un dicho islandés, "El hielo regresa lo que toma". En 1927, John Palsson, un cartero, cayó con cuatro caballos en una grieta cuando cruzaba un puente de nieve en el glaciar Breidamerkur. Siete meses después, todos los cuerpos fueron hallados en la superficie: al parecer, el movimiento circular del hielo en la boca del glaciar, con la cubierta de hielo invertida, los regresó a la superficie.

DESTRUCCIÓN VOLCÁNICA

Las grandes erupciones forman parte del pasado y el presente de Islandia. La más aterradora de todas (el mayor flujo de lava del planeta en nuestros días) ocurrió en 1873. Laki, una montaña en el extremo suroeste de Vatnajökull, casi se partió desde de su cima durante la erupción, en la que estalló una cadena de 24 km con 100 cráteres. La lava cubrió más de 520 km^2 de terreno. El flujo continuó durante tres meses, cubriendo la isla con una neblina azul que contaminó los pastos y provocó la muerte de 75% del ganado. Como resultado, casi 10 000 personas murieron de inanición.

En las primeras horas del 23 de junio de 1973, el volcán Helgafell en Heimaey (una de las 15 islas de Vestmannaeyjar), que había dormido 5 000 años y se consideraba extinto, despertó de su largo sueño. Cerca del borde del poblado, el suelo se abrió formando una cortina de fuego de 1.6 km de longitud. Por fortuna, la flota pesquera no había salido del puerto debido a una tormenta, y a mediodía 5 000 isleños fueron puestos a salvo.

LARGA COSTA

La lava penetró en la orilla del poblado, arremetió contra las casas y las incendió. En abril, pese a una operación para enfriar la lava con chorros de agua marina, el este del poblado quedó enterrado bajo lava y polvo. La erupción terminó al cabo de varias semanas, sin que el estrago fuera total. Le dejó a Heimaey una costa este más extensa, incluida una barrera protectora en los accesos porteños.

Fuego volcánico y hielo glacial mezclados yacen bajo Vatnajökull. Los efectos son claros en el núcleo de la capa de hielo que, desde un avión, a veces ofrece una vista asombrosa: un lago azul de 3 km de diámetro, producto del derretimiento provocado por el volcán Grimsvötn que ruge bajo la capa de hielo. El lago suele estar cubierto con una capa de hielo, pero aun cuando no es visible se conserva como un estanque derretido.

El hielo a un lado del lago funciona

como una gigantesca barrera y evita que el agua inunde uno de los valles. Sin embargo, el agua del lago se eleva unos 12 m al año, y cada 5-10 años se acumula la suficiente para abrir un camino bajo la presa de hielo en un torrente llamado "erupción glacial". El nivel del lago baja hasta los 215 m a medida que su caudal desciende a la planicie, diseminando lodo volcánico.

Grimsvötn es una prolongación de la falla de Laki hacia el suroeste. Forma parte de una vasta y escondida región

FIN DE LA JORNADA *Del extremo sur del gran manto de hielo de Vatnajökull parte una flota de icebergs recién nacidos en el lago de nieve fundida.*

de actividad geotérmica que desprende calor suficiente para calentar las casas y generar electricidad para una ciudad del tamaño de Londres. A veces Grimsvötn hace algo más que desprender calor. En noviembre de 2004 los sismógrafos registraron que el volcán había estallado a través de su manto de hielo y agua, enviando por arriba del glaciar una nube de 12 km, lo que causó la desviación del tránsito aéreo. Hizo un hoyo en el hielo, de donde resultó un cráter lleno de nieve derretida y macizos flotantes de hielo. Tras unos días, la erupción cesó y el hielo regresó.

En el extremo sur de Vatnajökull, el glaciar de desembocadura, Skeidarárjökull, se funde en un río

HIELO Y FUEGO

- En algunos puntos de Vatnajökull el hielo tiene 1 100 m de espesor: más del doble de la altura del Empire State de Nueva York.
- Su fondo tiene 1 000 años de edad.
- Los glaciares avanzan hasta 8 km de una sola vez.
- Por lo menos 150 volcanes han estado activos en Islandia desde la Edad de Hielo. Cada cinco años estalla uno.
- Desde el año 1 500, un tercio de todos los flujos de lava del planeta han ocurrido en Islandia.

cuyos meandros recorren un erial de gravilla. A un lado del glaciar hay un lago de hielo fundido. En un momento determinado, sus aguas suben lo suficiente como para hacer flotar sobre su base a todo el glaciar. El agua se desborda en una erupción glacial, recorriendo la planicie y esparciendo escombros de nuevo sobre ella. Al este se encuentra la boca del glaciar Breidamerkur, marcado con onduladas franjas de roca y arcilla que han sido arrastradas desde los valles altos. El glaciar termina en una laguna, y ocasionalmente, con un bramido de agua, enormes y sucias losas de hielo se desprenden para flotar en ella como icebergs.

Entre ambos glaciares hay una pequeña capa de hielo, Oraefajökull, que cubre un volcán del mismo nombre, del que descienden muchos glaciares. El volcán Oraefajökull, el tercero más alto de Europa, ha tenido dos erupciones con devastadores efectos: en el siglo XIV y en el siglo XVIII.

Debajo del glaciar, la extraordinaria zona se conoce sin más como Oraefi (aridez). Se dijo una vez que ni siquiera un ratón podría cruzar estos eriales del sur. Hoy, el camino costero trae visitantes al que fuera un aislado oasis de verde abrigo en el paraje de Oraefajökull. Esta región, Skaftafell, ha escapado al destructivo poder de las

erupciones glaciales. Una lujuriante área que alguna vez fue tierra de cultivo es ahora un parque nacional con un paisaje de colinas de pasto y bosques de abedules, fresnos y sauces.

En un punto, una cascada de 25 m, Svartifoss, cae sobre dos capas de pilares volcánicos de basalto. Una barranca conduce a un lugar donde, por lo menos en el verano, los viajeros pueden ver el paisaje desde las heladas fortalezas de Oraefajökull.

EN EL GLACIAR

De cerca, Vatnajökull parece abundar en vida. Nieve nueva, sol, viento y escarcha rehacen la superficie, tapizándola con diversas texturas. Amanecer y atardecer bañan en fuego la capa de hielo. Dentro del móvil hielo, las aguas crean cristalinas cuevas en la que la luz diurna se filtra con tintes azules.

Un centenar de ríos salen de abajo de las fracturadas bocas de hielo, tiznado con los desechos volcánicos acarreados desde las tierras altas. El sonido de las aguas o el estruendo del hielo que cae suelen escucharse.

Quienes han explotado la superficie del glaciar creen estar pisando la piel de un animal gigante que en cualquier momento puede reaccionar con una fatal sacudida.

EL PRIMER VISITANTE *Un manuscrito alemán muestra a un salvaje, que quizá representa a un volcán islandés, a punto de lanzarle una roca en llamas a san Brandán.*

Geysir y Strokkur

UN ALTO CHORRO DE AGUA HIRVIENDO, IMPULSADO POR EL CALOR VOLCÁNICO, LE HA DADO SU NOMBRE A TODAS LAS FUENTES TERMALES DEL MUNDO

Agua que estalla en una cuenca hirviente, seguida de un chorro de rocío que se eleva 15 metros: un espectáculo que dura siete u ocho minutos antes de calmarse. De pronto, una columna de agua hirviendo se lanza de nuevo al aire, esta vez a una altura de 30 m o más, y el viento la empuja para formar un gran abanico. La erupción prosigue con la fuente elevándose cada vez más, incluso a 60 m. Luego, con un rugido brota una columna de vapor y vuelve la paz.

Así sucedió con la fuente termal Geysir en la década de 1930, cuando era el principal atractivo de Islandia: el géiser original o "gusher". Hoy es más probable que los visitantes vean en acción a su vecino más pequeño,

UNA COLUMNA DE AGUA HIRVIENDO SE LANZA AL AIRE COMO UN COHETE

Strokkur, que borbotea más o menos cada 10 minutos, lanzando una columna de 22 m de agua hirviendo.

Geysir y Strokkur se encuentran en un valle boscoso, donde pueden escucharse unas 50 fuentes termales hirviendo bajo tierra como un lejano murmullo.

Esa zona de géiseres se menciona por vez primera en 1294, cuando un sismo destruyó varios centros de fuentes termales y creó otras dos: Geysir y Strokkur, probablemente. Geysir se convirtió en un atractivo turístico casi tan pronto como fue bautizado en 1647, época en la que estallaba a diario. Cerca de 1800, estallaba varias veces al día, y en una ocasión lo hizo 14 veces en 24 horas. Sin embargo, en 1907 interrumpió su actividad durante casi 30 años. En 1935 se indujeron artificialmente las erupciones drenando parte del agua para disminuir la presión subterránea. Ahora estalla rara vez, pero tan espectacularmente como siempre.

En Islandia hay unas 3 000 caldas, fumarolas, baños de lodo y géiseres. Incluyen volcanes de lodo hirviente y sulfurado en Namaskard, al norte, donde los visitantes deben fijarse dónde pisan para evitar quemarse. En la Edad Media, se consideraba a los volcanes como las puertas del infierno, pero en la moderna Islandia el agua caliente natural del calor volcánico se usa para calentar las casas.

Una sorprendente muestra de la incesante turbulencia de la región tuvo lugar el 14 de noviembre de 1963, cuando una nube de 3 600 m de alto se originó mar adentro de la costa sur de Islandia: no era un géiser en erupción, sino el nacimiento de una isla: Surtsey, una Islandia en miniatura formada con los desechos de una erupción volcánica bajo el mar.

FOGOSO NACIMIENTO *El humo se eleva desde el mar a medida que la isla Surtsey (izq.), llamada así en honor de Surt, dios escandinavo del fuego, se forma por la trepidación de un volcán en erupción.*

ENERGÍA DESATADA *El estanque desprende vapor y rocío mientras Strokkur (der.) ofrece su espectáculo.*

Calzada de los Gigantes

CON MATEMÁTICO RIGOR, LA NATURALEZA CREÓ EN LA COSTA DE IRLANDA UN ASOMBROSO ESPECTÁCULO DE ROCAS SIMÉTRICAS

Nada nos extraña la simetría de la naturaleza en flores, insectos y en el rostro de un tigre. Pero es más rara en geología, por lo que nos asombra cuando la presenciamos. En la Calzada de los Gigantes, la naturaleza ha expresado su genio matemático al crear decenas de miles de columnas hexagonales de roca, semejantes a un gigantesco manojo de lápices.

Desde lejos se ven como una porción más de la costa del condado de Antrim, pero la vista no tarda en detenerse en un promontorio extrañamente cuadriculado que sale del pie de los acantilados y desciende suavemente hacia el mar como una enorme rampa. Por un momento, un paisaje producido por una computadora para un video juego, pero este extraordinario fenómeno geológico tiene cerca de 60 millones de años de edad.

América del Norte y Europa, que antes estaban pegadas, acabaron por separarse; el Atlántico se instaló entre ellas y poco a poco se extendió a partir de una grieta volcánica en el centro del lecho marino. Islandia, con sus

numerosos volcanes activos, hoy está sobre la grieta. Las zonas de lava de Irlanda y Escocia se produjeron en la grieta a medida que los continentes se desplazaban.

40 000 COLUMNAS DE BASALTO

La lava que penetró en el condado de Antrim formó la meseta de lava más grande de Europa. La naturaleza basáltica de una parte de ella la hacía extraordinariamente consistente. Se contraía al paso que se solidificaba, pero la fuerza de contracción estaba tan uniformemente distribuida que se quebró con precisión geométrica. Lo mismo sucede cuando una gruesa capa de lodo en el fondo de un charco se seca al sol.

En la Calzada de los Gigantes, las columnas de basalto tienen un diámetro promedio de 46 cm, y su altura varía de 1 a 2 m. En su punto más ancho, la calzada llega a medir unos 180 m, se prolonga hacia el mar a lo largo de 150 m, e incluye unas 40 000 columnas.

Durante milenios, la erosión de los glaciares de la Edad de Hielo y el incesante batir del océano dieron a la Calzada de los Gigantes la forma que tiene actualmente. Cada columna de basalto consiste en varios segmentos de unos 36 cm de largo, soldados entre sí, pero que se separan bajo tensión. Ahora como entonces, las secciones descubiertas han sido recortadas por las olas, entre los segmentos, en la línea de la falla, lo que da a la calzada su aspecto escalonado.

En este tramo de la costa, conocido como la Calzada de los Gigantes es la más famosa de las formaciones de basalto, pero hay muchas otras en los

¿OBRA DE GIGANTES? *La niebla marina se enrosca sobre esta extraña escalinata. Se dice que es obra de un gigante irlandés, y está formada por apretadas columnas hexagonales.*

ALAS DE MADERA *Una colonia de fulmares vive en los acantilados de la Calzada de los Gigantes. Se conocen como "alas de madera" debido a su rígida pose cuando planean.*

acantilados, a espaldas de la calzada y en las bahías vecinas que, al paso del tiempo, han recibido descriptivos nombres. El Órgano es un conjunto de altas columnas encajadas en la cara del acantilado de la bahía Port Noffer. El Anfiteatro es una bahía rodeada de extraordinarios manojos de columnas. Otras formaciones notables son La Tapadera del Gigante, la Silla de los Deseos, el Rey y los Nobles, y el Ataúd.

DEVOTO AMOR DE GIGANTE

Pueden verse similares columnas de basalto en la isla de Staffa, en la costa oeste de Escocia, unos 120 km al norte, sobre todo en la Caverna de Fingal. En efecto, la Calzada de los Gigantes parece conducir por debajo del mar de Irlanda a Staffa, y éste es el origen de la leyenda que justifica su nombre.

Un gigante, un gran héroe de una leyenda irlandesa cuyo nombre era Finn MacCool (Fionn MacCumhail), era el líder de los guerreros fianna. Los relatos sobre él hacen referencia a su enorme e insaciable apetito, su inquebrantable valor y sus proezas de caza. Entre otras razones que se dan para atribuirle la construcción de la calzada se menciona un acto de amor devoto muy propio de él: se dice que con su martillo formó una columna tras otra para hacer un camino por el que su amada en turno, una giganta que vivía en Staffa, pudiera ir a visitarlo a Irlanda sin que se tuviera que mojar los pies.

TESOROS DE LA GIRONA

Cuando el novelista William Makepeace Thackeray visitó en 1842 la Calzada de los Gigantes, se le dijo que en la bahía de Port na Spaniagh había restos de la Armada Española. Thackeray calificó el relato como "un conjunto de leyendas". En 1967 se mostró que se trataba de un hecho cuando el arqueólogo marino belga Robert Stenuit descubrió una amplia colección de artefactos y tesoros diseminados en el fondo del mar. Ello probó que ahí había naufragado, en 1588, el barco más grande de la Armada: la galeota Girona.

La Armada constaba de 131 navíos que llevaban a 30 000 hombres cuando salió de España en 1588 para invadir Inglaterra. Tras las duras bajas que le causó la flota inglesa, la Armada tomó la peligrosa ruta de regreso que rodea el norte de Escocia. Fue azotada por un temporal terrible, y sólo la mitad de la flota logró regresar a España. Unos 20 barcos naufragaron en la costa de Irlanda.

JOYA DE RUBÍES *Uno de los tesoros de la Girona es un pendiente de oro, en forma de salamandra, con rubíes.*

DUCADO *Un ducado de oro con el perfil de Carlos V, el Sacro Romano Emperador, se hallaba entre las monedas que hallaron unos arqueólogos en 1968.*

La Girona tuvo un regreso agotador. Al aproximarse a la Calzada de los Gigantes, no llevaba a bordo los 550 hombres estipulados, sino 1 300, incluyendo la tripulación de dos barcos naufragados. El 26 de octubre de 1588, la Girona chocó con una roca cerca de la Calzada y se hundió. Sólo hubo cinco sobrevivientes.

TESORO A BORDO *La Girona era una galeota, navío que combina la resistencia del galeón con la velocidad de una galera.*

Gran parte del tesoro fue a dar a las manos de "Sorley Boy" MacDonnell, quien le había arrebatado a los ingleses, cuatro años antes, Dunluce Castle, 6 km al oeste. El resto permaneció en el fondo del mar casi 400 años, hasta que el equipo de Stenuit lo rescató en 1968 y 1969. Para entonces el barco ya no existía, pero lo que sobrevivió da una idea maravillosa de lo que fuera la vida a bordo de un barco de la Armada Española. Ello puede verse en el Museo del Ulster, en Belfast.

Acantilados de Moher

IMPASIBLES CENTINELAS CUSTODIAN LA COSTA OESTE DE IRLANDA CONTRA LOS DESPIADADOS EMBATES DEL ATLÁNTICO

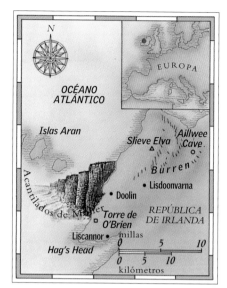

Un manto de verdes campos, colinas y lagos poco profundos y arroyuelos cubre casi toda Irlanda. Pero en algunos puntos la naturaleza se ha manifestado de modo impresionante, quizá como recordatorio de su aterrador poder. Los acantilados de Moher son uno de sus más atrevidos gestos en el habitual paisaje amable irlandés. Emergiendo del Atlántico como un acordeón de roca, los oscuros acantilados se extienden 8 km a lo largo de la costa del condado de Clare.

No hay nada grato en torno a los acantilados de Moher: ni bahías arenosas a sus pies, ni verdes pendientes en sus laderas, ni delicadas flores en sus promontorios. Se elevan sobre el mar a una altura de 200 m, y aunque el océano dirige contra su base una artillería de viento y olas, al parecer son capaces de resistir indefinidamente.

En efecto, el Atlántico es desalentador en este punto. Cada ola coronada de espuma choca contra la ola anterior y estalla contra los acantilados. Salvo en los días más serenos, quien se aventure por el abrupto borde de los acantilados se empapará del salado rocío que lanzan los vientos del oeste.

MUDOS EN EL VIENTO

Pararse sobre un acantilado es una experiencia estremecedora. El bramido y el sordo impacto de las olas en el agitado calderón de abajo apenas son audibles sobre los gemidos del viento, y las gaviotas que vuelan en círculo por debajo de la cara del acantilado parecen estar mudas. Sólo cuando se elevan súbitamente se escuchan sus agudos chillidos.

En un día tormentoso, ningún otro punto de las islas británicas es más inhóspito y, a la vez, más estimulante. Al

pie de los acantilados, espesa espuma café lanza a lo alto fragmentos de roca, y la cara del acantilado se oscurece con las nubes cargadas de lluvia. Losas gris acero salpicadas de blanco completan el efecto plomizo y monocromo.

Pese a parecer invulnerables, los acantilados se están desmoronando lentamente. De vez en vez algunas secciones se desploman en el mar,

BALUARTE UNIDO AL MAR *Una soberbia defensa natural en la costa de Clare, los acantilados de Moher se levantan a pico sobre el océano. Entibiados por el sol ofrecen un ensoñador paisaje en cafés y amarillos*

desprendidas por la acción combinada de la lluvia, que afloja el suelo de la cima del acantilado, y la sal que acarrea el viento, que carcome la superficie de la roca. La historia de los acantilados se inició en el mar. Su base de piedra caliza (miríadas de esqueletos de diminutas criaturas marinas) fue depositada hace más de 300 millones de años. Siglo tras siglo, el mar depositó más capas de areniscas multicolores y de arcilla esquistosa; a la larga, todo fue empujado hacia la superficie por obra de los movimientos continentales.

FORMADO POR LOS DIOSES

No es muy difícil imaginar a los primitivos dioses irlandeses interviniendo en la creación de estos acantilados. El escritor dublinés James Plunkett dice en *The gems she wore*: "En tiempo nublado se veían... como la pesadilla de algún dios enloquecido; en el buen tiempo, en especial al atardecer, pertenecían a la mitología y al submundo." Pero no es sólo la grandeza de los acantilados lo que ha inspirado a los escritores. Hay indicios de una era en la que antiguos héroes irlandeses, reales o legendarios, deben haberse paseado en la cima de los acantilados. El nombre Moher, por ejemplo, se refiere a la vieja fortaleza de Mothair, construida por colonos en el promontorio de Hag's Head en la era precristiana. Por desgracia, las ruinas del fuerte fueron demolidas durante las guerras napoleónicas para hacerle espacio a una torre de señales.

Parte de la cara del acantilado vecino se parece a una mujer sentada mirando al mar. Para los lugareños se trata de la vieja bruja Mal, convertida en piedra. Mal persiguió al héroe de Ulster, Cuchulainn, a lo largo de Loop Head, más allá de la costa. Ahí, se dice, no calculó bien su salto, cayó en el mar y se ahogó. El extremo norte de los acantilados se conoce como Aill na Searrach (Acantilado de los Potros). Éstos, al parecer, eran de origen mágico, y por alguna ignorada razón también saltaron sobre el acantilado en este punto.

Hoy los visitantes pueden aproximarse a los acantilados de Moher por cualquiera de sus extremos y caminar en la cima, a prudente distancia del borde del acantilado. Una alfombra de pasto sobre una capa de oscura arcilla permite pisar cómodamente.

UNA GRIS EXTENSIÓN DE PIEDRA CALIZA

La piedra domina en un solitario paraje al noreste de los acantilados de Moher. Conocido como el Burren, es una región de 260 km² de gigantescas terrazas calcáreas que ascienden en sucesivos pliegues a la cima arcillosa del Slieve Elva 345 m. Fue el hielo el que 15 000 años atrás limó las terrazas dándoles contorneada forma en uno de los paisajes más jóvenes de Europa.

Desde lejos, el Burren amerita la descripción que atribuida a Edmund Ludlow, un general de Oliver Cromwell: "no ofrece agua suficiente para ahogar a un hombre, ni un árbol para colgarlo, ni tierra suficiente para enterrarlo." Hay unos pocos pastizales y bosques de pinos, y en las pedregosas terrazas han arraigado, aquí y allá, arbustos de avellanos y enebros.

En la grisácea extensión de la piedra, una celosía de fisuras y grietas sostiene mil especies diferentes de plantas, sujetas milagrosamente a diminutas bolsas de tierra. Ellas hacen de las terrazas un paraíso para los amantes de las plantas, pues el suave y húmedo clima, sumado al abrigo que da la roca, crea condiciones excepcionales que permiten a las plantas alpinas y mediterráneas florecer juntas. A principios del verano, la superficie de la roca cobra vida con los colores de plantas como geranios, gariofileas y gencianas.

La lluvia no lava la superficie de la roca, sino que se filtra a través de las fisuras y grietas, erosionándola para formar canales y cuevas; otras veces mana para formar efímeros lagos llamados *turloughs*. Expertos bacheadores han explorado millas de sinuosos túneles que conducen a las profundidades de la ladera de Slieve Elva. Una cueva, Aillwee, abierta a todos, cuenta con 1 000 m de pasajes que conducen a cavernas atestadas de estalactitas y estalagmitas.

Restos de tumbas y fuertes de piedra, monasterios y castillos confirman que espeleólogos han explorado kilómetros de estos jardines de roca y estuvieron poblados miles de años. Algunos científicos atribuyen lo pelado de las rocas a la erosión por la tala de los bosques en la era prehistórica.

TERRAZA PEDREGOSA *Grandes rocas redondeadas que cayeron durante la última glaciación (der.) dieron su extraño aspecto a las losas calcáreas. Las gariofileas (izq.) prosperan en las grietas.*

Desde Hag's Head en el sur, donde tienen 120 m de altura, los acantilados ascienden gradualmente a su punto más elevado en el norte. La Torre de O'Brien señala este punto. A lo largo del acantilado, hacia el norte, hay salientes accesibles sólo para las cabras salvajes, que ocasionalmente se aventuran un poco más abajo. Luego el terreno desciende hacia una arenosa bahía en la aldea pesquera de Doolin.

El acceso es más espectacular desde el extremo norte, donde una senda acanalada, bien guarnecida y tapizada de enormes losas calcáreas conduce a la Torre de O'Brien. El terrateniente sir Cornelius O'Brien, miembro del Parlamento, la construyó en 1835 como punto de observación y casa de té. Después del arduo ascenso, los turistas del siglo XIX disfrutaban ahí de un refrigerio mientras un gaitero amenizaba la reunión.

Es fácil ver por qué O'Brien eligió este punto. La vista no tiene igual. Al norte, las redondas rocas del tamaño de

un hombre, diseminadas alrededor de la pedregosa playa de abajo, se ven como guijarros, y más allá de la rojiza cintura de los acantilados del extremo norte se elevan las distantes cimas cónicas de los Doce Alfileres de Connemara. Al sur está el solitario faro en Loop Head, que señala la punta oeste del condado de Clare, y al fondo está la umbría extensión de las montañas Kerry.

Hay que dejar para el final la vista hacia el oeste. Se verá la rocosa columna bajo la torre, que alguna vez formó parte del acantilado, pero ahora, erosionada tras eternos siglos de embates de los elementos, se reduce a este dedo de roca. Tiene 60 m de altura, aunque se ve enana desde el mirador del acantilado. Aves marinas (risas, urías, alcas) confiadamente anidan o reposan en salientes tan estrechas que apenas merecen ese nombre. Es más difícil distinguir contra la oscura roca los cuervos negros y las chovas que revolotean en el aire que se levanta con acrobática facilidad. Por último se abarca la vastedad extensión del Atlántico que se pierde en el horizonte: sólo las tres jorobas de las Islas Aran interrumpen el incesante ascenso de las olas. En un día sereno, sus rocas gris plata relucen al sol, pero cuando el tiempo se torna borrascoso se ven oscuras y amenazadoras, como si hubieran decidido cruzar el obstáculo de South Sound y sitiar la tierra firme. Pero no hay nada que temer: los acantilados de Moher se erigen como un bastión en defensa de la costa.

Benbulbin

UNA MONTAÑA DE
APLANADA CIMA, EN LAS
TIERRAS BAJAS DE
IRLANDA OCCIDENTAL, SE
VINCULA CON UN POETA
Y CON UN GIGANTE

El macizo de Benbulbin se asienta
como el casco invertido de un barco
en medio de los pastizales de Sligo.
Cerca de la cima, las inclinadas pendientes forman acantilados, esculpidos por
el viento en forma de acordeón, que
bordean una cima aplanada que se eleva
300 m sobre la planicie.

Benbulbin figura en la mitología
irlandesa. Según la leyenda, en sus
laderas halló su fin el guerrero celta
Diarmuid . Se había fugado con
Grainne, la prometida del gigante Finn
MacCool, el constructor de la Calzada
de los Gigantes, quien engañó a
Diarmuid durante una pelea fatal con
un jabalí encantado. Fue aquí también
donde, en el siglo VI, san Columba
condujo a 3 000 hombres en una
batalla. Y fue para proteger a Benbulbin
que el poeta irlandés W. B. Yeats eligió
este lugar como su tumba. Poco antes
de morir en 1939, escribió:

> Bajo la pelada cabeza de Ben Bulben,
> En el cementerio parroquial de Drumcliff
> Yeats reposa.

LUGAR DE LA BATALLA *Se dice que San
Columba condujo a un ejército a Benbulbin
para establecer su derecho a copiar un salterio
que le prestara san Finian de Movilla.*

Wast Water

TALUDES RODEAN EL LAGO MÁS PROFUNDO DE INGLATERRA Y LE DAN UNA FASCINANTE ATMÓSFERA

Los bosques y el apacible entorno del camino que conduce a Wast Water no permiten imaginar el esplendor que se avecina: una vista sin igual en todo el Distrito de los Lagos de Inglaterra. Adelante se halla un manto de agua gris pizarra rodeado de montañas rocosas. Un muro de talud de aspecto peligroso, con más de 550 m de altura, desciende abruptamente hacia el fondo del lago.

En la cabeza del lago de 5 km de largo, los pastizales para ovejas guarecidos por muros de piedra irradian de la minúscula aldea de Wasdale Head, ofreciendo un paisaje domesticado. Más allá se ven los campos que son el estrado del esplendoroso Great Gable, así como las afiladas orillas y los riscos del elevado Scafell Pike, que con 978 m es la cima más elevada de Inglaterra.

Wasdale Head ha sido una base muy apreciada por los escaladores desde que los osados alpinistas de la era victoriana describieron por vez primera sus desafiantes riscos. Entre los pioneros figuraba Walter Haskett Smith, el "padre de la escalada británica", que registraba sus hazañas en el libro de visitantes de sus hospedajes. Muchos escaladores se han alojado en el mesón de la aldea, cuyo propietario en la década de 1870 fue William Ritson, un personaje cuya reputación de narrador épico rebasó las fronteras de Wasdale Head.

La iglesia de la aldea, una de las más pequeñas de Inglaterra, sólo tiene tres ventanas: en una de ellas están escritas las pertinentes palabras de un salmo: "Elevaré mis ojos hacia las colinas". En el cementerio parroquial están enterrados varios escaladores que perdieron la vida en las montañas: rachas de viento pueden tornar traicioneras las condiciones en las abruptas pendientes, aun para los más experimentados. Las nubes se descargan aquí más vigorosamente que en cualquier otro lugar de Gran Bretaña, con una precipitación pluvial anual de 3 000 mm.

HELADOS ORÍGENES

Fue la fuerza erosiva de los glaciares la que excavó el valle de Wast Water en montañas de granito durante la Era Glacial que terminó hace 10 000 años. Agua fría y clara del hielo fundido que cayó por los collados llenó la depresión a 79 m de profundidad, e hizo de éste el lago más hondo de Inglaterra. De las colinas circundantes pocos nutrientes llegaron al lago, por lo que casi carece de vida, y sólo unos cuantos peces (truchas, umbras y espinos) sobreviven.

Cuando las tormentas de invierno azotan el valle transforman el lago en un mar de agitadas olas, lanzando rocío a lo alto y envolviendo las cimas en una sombría cortina de nubes. En primavera, el eco de un profundo estruendo a veces resuena en el valle, mientras la capa más externa de las empapadas laderas del talud se desprende, formando avalanchas desde los rotos riscos de Illgill hasta las frías aguas del lago.

RECOMPENSA *Visto desde las abruptas laderas de Great Gable, Wast Water yace silencioso bajo su muro de taludes, y los collados proyectan sombra sobre Wasdale Head.*

PIONERO DE LA ESCALADA

Cuando Walter Haskett Smith llegó a Wasdale Head en el verano de 1881 no tenía proyectado escalar cima alguna. Con todo, la estancia del estudiante de Oxford en Wasdale Head señaló el nacimiento de la escalada británica. Con la ayuda del alpinista veterano F. H. Bowring, Smith entró al anfiteatro de riscos que rodean a Wast Water con creciente entusiasmo, que comunicó mediante su ejemplo y sus escritos.

Pocos años después, Haskett Smith regresó a Wasdale Head y realizó escaladas cada vez más difíciles. En 1886 consolidó la escalada británica cuando, llevando sus acostumbradas botas con clavos, escaló Great Gable hasta la base de una escarpada columna conocida como Napes Needle. Tras avanzar pulgada a pulgada por una grieta en la roca, sintiéndose "tan pequeño como un ratón escalando una colina", escaló a continuación la roca redondeada en la que remataba la columna. "Fue más bien un acto de descaro", escribió después. Modestas palabras, si se considera el formidable abismo abierto a sus pies.

Alentados por su osadía, los escaladores que se habían limitado a las barrancas y las chimeneas comenzaron a disfrutar el reto de los riscos expuestos y las cimas. Cincuenta años después, con 76 años de edad, Smith (izq.) repitió su histórica acción ante un público de 300 escaladores.

META A LA VISTA *Muchos escaladores han trepado por Napes Needle desde que el primer ascenso de Haskett Smith consolidó la escalada como un deporte profesional.*

Gran Glen

UNA CAÑADA RECTA
COMO UNA FLECHA, HACE
DE ESCOCIA DEL NORTE
UNA ISLA Y SEÑALA UNA
ANTIGUA GRIETA EN LA
CORTEZA TERRESTRE

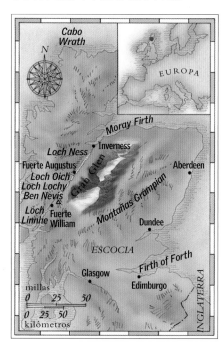

al extremo norte de la cañada.

Mientras se formaba la cañada, las rocas a ambos lados de la falla se aplastaron, exponiéndose a la acción de los ríos y el hielo. Durante las glaciaciones los glaciares colmaban la cañada, y las rocas atrapadas en el hielo que se desplazaba lentamente actuaron como lijas, erosionando los flancos y el suelo del valle. El resultado fueron las escarpadas laderas que brindan magnificencia a la cañada.

CORREDOR POR ESCOCIA

Desde los tiempos más remotos, la cañada fue la única ruta útil por esta parte de Escocia. Los ingleses se percataron de su importancia estratégica en los siglos XVII y XVIII, y edificaron fuertes para controlar a los clanes de las tierras altas: el fuerte William en el extremo oeste de la cañada; el Augustus en el extremo sur de Loch Ness, y el George cerca de Inverness.

A principios del siglo XIX, la pobreza y la emigración cundieron en las tierras altas, así que se construyó el canal Caledonian para alentar el comercio e impulsar la economía. El canal interconectaba los lagos y proveía barcos con una ruta comercial que evitaba el largo y peligroso viaje alrededor de la costa norte de Escocia. Los trabajos se iniciaron en 1804 dirigidos por el ingeniero Thomas Telford, y llevó 18 años construir los tramos separados de acueducto que vinculan a los canales.

PESCADORES ABRIGADOS *Las nutrias atrapan peces en las heladas aguas del lago.*

CLIMA VARIABLE *La niebla se posa en los campos y los bosques (arr.) cercanos al extremo oeste de la cañada. El sol brilla a través de las radiantes nubes (der.) para iluminar la depresión del lago. Loch Oich está al frente, y Loch Lochy detrás.*

La vida silvestre es abundante y variada en la cañada. Los gatos monteses y las martas cibelinas son más comunes que antes, y las ardillas rojas, casi exterminadas en el siglo XIX, ahora proliferan en los bosques de pinos. La osífraga, la más rara y magnífica de las aves que se alimentan con peces, ahora aparece a menudo tras larga ausencia. Los lagos son el último refugio de las nutrias escocesas.

Un aspecto de la vida salvaje de Gran Glen es objeto de especulaciones. Se dice que en el siglo VI san Columba enfrentó en Loch Ness a un monstruo que aterraba a los aldeanos. Desde la década de 1930, cuando se abrió el camino a lo largo de la orilla oeste del lago, muchas personas afirman haber visto a "Nessie". El misterioso habitante del lago es descrito, entre otras cosas, como un plesiosauro de 70 millones de años atrás que ha logrado sobrevivir, un duende o trasgo del agua, una serpiente marina, un barco vikingo, y tambos de petróleo. Pero el mítico Nessie se sustrae a los ojos de los investigadores, que han usado en su búsqueda globos de aire caliente, potentes reflectores, e incluso submarinos y un sonar en busca de vida en las profundas aguas del lago.

Como hendido por una gigantesca espada, Gran Glen corta diagonalmente las tierras altas escocesas, desde el Atlántico hasta el Mar del Norte. Lagos con forma de moño (Ness, Oich y Lochy) llenan la mayor parte de la cañada de 88 km y, junto con el canal que los vincula, hacen que Escocia al norte de la cañada sea una isla.

Las montañas se elevan a ambos lados de los lagos. En el bosque de las laderas más bajas crecen brezos y, más arriba, pastizales. En las cimas sobreviven plantas alpinas, como el sauce enano.

La historia de la cañada tiene más de 350 millones de años, cuando colosales sacudidas en la corteza terrestre provocaron la fractura llamada falla de Gran Glen. El movimiento de las rocas a lo largo de la falla no ha cesado, y en la zona aún ocurren sismos menores. El peor, registrado en 1816, envió tejas desprendidas de los techos en Inverness

El Viejo de Storr

UNA AFILADA COLUMNA DE ROCA SE ELEVA SOBRE UN LECHO DE CIMAS ACCIDENTADAS PARA PERFORAR EL CIELO DE LAS HÉBRIDAS

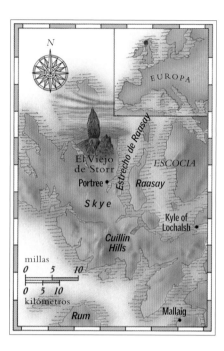

Encorvándose en el abrigado paraje de un acantilado destrozado de tierra adentro, el Viejo de Storr destaca en la costa de la isla escocesa de Skye. La columna de basalto, de 49 m de altura, equilibrada en su pedestal de piedra, mira al mar como un solitario centinela.

Un caos de cimas, rocas y taludes, resultado de derrumbes, cubre la ladera que rodea la columna. Una gruesa capa de basalto (el legado de sacudidas volcánicas de 60 millones de años atrás) agregó más roca desmenuzada. La incli-

VISTA MARINA *Flanqueado por rocas en capas, el Viejo de Storr domina la vista marina hacia Raasay.*

nación y las fallas en las rocas dejaron el terreno inestable, bloques de basalto se han desplomado hacia el mar y resistido el clima en el accidentado paisaje.

El Viejo de Storr sobresale a tal grado que durante siglos ha sido punto de referencia para navegantes. Sus escarpadas laderas y los promontorios en su base fueron siempre un intimidante reto para los escaladores, y sólo hasta 1955 la columna fue conquistada.

Desde esta rocosa ladera, en un día

sin viento, el mar se ve calmo como un espejo que refleja al cielo azul pálido. Pero en horas éste puede oscurecerse con ceñudas nubes. Entonces el paisaje se cierra y una densa llovizna da a las rocas un color negro brillante.

La línea costera de esta parte de Skye incluye un largo estrato de historia. Los fósiles cubren la playa debajo del Viejo, y entre ellos figuran los restos de 3 m de largo de un ictiosauro, semejante a un delfín, de 200 millones de años atrás. En las cercanías, en una reserva quizá ocultada por vikingos invasores, se hallaron monedas de plata anglosajonas junto con monedas de Samarcanda, ciudad de Asia central.

UN FUGITIVO DE PASO

En la playa, al sur del Viejo de Storr, una cueva lleva el nombre del príncipe Carlos, quien desempeñó un conmovedor papel en la historia escocesa. En 1745, Carlos Eduardo Estuardo se propuso recuperar el trono británico para su padre, hijo del depuesto Jaime II de Inglaterra (Jaime VII de Escocia). Tras ser derrotado en la batalla de Culloden Moor en abril de 1746, el príncipe fue perseguido por las tierras altas y las islas, y pasó cerca del Viejo en sus viajes por Skye. Agotado por una vida errabunda, dejó Escocia en septiembre de 1746 y permaneció exiliado hasta su muerte en 1788, en Roma.

Lago Inari

ANTIGUAS CANCIONES LAPONAS DICEN QUE ESTE LAGO, DE INTENSO AZUL, Y DE 3 000 ISLAS, ES "TAN PROFUNDO COMO LARGO"

Los mapas de la Laponia finesa sorprenden. Al tratarse de una región que se adentra en el Círculo Ártico, no es una tierra de hielo y tundra, sino de muchos lagos, ríos y corrientes vinculados por bosques, pantanos y terrenos inundados. La zona más grande de este mosaico de azules y verdes es el lago Inari, cuyas riberas están aserradas y sus aguas salpicadas con 3 000 islas, algunas apenas mayores que una roca.

Los arroyos se precipitan por las laderas de los montecillos herbosos al sur y al oeste del lago, así como en los ríos que alimentan el lago Inari. Al este y al norte, bosques de pinos, abedules y pantanos son el hogar de ciervos y linces, y glotones.

Erosionado por glaciares hace más de

FRÍO PAISAJE *El invierno comienza a envolver el lago Inari en su abrazo (der.), y las islas fusionan sus reflejos en las aguas azulgris. El sol de invierno (al dorso) proyecta un extraño y pálido resplandor sobre la isla Ukko.*

10 000 años, el lago tiene unos 80 km de largo y su área es de 1 300 km^2. Se ve profundo porque sus costados son escarpados: bajan 97 m. Las canciones laponas lo describen "tan hondo como largo".

Debido a que el clima ártico de la región está templado por una corriente caliente: la de deriva atlántica (que se extiende desde la corriente del Golfo), el verano en Inari se asemeja más al de los lugares que están 1 000 km al sur. Crecen en abundancia camemoros, con los que los lapones elaboran jalea y el licor Lakka. En el lago pululan varios peces: truchas, merlanes, umblas y percas. Aves migradoras, como la golondrina del Ártico, se unen a los patos, colimbos y zancudas que con regularidad disfrutan ricos bocados del lago. Los vencejos visitantes se dan a medio verano un banquete de mosquitos.

Los antiguos lapones dejaban ofrendas a sus dioses en la pequeña isla

¡A COMER! *El búho nival se alimenta en verano en los peñascos de Inari si los turones, su dieta favorita, abundan.*

de Ukko, al norte del puerto de Inari. Hoy miran escépticos el puerto moderno, pero seguramente reconocerían la mágica tranquilidad que se impone a medida que las primeras nieves blanquean las islas y el hielo comienza a aquietar las aguas, como lo hará durante casi medio año.

Sognefjord

UNA LLAMARADA DE AGUA AZUL ALCANZA A TRAVÉS DE ELEVADAS MONTAÑAS EL CORAZÓN DE NORUEGA

Incluso los viajeros curtidos se sumen en el silencio a medida que los cruceros, empequeñecidos por el entorno, se deslizan en Sognefjord. Desde la orilla, las montañas se elevan casi a pico: abruptos muros de duro granito que en algunos puntos alcanzan 900 m de altura. Los ralos arroyos que se precipitan por ellos son nieve derretida de las alturas. Los pinos se aferran a las pendientes dondequiera que sus raíces pueden hundirse en las fisuras de la roca y en las orillas de los escombros.

AGUAS TRANQUILAS

De pronto, a modo de contraste, pueden verse aquí y allá diminutas granjas que se asientan en las estrechas y fértiles salientes que rodean al fiordo. Las granjas, con paredes de tablas encaladas y techos de lámina corrugada rojos o grises, se encuentran en medio de parcelas de campo, ordenadamente dispuestas, que acentúan el esplendor bárbaro de los alrededores. Con poca marea, Sognefjord tiene la tranquilidad de un lago. Su ruta curvada lo resguarda de la violencia del Atlántico, y a veces sólo el resabio de sal en el aire puro y fresco señala que se trata, en efecto, de un fiordo: un brazo de mar.

Sognefjord es sólo uno de los 200 fiordos principales que hacen que la costa oeste de Noruega semeje la orilla de una bandera desgarrada por el viento. Con longitud de 5 km el fiordo es el más largo y profundo de Noruega, extendiéndose tierra adentro 184 km. Con aguas de una profundidad de unos 1 200 m, el valle, medido por arriba y por debajo del agua, tiene 2 100 m de profundidad, casi 600 m más que el Gran Cañón de Estados Unidos.

Los glaciares formaron este paisaje de fiordos. Las montañas de granito tienen quizá 2 000 millones de años de edad. Los ríos que fluyen por sus pliegues desde hace unos 50 millones de años probablemente comenzaron a cavar los valles, y

cuando la capa de hielo se precipitó dentro durante la sucesión de glaciaciones, los glaciares se vertieron siguiendo los mismos senderos, erosionando el suelo de los valles. A medida que los glaciares se retiraban, cuando finalizó la última Era Glacial, hace unos 10 000 años, el agua del mar penetró para inundar los valles.

Los valles erosionados por los glaciares suelen tener forma de U, con muros escarpados, y por lo común son más profundos en su parte media que en sus extremos. Así es en Sognefjord: el agua desciende de 170 m de profundidad en su extremo más de siete veces, unos 50 km tierra adentro, cerca de Vadheim.

El remanente de la capa de hielo noruega está en el glaciar Jostedal, que

aluminio. Con todo, la vida no es fácil aquí. En días soleados las escarpadas paredes del valle proyectan largas sombras gran parte del día, y en días nublados la niebla que proviene del mar trae un envolvente frío. Las neblinas y las lloviznas hacen de las pasturas lodazales que son el lugar favorito de ovejas, cabras y otro ganado.

El brusco paisaje siempre ha dificultado los viajes por la región. Antes de que en el siglo XX se construyeran caminos modernos, los botes eran el principal medio de transporte. El espíritu vikingo se forjó en estas condiciones.

Hoy, los granjeros y los pueblerinos pueden aumentar sus ingresos ofreciendo hospedaje y comida a los miles de visitantes que en el verano llegan a disfrutar de la grandeza del paisaje, que alcanza su máximo en los esplendores alpinos del Parque Nacional de Jotunheimen, donde las cataratas Vettis caen a 275 m en Ardalsfjord, la rama más oriental de Sognefjord.

CASCO VIKINGO

Los largos barcos vikingos alguna vez se resguardaron en Sognefjord. Salteadores vikingos de Dinamarca, Suecia y Noruega aterrorizaron las costas europeas en los siglos IX a XI. Los vikingos no usaban, como se cree, cascos con cuernos. El estilo de sus cascos era similar al que aquí vemos, aunque menos ornamentado. Este casco de Vendelicia del siglo VII se encuentra en Museo de Antigüedades Nacionales de Estocolmo, Suecia.

está a horcajadas sobre las montañas al noreste de Sognefjord. El Jostedal desagua en Fjaerlandsfjord, que es una rama apartada de Sognefjord, y también en el Gaupnefjord que sale del Lustrafjord. Es el glaciar de tierra firme más grande en Europa, con 600 m de espesor y 487 km^2 de superficie.

EFECTO DE ENFRIAMIENTO

El agua del glaciar ayuda a mantener la temperatura del agua del complejo de Sognefjord, aun en verano. Noruega ocupa la misma latitud que Alaska y Siberia oriental, y el fiordo está a sólo 800 km al sur del círculo Ártico. Pero la corriente de deriva atlántica del norte se extiende desde la corriente del Golfo

RAPSODIA AZUL *Sognefjord curva con majestuosidad su camino entre acantilados de escarpado granito sombreados de azul. El azul del cielo se refleja en su profunda agua.*

para aportar algo del calor caribeño a la costa, templando el clima lo suficiente para que en Leikanger crezcan manzanos.

Pequeños poblados como Sogndal y Laerdalsøyri han prosperado en las contadas áreas de terreno plano al filo del agua, creadas por los deltas de los ríos que ahí desembocan. Aurland incluso ha llegado a ser un centro industrial, donde se ubican una gran central hidroeléctrica y una planta fundidora de

Pico de Teide

DOMINANDO LAS
ALTURAS DE LA ISLA
DE TENERIFE, ESTE
IMPRESIONANTE VOLCÁN
PROYECTA LA SOMBRA
MÁS LARGA DEL MUNDO.

Visto desde el mar, el Pico de Teide ofrece asombrosos colores. Al blanco de su nevada cima lo sigue el morado de sus laderas volcánicas; luego se ve el rico verde de sus árboles y cultivos, al que enmarca el azul oscuro del mar.

Las guías de viaje suelen describir a Tenerife, la más grande de las Islas Canarias, que mide casi la mitad que los Países Bajos, como una isla montañosa y de forma triangular coronada por el

PICO INFERNAL *Contorneadas rocas se esparcen sobre el suelo de un antiguo cráter volcánico que rodea la nevada cima del volcán Pico de Teide.*

Pico de Teide. De hecho, la totalidad de la isla es una extensión de su imponente montaña. Debajo de su cima de 3 718 m, la más alta en territorio español, las laderas cubiertas de pinos del pie del volcán descienden hasta los valles del norte y las playas del sur.

Pico de Teide es más que un glorioso escenario de los centros turísticos de Tenerife: es la culminación de un extra-ordinario paisaje formado por una serie de violentas erupciones volcánicas. Su cónica cima se asienta en el cráter de un volcán más antiguo, a 2 000 m sobre el nivel del mar: un vasto anfiteatro natural de arena y piedra pómez. El viejo cráter, bordeado por una larga pared de 74 km, es el campo de batalla de retorcidas

rocas naranjas, moradas, carmesíes, grises y ocres, desgarradas de las profundidades de las montañas. Está hendido con canales y cañadas ahondadas por lava derretida. Esta zona es ahora el Parque Nacional de Las Cañadas del Teide.

La cima también tiene cicatrices. Sus flancos escarpados y rocosos muestran profundos y oscuros cortes donde la lava se vertió desde un cráter pequeño en la punta. De este orificio, con 30 m, siguen saliendo gases sulfúreos, y la montaña no ha dejado de arrojar lava durante siglos. En 1705 sepultó una buena parte de la aldea porteña de Garachico. En 1909, su más reciente erupción, una corriente de lava de 5 km de largo fluyó por las laderas del noroeste. En invierno,

CAZADOR
El halcón peregrino caza en los rocosos acantilados de las cañadas del parque Teide. Se abalanza en picada sobre pajarillos en una caída de 160 km/h, pero las presas no abundan.

resto de la isla se sumerge en un mar de nubes rosadas. Quizá el aspecto más inquietante de Teide sea la sombra que proyecta en las primeras horas de una mañana despejada: una pirámide gigante que oscurece el agua a lo largo de 200 km hacia el mar: la sombra más larga del mundo. Al atardecer, el oscuro cono es un triángulo enmarcado de carmesí y el pico es una vez más un fogoso dios.

Pico de Teide también desempeña un papel vital en la ecología de Tenerife. Las plantas florecen en la sombra y al abrigo de sus laderas, incluso en las secas planicies de lava del cráter, donde las abejas zumban entre las perfumadas retamas rosas y blancas, y las violetas y margaritas anidan abajo.

"UNA DE LAS MÁS BELLAS VISTAS DE LA NATURALEZA": LA SALIDA DEL SOL

En las laderas al pie del parque, los pinos atrapan en sus hojas el agua de las nubes bajas, la cual gotea en la roca porosa. Aún más abajo, los agricultores usan canales para irrigar con esa agua sus fincas, donde, al abrigo del encuentro de los vientos norte-este, viñas, tomates, bananas y patatas maduran al sol. En el suelo al norte del valle, viejos dragos, naranjos y almendros, laureles, mirtos, rosas, mimosas y buganvilias prosperan en un clima semejante a una eterna primavera.

Debido a la enorme presencia de Teide, el agua en el lado de sotavento (las playas sur y este de la isla) se mantiene en relativa calma. Ello permite la formación de nutrientes, por lo que esta agua se ha convertido en zona de alimentación y descanso para ballenas y delfines, en especial para las ballenas piloto, que son un atractivo turístico.

Los turistas ingleses de fines del siglo XIX atraídos por la isla, encontraron que cruzar el cráter era en extremo peligroso. En palabras de Olivia Stone, una escritora de viaje que desafió en 1883 los "bultos de lava": "No hay una pulgada cuadrada de superficie llana; es una masa de minúsculas cimas, de modo que botas y guantes se hacen jirones." El pico era aún más difícil de conquistar: "Caímos vigorosa y entusiasta-mente sobre el flojo e inseguro suelo unas pocas yardas, y luego nos hundimos jadeando sobre su ladera hasta recuper-arnos para comenzar de nuevo." Todo sucedió a la luz de la luna, porque la señora Stone y su esposo querían llegar a la cumbre para ver el amanecer.

Los visitantes de hoy cuentan con mayores ventajas. Es posible aproximarse a Pico de Teide por caminos desde cualquier lado de la isla, y el parque tiene una red de senderos que conducen a Cueva del Hielo, una helada caverna a 3 350 m donde la nieve nunca se funde. También hay un teleférico que lleva a los turistas a La Rambleta, a sólo media hora de ascenso hacia la cima.

Ahí puede observarse el cráter humeante y blanqueado, y luego mirar las demás islas. Quienes llegan al amanecer experimentan plenamente lo que Olivia Stone llamó "uno de los más sublimes esfuerzos de la Naturaleza": la salida del sol en Pico de Teide.

la nieve y el hielo llenan las barrancas, los vientos sacuden la cubierta suelta de arcilla esquistosa, y la temperatura desciende por debajo de cero.

Los guanches, de cabello claro, fueron los habitantes originales de Tenerife y le dieron el nombre de Pico del Infierno, que sus conquistadores españoles tradu-jeron como Pico de Teide en el siglo XV. Los guanches le temían al Pico, donde residía la diosa del infierno, Guayota. Otros visitantes lo han comparado con un padre que vigila a sus siete hijas: Tenerife y las otras islas principales de las Canarias: La Palma, Hierro, Gomera, Gran Canaria, Fuerteventura y Lanzarote.

En el amanecer, Teide penetra en el reino del encanto: el cielo se ilumina a medida que el sol naciente dora sus laderas orientales, mientras a lo lejos el

MONTAÑA DE SOMBRA *El sol dora las rocas del parque Las Cañadas del Teide, proyectando sobre mar y tierra la enorme sombra del pico triangular del volcán.*

MODELOS DE FAENA Y DE LABRANZA

La tierra ostenta las señales del estrecho vínculo que existe entre la vida y la tierra

La moderna existencia humana sería impensable sin el trabajo de incontables generaciones de labradores. La agricultura y un aprovisionamiento de alimento fueron las piedras angulares de las primeras civilizaciones: el excedente de alimento conduce al comercio, la riqueza, las ciudades y el ocio, lo que hace posible pensar más allá de la super-vivencia. Pero la relación entre la tierra y la agricultura es delicada, y las fuerzas de la Naturaleza (aliadas del hombre en ocasiones mejores) están prontas para castigar a quienes no son capaces de mostrarles respeto y comprensión.

TAZÓN DE POLVO
La sequía y el viento despojaron al suelo de la capa cultivable en la década de 1930 en Estados Unidos, dando lugar al tazón de polvo.

FRANJAS DE TULIPANES
Los tulipanes, cultivados durante siglos en Holanda con fines comerciales, hoy en día vuelan alrededor de todo el mundo.

ESTRELLA DE CULTIVOS
Los guisantes y el trigo crecen en la negra tierra del estado de Washington, Estados Unidos, donde forma sorprendente de las parcelas se adapta al contorno de la tierra.

CÍRCULO FÉRTIL
La moderna tecnología vivifica las áridas tierras de Egipto. Vemos un sistema que irriga los cultivos a través de un enorme brazo sobre soportes giratorios.

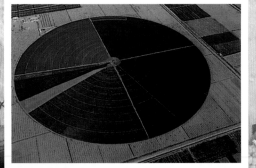

FRAGANTES HILERAS
Ordenadas filas de lavanda colman los campos franceses de radiante color y embriagadora fragancia. De las plantas se extraen los aceites esenciales para hacer perfumes.

VERDE VALLE
Un valle fluvial de Perú demuestra cuán esencial es el agua. Campos fértiles tapizan el suelo del valle, pero el terreno no irrigado es estéril.

SISTEMAS DE RIEGO
En las llanuras de China se usan ingeniosos aparatos para contar con agua.

ARROZALES
Intrincadas bandas de arrozales inundados rodean a las colinas de la provincia de Guangxi, al sur de China.

Ordesa

GAMUZAS Y CABRAS PACEN EN SALIENTES DE ROCA, SOBRE VALLES FLUVIALES, EN EL CORAZÓN DE LOS PIRINEOS

Hayas, alerces y altas coníferas sobresalen en el río Arazas en su descenso por pasos y cascadas a través del cañón de Ordesa. Este espectáculo lo domina un monumental escenario: aflautadas paredes de piedra caliza se elevan abrup-

tamente del valle a alturas de más de 600 m. El cañón de Ordesa se extiende unos 16 km por el valle de Arazas. Río arriba, el bosque cede su lugar a pastizales, donde en verano la brisa despeina al pasto salpicado de edelweiss, gencianas, anémonas y orquídeas.

El valle de Arazas es uno de los cuatro ríos fluviales del Parque Nacional Ordesa y Monte Perdido, que abarca 156 km en el corazón de los Pirineos, la agreste cadena montañosa de la frontera entre España y Francia. Monte Perdido, con 3 355 m de altura, es el tercero de los picos pirenaicos más altos y la montaña calcárea más alta de Europa. Los cuatro valles (Arazas, Añisclo, Pineta y Escuain) fueron cavados por los glaciares de Perdido y

de las cimas vecinas, Cilindro y Ramond, a las que se conoce como las Tres Hermanas. A la cabeza del valle de Arazas está el espectacular Circo de Soaso, con la cascada Cola de Caballo

RESPLANDOR DORADO *Como veta de oro bruñido por el sol vespertino, el imponente macizo rocoso se levanta sobre el valle del río Arazas, en los Pirineos.*

vertiéndose por sus paredes. Circo de Soaso es un enorme anfiteatro natural: un circo erosionado por un glaciar en las laderas de Perdido hace más de 15 000 años. Es el punto de llegada de una correría de siete horas. Senderos más desafiantes conducen por encima de las paredes del valle a lugares aún más agrestes, y los viajeros pueden sortear las partes más abruptas por medio de clavijas (perchas de acero que se fijan a la roca).

Eternidades de erosión han delineado las angostas salientes de piedra caliza conocidas como fajas, que cubren la cresta de algunos acantilados. La Faja de las Flores se prolonga casi 3 km a una altura de 2 400 km paralelamente al Arazas. Quienes se aventuran en las fajas disfrutan del estimulante panorama de los valles, que parecen formar un sendero de verdes serpentinas a través del pálido y rocoso paisaje del parque.

REFUGIO DE VIDA SALVAJE

Muchas ágiles gamuzas, a las que se conoce como rebecos, pueden verse en las fajas, algunas veces junto a los mucho más raros íbices (cabras monteses), de pelaje más oscuro y cuyos machos tienen cuernos curvados hacia atrás, de 1 m de largo. Ordesa es el último refugio del íbice pirenaico, al borde de la extinción. También es refugio de colonias de marmotas, y de zorros, nutrias, jabalíes y osos pardos.

Los picos murarios, del tamaño de un gorrión, son escaladores poco comunes que atareadamente cazan arañas e insectos en los escarpados flancos del valle. Por su mortecino plumaje gris se confunden con la roca a medida que se mueven sigilosamente en su superficie, pero pueden ser detectados por el escarlata brillante de sus alas cuando las usan para ayudarse a escalar.

Las águilas doradas pueden verse volando sobre los riscos, ocasionalmente acompañadas por un buitre, de mayor tamaño y más raro: el quebrantahuesos, con una envergadura de 2.5 m o más.

Coto Doñana

ESTE INFINITO TREMEDAL, AL SUR DE ESPAÑA, ESTÁ RODEADO POR UN BOSQUE CON FAUNA SILVESTRE

Tremedales cruzados por innumerables canales fluviales, chaparrales cuajados de estepas y dunas de arena de un blanco deslumbrante conviven en un variado trecho de selva en el sur de España. Junto con bosque de pinos, lagos y arboledas de alcornoques conforman el Parque Nacional de Coto Doñana, que rebasa los 500 km^2 en la desembocadura del río Guadalquivir.

Coto Doñana es uno de los refugios de fauna silvestre más importantes de Europa. Alberga especies raras y amenazadas, como el águila imperial ibérica y el lince, y hogar temporal de muchas aves migradoras, en especial de ánades silvestres de Escandinavia y Rusia.

Doñana comienza donde el Atlántico

PINAR *Duques y reyes una vez cazaron entre los pinos dulces de Coto Doñana. Hoy las aves anidan en paz entre sus amplias y espesas coronas, semejantes a paraguas.*

se repliega en una playa de arenas doradas. Detrás de ésta se elevan dunas de arena blanca, perforadas por depresiones llamadas corrales que en primavera se llenan de agua. A todos les parecen oasis saharianos, excepto porque hay pinos en lugar de ondulantes palmeras.

Allende las dunas está Coto Doñana: bosques, lagos y chaparrales que una vez fueron la zona de caza real de los duques de Medina-Sidonia y de los reyes españoles. El nombre Doñana se debe a Doña Ana, esposa del séptimo duque, quien, aunque reticente, fue comandante de la Armada Española, cargo que procuró evitar diciendo al rey que padecía de mareos.

Francisco de Goya visitó Doñana como invitado de su mecenas y amante, la duquesa de Alba, dueña de la finca a fines del siglo XVIII. Dos de los retratos de Goya son de ella, que quizá también posó para la *Maja desnuda*.

En los bosques de pinos dulces de Doñana las águilas imperiales anidan en las resistentes ramas de esos árboles. Cada pareja de águilas necesita un territorio de caza de unos 50 km^2. Hay una vieja historia según la cual aterran tanto a otras aves que éstas se suicidan: un flamenco que vio aproximarse a un águila imperial experimentó tal pánico que plegó sus alas y se precipitó a su fin.

Entre los bosques de pinos hay lagos de diverso color. Charco del Toro tiene negras aguas, en tanto que las de Santa Olalla son verde esmeralda. Los mariscos que viven ahí son el alimento de los señoriales flamencos y contienen una sustancia que da al plumaje de esas aves su color rosa.

En los matorrales de Coto Doñana, una alfombra de flores amarillas da lugar, en algunos puntos, a espesas selvas de brezos y zarzas.

ESCENA SAHARIANA *Blancas arenas onduladas por los vientos del Atlántico se extienden entre corrales semejantes a oasis: las charcas de las dunas de Doñana, donde crecen pinos.*

Colonias de espátulas, garzas y cigüeñas anidan en las arboledas de alcornoques, y los linces se refugian en troncos agujereados de árboles añosos.

Más allá de los bosques y matorrales están Las Marismas, "los tremedales", un inmenso pantano donde se congregan enormes cantidades de aves. Toda la zona está inundada desde el otoño hasta principios del verano, formando uno de los lagos más grandes de Europa. La marisma es la parada de más de 200 especies de aves que sobrevuelan el estrecho de Gibraltar en su migración de África a Europa del Norte. Esta extensión de agua es particularmente útil para las aves pesadas, como las cigüeñas, que para remontar el vuelo necesitan de las corrientes de aire caliente ascendentes que ahí se dan.

Luego, el intenso sol de verano, seca los terrenos húmedos y grandes extensiones se convierten en lodo duro como el concreto. Las aves migradoras parten y los buitres se alimentan con animales que murieron de sed.

La fauna silvestre de Coto Doñana está amenazada. Las aguas de la marisma se drenan con fines de irrigación e industriales, por lo que podrían secarse. Las aves migradoras cubriendo el cielo sobre un extenso pantanos podrían ser cosa del pasado.

REYES DEL CIELO *(al dorso) Una parvada de flamencos vuela pausadamente sobre las marismas de Coto Doñana.*

CAZADOR *Rey de los predadores, el lince no sólo atrapa conejos y pequeños mamíferos, sino también venados y aves al vuelo.*

Los yermos de España

EN EL ROCOSO Y DESÉRTICO PAISAJE DEL SUR DE ESPAÑA, EL PERAL ESPINOSO SOBREVIVE DONDE ALGUNA VEZ FLORECIERON ROBLES Y CEDROS

A sólo a media hora en auto de los bares y playas del poblado mediterráneo de Almería se encuentra un desolado paisaje de peladas y agrestes colinas hendidas por enormes grietas y barrancas. Son los yermos españoles, llamados así por los visitantes debido a su parecido con las Badlands del oeste de Estados Unidos.

Pocos viajeros se detienen aquí, pero detrás de los pueblos de Tabernas y de Nijar los senderos llevan a los yermos: las estragadas tierras altas y áridas barrancas de la provincia de Almería, una de las más montañosas de España. Está rodeada al oeste por la regia Sierra Nevada, y abarca las cordilleras más pequeñas de Sierra de los Filabres y Sierra Alhamilla. Es también la parte más seca de España: en ella están los desiertos Campo de Tabernas y Campo de Nijar, a cada lado de la dorsal de 1 285 m de las Alhamillas.

Aquí la lluvia es irregular porque la Sierra Nevada atrapa las nubes provenientes del Atlántico. En los desiertos de Almería sólo llueve unos 20 días al año, y la precipitación pluvial anual es de 110 mm. Cuando llueve, se trata por lo común de un súbito chubasco que llena las barrancas en minutos. Los yermos de España son uno de los ejemplos de la erosión del suelo más extremos del Mediterráneo. Las súbitas lluvias invernales desmoronan la cubierta del suelo, y el derrumbe de rocas y los desliza-

REGIÓN ACCIDENTADA *Tierra prohibitiva de áridas colinas y barrancas escarpadas, los yermos españoles han sido el escenario de docenas de películas de vaqueros.*

mientos cavan brechas profundas en el barro y la arcilla esquistosa sueltas. El resultado final: erosión barrancosa: redes de canales flanqueados por acantilados, conocidos como ramblas. A eso se añade el daño que provoca la lluvia acumulada bajo el suelo, que forma ductos que se colapsan tiempo después, reiniciando el proceso de erosión a medida que empiezan a formarse nuevas barrancas. Con el tiempo, la tierra resulta del todo incultivable.

Pero, hace 3 000 años este desierto era un bosque. A lo largo del Mediterráneo, de Portugal a Turquía, había robles, cipreses y cedros siempre verdes que crecían en terreno arenoso, y coníferas que llegaban hasta las laderas de las colinas. Manadas de ciervos pacían ahí, e incluso se encontraba el león mediterráneo, extinto hace mucho.

LOS YERMOS: PARAÍSO PARA PRODUCTORES DE PELÍCULAS

Hasta cerca del año 1000 a. C., el hombre había afectado poco la tierra; pero conforme crecían los asentamientos grandes extensiones de bosque se talaron para cultivos, leña y material de construcción, a la vez que rebaños de cabras devoraban los renuevos, evitando con ello que los árboles se regeneraran. Despojada de su cubierta original, la superficie del terreno fue deslavada por la lluvia y empezaron a mostrarse las cicatrices de la erosión.

A medida que el paisaje cambiaba, los maquís, o arbustos, tomaron el relevo: matorrales espinosos, robles achaparrados mirtos que aún cubren muchos puntos. Donde la erosión fue muy perjudicial, los maquís dieron lugar al semidesierto y luego a desechos rocosos, como los yermos.

En el verano, las condiciones para las plantas y los animales de los yermos son sumamente adversas, pues la temperatura se eleva a 43° C. Aun así, la retama amarilla y la adelfa rosa crecen en Campo de Tabernas, donde los lechos de las barrancas permanecen húmedos tras las raras lluvias del verano, y en Campo de Nijar crecen el peral espinoso y el palmito.

Uno de los puntos turísticos más populares de la provincia es "Mini Hollywood", a un lado del camino en las afueras de Tabernas. Desde que se construyó en 1964 para la película de Clint Eastwood *Por un puñado de dólares,* más de 100 películas "spaghetti" de vaqueros se han filmado en sus decoloradas cantinas y polvosas calles. Comerciales para TV o tiroteos preparados para los turistas aún tienen lugar a veces en el impresionante escenario de las barrancas y acantilados de los yermos.

Garganta del Verdon

LA GRIETA MÁS GRANDE DE EUROPA RECORRE UN CAMPO DE PIEDRA CALIZA DECOLORADO POR EL SOL DE PROVENZA

Paredes de roca del doble de la altura de la torre Eiffel flanquean el río Verdon en su curso por el fondo de su garganta en el sur de Francia. La garganta tiene 20 km de largo y hasta 700 m de profundidad, que la convierten en la grieta más grande de Europa. En su punto más ancho mide más de 1.6 km en la cima, aunque en el fondo las paredes se apartan unos cuatro metros.

RÍO PROFUNDO *A lo lejos, el río Verdon centellea mientras sigue sus meandros por su curso boscoso. A veces el agua despide reflejos verde brillante.*

Al Verdon lo alimenta la nieve fundida de los Alpes. Su garganta se formó a medida que el veloz flujo del agua poco a poco trazaba un canal, cada vez más profundo, en la meseta calcárea de la Alta Provenza. La lluvia sobre la meseta se precipitaba, así que no hay corrientes que erosionen y aplanen la pared de roca que recorre la garganta. En primavera, la región circundante se torna rosa cuando florecen los almendros; en verano adquiere un color púrpura intenso, debido a los campos de lavanda cultivados para las fábricas Grasse de perfumes.

Nadie había descendido al fondo de la garganta hasta que, en 1905, Edouard Martel, pionero de la exploración de cavernas en Francia, condujo una expedición. El viaje duró tres días y medio, y todos los botes de lona del grupo, salvo uno, se fueron a pique. La garganta le pareció a Martel "la vista más aterradora de toda Francia" e imposible para visitas turísticas.

Por fortuna, se equivocó. Hoy, dos veredas turísticas recorren las orillas de la garganta, y hay además dos miradores desde donde se ven, hacia abajo, las curiosas formas rocosas y, a lo lejos, las espumosas aguas.

LAVANDA FRANCESA *A fines de la primavera y en verano, de las plantas siempre verdes de lavanda brotan flores púrpura intenso.*

Mer de Glace

UN INFATIGABLE MAR DE HIELO EROSIONA UN VALLE ALPINO BAJO LA CIMA DE MONT BLANC, EL PICO MÁS ALTO DE LOS ALPES

Un enorme río serpentea bramando por un accidentado valle alpino, levantando enormes olas y descubriendo profundas depresiones. De pronto, se congela en una masa sólida en el momento de su mayor violencia. Se trata del Mer de Glace, el glaciar más grande de la cordillera de Mont Blanc, cuyas serradas cimas y heladas profundidades fueron fuente de fascinación y sublime inspiración en los pasados 250 años.

El glaciar y uno de sus más recientes admiradores ingleses, William Windham, iniciaron la moda del alpinismo en Europa. Windham provenía de Felbrigg, en Norfolk, y formaba parte de una colonia de ingleses que vivían en Ginebra, Suiza, hacia 1740. Vio Mer de Glace por primera vez en 1741.

Windham emprendió el arduo viaje desde Ginebra hasta el valle de Chamonix, Francia, con un grupo de jóvenes ingleses y sus tutores. Acamparon en los prados de Chamonix antes de partir a Mont Blanc. Se arriesgaban a romperse algún miembro, a la ceguera por deslumbramiento y a la congelación.

Pero la belleza de la región y el agudo contraste entre el elevado pico de Mont Blanc y la imponente rugosidad del Mer de Glace reptando abajo justificaron el esfuerzo y los sinsabores.

MAR DE HIELO *El Mer de Glace se abre paso por un valle alpino en el macizo de Mont Blanc. Al fondo, los Grandes Jorasses, a 4 208 km de altura.*

Después de escalar durante cuatro horas y media hacia el punto donde ahora está el hotel Montenvers, entraron al glaciar y a la historia, pues de la descripción de Windham nació el nombre popular del glaciar: Mer de Glace (Mar de Hielo). "Las descripciones de los mares de Groenlandia que hacen los viajeros son lo que más se le parece", escribió.

Hoy los visitantes pueden disfrutar de la áspera grandeza del glaciar con mucho menor esfuerzo y más comodidades. Desde Chamonix, un tren de cremallera y piñón asciende rechinando a través de bosques de abetos y pinos al complejo hotelero en el borde del Mer de Glace.

AVANCE Y RETROCESO

Un glaciar se mueve constante pero imperceptiblemente, como se muestra cuando expulsa de su boca los restos de una víctima que cayó en una grieta mucho tiempo atrás.

El hielo que pierde por fusión el glaciar cuando alcanza los niveles más bajos suele reemplazarse por la nieve acumulada en los niveles más altos. Pero las medidas que se hicieron en el siglo pasado han revelado que algunos glaciares conservan su longitud, en tanto que otros crecen o disminuyen. El Mer de Glace, que hoy tiene unos 7 km de largo, es más corto y angosto que en la década de 1820, cuando se dieron las temperaturas más frías de la Pequeña Era Glacial. Quizá alcanzó su máxima longitud a mediados del siglo XVII. La retirada del hielo es evidente por los aislados refugios de montaña en abruptas pendientes, o que son accesibles mediante escalas, una vez que ha podido llegarse a ellos fácilmente desde la superficie de hielo.

CIMAS Y HELADAS PROFUNDIDADES, FUENTE DE ATERRADORA FASCINACIÓN

Los escritos de Windham y sus compañeros despertaron la curiosidad de otros aventureros. En esa época se habían escalado pocas cimas montañosas. En 1760, Horace Benedict de Saussure, profesor de filosofía natural en Ginebra, quedó tan conmovido por la vista del Mont Blanc elevándose sobre el Mer de Glace que ofreció un premio en efectivo al primer hombre que alcanzara la cima, de 4 807 m, de la montaña más alta de los Alpes.

Pasaron 26 años antes de que el premio se diera. Un médico de Chamonix, Michel Gabriel Paccard, y un guía y coleccionista de cristales, Jacques Balmat, llegaron juntos a la cima de Mont Blanc el 8 de agosto de 1786, tras 14 horas de ascensión. Saussure le dio el premio a Balmat, pues pensó que Paccard, que era un "caballeroso aficionado" no lo aceptaría.

La grandeza de Mont Blanc y de Mer de Glace atrajo a escritores, entre los que destacan Lord Byron, Percy B. Shelley y Mary Shelley. Sus impresiones sobre la belleza del lugar figuran en sus escritos, quizá de modo más popular en la primera novela de ciencia ficción, *Frankenstein*, de Mary Shelley.

EL REFUGIO DE UN MONSTRUO

Profundamente afectada por la helada violencia de Mer de Glace, Mary Shelley lo eligió como el escenario del encuentro del doctor Frankenstein con su monstruosa creación en su novela *Frankenstein*. "Deprimentes glaciares son mi refugio", le dice el desdichado monstruo; "esos inhóspitos cielos [...] son más clementes conmigo que vuestros semejantes." El doctor creó el monstruo con la intención de que fuera bello, y huyó aterrado cuando la repulsiva criatura cobró vida y lo miró mientras dormía. Su siguiente encuentro fue dos años después, tras criminales sucesos.

El relato se le ocurrió a Mary Shelley, de 19 años de edad, en un sueño tras haber pasado una velada con los poetas Percy B. Shelley y Lord Byron. Se publicó anónimamente en 1818 y fue un *best-seller*.

MONSTRUO Y CREADOR *El doctor Víctor Frankenstein retrocede aterrado ante la proximidad del monstruo que creó.*

RETADORA GRAVEDAD *Las gamuzas alpinas brincan ágilmente entre riscos prominentes y angostas salientes. Incluso las crías con unas horas de nacidas brincan a la par con mamá.*

Eisriesenwelt

RESPLANDECIENTES GRUTAS EN UN HELADO PAÍS DE LAS MARAVILLAS EN LO ALTO DE LOS ALPES AUSTRIACOS

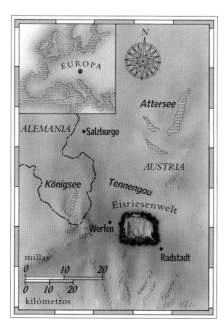

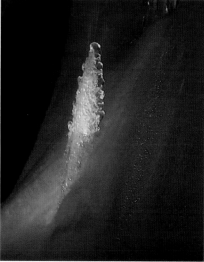

MARAVILLA *En lo profundo del Eisriesenwelt, una masa de hielo (arr.) se "vierte" sobre una saliente. Esta escultura de hielo (der.) resulta del goteo del agua sobre una pared de la cueva.*

Heladas cascadas se encuentran en inmóvil majestad en lo profundo de una ladera alpina. Eisriesenwelt: el Mundo de los Gigantes de Hielo, se cree que es la cadena de cuevas de hielo más grande de Europa. Su laberinto de galerías y salas semejantes a catedrales se prolonga por más de 42 km dentro del macizo de Tennen, al sur de la ciudad austriaca de Salzburgo.

La entrada de las cuevas conduce a un muro de hielo de 30 m de alto, en cuya parte superior hay un laberinto de cavernas y pasajes. Aquí, los rayos de las lámparas iluminan cortinas y estatuarias columnas de hielo, así como la escarcha que brilla en las paredes de la cueva. Formas de hielo feéricas han ameritado nombres como "órgano" y "capilla", y en lo profundo de la montaña cortinas congeladas cubren la "puerta de hielo". Heladas corrientes silban a lo largo de estrechos pasajes a medida que el aire se desplaza entre las entradas de la caverna

hacia la parte superior de la montaña.

Los "gigantes de hielo" son el resultado de agua que se filtró en las cuevas de caliza que se formaron hace más de dos millones de años. A esta altura, Eisriesenwelt está a más de 1 500 m sobre el nivel del mar. La temperatura invernal dentro de las cuevas es muy baja. El hielo derretido y la lluvia de primavera que se filtra y gotea dentro de las cuevas se congelan al instante en espectaculares formas de hielo, en lugar de configurar las estalactitas y estalagmitas que suelen encontrarse en las cuevas calcáreas.

LOS GIGANTES DE HIELO

Anton von Posselt-Czorich exploró las cuevas por primera vez en 1879. Tras haberse adentrado unos 200 m en la montaña, se encontró con el muro de hielo y no siguió adelante. Más de 30 años después entró en las cuevas Alexander von Mörk, un explorador

que condujo expediciones en 1912 y 1913. Él y su grupo cavaron escalones en el muro de hielo, y al otro lado de éste descubrieron el alucinante mundo que von Mörk llamó Eisriesenwelt.

Después de la segunda Guerra Mundial se reemprendió la exploración, ya sin von Mörk, muerto en combate. Una vasta cueva fue llamada la Catedral de Alexander von Mörk para conmemorar que fue él quien atrajo la atención del mundo a ese lugar. Una urna con sus cenizas permanece en el interior de la caverna.

Matterhorn

ESTA DESOLADA Y PROHIBITIVA PIRÁMIDE DE ROCA FUE CAVADA Y CINCELADA POR LOS GLACIARES DE LA EDAD DE HIELO Y ESTIGMATIZADA POR LOS ELEMENTOS

Alzándose en magnífico aislamiento sobre su entorno alpino, es célebre por su cuerno: un pico piramidal ligeramente inclinado; está a horcajadas sobre la frontera suizo-italiana, y en alemán e inglés se le conoce como Matterhorn, en italiano como Monte Cervino, y en francés lo llaman Mont Cervin.

La montaña, con 4 447 m de altura, es un espectacular remanente de losas de roca que fueron empujadas hacia arriba por los movimientos de la Tierra hace 50 millones de años, cuando los continentes africano y europeo chocaron. Debe la forma de su pico a los glaciares de la Edad de Hielo que cavaron circos (huecos circulares) a su alrededor. Entre el Matterhorn y el pico italiano Monte Rosa, con 4 634 m de altura, se encuentra el Paso de Teódulo, con 3 317 m, desde el que Servio Galba, cónsul de Julio César, vio el Matterhorn en el año 55 d. C. Esto quizá influyó en el nombre francés de Servin (a la larga Cervin).

Fue en 1789, desde el Paso de Teodulo, que el físico y geólogo suizo Horace Benedict de Saussure, quien ya había escalado el Mont Blanc, consideró trepar al Matterhorn. Pero recapacitó: "Sus abruptas laderas, donde no hay donde aferrarse en la nieve, no permiten medio alguno de acceso."

Un grabador de madera inglés, Edward Whymper, probaría que no era

TORNEADA CIMA *La cruda e hipnótica belleza del famoso pico del Matterhorn, que destaca entre los Alpes circundantes, ha retado a innumerables alpinistas.*

así. Intentó siete veces, entre 1861 y 1863, escalar el Matterhorn desde el lado italiano, pero en 1865, cuando tenía 25 años de edad, decidió intentarlo desde el lado suizo. Whymper pidió al conocido guía italiano Jean-Antoine Carrel que lo acompañara, pero éste ya se había comprometido con el Club Alpino Italiano, que también se disponía a escalar el Matterhorn.

CARRERA HACIA LA CIMA

Whymper se apresuró. Junto con Lord Francis Douglas, de 18 años, contó con la participación de Peter Taugwalder, un renombrado guía de Zermatt que pensaba que la perspectiva reducida que se tenía del borde del Matterhorn desde Suiza lo hacía parecer más escarpado de lo que era. Los otros participantes fueron Peter, el hijo de Taugwalder, de 22 años; Michael Croz, de 35 y guía de Chamonix; el reverendo Charles Hudson, de 37, y Robert Hadow, de 19.

El grupo salió de Zermatt el 13 de julio a las 5:30 a. m. Todo fue bien, y a los 3 350 m acamparon. Al día siguiente alcanzaron la cima a la 1:40 p. m., tras un ascenso directo. Desde ahí pudieron ver a sus rivales italianos 300 m abajo, quienes sabiéndose derrotados abandonaron la empresa. Whymper y su grupo permanecieron en la cima una hora.

En *Scrambles amongst the Alps*, escrito en 1871, Whymper describe la vista: "La atmósfera era de perfecto silencio, y libre de cualquier nube o vapor. Las montañas a cincuenta… no, a cien millas de distancia, se veían claras y cercanas. Todos sus detalles: crestas y grietas, nieve y glaciares, destacaban con impecable nitidez."

El descenso fue lento, difícil, y mientras el grupo comenzaba a tantear un paso particularmente complicado la tragedia sobrevino. Hadow resbaló y cayó contra Croz: ambos se despeñaron, arrastrando con ellos a Hudson y a Douglas. La cuerda se rompió y los cuatro desaparecieron en el precipicio del glaciar del Matterhorn, 1 200 m abajo. Al día siguiente se recuperaron tres de los cuerpos, pero nunca se encontró a Lord Francis Douglas.

Hoy los alpinistas usan los refugios, cables y asideros que se ofrecen, y unos 200 de ellos ascienden por el Matterhorn cada año. Con todo, sigue siendo alucinante y los accidentes no han cesado: cada año mueren hasta 15 alpinistas.

SUPERVIVIENTE
Edward Whymper conduja la escalada de 1865.

TRÁGICO DESCENSO *Este grabado de Doré reproduce el desastre que siguió a la conquista del Matterhorn en 1865.*

CÓMO SE FORMÓ AL CUERNO

El distintivo cuerno del Matterhorn es el punto de encuentro de crestas filosas y serradas, conocidas como aristas, que se formaron cuando cuatro cuencas circulares, llamadas circos, se excavaron en la roca. Tres caras de la pirámide (norte, este y sur) son la típica pared lisa trasera de un circo. La cara oeste, rota y escarpada, apenas conserva trazas de haber sido un circo.

Un circo se forma cuando sucesivas nevadas se acumulan en una depresión protegida en una ladera montañosa. Año con año, la nieve sin fundir se compacta por las capas de nieve superiores. Cada año la roca circundante se erosiona debido a la combinación de la escarcha que la destruye, la nieve que la desgasta y el hielo fundido que la deslava, de modo que la cuenca se ahonda. Poco a poco, el creciente peso que se acumula sobre ella comprime el hielo; éste se derrama a los lados desbordando el punto más bajo del borde de la cuenca, y se extiende para formar un nuevo glaciar.

El "cuerno": punto de encuentro de crestas escarpadas

Pared posterior del circo cavada por el glaciar

Arista donde se encuentran, dorso con dorso, dos circos.

Las columnas del Ritten

COLUMNAS DE TIERRA, ALGUNAS REMATADAS CON PEÑASCOS QUE SEMEJAN SOMBREROS, SURGEN ENTRE BARRANCAS BOSCOSAS AL NORTE DE ITALIA

A primera vista, estas columnas que se localizan en el norte de Italia parecen una broma de la Naturaleza. En esta ladera al sur del Tirol los peñascos se elevan sobre las copas de los árboles, balanceándose precariamente sobre dentadas agujas rojas, acres y violetas. Este *tour-de-force* de la Naturaleza parece un verdadero acto de equilibrio.

Las columnas, estriadas y picadas, se angostan en la punta desde su base. Algunas son cortas y gruesas; otras, altas y esbeltas. La más elevada mide 40 m, pero cualquiera que sea su altura soportan su extraño "sombrero" de piedra.

Esos sombreros y el material de las columnas llegaron a las laderas de Ritten durante la Era Glacial. Escombros de roca de todo tamaño, desde peñascos hasta piedras finamente molidas, quedaron atrapados entre los glaciares que se desplazaban con gran lentitud sobre el terreno. Al fundirse el hielo, hace unos 10 000 años, los "bultos de arcilla" fueron aglomerados hasta quedar una gruesa capa en las laderas de la montaña.

DAMITAS CON SOMBRERO

Columnas como éstas se encuentran en pocos lugares del mundo, y a todas el sentir popular les ha asignado su leyenda y un apodo. En el norte de Italia se les llama "hombrecitos" en un sitio, y "hongos de tierra" en otro. En los Alpes franceses llevan el elegante y curioso nombre de *demoiselles coiffées*: "damitas con sombrero".

En Ritten existen tres grupos de columnas que se elevan abruptamente sobre el valle de Eisack. Una serie de terrazas de viñedos cubre las laderas más bajas de la montaña; más arriba hay bosques y praderas. Todas las columnas están a unos 1 000 m sobre el nivel del mar, apiñadas en barrancas boscosas que descienden hasta el fondo del punto conocido como Eisack.

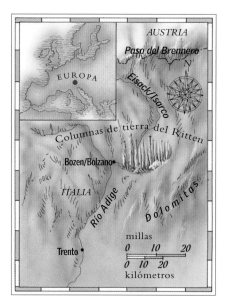

SOMBRERO *Sobre una columna de tierra guarnecida con piedras, se equilibra el peñasco que la protege de la lluvia y evita que se erosione.*

Unos caballeros alemanes se establecieron en Ritten en el siglo XIII y talaron las laderas para hacerlas cultivables. Con eso aceleraron la formación de las columnas y expusieron el terreno a la erosión causada por la lluvia (ab.).

En la escala de tiempo geológico, las columnas tienen nueve días de edad. Su duración sigue siendo un misterio, si bien es sabido que algunas apenas se modificarán en décadas. Lo cierto es que una columna se desintegra rápidamente una vez que ha perdido su remate de piedra. Pero en tanto que el clima destruye algunas columnas, la lluvia crea otras nuevas hasta que no quedan más montones de arcilla. No está muy lejano el día en que las encopetadas columnas del norte de Italia sean cosa del pasado.

CAPRICHO DE LA NATURALEZA *Esbeltas columnas de tierra se apiñan en las boscosas laderas del Ritten, en el norte de Italia. Algunas sostienen los peñascos que les permitieron formarse.*

VIDA DE UNA COLUMNA

Las columnas de piedra del Ritten son rocas enterradas en montones de arcilla que dejaron a su paso los glaciares. La lluvia cava canales, y cualquier piedra grande que se encuentre entre ellos funciona como paraguas y protege de la lluvia al montón de arcilla que queda debajo de ella. Mientras que el resto de la arcilla se desgasta, las rocas y el material que éstas cubren sobresalen cada vez más de la red de canales. A la larga, la piedra cae y su columna se desgasta rápidamente.

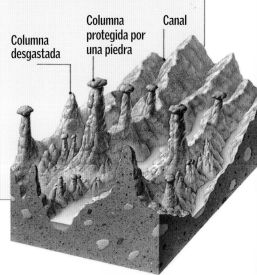

Columna desgastada

Columna protegida por una piedra

Canal

Valle del Elba

AL SUR DE DRESDE HAY UN FANTÁSTICO PAISAJE, FAMOSO Y POR SU BELLEZA COMO POR SU FABULOSO "ORO BLANCO"

El río Elba nace en la República Checa y se adentra en Alemania por una profunda y sombría garganta que se divide en Erzgebirge (montes Ore) y luego corre hacia el Mar del Norte. En la mayor parte de sus 1 160 km el río es importante. Junto con cursos de agua como el canal de Kiel, es una de las rutas comerciales más grandes de Europa, pues por él se transportan enormes cargamentos de carbón, acero, granos, productos químicos y manufacturados.

Sólo ocasionalmente esta majestuosa corriente expone un rasgo romántico: las falanges de bastiones rocosos que de pronto aparecen en cualquiera de sus orillas, a una hora de viaje, aproximadamente, al sur de Dresde. Cavados por eones de lluvia y de escarcha que se depositó en la piedra caliza hace unos 80 millones de años, conforman una fantasía gótica de torres y torreones, agujas y cúpulas divididos por gargantas turbulentas en las que resuenan apresuradas corrientes y cataratas.

Algunas formaciones se yerguen solas; otras se apiñan a la manera de una calle de Manhattan, como el Bastei, un rocoso laberinto con un mirador desde el que se ve, elevándose sobre las azules aguas del lago Amsel, la extraña silueta del Lokomotive, una montaña con forma de ferrocarril. Otras formas

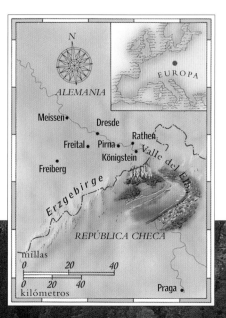

REPÚBLICA CHECA

extrañas son el Lilienstein (la piedra lirio) coronada por un castillo en ruinas, y el confuso bulto del Pfaffenstein (la piedra del sacerdote). Cerca del pueblo de Rathen está el Felsenbühne, un escenario natural entre rocas donde en verano se montan obras teatrales.

Históricamente, la región era conocida sin más como las tierras altas de Meissen, nombre demasiado prosaico para sus decimonónicos admiradores, que la bautizaron como Suiza Sajona. Poco después de la reunificación del país en 1990, se declaró al distrito parque nacional. Antes de ello, las oportunidades que brindaba a la ingeniería militar llamaron más la atención que el escenario. Testigo super-viviente de ello es Königstein, una admirable ciudadela construida en lo

alto de una grieta sobre el río Elba, como un baluarte para los reyes bohemios en la alta Edad Media; más tarde la ampliaron los Electores de Sajonia. Augusto el Fuerte (1670–1733) le dio una hermosa fachada barroca.

La inaccesibilidad de la construcción le daba una gran ventaja tanto para su inmunidad a los ataques como para sus caracterísiticas de punto de prisión. El más melancólico de sus reclusos debió ser Johann Böttger, un brillante joven boticario de Berlín y alquimista que intentaba convertir en oro los metales. Al haber disgustado a las autori-dades prusianas, huyó a Sajonia en 1700 y sin tardanza fue encarcelado y puesto a trabajar para Augusto, que estaba tan ansioso por una reserva de oro como cualquier otro príncipe de sus días.

Aunque el sueño de Böttger no logró materializarse, sus facultades causaron gran impresión. El Elector tenía una pasión que rebasaba a la del oro: le fascinaba la porcelana china. Entre sus muchos tesoros contaba con una de las colecciones más selectas de Occidente, pero soñaba con producir la mejor porcelana de Europa, y por esta razón reorientó a Böttger. Sin embrgo, durante sus años de prisión, la receta de la porcelana le fue tan elusiva como la del oro.

"ORO BLANCO"

En 1708, tras experimentar con feldespato molido y arcilla local, logró crear un plato de porcelana roja. El Elector estaba encantado, pero Böttger siguió siendo su prisionero, aunque de honor.

Para rivalizar con la china tenía que producir porcelana blanca. En 1713 alcanzó el éxito, añadiendo cuarzo y reemplazando la arcilla local con caolín. La porcelana de Meissen y de Dresden, conocida también como oro blanco, ganó fama mundial.

Tristemente, Böttger murió a los 37 años en 1719, ciego e intoxicado por los vapores de sus experimentos. Se levantó una estatua en su memoria.

SUIZA SAJONA *Dividida por gargantas que parecen calles bordeadas de altísimos árboles, las rocas de Bastei (izq.) recuerdan las torres de una ciudad abandonada. "Barberine" (der.) es una rara roca erosionada del extremo del Pfaffenstein.*

Monte Etna

DE ODISEO A LOS "MARINES" DE ESTADOS UNIDOS, LA VIOLENCIA DEL ETNA SIEMPRE HA SIDO EMPRESA DE HÉROES

No lejos de Catania, en la costa oriental de Sicilia, se encuentran tres enormes rocas bañadas por las olas. Conocidas como los Escollos de los Cíclopes, son de origen volcánico y muy diferentes a las otras rocas de la playa. Se dice que estos peñascos fueron lanzados por un monstruo contra la nave de Odiseo (Ulises), el líder de la guerra de Troya según la mitología griega.

Homero, poeta griego del siglo VIII a. C., relata en la Odisea la forma en la que el héroe y sus compañeros fueron capturados en Sicilia por los cíclopes, una raza de gigantes devoradores de hombres. Su jefe era Polifemo, afeado más aún porque sólo tenía un ojo en medio de la frente. Mientras Polifemo dormía, Odiseo y sus hombres encajaron en el ojo del gigante una afilada viga de olivo, endurecida en el fuego y aún ardiendo, y luego huyeron a su nave.

Ciego y agonizante, el cíclope tuvo fuerzas para arrancar rocas de la ladera de la montaña y arrojarlas contra sus verdugos. Falló, pero las rocas permanecen donde cayeron, en memoria del vigor del gigante.

En cuanto a la veracidad del relato, si se mira tierra adentro unos 20 km desde las rocas, recortada contra el azul del cielo se ve la alta cima del volcán Etna. Su único cráter, ciego y hueco, es como el ojo del cíclope.

VIOLENTAS ERUPCIONES

Varias veces a lo largo de los siglos el Etna ha dado muestras de su capacidad para arrojar rocas tan grandes como los Escollos de los Cíclopes a distancias aún mayores, y hasta nuestros días sigue dando señales de su furia.

En 475 y 396 a. C., se reportaron grandes erupciones, y también en 812 o

en 1169 d. C., y en el siglo XIV. En 1669 el Etna se cuarteó de la cima hasta la base, virtiendo millones de toneladas de lava que devastaron la ciudad de Catania y sus alrededores. Erupciones menores, antes y desde entonces (incluyendo más de una docena en el siglo XX) han destruido con regularidad los campos y enterrado poblaciones.

Si bien los reportes de la actividad del Etna retroceden a los tiempos míticos, es un volcán relativamente joven. Emergió del mar hace cerca de un millón de años, y estalló por primera

vez medio millón de años después. Hoy es el volcán activo más grande de Europa. Mide 160 km de diámetro en su base y abarca un área casi igual a la de Greater London.

Al igual que muchos volcanes, el Etna cambia de altura. Hoy su cima se eleva 3 350 km, pero hace menos de dos décadas era casi 30 m más corta. La cima cambia porque las repetidas erupciones hacen que la cubierta de los volcanes forme un hoyo, dejando depre-

EL OJO DEL CÍCLOPE *Una nueva chimenea se abre en la ladera del Etna, abajo del cráter principal. Quizá sea presagio de una erupción.*

siones en forma de plato, o calderas, mientras cerca se forman nuevas cimas. El Etna tuvo por lo menos dos cimas antes de la actual, y en su ladera hay una caldera de dimensiones asombrosas: un enorme hoyo de 20 km de diámetro y cuyos lados descienden abruptamente 900 m.

El crecimiento y la renovación del volcán dan la impresión de hallarse ante una enorme y primitiva criatura viviente. Ello es acentuado por la exhalación de gases y vapores de las fumarolas (chimeneas de vapor) y los minicráteres. De hecho, el Etna, como otros volcanes activos, es comparable con una válvula perforada sobre un punto débil de la corteza terrestre.

Se cree que sus erupciones se gestan en un depósito de lava de 30 km de largo por 4 km de profundidad, ubicado debajo de la montaña y alimentado por gigantescas cantidades de materia fundida cargada de gas que asciende desde abajo de la corteza. Las titánicas presiones aumentan buscando salida por los lados y por la cubierta del volcán, para emerger finalmente a la superficie como fuentes de fuego, nubes de gas sulfuroso y torrentes de lava que se vierten por sus laderas.

FUEGO FECUNDO

Parece no ser el sitio ideal para habitar; pero, de hecho, las laderas del Etna se encuentran entre los puntos más densamente poblados de Sicilia. Si bien los ríos de lava del volcán destruyen gran parte de la propiedad, así como caminos y vías férreas, sólo fluyen ocasional y lentamente, y rara vez cobran víctimas.

El atractivo es que las laderas están bien regadas por los arroyos, y la ceniza volcánica es uno de los más fértiles terrenos. Anualmente se obtienen hasta cinco cosechas de verduras, la fruta crece en abundancia y la riqueza de las viñas del Etna es proverbial. Por ello, desde tiempos inmemoriales los habitantes han insistido en rehacer sus aldeas en el mismo punto y comenzar de nuevo a partir de cero.

En casi toda la historia conocida, quienes viven de la riqueza del suelo del Etna han hecho frente a los más violentos momentos de la montaña, armados con apenas algo más que oraciones a la Providencia. Se dice que en una o dos ocasiones el velo de santa

Ágata, llevado en procesión solemne, detuvo los cursos de lava; pero cuando esos recursos no funcionan, los aldeanos aceptan su destino con resignación y esperan el momento de volver a edificar sobre ruinas.

No puede afirmarse que los primeros intentos para desafiar las erupciones con medios físicos gozaran de universal aceptación. En 1669 los habitantes de Catania intentaron por vez primera desviar un flujo de lava cavando una trinchera sobre la aldea. Pero cuando les pareció que la corriente desviada podía descender sobre una aldea vecina tuvieron que desistir.

MÉTODOS MODERNOS

Problemas similares se presentaron recientemente. En la erupción de 1991–1992, cuando al poblado de Zafferana sólo le quedaban unos días de vida, el vulcanólogo gubernamental Franco Barbieri señaló que el peligro mayor no estaba en la expansión de la lava, que no tarda en solidificarse con el aire, sino en las angostas corrientes de roca fundida que corrían por canales y túneles cavados por ellas para derramarse en las laderas más bajas.

Por lo tanto, usó helicópteros de la Fuerza Aérea Italiana y de la infantería de marina de EU para soltar en los canales enormes bloques de concreto unidos por cadenas en lo más alto de las laderas, al tiempo que se dinamitaban los túneles de abajo. Las condiciones eran muy peligrosas para los helicópteros, pues volaban en medio de

FLOR DE ALTURA *La violeta del Etna se encuentra sólo en las faldas del volcán.*

gas, vapor y humo, pero lograron colocar los bloques. Éstos cayeron en las secciones dinamitadas de los túneles, para bloquearlos y hacer que la lava se desparramara sobre las laderas, donde se solidificó y bloqueó más flujos.

Por el momento, Zafferana se salvó. O casi. Varias casas de las afueras ya habían sucumbido, y el dueño de una de ellas, con genuina hospitalidad siciliana, dejó sobre la mesa una botella de vino. "El Etna" aclaró, "debe estar cansado y sediento."

VISTA DESDE ARRIBA

Subir al Etna a pie (lo que no es difícil) es como desplegar su historia natural. Viñas, naranjos y pistachero cubren las laderas más bajas, dejando lugar a manzanos y cerezos. Arriba hay laderas con bosques de robles, castaños dulces, avellanos y abedules; más arriba está la lava que se ha erosionado, donde sólo crecen plantas alpinas y ocasionales montecitos de astrágalos sicilianos.

Aquí también hay bolsas de nieve perenne. Tiempo atrás ésta fue empujada por capas de ceniza fría y llevada a Nápoles y Roma para usarla en la fabricación de helados (la aristocracia del lugar la considera un cultivo más importante que el vino).

Pero hacia la cima hay una zona del todo adversa a la vida: gris e informe escoria volcánica, ceniza y lava, atravesadas por fisuras que lanzan vapor como un eco del principio del mundo. La brecha del cráter está corroída por óxidos y sulfatos, y su profundidad varía constantemente con la elevación del tapón de lava.

Un buen momento para ver todo esto es antes del amanecer, cuando el cráter palpita con el brillante rojo, punto de referencia para los marineros desde que los barcos navegaron por vez primera en el Mediterráneo. A medida que el sol se eleva, Sicilia y Calabria se iluminan abajo, y a lo lejos se vislumbra Malta. Estas tierras presenciaron los inicios de la civilización europea, y esto reconforta cuando el caos primigenio yace a nuestros pies.

CALOR NOCTURNO *Mientras oscurece, una corriente de lava brilla a través del techo derruido de un túnel natural en el monte Etna. El color intenso indica que la lava se está enfriando y se solidificará en la superficie.*

Los Dolomitas

EN EL NORTE DE ITALIA SE FORMARON PICOS DE PIEDRA CALIZA A PARTIR DE ARRECIFES DE CORAL

Cavada por los glaciares y gastada por la escarcha, la extraordinaria silueta de los Dolomitas semeja murallas almenadas, agujas y torres. Esta cordillera montañosa en el noreste de Italia es una serie de grietas de piedra

GUARDIANES DEL VALLE *Las dentadas cimas del grupo Sasso Lungo hacen guardia sobre Val Gardena, hogar de muchos de los descendientes de los soldados romanos que marcharon a la conquista de los celtas.*

caliza ligeramente coloreadas y separadas por verdes valles, rivalizando en espectacularidad. Comenzaron a existir como arrecifes de coral sumergidos en profundos mares, y fueron empujados hacia arriba, con el resto de los Alpes, hace unos 65 millones de años.

La leyenda dice que estos Monti Pallidi, como originalmente se llamaron, adquirieron su palidez cuando los gnomos, ansiosos por complacer a una melancólica princesa de la Luna que se había casado con un príncipe

alpino, los envolvieron en un sutil manto tejido con rayos de luna.

Cuando el geólogo francés Deodat de Dolomieu examinó la roca en la década de 1780, descubrió que contenía algo de magnesio. Desde entonces, esa característica piedra calcárea se ha conocido como dolomita en honor de su descubridor. En el día su color va de gris pálido a casi blanco, pero al atardecer los grandes rostros de piedra adquieren tonalidades naranjas y rosas.

En invierno, las cimas peladas se elevan desde las laderas cubiertas de nieve. Pero al llegar la primavera aparecem praderas floridas, y en las grietas se alojan terrones de plantas alpinas, como saxífragas, edelweiss y pulsatilas. Más abajo, aves canoras anidan en los bosques, y en el valle los campesinos trabajan en sus huertas y las pasturas. Una red de veredas serpentea por las pendientes más bajas, y más arriba coronan las orillas, brindan a los caminantes estimulantes panoramas.

En el centro de los Dolomitas están Alpe di Siusi, las cordilleras de Catinaccio y el Marmolada cubierto de glaciares. Coronado con una pirámide de roca de 100 m, Marmolada es el rey indiscutible de los Dolomitas: su cara sur es un abrupto acantilado de 600 m de altura. Las mesetas de Alpe di Siusi son fragantes praderas coloridas, cercadas por las elevadas agujas de dolomita. Las enormes paredes de Catinaccio, rojas al amanecer y al atardecer, se elevan abruptamente donde una vez floreció el jardín de rosas de Lauren, rey de los Duendes.

Debido a la diversificada historia de la región, muchos lugares conservan nombres tanto italianos como austriacos: Catinaccio se conoce también como Rosengarten. Los Dolomitas estuvieron bajo dominio romano durante siglos; en el siglo XIV formaron parte del imperio austriaco, y después de la segunda guerra mundial pertenecieron de nuevo a Italia.

Al sur de Marmolada, las desnudas cimas de Pale de San Martín presiden los tranquilos bosques del parque nacional de Paneveggio, que alguna vez proveyó con madera a los venecianos para sus naves.

ASCENSO CON ESCALA Y BASTÓN

Aisladas de las otras cordilleras, pero también de dolomita, al oeste están las cimas retadoras del Brenta, escaladas en el siglo XIX por pioneros escaladores británicos, entre quienes figuraba Francis Fox Tuckett, quien con sólo una escala y un resistente bastón abrió una nueva ruta "entre rocas a punto de derrumbarse y agujas blancas, cafés y color bronce".

FLORES DE TERRENO CALCÁREO *La* primula minima, *prospera, como las orquídeas y las gencianas, en terreno calcáreo.*

HENO ALPINO *Las praderas que tapizan las rocosas pendientes por arriba de los árboles en los Dolomitas centrales brindan a los campesinos un buen cultivo de heno.*

Garganta de Samaria

EN LA ISLA GRIEGA DE CRETA, ALTOS MUROS DE ROCA RODEAN UNA PROFUNDA GRIETA, QUE POR SIGLOS FUE REFUGIO DE BANDIDOS

Una profunda barranca, escarpada en algunos puntos, corta espectacularmente elevados acantilados marinos y altas montañas en la Creta occidental. A lo largo de 18 km, la garganta de Samaria se retuerce y da vueltas, ensanchándose y estrechándose con un curso sinuoso a través de Levká Ori, las Montañas Blancas, cuyas laderas alben con el sol de verano y están cubiertas de nieve en invierno.

Cipreses, higueras y adelfas brotan de las grietas y salientes de la garganta. En algunos sitios, los cipreses han arraigado en la costra calcárea depositada en las paredes por el agua que se filtra de las laderas montañosas. En lo alto, águilas y halcones se elevan y parvadas de grajos vuelan en círculo, arremolinándose como el negro humo de un incendio.

La garganta ha sido cortada por el río Tarrazos que fluye a lo largo de una falla entre el macizo de Pachnes, al este, y las montañas Gíngilos y Volakiás, al oeste. En invierno el río es una corriente rápida que fluye por la garganta, pero en verano mengua y es un arroyo rumoroso.

Durante siglos la garganta fue refugio de bandidos y de quienes querían escapar de las venganzas que había entre muchas de las aldeas cretenses. En la década de 1940 fue el escondite ideal para guerrilleros comunistas de la guerra civil griega.

En el extremo norte de la garganta, casi a 1 200 m sobre el nivel del mar, una escarpada escalinata boscosa desciende por la barranca y conduce, a través de pinos, al lecho del río. Unos 8 km dentro de la garganta se encuentra la ciudad desierta de Samaria, abandonada en 1962 cuando la garganta se convirtió en parte de un parque nacional. A su iglesia bizantina de Osía María, que contiene frescos muy antiguos, se cree que debe su nombre la garganta.

Cada vuelta del camino ofrece una vista asombrosa. Gigantes peñascos se apilan uno sobre otro, el río forma estanques y remolinos sobre las rocas, y la incesante acción erosiva del agua graba formas encantadoras en ellas.

Más allá de Samaria la garganta comienza a estrecharse y altos acantilados que se elevan abruptamente del lecho fluvial comienzan a reunirse. En este profundo y estrecho corredor el cielo es sólo una delgada cinta azul y los rayos solares penetran por momentos.

La garganta tiene su punto más angosto en las Puertas de Hierro, descritas por el viajero inglés Robert Pashley, que atravesó la garganta a lomo de mula a principios del siglo XIX. Escribió: "El ancho de esta elevada hendidura es de unos 3 metros en el suelo, y se ensancha a 10 o, a lo sumo, a 13 metros en la cima. La longitud del camino que hemos de recorrer a la mitad de la rápida corriente es de unos 60 pasos." Con muros de por lo menos 500 m de alto, pueden ser un lugar alucinante, en especial cuando el viento aúlla a través de la estrecha oquedad.

ACANTILADOS QUE SE ELEVAN DEL RÍO COMIENZAN A CERRARSE

OCULTA DE LOS PIRATAS

Entre las Puertas de Hierro y el mar, la garganta se dilata. Una aldea abandonada se encuentra a poca distancia tierra adentro, invisible desde la costa y, por lo tanto, oculta a los ojos de piratas merodeadores. Una vez formó parte de Ayiá Roumeli, uno de los pocos asentamientos en los altos acantilados que rodean esta parte de la isla.

Ayiá Roumeli se ubica entre adelfas y olivos, ocupando el sitio de la antigua ciudad de Tarrhia. Este activo puerto destruido por un sismo en 66 d. C., exportaba cipreses a Troya y Mecenas. La gente de Ayiá Rouméli vende diktamos, una rara planta usada en infusiones, que crece en puntos altos y casi inaccesibles de la garganta, dominio de la cabra salvaje agrími, de patas veloces, conocida localmente como "kri-kri". Difíciles de ver entre las salientes rocosas, estas elusivas criaturas pacen en los pastos de diktamos.

La garganta está abierta a los turistas en mayo, cuando baja el nivel del río, y cerrada en octubre. Descender a la garganta lleva por lo menos cinco horas y sólo es aconsejable para caminantes experimentados.

RECINTO DE ACANTILADOS *Los lados de la garganta de Samaria (izq.) casi tocan las Puertas de Hierro. La niebla del amanecer (ab.) sube para arremolinarse en sus boscosas laderas.*

Medio Oriente y Asia

Los conos de Capadocia

FANTÁSTICAS COLINAS CÓNICAS DE TURQUÍA CENTRAL, AÚN MÁS EXTRAORDINARIAS GRACIAS A LOS HABITANTES DE LAS CUEVAS

Hasta bien entrado el siglo XX, el nombre de Capadocia casi carecía de significado para Occidente. Era conocido, quizá confusamente, como un lugar de Asia Menor mencionado en la Biblia: la primera carta de san Pedro está dirigida a los capadocios. Hoy, empero, la parte de Turquía central alrededor de Urgup y Goreme es conocida por todos los viajeros debido a un paisaje que ya era asombroso y que ha dado un giro inesperado.

En el más extraño de los paisajes, conos y pirámides de roca se elevan sobre valles áridos. Algunos se angostan suavemente en cimas de 50 m de altura. Otros son accidentados e irregulares, como si hubieran sido colocados sin cuidado o abandonados antes de ser acabados. Una mágica gama de colores (crema, rosa, rojo, azul pálido o gris) hacen la atmósfera aún más irreal.

Para mayor extrañeza aquí y allá, conos y rocas están tapados con losas o remates de piedra más oscura. Unos parecen hongos, en tanto que otros parecen figuras con un sombrero inclinado. En algunos lugares, los conos y las rocas se distribuyen en un camino en el valle, y dondequiera los conos forman apretadas hileras. Así, es fácil comprender la explicación mítica de sus

PARQUE DE ESCULTURAS *Un revoltijo surreal de rocas surge en el valle Goreme de Capadocia. Su variada forma se debe a la lluvia y al viento.*

orígenes: asediados por un ejército merodeador, el pueblo invocó a Alá, que convirtió en piedra a los atacantes.

Las esculturas ultramundanas de Capadocia están en una meseta dominada por el volcán extinto Erciyas. Esta montaña de 3 916 m de altura fue la fuente de la materia prima de los conos. Hace millones de años estalló violentamente, lanzando cenizas que se esparcieron sobre un área considerable. La ceniza se enfrió y endureció para formar un grueso manto de tufo, una roca blanca lo suficientemente suave como para poder trabajarla con un cuchillo. Desde entonces el tufo ha

CONOS EN FORMACIÓN *Como ondas en la arena, acantilados de tufo han sido erosionados para formar el primer escenario de conos. Hoy se superponen, pero la erosión acabará por separarlos.*

145

HOGARES TALLADOS EN LA ROCA

Las cuevas excavadas en los conos y los acantilados de Capadocia sirven de hogar. La temperatura casi constante durante todo el año, protege a los habitantes de los extremos del calor en verano y del frío en invierno. Algunos asentamientos de cuevas eran a gran escala; en Üchisar vivieron unas 1 000 personas en habitaciones cavadas en un enorme promontorio rocoso.

El hogar de muchos capadocios se ocultaba a la vista en ciudades subterráneas. En lo profundo de la tierra, más habitaciones estaban conectadas por túneles, con escalinatas que conducían de un nivel al otro.

La ciudad de Derinkuyu, con una población estimada de 20 000 personas, debió de haber tenido unos 20 niveles. Derinkuyu significa "pozo profundo". Ahí no sólo había habitaciones, cocinas comunes y ductos de ventilación y de agua, sino también prensas para el vino y bodegas, establos con pesebres, iglesia y hasta cementerios. Lámparas de aceite iluminaban las habitaciones. Cuando amenazaba algún peligro, grandes discos de piedra se deslizaban sobre la entrada a los túneles para sellar a la ciudad.

LABERINTO DE CUEVAS *Algunas de ellas expuestas a derrumbes, llenan la roca de Üchisar.*

sufrido embates de lluvia, nieve y viento. El agua pluvial ha formado al caer retorcidos valles y barrancos, y luego desgastado sus lados para dejar cónicas las colinas y otras formaciones rocosas.

Las erupciones del volcán arrojaron capas de tufo tan caliente que se soldaron al caer, formando rocas aún más fuertes, en su mayoría de color más oscuro. A medida que se formaban hondonadas a través de esas capas, las remanentes y los bloques del tufo resistente oscuro sobrevivieron en la cima de conos individuales, protegiendo al tufo de abajo, más suave, y creando extrañas formas.

TOQUE HUMANO

Como si el paisaje no fuera desconcertante, al visitante lo aguarda otra sorpresa: las colinas cónicas y los acantilados que rodean al valle tienen puertas y ventanas.

Hasta bien entrado el siglo XX, las personas construyeron sus hogares en habitaciones excavadas en los conos y acantilados. La idea quizá surgió por vez primera en el año 4000 a. C., cuando se agrandaron las cuevas formadas naturalmente y luego se prolongaron más aún los túneles dentro de la roca blanda. Cerca de 2000 a. C., oleadas de hititas aparecieron desde el este. Pudo suceder que los habitantes de las cuevas comenzaran a bajar más, cavando refugios subterráneos que luego se convirtieron en vastas ciudades bajo tierra.

El cristianismo se difundió rápidamente en esta elevada meseta, y la soledad de los valles con sus extrañas colinas cónicas atrajo a hombres y mujeres que querían entregarse a la vida contemplativa. A finales del siglo IV, pequeños grupos de monjes y monjas crearon monasterios y conventos en los conos y los acantilados, con celdas, cocinas y refectorios.

ANTIGUOS REFUGIOS SON GRANDES CIUDADES BAJO TIERRA

Mucho más notables que los hogares de los monjes son las cerca de 400 iglesias ricamente decoradas de la región. Entre los siglos VII y XII, los monjes trabajaron iglesias completas con columnas, criptas y cúpulas. Usaron pigmentos de intensos colores que aún conservan su brillo para cubrir con frescos las paredes. Uno de los frescos de las iglesias del valle de Goreme muestra a san Jorge combatiendo a una serpiente; otros son escenas del Nuevo Testamento, como la huida a Egipto. Las colinas cónicas y sus decoradas iglesias atraen grandes cantidades de turistas, que causan desgaste del paisaje y de los frescos. Los derrumbes de tierra pueden llevarse consigo frescos con siglos de antigüedad, pues la erosión que creó los conos está en proceso continuo. Pero mientras las formaciones ya existentes se desgastan, otras nuevas se crean.

Mar Muerto

UN MUNDO SALADO Y
REQUEMADO POR EL SOL,
MUY POR DEBAJO DEL
NIVEL DEL MAR, ES EL
ESCENARIO DE FAMOSAS
HISTORIAS BÍBLICAS

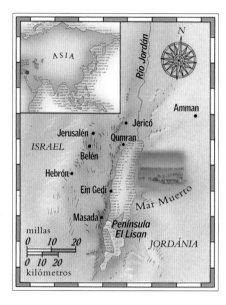

En el punto más bajo de la Tierra hay una extensión de agua cuya calma superficie azul está salpicada de columnas de sal. En algunos lugares, los terrones de sal flotan en el agua como icebergs desgajados. Este paisaje casi sin vida es el Mar Muerto, escenario del relato bíblico de la mujer de Lot. Al mirar atrás desobedientemente mientras las pecadoras ciudades de Sodoma y Gomorra eran destruidas con fuego y azufre, se convirtió en una columna de sal. Según algunos arqueólogos, ambas ciudades están bajo las aguas poco profundas al sur del mar.

El Mar Muerto, cuya superficie está a 396 m por debajo del nivel del mar, está al fondo del valle del Jordán, al norte de Great Rift Valley. En algunos puntos el lago alcanza unos 400 m de profundidad, y ahí su fondo está a casi 800 m por debajo del nivel del mar.

Enmarcadas por las áridas colinas de Judea al oeste, y las mesetas de Moab y Edom al este, el Mar Muerto se extiende casi 80 km por el valle, y alcanza los 18 km en su punto más ancho.

El lago está dividido en dos por la península de El Lisan ("la lengua"). Su parte norte es la más grande y profunda, y su porción sur, con sólo 6 m de profundidad en promedio, es donde se hallan las columnas de sal.

Las columnas son la capa superior de una gruesa cubierta de sedimentos que

CUENCOS Y OLLAS *El amanecer en el Mar Muerto (ab.) resalta los cuencos de sal (al dorso). La parte superior de las columnas de sal sobresale del agua.*

comenzaron a depositarse hace más de dos millones de años. El agua del Jordán y de varios arroyos más pequeños se evapora rápidamente con las temperaturas de verano, de más de 50° C, y deja residuos de arcillas, arena, sal gema y yeso en el fondo. En los inviernos especialmente húmedos se vierten en el Mar Muerto más de 6.5 toneladas de agua diariamente.

Si no fuera por la evaporación, el nivel del lago se elevaría unos 3 m cada año. Pero desde los primeros años del siglo XX el nivel del lago ha descendido, en parte debido al cambiante clima y

también a que Jordania e Israel extraen agua del río Jordán, y de otros arroyos que desembocan en el lago, para irrigar.

POCOS SIGNOS DE VIDA

Las plantas y los animales son escasos. Sólo contados organismos unicelulares pueden sobrevivir en el agua, cuyo contenido de sal es seis veces mayor que el de los océanos. La constante evaporación del lago a menudo es la causa de las gruesas capas de niebla que oscurecen su superficie. Los habitantes árabes de la Edad Media creían que los pájaros no podían volar a través del lago porque sus vapores eran venenosos. Pero parvadas de estorninos, conocidos como quíscalos de Tristram, trajeron vida a la región, alimentándose con los insectos y la fruta de los alrededores de las playas del lago. Se llaman así en honor de Canon H. B. Tristram, un naturalista inglés.

Aparte de su sal, el Mar Muerto es rico en otros minerales, como potasio, magnesio y bromo. Se dice que éstos brindan, a quien se baña en ellos, una terapia natural contra varios padecimientos, en especial de la piel, respiratorios y la artritis, en tanto que el lodo negro del Mar Muerto supuestamente rejuvenece la piel. La extracción de los minerales es hoy tan viable comercialmente como lo era en el siglo IV d. C., cuando a los egipcios se les vendía betún para embalsamar. Desde 1930 el potasio se extrae para usarlo en fertilizantes agrícolas.

La lluvia y los ríos escasean en la región, aunque los lechos fluviales secos son muchos. Cuando llueve en abundancia, esos ríos se convierten en furiosos torrentes, que arrastran al lago sedimentos de la superficie de las rocas.

Para ser un lago tan pequeño y tan desprovisto de vida, el Mar Muerto ha desempeñado en la historia un papel importante. En su playa oeste, la fortaleza montañosa de Masada (der.) sirvió como protección y atalaya a Herodes el Grande, rey de Judea, quien amplió el fuerte construido originalmente por Juan Macabeo. Al norte de Masada está Ein Gedi ("salto de cabra"), el lugar donde, según

SU CONTENIDO DE SAL ES SEIS VECES MAYOR QUE EL DE LOS OCÉANOS

el Libro de Samuel, David se refugió cuando el rey Saúl lo persiguió en un arrebato de ira. Es un oasis con manantiales y exuberante vegetación; viven ahí íbices salvajes y, según cuentan algunos, leopardos. Más al norte, en las cuevas en las laderas de Qumran fue donde los esenios (antigua secta judía) ocultaron los ahora famosos rollos del Mar Muerto. Estos documentos datan de la mitad del siglo III a. C., al año 68 d. C., y en algunos de ellos se describe la vida monástica de la comunidad.

PODEROSA MASADA

La fortaleza de Masada (arr.), reconstruida por Herodes el Grande, tiene su nicho en un acantilado por encima de las playas al del mar Muerto. Los peregrinos ascienden por un camino para conmemorar a los rebeldes judíos que, sitiados aquí por los romanos en 73 d. C., que prefirieron suicidarse a convertirse en esclavos.

Los monjes cristianos construyeron una capilla en el lugar, pero Masada acabó sepultada bajo capas de escombros. En la década de 1960, unos arqueólogos desenterraron los dos espléndidos palacios de Herodes, con todo y baños, albercas y grandes cisternas. También hallaron el cuartel de los judíos rebeldes, sus baños rituales y lo que se cree es la sinagoga más antigua del mundo.

Manantiales Pamukkale

UN BLANCO PAÍS DE LAS MARAVILLAS RELUCE EN
UNA LADERA TURCA BAJO UNA CIUDAD EN RUINAS
DONDE GRIEGOS Y ROMANOS TOMABAN BAÑOS

En su viaje por Asia Menor en 1765, el erudito inglés Richard Chandler percibió Pamukkale a lo lejos como una vasta pendiente blanca. Al acercarse "vio maravillado" lo que parecía ser "una inmensa cascada congelada, con la superficie ondulada, como si el agua se hubiera detenido, o en su curso se hubiera petrificado súbitamente".

Los visitantes modernos de Turquía occidental experimentan igual asombro cuando ven las terrazas de blancas paredes escalonadas una sobre la otra. Estanques de agua reflejan las paredes de textura esponjosa, y estalactitas como cascadas congeladas cuelgan alrededor de toda la zona, con esbeltas columnas que tienen como fondo masas de adelfas escarlata. Oscuras montañas cubiertas de

AGUA DE VIDA *Hay numerosos estanques a lo largo de las terrazas de Pamukkale. La tibia agua, rica en minerales, ha gozado durante siglos de fama terapéutica.*

pinos se levantan atrás, formando un escenario para las blancas formaciones mientras éstas relucen al sol.

El nombre Pamukkale significa "castillo de algodón". Se atribuye al aspecto esponjoso de las paredes y las terrazas, si bien la leyenda local sostiene que en los tiempos antiguos los gigantes cultivaban algodón en las terrazas.

Las paredes, terrazas y estalactitas de Pamukkale abarcan una superficie de casi 2.5 km a lo largo y 0.5 km de ancho. Son el resultado de manantiales volcánicos que bullen en la meseta que está sobre ellos. El agua de los manantiales está densamente cargada con cal y otros minerales disueltos de las rocas por la lluvia a medida que ésta se filtra en el suelo.

Casi cualquier objeto que se sumerja

en el agua del manantial adquiere una capa de cal, y los objetos que caen en el agua parecen tornarse en piedras en cuestión de días. Cuando corre fuera del borde de la meseta, el agua del manantial deposita cal en la ladera de la colina. Durante varios miles de años, capa tras capa de cal se ha acumulado para formar las paredes, terrazas y estalactitas de deslumbrante blancura.

Durante cientos de años, los manantiales calientes ricos en minerales han tenido fama de poseer propiedades curativas. Se dice que curan o alivian reumatismo, presión arterial alta y trastornos cardiacos.

La reputación de los manantiales es casi seguro que se conocía en 190 a. C. Se cree que entonces Eumenes II, rey de la ciudad griega de Pérgamo, cerca

UNA CUEVA DESPEDÍA VAPORESQUE HABRÍAN MATADO A UN TORO

DESLUMBRANTE HECHURA *Como un pastel cubierto de azúcar, los depósitos de mineral blanco forman paredes blancas en algunos puntos (arr.) y terrazas en otros (der.)*

de la costa oeste de Turquía, fundó la ciudad de Hierápolis en la meseta donde nacen los manantiales. Llamó así a la ciudad en honor de Hiera, esposa de Telefo, el legendario fundador de Pérgamo.

En 129 a. C., Hierápolis llegó a formar parte del imperio romano, y gozó de favor como un lugar de baños a donde acudieron varios emperadores, incluyendo Nerón y Adriano, a tomar las aguas. Durante el reinado de Nerón, en 60 d. C., la ciudad fue devastada por un sismo. La nueva ciudad que la reemplazó era más grande y magnífica, con anchas calles, un teatro, baños públicos y casas abastecidas con agua caliente conducida por canales.

En los baños del siglo II había cuartos con temperaturas diferentes. Se comenzaba en el frío *frigidarium*; luego se pasaba al *tepidarium*, más caliente y donde el cuerpo se ungía con aceite, y por último al *caldarium*, muy caliente y con vapor, donde con una navaja llamada *strigil* se raspaban del cuerpo el aceite y la suciedad. En los baños también había un museo con una selecta colección de estatuas y de otros artículos, como instrumentos médicos y joyas.

Uno de los restos más atractivos de la ciudad es el santuario de Pluto, dios del submundo, próximo al templo de Apolo, dios solar de la música, la poesía y la medicina. Su proximidad perseguía compensar sus respectivos poderes: uno oscuro y el otro luminoso.

Los oscuros poderes de Pluto debieron parecer sin duda formidables, pues de una cueva cercana al santuario emanaban vapores venenosos, de los que Estrabón, geógrafo e historiador griego, afirmó que matarían a un toro al instante. Los vapores se relacionaban con espíritus malignos, y se decía que los sacerdotes eunucos que vigilaban el acceso eran los únicos que podían entrar a la cueva sin sufrir daño. Hoy se sabe que los vapores provienen de un manantial caliente, y en la cámara aún hay vapor que irrita los ojos.

UN HOGAR EN EL MÁS ALLÁ

Fuera de la ciudad hay un gran cementerio con 1 200 tumbas, muchas de ellas finamente ornamentadas y de grandes proporciones. Se erigen como testigos de los muchos romanos ricos que acudían a la ciudad para curarse y no lo conseguían.

Hoy los turistas son los sucesores de esos opulentos romanos. Acuden a bañarse en los estanques calientes, en uno de los cuales hay columnas romanas rotas en el fondo, así como a maravillarse de las deslumbrantes terrazas blancas que hay en las laderas por debajo de la ciudad en ruinas.

FLOR NATIVA *La adelfa rosa contrasta por su brillante color y sus delicadas formas con las terrazas blancas y con las ruinas de la ciudad romana.*

Península de Kamchatka

HUMO, VAPOR Y FUEGO DOMINAN EN ESTA FRÍA Y REMOTA REGIÓN DE VOLCANES Y GÉISERES EN EL EXTREMO ORIENTAL DE SIBERIA

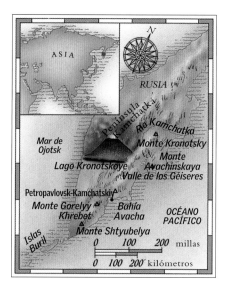

El monte Klyuchevskaya, el punto más alto de la península de Kamchatka, es uno de los más grandes y perfectos volcanes activos en forma de cono sobre la Tierra. El humo emana de su cima, la cual, a 4 750 m, está casi tan alta como El Mont Blanc y ha estallado más de 50 veces en los últimos 300 años.

Klyuchevskaya es sólo uno de los 150 o volcanes de esta helada, solitaria y montañosa península que sobresale al sur del extremo oriental de Siberia. Unos 30 volcanes aún están activos.

Con las islas Buril (una cadena de 56 islas volcánicas que se extiende desde la punta de la península), constituye uno de los puntos más activos del Anillo de Fuego, la faja volcánica que ciñe al Pacífico. En total representan 10 % de los volcanes activos del mundo. En 1907, el monte Shtyubelya arrojó cenizas y polvo suficientes como para cubrir toda la península, cuyo tamaño es similar al de Japón, y para oscurecer la ciudad de Petropavlovsk-Kamchatskiy, a 100 km de distancia.

Los sismos son frecuentes: más de 150 en los últimos 200 años. El de noviembre de 1952 fue el segundo más fuerte: 8.4 en la escala de Richter.

Los cientos de manantiales se usan para calentar la ciudad y los invenaderos que brindan verduras. El Valle de los Géiseres, cerca del volcán activo de Kronotsky, se anima con el silbido, el estruendo y el vapor de 25 géiseres, y los minerales que éstos depositan pintan las rocas de alrededor de rojo, rosa, violeta y café. Veikon, el más grande de ellos, arroja agua hirviendo y vapor a 49 m de altura durante cuatro minutos cada tres horas, más o menos.

El Valle de los Géiseres está en la

VOLCÁN HUMEANTE *El monte Gorelyy Khrebet, constantemente activo, forma parte de una serie de volcanes que son el telón de fondo de la ciudad de Petropavlovsk-Kamchatskiy.*

hermosa Reserva Natural de Kronotsky, que abarca casi 10 300 km^2. El lago Kronotsky, bajo las laderas occidentales del mismo nombre, es el lago mayor de Kamchatka. Como el resto de la península, la reserva cuenta con una faja costera de tundra pantanosa, donde dominan el musgo y el liquen. A medida que el terreno asciende, los arbustos y los bosques, sobre todo de abedules, son los que abundan.

Los osos pardos más grandes de Eurasia habitan aquí, así como el reno, el argalí, el zorro azul y el plateado, la cebellina, el armiño, la marmota bobac y la ardilla ártica de tierra. Las focas y las aves marinas se alimentan de pescado en la costa. Las pieles y el pescado, sobre todo la cebellina y el salmón, les brindan a los habitantes de Kamchatka su principal sustento.

Petropavlovsk-Kamchatskiy, una ciudad de 240 000 habitantes, es un importante puerto pesquero con una flota de barcos procesadores. El clima de Kamchatka es severo: los inviernos son largos, fríos y nivosos, y los veranos cortos, frescos y húmedos. El agua de

UNO DE LOS PUNTOS MÁS ACTIVOS DEL ANILLO DE FUEGO QUE CIÑE AL PACÍFICO

FUENTE IRACUNDA *Gases calientes y nubes de humo acre se disparan hacia el cielo; lava al rojo comienza a fluir a medida que el monte Avachinskaya, uno de los 30 volcanes activos de la península de Kamchatka, despliega su fuerza.*

los manantiales calientes mantiene libres de hielo a algunos sectores del río Kamchatka, incluso en invierno.

Su duro clima y su lejanía del resto del país le han dado a Kamchatka una lúgubre reputación en la vieja Rusia. Los niños traviesos o tontos eran enviados a la parte trasera del aula. Los que ocupaban los últimos pupitres eran llamados "kamchatkas", lo que equivalía a estar en Siberia, lugar de exilio de los criminales. Pero nunca se envió a Kamchatka a criminal alguno: nadie podría vivir ahí para custodiarlo.

Los habitantes originales de Kamchatka, los koryaks y los chukchis, casi fueron exterminados por los cosacos del Zar en el siglo XVIII. Algunos descendientes aún viven en la península, la cual, con el transporte y el comercio modernos, ya no está tan lejana como antes. Pero esta áspera, salvaje y bella región sigue siendo una de las últimas fronteras: romántica, misteriosa e inexplorada.

MANANTIAL CALIENTE *Los manantiales calientes, bullentes y sulfurosos, varían su color según las sustancias que contiene el barro.*

Tundra siberiana

EL VERANO ES BREVE, PERO FLORECE EN LA FRÍA LLANURA SIN ÁRBOLES QUE RODEA LA CAPA DE HIELO ÁRTICA DE LA CIMA DEL PLANETA

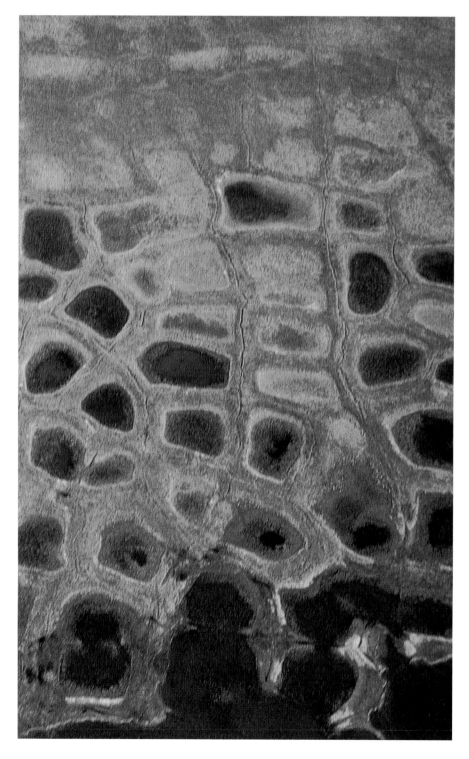

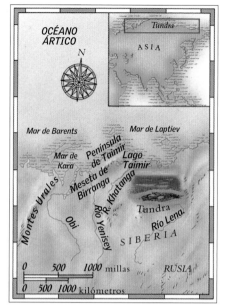

Una alfombra de musgo cubre gran parte de la tundra siberiana, llanura salpicada de lagos y pantanos. La tundra se extiende 3 200 km por el norte de Siberia y de las márgenes del hielo ártico. Su aspecto es típico de la península de Taimir, que ocupa el extremo norte de la tierra firme de Eurasia.

Los escritores y zoólogos, Gerald y Lee Durrell, visitaron la península un verano de la década de 1980, y escribieron: "Una gruesa alfombra de musgo y de hierbas cubre un suelo de tierra helada. Había ahí florecitas crespas, semejantes a margaritas, y otras azul celeste, como nomeolvides en miniatura, ofreciendo su brillo. Por todas partes había bosques de sauces enanos con flores rosas como borlas que crecían robustamente en la capa de musgo verde esmeralda."

Tres meses al año es constantemente de día, pero la luz del sol no se eleva mucho sobre el horizonte y las temperaturas de mediados del verano se aproximan a 5° C. En invierno, casi otros tres meses, no hay amanecer, sino una perpetua luz de luna y, en ocasiones, la espectacular Aurora Boreal. La temperatura puede descender en invierno a -44° C. Esto da a las plantas poco tiempo para florecer y repro-

TUNDRA POLIGONAL *Desde el aire se ve con claridad el típico paisaje de tundra de la península de Taimir: un patrón de pequeños lagos y marcos.*

ducirse. En su mayoría son plantas perennes diminutas y bajas, pues esto último las protege de los constantes vientos fríos.

El subsuelo helado se extiende por gran parte de la tundra. Su mayor profundidad la alcanza a 1 370 m. En invierno todo el suelo se congela, pero en verano la capa superior se funde, dando lugar a una delgada superficie pantanosa donde las plantas pueden arraigar y crecer. En los puntos más septentrionales esta capa tiene un espesor de 150 a 300 cm, pero se va engrosando hacia el sur, lo que permite una vegetación más alta.

Grandes extensiones de la península de Taimir están salpicadas de tundras poligonales: un extraordinario paisaje de estanques pantanosos y pequeños lagos separados por bordes que forman un panal irregular. Esta disposición es resultado del ciclo continuo de congelamiento y fusión del hielo, que ocasiona que el suelo se quiebre. Los trozos de hielo que se forman poco a poco en las grietas empujan la materia de los bordes en la superficie, y el suelo fangoso y el hielo fundido descienden por las pendientes.

ANTIGUOS HABITANTES

A veces se encuentran en la tundra los huesos y los curvados colmillos de mamuts lanudos muertos hace mucho. Durante siglos, los siberianos han obtenido dinero exhumando esos restos

EXHIBICIÓN *Una grulla siberiana macho despliega sus alas para cortejar a la hembra.*

VERANO SIBERIANO *En el breve verano de la tundra, el sol brilla débilmente las 24 horas del día sobre el musgoso paisaje, donde abundan lagos, estanques y ríos.*

del subsuelo congelado y vendiéndoselos a los comerciantes de marfil.

El mamut lanudo, de 4 m de altura y colmillos de hasta 4.5 m de largo, habitó en el norte de Eurasia y de América. Se extinguió hace 12 000 años incluso cuerpos enteros, se han hallado preservados en el subsuelo congelado. La palabra "mamut" proviene de un término tártaro-siberiano que significa "tierra". El primer cadáver casi completo lo halló un cazador de marfil en la península de Lena en 1799. El animal se expuso en 1803 y fue estudiado por los científicos.

La meseta de Byrranga, a 1 500 m de altura, forma la dorsal de la península de Taimir. Cerca de su extremo sur está el lago Taimir, el más grande del Ártico, mayor que Mallorca, pero con sólo 3 m de profundidad. Se llena durante las inundaciones de primavera; vierte en verano 75% de sus aguas en los ríos, y se congela del todo en invierno. Una reserva natural en sus orillas incluye al buey del musgo y al reno, que pacen en los musgos y líquenes, y a los turones que hacen en ellos sus túneles. Los turones son el principal alimento del zorro del ártico y del búho nivoso. También viven ahí lobos, cuyas presas son los renos y los bueyes del musgo.

Muchos animales, como el reno, emigran al sur en verano en busca de más calor. Los lagos y las isletas son sitio ideal para que aniden en verano aves acuáticas como el ganso de pecho rojo, pero a finales de agosto vuelan todas al sur. En Siberia Occidental, donde las tierras pantanosas se extienden a través del río Obi hacia los Urales, la rara grulla siberiana, cuya envergadura alcanza los 2.4 m, pasa el verano en los puntos menos profundos del Obi.

ACUARELA

(Al dorso) En verano y en otoño, la tundra se enciende con el amarillo, naranja y rojo de las flores, las bayas y las hojas de otoño.

Lago Baikal

UN LAGO RODEADO DE MONTAÑAS EN EL SUR DE SIBERIA ES EL MÁS PROFUNDO DEL PLANETA Y CONTIENE 20% DEL AGUA DULCE DEL MUNDO

GRANDEZA SIBERIANA *En lo más intenso del invierno, el lago Baikal queda atrapado bajo grueso y cuarteado hielo: una gigantesca pista que soportaría el peso de un convoy de camiones..*

En un boscoso mirador al lado del Baikal, con una maravillosa vista del lago, hay cintas de tela atadas a las ramas. Los viajeros que las dejan hacen el voto de regresar a Baikal algún día. En efecto, el lago de azul profundo ejerce una atracción magnética, y para los rusos de todas partes es el Mar Sagrado, la mayor maravilla natural de su vasto territorio: un símbolo de Rusia.

Se cree que Baikal significa "agua abundante" en la lengua del pueblo kurykan, que vivió ahí hace unos 1 300 años. Su profundidad es de 1 640 m y contiene la quinta parte del agua dulce de todo el mundo: 23 000 km³, que es tanto como la de todos los Grandes Lagos de América del Norte.

UN VIEJO LAGO

Baikal es el lago más hondo del mundo, si bien su área ocupa sólo el noveno lugar: una forma de media luna de 635 km de largo con una playa de 2 000 km y un promedio de 48 km de ancho. Uno de los lagos más antiguos del mundo, formado de 15 a 25 millones de años después de la abertura de una enorme trinchera a lo largo de una falla en la corteza terrestre, donde Asia se está

separando lentamente. En un principio, la trinchera tenía 8 km o más de profundidad, pero con el tiempo se ha obstruido con aluvión; los restos de formas de vida en el aluvión indican su edad. Los manantiales de agua caliente en el lecho del río y los pequeños sismos frecuentes son señal de la actividad continua a lo largo de la falla.

Aunque en el Baikal desembocan 336 ríos, sólo uno lo rebasa: el Angara.

La gente que vive en los 40 pueblecitos a la orilla del lago alguna vez fue feliz bebiendo el agua del lago, debido a que, gracias a diminutos camarones que se comían a las algas, era notablemente pura. Hoy padece de polución industrial, pero en su mayoría es muy clara. En mayo, después de que el hielo se ha fundido, puede mirarse hasta 40 m de profundidad, cuando en otros lagos aun la mitad sería excepcional.

BOTE TREN

Desde abril de 1900, durante la construcción del Ferrocarril Transiberiano que une Moscú con Vladivostosk, los trenes tenían que tomarse a través del lago Baikal en un barco. Los trenes se deslizaban en tres vías en la cubierta principal. En parte trasbordador, en parte trasatlántico de lujo y en parte rompehielos, el barco se construyó en, Inglaterra, y se transportó en 7 000 recipientes. Llevó dos años armarlo.

Cuando el hielo era muy grueso, Baikal debía quedarse en el puerto. Esto ocurrió en febrero de 1904, cuando había que introducir a toda prisa equipo militar a través del lago durante la guerra ruso-japonesa. Los caballos tuvieron que arrastrar las desmanteladas máquinas ferroviarias a través del hielo. En septiembre de 1904 se concluyó la curva vía ferroviatia.

ROMPEHIELOS *De 1900 a 1904 el Baikal, de 4 000 toneladas, cargaba trenes a través del lago.*

El circundante paisaje siberiano se congela mucho antes que el Baikal. Desde octubre, el invierno cubre los peñascos de la montaña con brillantes losas blancas, y congela los bosques de alerces, abetos y cedros siberianos. En enero la mayor parte del lago se cubre de hielo, en algunos puntos con más de 1.5 m de espesor. La gente llega en auto a pescar en agujeros que hacen en el hielo. Donde éste se ha formado lentamente es tan transparente como el cristal, y se pueden ver los peces a través de él.

Periódicamente se forman en el hielo fisuras con un estruendo como el de un cañón. Algunos hielos duran hasta junio.

El lago puede ser traidor en cualquier época del año. Las densas nieblas de verano pueden convertir el tránsito por el lago en una escalofriante paralización. Incluso en los días tranquilos, una súbita racha de viento puede alborotar el agua frenéticamente. Entre los buriatos (el pueblo mongol de la región) el lago es por tradición el dominio de dioses iracundos, entre los

que destaca Burkhan, que vive en la única gran isla del lago: Olkhon. De las 1 800 especies animales de lago Baikal, más de la mitad no se encuentra en ninguna otra parte, como la traslúcida golomyanka: un pez vivíparo, y la foca gris plata de Baikal (o nerpa).

Montañas Celestes

DESIERTOS Y ESTEPAS RODEAN A LAS NEVADAS
MONTAÑAS TIEN SHAN DE ASIA CENTRAL, DONDE
ABUNDAN FLORES SILVESTRES

Pensamientos de todos los colores
—desde blanco, amarillo, azul hasta
morado— fue lo que vio el viajero inglés
Charles Howard–Bury después de
ascender por bosques a los prados
alpinos de las montañas Tien Shan en
junio de 1913. "Crecían tan juntos,
—escribió—, que a cada paso que
dábamos aplastábamos algunos de ellos."

En ningún otro lugar, comentó, había
visto una flora exuberante: cada una de
las flores que crecen en los jardines
ingleses estaba ahí representada.

Elevándose del desierto hasta cimas
nevadas y crestas cubiertas de glaciares,
las montañas se extienden 2 900 km a
través de Asia Central. Quizá la intensa
belleza de sus abruptas pendientes,

NIEVES CELESTIALES *Cuando en primavera se funde todo, excepto las nieves de las montañas Tien Shan, el agua lleva vida a los desiertos y estepas a sus pies.*

profundas gargantas, rápidos arroyos, praderas alpinas y brillantes campos nevados, hacen que los chinos las llamen Tien Shan: Montañas Celestes. Peter Semonyov, un ruso, fue el primero que las exploró en 1856, con una escolta de cosacos. Desde Alma-Alta ascendieron al lago Issyk-Kul: un "lago caliente" azul cielo, llamado así porque nunca se congela. Es el lago de montaña más grande del mundo.

Se dice que Tamerlán, el líder turco del siglo XIV, ordenó a sus hombres tomar cada uno una piedra de la playa del lago y apilarlas a un lado del Paso Santash (el Paso de las Piedras Contadas) cuando cruzaban las montañas, probablemente para atacar a los chinos. Al regreso, cada hombre tomó una piedra del montón, y por el número de las que quedaron Tamerlán calculó sus pérdidas. Semonyov cruzó el Paso Santash para ver el más alto de los picos de Tien Shan: el Pico Pobedi, con 7 439 m, y Hantengri Feng, de 6 995 m en la frontera china. La flora incluye árboles frutales cerriles, rosas, tulipanes y cebollas silvestres. El íbice y las ovejas y cabras de montaña pacen en el borde nevado, y raros leopardos de la nieve recorren los bosques, donde también hay lobos, jabalíes y osos.

REY ESCARLATA *Las diversas clases de tulipanes que tapizan Tien Shan en primavera incluyen el raro y hermoso tulipán de Greig, que alcanza 75 mm de largo.*

Lagos Band-e Amir

PRESAS NATURALES DE PIEDRA CALIZA INTERCEPTAN UN RÍO PARA FORMAR UNA CADENA DE CRISTALINOS LAGOS EN LO ALTO DE LAS MONTAÑAS HINDU KUSH

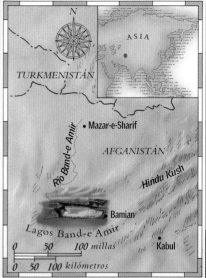

Escondidos entre los pies de las colinas occidentales del Hindu Kush, donde la lluvia es rara y el agua escasa, hay una franja de lagos fríos y resplandecientes. Se encuentran a lo largo del río Band-e Amir, a una altura de casi 3 000 m, y sólo puede llegarse a ellos a lo largo de 80 km de árida ruta de montaña desde el pueblo afgano de Bamian. Quienes se aventuran por ese camino contemplan un escenario de impactante belleza.

Amurallados por violáceos acanti-

lados de piedra caliza y arcilla, los lagos se diseminan a lo largo de una franja de 11 km de río. Desde cada lago, el río se vierte sobre una presa natural de roca, donde forma arroyos y suelos pantanosos con sauces, musgos y pasto, y plantas acuáticas.

El color de los lagos varía de blanco lechoso a azul-verde, azul oscuro y verde oscuro, según la profundidad del agua, la intensidad de la luz y la

JOYAS AFGANAS *Las presas naturales de roca bloquean al río Band-e Amir en una cadena de lagos entre áridas montañas.*

cantidad y tipo de algas (plantas diminutas) que viven en el agua. Su longitud varía entre 90 m y 6 km.

En lo más intenso del verano, las temperaturas a mediodía se elevan a 36° C, y las personas y los animales (como las hienas) buscan la sombra. Pero los lagos, que reciben agua de la nieve fundida de las montañas, conservan su helada frescura. Es sobre todo en verano que las presas naturales entre los lagos, algunas de casi de tres pisos de altura, forman estalactitas de los minerales de las rocas circundantes.

Éstos, sobre todo el carbonato de calcio, son los responsables de la existencia de los lagos. Cuando la nieve se derrite, se filtra por la piedra caliza y disuelve parte de su contenido mineral, que entonces es acarreado al río.

ROCA CHISPEANTE FORMADA POR AGUA CORRIENTE

Cuando la solución de carbonato de calcio entra en contacto con las plantas acuáticas, las reacciones químicas provocan que parte de él se deposite como capas de residuos en el lecho y el borde del lago. Con el tiempo, éstos se cristalizan y solidifican para formar una roca porosa conocida como travertino. Es la cubierta de éste la que chispea a la

SUPERVIVIENTE RAYADO *Una capa de lanuda piel mantiene caliente en invierno a la hiena rayada del Band-e Amir.*

luz del sol en la orilla del agua, y su reflejo desde los lechos lacustres ayuda a la variación del color del agua.

Esa formación de travertino durante siglos es la que ha formado presas fluviales que dan lugar a la cadena de lagos. El folclor afgano ofrece de ello otra explicación. Relata cómo Alí, el yerno del profeta Mahoma, estaba furioso con un tirano local que trataba de aprisionarlo en el valle de Band-e Amir. En su furia provocó un derrumbe que bloqueó el río y creó el lago que hoy se llama Band-e Haibat (Presa de la Ira). Hay algo de realidad en el relato, pues algunas de las presas de travertino cubren restos de antiguos derrumbes de tierra.

COLOR VARIABLE *Los lagos suelen variar sus tonos de verde y azul (arr.) según su profundidad y la cantidad de vida acuática microscópica que contienen.*

Valle del Indo

DESDE UN HELADO
MANANTIAL EN LA
CUMBRE DEL MUNDO, EL
RÍO INDO SE ARQUEA A
TRAVÉS DE PAKISTÁN
HASTA LAS LLANURAS
COSTERAS

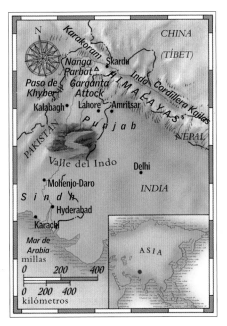

Aunque el río Indo toma su nombre del sánscrito sindhu, que significa "defensor", en una vieja leyenda india lo llamaban Río del León, pues se afirmaba que había salido de la boca de ese animal. En 1907 el explorador sueco Sven Hedin descubrió esa boca. Remontó el río hasta un manantial a 5 200 m, en una ladera tibetana de la cordillera de Kailas, uno de los puntos más accidentados de los Himalayas.

El Indo, bordeado en ambas orillas por las elevadas cimas nevadas de los Himalayas y de la cordillera Karakoram, atraviesa el techo del mundo a través de gargantas ásperas y áridas que descienden 3 660 m a lo largo de 560 km.

EL ARCO DEL RÍO

Bajo las desoladas y escarpadas pendientes de Nanga Perbat (la Montaña Desnuda), que se eleva 8 126 m, el río vira bruscamente y sigue su curso por gargantas de más de 4 600 m de profundidad, algunas de ellas tan sombreadas que el sol apenas penetra en ellas.

En Kalabagh, en el extremo sur de la garganta de Attock, de 1.6 km de ancho, el Indo sale de las montañas y se dilata hasta unos 16 km a medida que se difunde en las planicies del Punjab. Aquí, donde se le unen cinco tributarios principales y con numerosos canales, proporciona el mayor sistema de irrigación del mundo a las planicies del Punjab y del Sind.

En verano, las temperaturas alcanzan ahí 50°C, y es la estación en la que la

SÓLIDA MONTAÑA *Cerca de Shardu en el alto Indo, la garganta del río se dilata 32 km para formar una cuenca arenosa rodeada de altas montañas violáceas.*

nieve fundida y las lluvias de monzón causan tres meses de inundaciones. Éstas pueden causar estragos, derrumbando las barreras que se les oponen y formando tierra adentro un gran mar. En septiembre de 1992, las inundaciones ahogaron a más de 2 000 personas y arruinaron cerca de 1 620 000 hectáreas de cultivos.

Las planicies del Sind han sido buenas tierras agrícolas por más de 4 000 años. Excavaciones hechas en 1922 descubrieron la ciudad de Mohenjo-Daro junto al río. Fue parte de la civilización del valle del Indo que floreció unos 1 000 años, al tiempo que la egipcia y la mesopotámica, y se sabe que comerció con China y el Oriente Medio. Sus habitantes vivían en casas de ladrillo (algunas de ellas con drenaje, baños y lavatorios), e hicieron vasijas de cobre y bronce. Se transportaban en elefantes (los primeros en ser domesticados) o en carros tirados por bueyes.

Alejandro Magno navegó el Indo, río abajo en 327–326 a. C. Su ejército cruzó el Paso de Khyber y tendió un puente sobre la garganta de Attock. Desde aquí les tomó nueve meses recorrer 1 120 km hasta el mar.

A medida que el Indo se aproxima al Mar de Arabia al final de su curso de 2 800 km, se expande en un pantanoso delta casi del tamaño de Córcega. Cerca de la costa, los riachuelos tapizados de tamariscos ceden el paso a mangles en las nume-rosas islas. Unos 16 km mar adentro, el tono rojo del mar se debe a los millones de toneladas de fango que el río deposita diariamente.

PODEROSO, PERO AMABLE

Pese a su aterrador aspecto, el gavial (un cocodrilo del río Indo) se alimenta sobre todo con peces. Los gaviales figuran entre los miembros de mayor tamaño de la familia de los cocodrilos y apenas han cambiado en 200 millones de años. Un macho puede pesar 200 kg y medir 6.4 m de largo, desde el hocico hasta la gruesa cola escamosa.

El gavial se encuentra en aguas claras y de flujo rápido. Para atrapar peces, chasquea con sus largas y delgadas mandíbulas (más fáciles de cerrar bajo el agua que las mandíbulas anchas) y atrapa peces pequeños con sus afilados dientes. Como muchos otros cocodrilos, los gaviales fueron cazados por su piel; esto, junto con la merma de su hábitat, casi los extinguió. Hoy son una especie amenazada.

MORDIDA LIGERA *Un gavial atrapa un pez con un rápido chasquido de sus mandíbulas.*

Kopet Dag

ÁRIDAS CIMAS
PROTEGEN UNO DE LOS
DESIERTOS MÁS
GRANDES E INHÓSPITOS
DEL MUNDO

Desnudas y despiadadamente áridas, las montañas de Kopet Dag forman una impenetrable barrera que separa al antiguo Estado soviético de Turkmenistán de su vecina del sur, Irán.

Las erosionadas cimas parecen centinelas que montan guardia sobre la capital de Turkmenistán, Ashkhabad, y su vasto desierto interior, desde el principio de los tiempos. Pero geológicamente Kopet Dag es joven, y violentos sismos sacuden la región, indicando que la corteza terrestre aún tiene levantamientos.

Desde la base de la cordillera de Kopet Dag, el desierto de Karakum, uno de los más calientes y más grandes del mundo, se prolonga hacia el norte. El polvo llena el aire sin humedad, cubriendo el terreno con un dosel que casi oscurece un mar de dunas de arena en forma de media luna.

MONTAÑAS LUNARES *Los lugareños llaman a estas pálidas colinas de Kopet Dag "montañas lunares". El clima seco y el suelo delgado las privan de vida vegetal.*

Kali Gandaki

UN RÍO QUE NACE EN UNA ZONA POCO CONOCIDA HA
CAVADO EL VALLE MÁS PROFUNDO DE LA TIERRA,
ENTRE LOS PICOS MÁS ALTOS DEL HIMALAYA

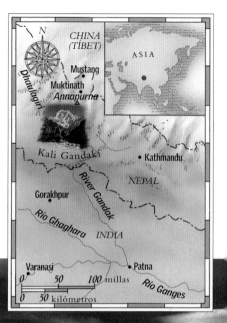

Cuando el hombre caminó por primera vez sobre la Tierra, los Himalaya se
parecían muy lejanamente al poderoso
bastión que hoy conocemos. Ello no se
debe a que la humanidad sea muy
antigua, sino a que los Himalaya,
geológicamente hablando, son muy

jóvenes. Sin embargo, mucho más viejo
que los Himalaya es el río Kali Gandaki,
que fluye entre altas montañas en el
reino himalayo de Nepal.

Hace unos 50 millones de años, el
Kali Gandaki descendía de las planicies
tibetanas y luego serpenteaba entre

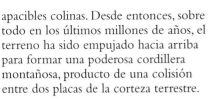

apacibles colinas. Desde entonces, sobre todo en los últimos millones de años, el terreno ha sido empujado hacia arriba para formar una poderosa cordillera montañosa, producto de una colisión entre dos placas de la corteza terrestre.

MÁS Y MÁS PROFUNDO

Mientras las montañas se elevaban, el Kali Gandaki conservaba su antiguo curso. El corte hacia abajo del río iba a la par con el levantamiento de las montañas, y su valle se hacía cada vez más profundo a medida que grandes paredes montañosas se elevaban a su alrededor.

Son elevadas las paredes. Donde pasa entre Annapurna Himal y Dhaulagiri Himal, ambas con una altura de 8 000 m, el río se encuentra en el valle más profundo de la Tierra. Sus aguas, 4 400 m por debajo de las cimas de las montañas que se elevan en sus dos orillas, son negras debido al lodo negro que dejan las lluvias, tan negras como Kali, diosa india de la destrucción que da su nombre al río.

El corte norte-sur que hace Kali Gandaki a través de los Himalaya ha sido por milenios uno de los grandes pasos libres de Asia. Caminos erosionados ascienden sobre la escalinata de rápidos del río, variando con un tambaleante puente suspendido. Esta ruta entre India y Tíbet se convirtió en una larga procesión de santos y peregrinos, mercaderes y soldados y gente común. Más importante aún era la ruta de las caravanas de caballos y mulas que trocaban la sal tibetana por los granos de Nepal.

A lo largo del macizo himalayo, el clima cambia drásticamente. Al norte, en la lluviosa oscuridad de las montañas, es más o menos un frío desierto donde sólo crece zacate. A dos días de camino hacia el sur se presenta un asombroso contraste de bosque monzónico semitropical, con bananas y naranjas, mientras que en medio de la parte más profunda de la garganta hay aldeas de casas de piedra entre terrazas de cebada.

Como conviene a un gran y antiguo camino, muchos y muy diversos pueblos se han establecido en el valle. Entre ellos destacan los thakali, cuyas casas de piedra encierran patios para protegerlos de los vientos de invierno. Distribuyen su tiempo entre la labranza y el comercio de sal. Pero desde que el valle ganó popularidad entre los excursionistas occidentales, muchos se han dedicado al alojamiento, que no es una ocupación nueva a lo largo de Kali Gandaki, pues

POR MILENIOS HA SIDO UNO DE LOS GRANDES PASOS LIBRES DE ASIA

CINTA DE PLATA *El brillante hilo del Kali Gandaki fluye hacia la etérea cima del Dhaulagiri, a la derecha. Las laderas del Annapurna se ven a la izquierda.*

VAGABUNDO DE LAS CIMAS *El grifo himalayo puede elevarse sin esfuerzo y durante horas en las corrientes de aire ascendentes en su búsqueda de carroña.*

cerca de su extremo norte está Muktinath, un secular punto indio de peregrinaje. También reverenciado por los budistas, el templo de Muktinath se erigió sobre un "milagroso" manantial ardiente, cuyas flamas de gas natural danzan sobre el manantial de agua que fluye de la misma fisura en la roca.

Como corresponde a un río rodeado de maravillas, el Kali Gandaki nace en la tierra llamada Lo: el antiguo reino de Mustang. Ubicada en Nepal, en la frontera con Tíbet, la zona se encuentra prácticamente separada del resto del mundo por desiertos y montañas. El aislamiento y la necesidad han obligado a observar desacostumbrados modelos sociales: las mujeres tienen varios maridos, lo que garantiza la igualdad sexual y asegura que los niños no se queden huérfanos. En estas duras montañas no hay tierra para sepulturas ni combustible para piras funerarias, de modo que los muertos son reverentemente abandonados en la ladera de la montaña, bajo el inmenso cielo abierto y con elevadas cimas a modo de monumentos, a la espera de los buitres.

Monte Everest

LA MONTAÑA MÁS ALTA DE LA TIERRA SE ELEVA DESDE EL MAR HASTA LAS NUBES

Se han hallado restos fosilizados de peces en lo alto de las heladas laderas del Monte Everest, lo que prueba que alguna vez, hace millones de años, la montaña más alta del mundo estaba en el fondo del mar. La forma en que el Everest viajó por medio mundo y luego se elevó hasta alcanzar dos tercios de la atmósfera terrestre es una de las fascinantes historias que se añaden a la novela de esta magnífica montaña. Hace unos 200 millones de años el subcontinente indio se separó de un vasto supercontinente al sur llamado Gondwana. Vagó por el mar de norte a este y chocó con el continente asiático. A raíz de ese choque, esas inmensas masas de tierra se retorcieron, se doblaron y se elevaron para formar las montañas más altas del mundo, una de las cuales es el Monte Everest, con 8 848 m de altura.

Los nombres tibetanos de la montaña se traducen diversamente como "Diosa de las nieves de la montaña", "Diosa madre del mundo" y "Montaña tan alta que ningún ave puede volar sobre ella". Fue medida por primera vez en 1852 y llamada Cima XV hasta 1865, cuando se le llamó Monte Everest en honor del Superintendente General de India, sir George Everest, incansable y meticuloso

ingeniero militar, que logró levantar el primer mapa exacto de India y los Himalaya.

No fue una tarea fácil. Tanto Nepal como Tíbet rechazaban a los extranjeros, y todas las observaciones tuvieron que hacerse a distancia, algunas 160 km a lo lejos. Esto causó errores a gran

escala, y fue por eso que en secreto sir George Everest reclutó mercaderes himalayos (conocidos después como pundits, palabra hindú que significa "expertos") para infiltrarse en la región y, con penurias y discreción, reunir información suficiente que permitiera hacer mapas precisos.

COLOR INTENSO *La serenidad del atardecer en Monte Everest puede cambiar a noches y días de nieblas, ventiscas y repentinos derrumbes.*

Después de 1920 los tibetanos permitieron que expediciones británicas visitaran el Everest. La más famosa de ellas, en 1924, incluyó a George Leigh Mallory, maestro de escuela y experimentado montañista. Cuando se le

preguntó por qué estaba tan decidido a escalar la montaña, respondió lacónicamente: "Porque está ahí".

A Mallory y a Andrew Irving, un montañista de 22 años de edad que por primera vez exploraba los Himalaya, se

les vio por última vez a unos 244 m de la cima el 8 de junio antes de que la niebla y las nubes los ocultaran. Nunca regresaron. Nueve años después, un hacha para hielo, propiedad de uno de ellos, se encontró muy lejos de donde se

A LA CONQUISTA DE NUEVAS ALTURAS

DRAMA DE ALTURA *El Star Flyer I vuela sobre el Everest, lo que fue filmado por una cámara montada fuera del cesto.*

HACIA LAS ALTURAS *El despegue del globo de aire caliente que ha volado más alto tuvo lugar el 21 de octubre de 1991, junto al lago Gokyo (arr.): 4 816 m sobre el nivel del mar en los Himalaya.*

El fotógrafo británico Leo Dickinson, encaramado en una plataforma montada fuera del canasto de un globo de aire caliente, filma el primer vuelo en semejante vehículo sobre la cima del Everest. Por desgracia, los globos (Star Flyer I y II) no lograron permanecer juntos, y la separación de 16 km hizo imposible la filmación entre ellos.

Ése fue el primer desastre que experimentó el proyecto Star Over Everest. El Star Flyer I ascendió y pasó por la cima del Everest. Luego, sobre Tíbet, escaseó el combustible y bajó. El viento lo arrastró dentro de un chancal al pie de un glaciar. Pegó contra un peñasco, y su tripulación (que logró sobrevivir) cayó del cesto. Los quemadores del Star Flyer II fallaron a 600 m , debajo de la cima, dándoles a sus tripulantes no más de cuatro minutos para sobrevolar la cumbre. Fue muy poco, pero lo lograron..

les vio por última ocasión. Nunca se sabrá si llegaron a la cima y murieron al bajar, o si perecieron antes de alcanzarla. En 1999 se hallaron los restos de Mallory, pero ni traza de Irving ni de su cámara.

Los guías y los mozos sherpa son esenciales en las escaladas. Sherpa es una palabra tibetana que significa "hombres del Este", y no alude a nadie que lleve carga en los Himalaya, sino a las robustas personas que viven en los valles altos al sur del Everest. El buen humor con el que toleran a los extranjeros excéntricos, así como su reverencia por las montañas, significan que son leales hasta la muerte.

A principios de la década de 1950 el gobierno de Nepal admitió a los alpinistas extranjeros, lo que llevó a abrir una ruta de acceso totalmente diferente. En 1953, el montañista británico, coronel John Hunt, encabezó una expedición que incluía a Edmund Hillary, un apicultor neozelandés de 33 años. Después de fallidos intentos por parte de otros miembros del grupo, Hillary y el sherpa Tenzing Norgay salieron de la base en el collado sur de la montaña en el amanecer del 29 de mayo. Cinco horas después alcanzaron la cima. ¡El Everest había sido conquistado!

Monte Fuji

EL ELEGANTE CONO QUE FORMA LA MÁS ALTA MONTAÑA DEL JAPÓN HA INSPIRADO RESPETO Y DEVOCIÓN POR MUCHO TIEMPO

El monte Fuji es símbolo de Japón como el sol naciente. Su enorme cono, cubierto en nieve durante casi todo el año, se eleva desde los altiplanos detrás del Pacífico de Honshu. Muchos artistas y fotógrafos han popularizado su perfil por todo el mundo, y los poetas han tratado de capturar su esplendor en sus trabajos. Pero en quienes la visitan, la montaña provoca sobrecogimiento y maravilla, para los que ni palabras ni pinturas pueden prepararlos.

La fascinación del monte Fuji radica en algo más que su enorme elegancia. También viene de la forma en que la montaña cambia constantemente —sus luces y atmósfera varían, ya menudo, las nubes se mueven para oscurecer su cima, para desilusión de quienes cuya

CIMA HELADA *Un gran número de alpinistas suben las veredas hacia la cima del Monte Fuji —un cubierta de nieve casi todo el año.*

visita es breve. Y aunque muchos escritores han proclamado la geométrica perfección del cono del Fuji, otra parte de la atracción yace en sus desviaciones desde una perfecta simetría. Sólo hay una pequeña diferencia en la forma en que sus lados se barren hacia arriba y se encuentran en una rugosa línea horizontal, no en un punto.

De hecho, la cima de orillas desniveladas es el borde de un cráter, ya que el Monte Fuji de 3 776 m es un volcán no extinto. Sucesivos derrames de lava y ceniza han construido esta gran montaña cuya base mide 125 km de circunferencia. La primera erupción registrada fue en el año 800 d.C. y desde entonces muchas otras han ocurrido, la mayoría en estallidos recientes; como en 1707, cuando ceniza negra cayó sobre las calles de Tokio, a unos 96 km.

Con frecuencia, los japoneses llaman

a esta montaña Fuji-san, dándole el respetuoso título de una persona honorable. El pueblo aborigen ainu de Japón la considera sagrada, y su nombre puede derivarse de fuchi, una palabra ainu que significa "fuego". También ha sido considerada sagrada por el sintoísmo, la religión japonesa en la cual se veneran los espíritus naturales y los ancestros, al igual en el budismo. Fuji-ko (Sociedad de Fuji) es una secta religiosa dedicada a la montaña; se fundó en 1558 y en la actualidad tiene muchos seguidores.

Muchosos artistas budistas retratan la escena del lago Kawaguchi, donde el monte Fuji se refleja en las quietas

LOS RIBETES DEL ACCIDENTADO MANTO DE NIEVE SE ELEVAN Y CAEN

aguas. El lago es uno de los cinco que yacen en un área rica en bosques, arroyos y cascadas donde, el Fuji puede verse en su magnitud. Con la costa, la montaña, los lagos y los bosques forman un parque nacional que es visitado cada año por la asombrosa cantidad de 80 millones de personas, el equivalente a dos tercios de la población de Japón.

De esta vasta afluencia de visitantes, unos 250,000 suben a las laderas del monte Fuji. Por siglos, la montaña ha sido un lugar de peregrinaje, por lo menos para los hombres; a las mujeres no se les permitió subir sino hasta 1868. Todo peregrino lleva una piedra, como símbolo del alivio del peso del pecado.

La mayoría de los visitantes actuales llegan entre julio y agosto, cuando la cima tiene poca nieve, y siguen una de las seis rutas hacia la cumbre. En los escaladores de la montaña hay unos peregrinos fuji-ko vestidos de blanco. Todos ellos suben desde los bosques de pinos y coníferas donde los cerezos y azaleas florecen en primavera, hacia las más altas laderas, donde sólo los más fuertes y pequeños arbustos pueden mantener un punto de apoyo. El ascenso es extenuante, el tiempo puede cambiar abruptamente.

En el último tramo del ascenso, los caminos suben por peñascos —laderas esparcidas hacia la cima del Fuji— en el borde del cráter. Ocho picos, los "ocho pétalos del Fuji", se elevan desde el borde casi circular, dando a la cumbre su

LADERA RESBALADIZA *Los escaladores pueden acelerar su descenso desde la cumbre al deslizarse por las cenizas volcánicas (izq.).*

apariencia de surcos. También se venera el a cráter de 700 m, conocido como Nai-in (el Santuario). Muchos visitantes hacen largas escaladas nocturnas y alcanzan la cima en el momento justo para admirar el amanecer. Al final de una fría noche veraniega, antes de empezar su viaje sobre el horizonte. el escondido sol lanza momentáneamente gloriosas salpicaduras de color púrpura, cobre y rojo sobre el cielo. Conforme la luz se fortalece crea inolvidables vistas sobre lagos y bosques hacia la costa, comparada por un escritor como "una serpenteante mancha pincelada con tinta púrpura". Detrás, mientras tanto, la sombra triangular de la montaña sagrada de Japón avanza lentamente por la tierra.

TEÑIDO DE ROSA *Al elevarse el sol resalta la nieve en el Fuji, cuyas clásicas líneas lo han convertido en un ideal de la belleza natural.*

EL MONTE FUJI EN EL ARTE

El Fuji ha aparecido en pinturas desde la Edad Media, cuando los monjes budistas zen buscaban paisajes armoniosos como para la contemplación. Más tarde, fue un objeto favorito para los artistas de bloques de madera Harunobu (1725-70) y Hokusai (1760-1849). Algunas veces, las escenas de Harunobu de graciosas figuras, tienen al Fuji en el fondo; las pinturas de paisajes de Hokusai hacen hincapié en el Fuji como símbolo de pureza y belleza.

FONDO *El Fuji aparece en "Las doncellas de sal" de Harunobu (izq.) y en este detalle de la gran ola de Hokusai en Kanagawa.*

Desfiladeros Yangtse

EL TERCER RÍO MÁS LARGO DEL MUNDO CORRE A TRAVÉS DE DESFILADEROS EN EL CORAZÓN DE CHINA

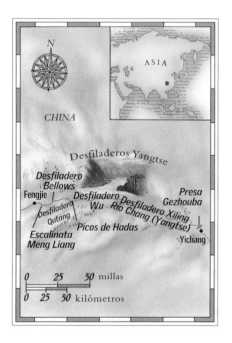

MISTERIO ORIENTAL *Las montañas cubiertas de niebla se elevan con esplendor sobre el angosto desfiladero Xiling, el que está más al oriente de los tres desfiladeros del Yangtse.*

El poeta chino Du Fu, de la dinastía Tang en el siglo VII, describió la entrada al Desfiladero Qutang como la puerta donde las aguas de la provincia Sichuan luchaban para entrar. Las aguas se revuelven y suben de nivel conforme el río Yangtse entra en la estrecha boca —menos de 100 m de ancho— entre empinados acantilados de piedra caliza: dos veces la altura de la torre Eiffel.

Se ha sabido que, después de una abundante lluvia, aquí el río fluye a 32 km/h y el agua se eleva 50 m. El desfiladero Qutang, de 8 km de largo, es el más corto de los desfiladeros Yanstse, que se alargan casi 190 km entre Fengjie y Yichang —cerca de la mitad del camino por los 6 300 km del curso del río, desde el Tíbet hasta el mar. En China, el río, el tercero más largo del

mundo, es conocido como Chang Jiang ("Río largo"); el nombre Yangtse se refiere sólo a la desembocadura cerca de Shanghai, pero los europeos le han aplicado el nombre a todo el río.

Los tres desfiladeros fueron labrados por la poderosa acción del río al cortar su camino a través del borde de la

montaña de la gran cuenca Sichuan (o Roja). A cada lado de la boca del desfiladero Qutang existen pilares de hierro de 1 000 años de antigüedad, incrustados en la roca, desde donde se lanzaban cadenas a través del río, primero como una barrera defensiva y después como una barra de control para cobrar cuotas a los barcos.

ESCALINATA DE ACANTILADO

La escalinata Meng Liang, una serie de pequeños hoyos que forman una Z, se

colocadas, algunas no más grandes que una toalla de baño, hacia las que los cultivadores descendían en cuerdas. En la actualidad aún existen algunas granjas peligrosamente encaramadas en cornisas rocosas, entre arboledas de dorados y verdes bambúes, y de prímulas malvas floreciendo entre profusiones de helecho culantrillo.

PELIGROS ELIMINADOS

El desfiladero Xiling fue una vez el más peligroso de todos, con estrechos pasajes, arrecifes, rápidos y remolinos. Hacia 1950, enormes rocas salientes fueron voladas desde la mitad del río, para hacerlo más seguro para los barcos. Una de ellas fue la Cola de Ganso, de la que en su viaje río arriba, Isabella Bird afirmó que tenía 40 m sobre el agua, pero que sólo fue visible a su regreso, cuatro meses después.

Los viajeros modernos pasan a través de los desfiladeros a bordo de transbordadores de diesel, pero los antiguos tenían acalambrantes viajes en juncos impulsados por velas y remos. Cuando se viajaba río arriba, tenían que ser remolcados con cuerdas por sudorosos hombres conocidos como rastreadores, cada uno se ataba un arnés al hombro y luchaban para encontrar el mínimo apoyo en los lodosos bancos. Isabella Bird describió la escena: "La salvaje precipitación de la cascada; los grandes juncos acarreados hacia arriba en el lado norte del canal por 400 hombres cada uno, colgando temblorosos en las oleadas, o, como en un caso, desde un fuerte cable que se rompía, dando vueltas hacia abajo de la catarata a una tremenda velocidad hacia espantosos peligros". El misionero francés, Pere David, escapó de la muerte en los agitados rápidos Xintan, en el desfiladero Xiling hacia 1860; la barca que lo transportaba río arriba casi choca con otra que bajaba a gran velocidad.

Ahora, la gran presa Gezhouba controla el río justo por debajo del desfiladero Xiling, tamizando el flujo antes de que se esparza en su camino hacia Shanghai. Pronto, una presa mucho más alta, la Sanxia (desfiladero Throe) ocupará el lugar. Planeado entre mucha controversia, esto atrapará al Yangtze en una tranquila presa a través de los desfiladeros.

puede ver desde el lado de Bai Yan (Ballena sal). Alguna vez, los agujeros se usaron para hacer una escalera de acantilado, posiblemente para recolectar hierbas medicinales raras. Al lado opuesto se encuentra una sección de escalones de acantilado llamada desfiladero Bellows debido a su forma de fuelle. Hace tiempo, en las cuevas cerca de la cima se enterraron guerreros; todavía se encuentran algunos cofres antiguos en las grietas.

El panorámico desfiladero Wu, de 40 km de largo, está dominado por los doce Picos de Hadas. La leyenda dice que una vez la Reina del cielo envió a las hijas de la Diosa del Occidente, para ayudar a crear los desfiladeros. Varas de las pronunciadas verdes laderas tienen terrazas cultivables, donde se siembran granos y frutos como manzanas, duraznos, chabacanos, nísperos y castañas chinas. Isabella Bird describió un cultivo similar en el desfiladero Xiling, el tercero, que serpentea 75 km. Habló de parcelas cuidadosamente

Montaña Amarilla

VISITAR LA MONTAÑA AMARILLA ES COMO ENTRAR EN UNA PINTURA CHINA DE ESCARPADOS DESPEÑADEROS Y ENMARAÑADOS ÁRBOLES

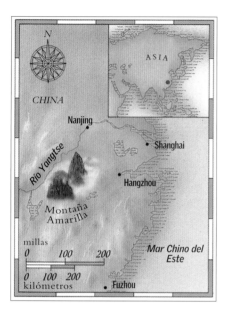

esculpido grandes rostros de roca y elevados pináculos en la dura roca.

Los poetas y pintores chinos identificaron cuatro "bellezas principales" en la Montaña Amarilla. Las rocas y los picos de montaña son una; la segunda, los pinos esculturales, algunos de más de 1 000 años, y la tercera, los restauradores manantiales que fluyen a 42°C durante todo el año. La cuarta, la belleza más importante es el mar de nubes.

Las nubes son el rasgo esencial del paisaje, traen un promedio de 2 400 mm de lluvia y nieve cada año. Bancos de niebla y remolinos de llovizna alrededor de los picos, velándolos y revelándolos en una incesante danza. Los cientos de miles de visitantes que

VERDADERA SEMEJANZA *En un pergamino de seda (aba.), diminutas figuras se abren camino entre los elevados peñascos en un paisaje parecido a la Montaña Amarilla.*

La Montaña Amarilla de China puede ser el paisaje de un mundo increíble: paredes verticales de roca se elevan desde los suaves pliegues de niebla y nubes. Aquí y allá, largos y delgados pinos se inclinan desde temerarios puntos de apoyo en salientes y grietas, desafiando la gravedad como acróbatas de circo. La impresión es de una pintura china vuelta realidad: los artistas no han inventado nada.

La Montaña Amarilla (Huang Shan) se encuentra al sur del río Yangtse donde hace su última gran barrida a través de tierras bajas hacia el mar. Es una montaña en el sentido chino del mundo: no sólo un pico, sino un grupo de 72. Los tres más altos rebasan los 1 800 m y son Lianhua Feng "Pico de flor de loto", Guangming Ding, "Cima de luminosidad" y Tiandu Feng, "Pico de la capital divina".

PINÁCULOS DE GRANITO

Los picos están labrados en granito cristalizado por roca fundida en las profundidades de la tierra, antes de ser expuestos en la superficie. Las pocas fracturas del granito han sido atacadas por el clima y la erosión ha

ASPECTO INVERNAL *Por encima de las nubes, la nieve espolvorea los pinos que retoñan desde los pilares de roca de la Montaña Amarilla.*

arriban a la Montaña Amarilla cada verano vienen preparados con impermeables y con chaquetas acojinadas, ya que aún en verano la temperatura en las tierras altas no es mayor de 8°C.

Se dice que la ilusión de 1 000 millones de chinos es visitar la Montaña Amarilla por lo menos una vez en sus vidas. Senderos cuidadosamente marcados llevan a los caminantes a lo largo de santuarios, cascadas y estanques, las inusuales formaciones de roca y los árboles más venerados. Algunos de estos caminos no son para los miedosos. Para llegar al Pico de la Capital Divina, los visitantes tienen que subir 1 300 escalones y atravesar el Espinazo de Carpa, un borde de menos de 1 m de ancho, con sólo una cadena para sostenerse.

En China, hay cinco montañas sagradas, pero la Montaña Amarilla no es una de ellas. Sin embargo, su belleza ha sido venerada por siglos, Xu Xiake, un viajero de la China medieval, le dio su principal elogio al escribir: "Al tener que regresar de las cinco montañas sagradas, uno no desea ver montañas ordinarias; al regresar de la Montaña Amarilla, uno no desea ver las cinco montañas sagradas".

RUBOR MATINAL *(al dorso) El sol naciente baña los picos de la Montaña Amarilla y al mar de nubes con su luz.*

UNA PINTURA CHINA VUELTA REALIDAD: LOS ARTISTAS NO HAN INVENTADO NADA

181

Montes Guilin

GRUPOS DE MONTES EMPINADOS Y ESTRECHOS AL SUR DE CHINA PARECEN EL MODELO DE UNA TÍPICA PINTURA CHINA

D e agosto a octubre, la canela perfuma el aire en la ciudad china de Guilin,

cuando las casias florecen. Estos árboles tropicales de flores amarillas dan a la ciudad su nombre: "bosque de casia" en chino. Pero Guilin y la campiña cercana son más reconocidos por su paisaje de ensueño, de extraños montes de piedra caliza que los convierten en lugares de belleza sorprendente, la inspiración de poetas y pintores chinos del pasado.

Estas torres de piedra caliza se elevan por una extensión de 120 km a lo largo de bancos del río Li. El poeta Han Yu (768-834) describió al río como una cinta turquesa y a los montes como ornamentos de jade para el cabello. Árboles poco desarrollados, cubiertos por viñedos asidos a las empinadas laderas, que con frecuencia están cubiertas de niebla. Los botes de bambú

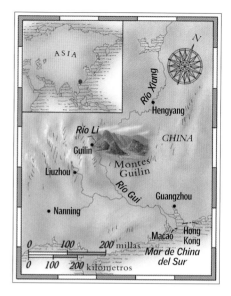

sobre el río llevan pescadores y los cuervos marinos que usan para pescar.

Debido a su forma, a los montes tienen nombres como "Cinco tigres cazando una cabra" y "Tortuga escaladora". El monte Camello se parece tanto a un camello sentado que podría haber sido esculpido de la roca. Pero al mismo tiempo, desde algunos ángulos parece una jarra de vino, así que también se le conoce como el monte Jarra. A sus pies se encuentra un lugar conocido como "la tumba de Lei, el bebedor", se dice que es aquel Lei Mingchun de la dinastía Ming (1368-1644) que, después del colapso de los Ming, acostumbraba subir el monte para ahogar su tristeza. El monte más alto es el Festón Apilado, de 120 m de alto.

Según la leyenda, el monte del Tronco de Elefante, que se encuentra al lado del Río Li, fue una vez el elefante en el que el Rey de los Cielos recorrió el sur de China. El animal se enfermó y un granjero de Guilin le devolvió la salud. El agradecido elefante lo ayudó en sus campos y su dueño se enojó tanto que lo convirtió en piedra. En la base del monte, la "trompa" del elefante se sumerge en el agua formando un arco llamado la Luna en el Arco de Agua, ya que se refleja en el agua como una luna llena.

PIEDRA CALIZA EROSIONADA
Sin embargo, la verdad sobre los montes Guilin está lejos de ser romántica. Hace cerca de 300 millones de años la región estaba cubierta por el océano, pero movimientos en la corteza de la Tierra empujaron el piso oceánico por encima del nivel del mar. Gruesas capas de piedra caliza quedaron expuestas al viento y a las olas, y sólo las partes más resistentes sobrevivieron.

El nombre del parque que está en las afueras de Guilin es en honor al monte Siete Estrellas, que tiene siete picos que parecen formar la constelación de la Osa Mayor. El Puente Flor del parque, construido en 1540, tiene arcos en círculo con su reflejo en el agua.

ENCANTO CHINO *Ubicado contra el cielo azul, los empinados montes Guilin se elevan abruptamente desde el pacífico paisaje, y se reflejan en el río Li, sereno como un espejo.*

SUBMUNDO FANTÁSTICO

Por debajo de los montes Guilin hay una vasta red de cavernas de piedra caliza como la Gaoyan o la Cueva Alta (ab.). En ellas, una serie de estalagmitas y estalactitas crean un ámbitos espectaculares.

Una de las más maravillosas es la Cueva de la Flauta de Carrizo, llamada así porque alguna vez la entrada estuvo escondida por montones de carrizo que los lugareños ocupaban para confeccionar instrumentos musicales. La cueva tiene más de 250 m de largo por 130 m de ancho, y sus formaciones de roca incluyen una conocida como el Viejo Erudito. La leyenda dice que alguna vez él fue un poeta que se sentó a describir las bellezas de la cueva. Imposibilitado para encontrar las palabras lo suficientemente vívidas para terminar su poema, se convirtió en una piedra.

Todos los años, miles de turistas visitan las espectaculares cuevas de Guilin. Sin embargo, durante la Segunda Guerra Mundial, sirvieron a un propósito diferente: la gente de Guilin las utilizó como refugios antiaéreos cuando la ciudad fue bombardeada por los Japoneses.

ESPLENDOR ASCENDENTE *En las cuevas de Guilin se pueden ver sorprendentes estalagmitas de cerca de 30 m de alto (izq.).*

Desierto Taklimakan

DESOLACIÓN *Las áridas y arenosas inmensidades del desierto Taklimakan cubren un área semejante a Nueva Zelanda.*

UNA DE LAS EXTENSIONES DE ARENA MÁS GRANDES DEL MUNDO FUE BORDEADA POR LOS VIAJEROS DE LA RUTA DE SEDA ENTRE CHINA Y EL MEDITERRÁNEO

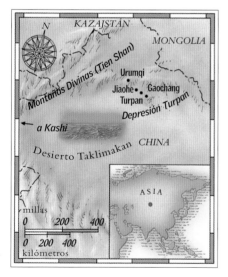

Durante casi todo el año, la arena llevada por el viento cubre el desierto Taklimakan, al oeste de China. Dunas de arena se elevan hasta 300 m y cuando los vientos alcanzan una fuerza huracanada, levantan paredes tres veces más altas. El nombre Taklimakan viene del turco "entra y no saldrás".

Para los viajeros en la Ruta de Seda, desde China hasta Levante, los oasis de Turpan y Kashi deben de haber sido bienvenidos. Sin embargo, Turpan, al oriental del desierto Taklimakan, parece un improbable punto para un oasis. Se encuentra dentro de una planicie de árida roca: la depresión Turpan que, a 154 m bajo el nivel del mar es uno de los lugares más bajos y calientes del mundo. La lluvia es escasa y las temperaturas pueden rondar los 40°C.

Sin embargo, los melones y las uvas que crecen aquí han refrescado a los viajeros por siglos. El suministro de agua de Turpan viene desde las Montañas Divinas (Tien Shan) al norte y se lleva a la ciudad por un ingenioso sistema de manantiales y canales subterráneos, conocidos como karez, que fueron inventados por los antiguos persas.

EN LA RUTA DE SEDA

Las mercancías se llevaron en caravanas de camellos entre el Mediterráneo y China, a lo largo de la Ruta de Seda de 6 400 km, hasta que las rutas marítimas las sustituyeron en el siglo XV.

Ruinas de adobe a 16 km al occidente de Turpan son todo lo que queda de Jiaohe (aba.), fundada en el año 200 a.C. Formaba parte de un reino con elementos indios y persas, y se convirtió en una ciudad clave en la ruta, al igual que Gaochang, cuyas ruinas se encuentran al este de Turpan.

ACEPTAR LOS RETOS DE LA NATURALEZA

Para algunos aventureros, ningún paisaje es demasiado difícil o amenazador para afrontar

La mayoría de la gente se siente satisfecha con ver a distancia los espectáculos más extremos de la naturaleza, como los campos candentes de lava o los pináculos de roca congelada. Otros se sienten comprometidos para saborearlos de primera mano, aceptar los retos que se les presenta. ¿Qué lleva a estas audaces personas a realizar hazañas tan riesgosas que un mal paso puede causar la muerte? Posiblemente es la emoción de combinar la fuerza y la resistencia con la agilidad mental, el deseo de ser abrumado por la grandeza de la naturaleza o, en palabras de un sueco amante de montañas, jugar un juego "en el cual el jugador prueba más agudamente la alegría de estar vivo".

LA VIDA EN SUS MANOS
La francesa escaladora de rocas Catherine Destivelle (arr.) cuelga de la orilla de un cono de roca plano sobre un desfiladero en Canyonlands, Utah.

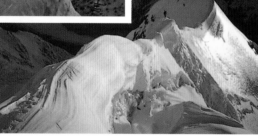

AMANECER MONTAÑÉS
El alpinista Chris Bonington fotografió el amanecer en la montaña Cook, Nueva Zelanda, la que escaló con amigos del Everest en 1976.

CASCADA CONGELADA
Roman Dial, un escalador de rocas de Alaska, prueba su destreza y audacia en estos paisajes.

CAMINANTE EN FUEGO
La científica alemana Katia Krafft (aba.), quien con su esposo pasó 20 años estudiando volcanes, camina con traje protector sobre un flujo de lava en el Mauna Loa, Hawai.

PRIMEROS ALPINISTAS
Una pintura de 1840 de Mont Blanc (arr.) muestra la popularidad del montañismo en el siglo XIX y la simplicidad del equipo de aquellos alpinistas.

PATADA ALTA
Una roca saliente en el valle Yosemite (izq.) ha tentado a los atrevidos desde que en 1879 un guía amenazó con lanzar a su novia, si no se casaba con él.

VUELO ALPINO
Alimentado sólo por las corrientes de aire, un hidrodeslizador planea por encima de las nubes sobre los Alpes suizos.

Bosque de Piedra Lunan

GRUPOS DE PILARES ACANALADOS DE PIEDRA CALIZA SE ELEVAN HACIA EL CIELO, CON UN LABERINTO DE ESTRECHOS SENDEROS A SU ALREDEDOR

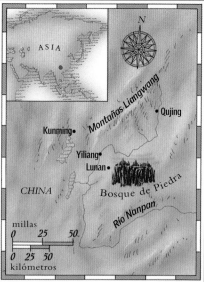

Rododendros y camelias crecen en abundancia en el clima subtropical de la provincia Yunnan al suroeste de China. Kunming, la capital, es conocida como la Ciudad de la Eterna Primavera, y el área es un tesoro de plantas y árboles. Sin embargo, el bosque que se encuentra en la planicie de 120 km al sureste de Kunming no es de árboles, su nombre se debe al bosque de pilares de piedra caliza labrada en extrañas formas por el tiempo y los elementos.

El Bosque de Piedra Lunan, decasi 5 km² tiene muchoss pilares de piedra que varían en altura de 2 a 30 m. Algunos parecen masas de bambú; otros, espadas gigantes; algunos, aves y bestias, enormes hongos y pagodas. Su descripción ha estimulado la imaginación por generaciones, como revelan algunos de los nombres asignados: "Fénix limpiando sus alas", "Cascada en capas", "Árbol de león" y "Pico de loto en flor".

UN LABERINTO QUE ES UN REFUGIO PARA LAS CITAS DE LOS ENAMORADOS

Algunos pilares están agrupados en cientos, otros se encuentran en relativo aislamiento. En los oscuros espacios entre los pilares existen estanques, grutas y torcidos pasajes enredados con la vegetación.

Las veredas hechas por el hombre tenazmente entre las paredes verticales de roca forman un laberinto que sobrepasa cualquier creación humana. También existen puentes, hechos por el hombre y naturales, y pabellones que semejan un jardín de selva.

Las rocas están cubiertas de liquen y musgo y, a pesar de la escasez de tierra y la limitada luz en las partes más densas del bosque, las plantas rastreras se las arreglan para crecer, trepando las caras de las rocas sus flores rojas y rosas que agregan una lluvia de color a la escena.

REGIÓN SELVÁTICA LUNAN *Pináculos de piedra caliza, erosionados por el clima en formas angulares, se encuentran en un extraño bosque de piedra al suroeste de China.*

Hace millones de años, este fantástico bosque fue una sólida cama de piedra. Los movimientos de la tierra la levantaron para formar un altiplano inclinado y quebraron la piedra. El agua de lluvia y la de la tierra, cargadas de dióxido de carbono de la abundante vegetación, se convirtieron en un débil ácido muy efectivo para disolver la piedra caliza, y las fracturas iniciales pronto se alargaron para agrandar las fisuras. En el corazón del Bosque de Piedra ya no existe la mayoría de la capa original de piedra caliza disuelta por el ácido, y el resto permanece como afilados pináculos de piedra acanalada.

DANZA DE TIGRE

Campos de arroz bordean los márgenes del bosque y los granjeros locales utilizan búfalos de agua para delinear los surcos. El pueblo sani que vive alrededor del Bosque de Piedra es una rama de los yi, una minoría dentro de China. Cada año, a finales de junio, llevan a cabo el Festival de la Antorcha con cantos y bailes, incluyendo la danza del tigre: dos hombres disfrazados de tigres amenazan a mujeres que recolectan frutas; los demás hombres retan a la bestia con tridentes.

Una de las rocas del Bosque de Piedra, la Ashima, debe su nombre a una bella joven sani que, según la leyenda, fue secuestrada por un rico terrateniente. Su amante, Ahai, armado con magia, salió en su búsqueda para rescatarla. Pero ocurrió una tragedia, Ashima murió y se convirtió en roca. Ahora espera que Ahai venga a ella.

Otra leyenda explica la creación del Bosque de Piedra. Se le acredita a Zhang Guolao, uno de los ocho Inmortales Chinos. Un día, el amable sabio salió montando un burro por la enorme llanura, cuando se encontró a una pareja cortejándose a campo abierto. "¿Por qué —se preguntó— los jóvenes amantes no tienen ni un lugar donde puedan disfrutar de un poco de privacidad? De inmediato provocó que las montañas cercanas tiraran piedras que se apilaron a su alrededor, creando un laberinto de lugares de refugio para las citas de los enamorados.

ESCULTURA NATURAL *Poetas se han inspirado en la belleza y elegancia de la piedra de los pilares acanalados del Bosque.*

Cañón Taroko

VALLE DE MÁRMOL
CUYAS MARAVILLAS
SURGIERON AL
CONSTRUIR UNA
CARRETERA
INTRINCADA

LA GRAN CAÍDA *Al río Liwu le llevó eones cavar el desfiladero Taroko, pero a los seres humanos sólo les tomó cinco años cortar el camino en uno de sus acantilados de mármol.*

Taiwán es uno de los "Pequeños dragones" de Asia –países que surgieron de las cenizas de la Segunda Guerra Mundial para asombrar al mundo con el dinamismo de sus economías. Esto recuerda barcos de carga, ruidosas fábricas y laboriosas multitudes. Después de todo, cuando 20 millones de personas se atiborran en una isla no más grande que Bélgica, parecería que hay poco espacio para un escenario idílico.

ESPACIO Y BELLEZA

La esquina nororiental de Taiwán y gran parte de la costa oriental están escasamente habitadas, en su mayoría por los cada vez menos descendientes de las tribus aborígenes. El área es visitada con frecuencia por tifones, y es demasiado escarpada y montañosa para una agricultura intensiva o industrialización.

Pero el escenario ahí es bellísimo: brumosos lagos, rápidas corrientes y bien formadas montañas, ricos bosques y precipicios colgantes, árboles de sinuosos troncos, todo esto con los delicados colores de la acuarela china. Es fácil ver por qué los navegantes portugueses le dieron el nombre de Ilha Formosa —"Isla hermosa".

Una razón para el aislamiento de la costa oriental fue la barrera norte-sur formada por la Cordillera Central. A finales de la década de 1950, se decidió construir un camino que la atravesara, conectando Taichung en el oeste, con Taroko en el este, a unos 195 km de distancia. El resultado fue la Carretera de Este-Oeste de la Isla, en muchos lugares sacada de los escarpados lados

193

SUPERVIVIENTE *Los variados hábitats desde las cimas de la montaña hasta la selva, dan a Taiwán una rica vida silvestre. Entre las especies exclusivas de la isla está un raro y colorido faisán Mikado.*

de los acantilados y, por donde se mire, una asombrosa proeza de ingeniería. Se le conoce como "El arco iris de Taiwán", y en los cinco años de su construcción, costó la vida de 450 trabajadores.

Sobre el cañón Taroko hay un monumento en su honor: el Santuario de la Eterna Primavera, pabellón techado con una cascada, que vierte el agua en lejanas rocas más abajo. Una campana suena todas las mañanas para agradecer el nuevo día y un toque de tambor saluda a cada crepúsculo.

Seguramente, el desfiladero Taroko es el trayecto más encantador de esa asombrosa carretera y es, por su propio derecho, un espectáculo de talla mundial. Las perpendiculares paredes de mármol de diversos colores encierran las salvajes y alborotadas aguas del río Liwu, que se abre camino serpenteando por 12 pintorescos kilómetros desde las montañas hasta el mar.

FANTÁSTICO ESCENARIO

El arte y la naturaleza han cooperado para asegurar la popularidad de Taroko entre los visitantes, especialmente los lunamieleros. En Tienhsiang, un hotel combina un santuario y una pagoda de muchos pisos. En la Gruta de Golondrinas, las aves suben por un hoyo erosionado por las piedras de río donde el sol sólo toca el agua al medio día.

Para los valientes existe el Túnel de Nueve Vueltas —un tramo de la carretera con muchos más de nueve túneles y medio-túneles cavados en el mármol— que da a los pasajeros de camión vistas atemorizantes del piso del barranco y a lo lejos un contrastante

LUZ Y PENUMBRA *El agua fluye desde el techo de una caverna a lo largo del túnel Hike, favorito de los visitantes de Taroko.*

panorama de bosque que trepa por el lado de la montaña. Al final del viaje se encuentran los manantiales calientes Wenshan, y se llega a ellos por un puente colgante sobre el río Liwu. Escalones cortados en el arrecife llevan a una gruta de mármol llena de cálidas aguas sulfurosas que se abren al río. Los bañistas pueden recostarse en el agua mitad caliente y mitad fría.

La apertura de la carretera reveló la inmensa riqueza de los depósitos de mármol de Taiwán y se habló de convertir el desfiladero Taroko en una gran cantera. Sin embargo, pudo más el interés por conservarlo y ahora el desfiladero y las montañas, bosques y

BRUMOSOS LAGOS, RÁPIDAS CORRIENTES Y BIEN FORMADAS MONTAÑAS

acantilados de mar que lo rodean, han sido declarados Parque Nacional que alberga a una gran variedad de vida silvestre: osos negros, jabalíes, monos de roca, venados y borregos montañeses, unas 25 especies de reptiles y un gran número de aves.

Su garantía de ser lugar para vivir es importante en una isla tan poblada y ha sido un beneficio para los originales habitantes del área. El parque les posibilita vida tradicional, mezcla de cultivo y caza, y sus coloridos festivales atraen ingresos extra por el turismo.

El mármol se extraído cerca de Hualien, la ciudad más grande de la costa oriental. Probablemente tiene el único aeropuerto de mármol en el mundo, calzadas de mosaico de este material, templos y hoteles con suites y mesas —hasta papeleras—, todo de sólido mármol. El turista puede llevar a casa lámparas, portalibros o floreros de mármol, como un recuerdo imperecedero del desfiladero Taroko.

SOL Y SOMBRA *Un rayo de sol danza sobre las rocas cubiertas de musgo de las cascadas Sibaiyan del desfiladero (der.).*

Colinas Chocolate

COLINAS CÓNICAS QUE BROTARON DEL SUELO EN UNA ISLA FILIPINA SE VUELVEN DE COLOR CHOCOLATE DURANTE LA ESTACIÓN SECA

A primera vista, las colinas Chocolate de la isla filipina de Bohol parecen artificiales, resultado del esfuerzo humano, más que trabajo de la naturaleza. Cientos de cónicas colinas con forma de domo se agrupan una tras otra, como pajares en los campos. Un áspero pasto cubre las colinas, y durante la estación seca -de febrero a mayo- se deshidrata tanto que las colinas se vuelven de color chocolate, a lo que deben su nombre. Luego llegan las torrenciales lluvias tropicales, resucitando los pastos y volviendo el paisaje a su brillante verde.

Bohol es una de las islas Visayas, que yacen en el corazón de las Filipinas. La isla —casi del tamaño de Mallorca— se ha ganado un lugar especial en la historia de Filipinas, ya que fue aquí donde en 1565 se realizó el primer

tratado formal entre los isleños y la corona española. Un jefe local, Datu Sikatuna, participó en un tratado amistoso con Miguel López de Legazpi, el representante de Felipe II de España, de quien el país toma su nombre. Los hombres sellaron el tratado haciéndose un corte en las muñecas y tomando vino mezclado con su sangre. Así, el tratado es conocido como el "Pacto de sangre".

Pero para los actuales filipinos, Bohol es ante todo la tierra de las colinas Chocolate. Hay 1 268 montículos de

LÁGRIMAS GIGANTES *Según una leyenda, los cónos y los domos de las Colinas de Chocolate son las lágrimas de un gigante que llora un amor no correspondido.*

empinados costados y de forma regular, uno al lado del otro en un altiplano en el centro de Bohol y se elevan desde 30 hasta 100 m.

Nadie sabe con certeza cómo llegaron a existir estas extraordinarias colinas de piedra caliza, pero es posible que sean simplemente el producto de millones de años de erosión de lluvia. Lo inusual de las colinas Chocolate es que, a diferencia de otras zonas de piedra caliza, aparentemente no existe un sistema de cavernas que normalmente hay en este tipo de áreas.

El folklore de los boholanos propor-

HAY 1,268 COLINAS CHOCOLATE, UNA AL LADO DE LA OTRA

ciona otras explicaciones de los orígenes de las colinas Chocolate. En un cuento, las colinas fueron el resultado de una batalla entre dos enojados gigantes que se lanzaron rocas por días, pero con poco efecto.

Cansados de pelear, resolvieron sus diferencias y se fueron de la isla como grandes amigos, dejando las rocas donde habían caído. En otro trágico cuento, el gigante Arogo, apasionadamente enamorado de una mortal llamada Aloya, decidió secuestrarla. Pero ella lo rechazó y él entristeció hasta morir; las colinas Chocolate son las lágrimas del desconsolado gigante.

Las Cuevas de Mulu

EN EL CORAZÓN DE UN BOSQUE TROPICAL MALAYO,
UNA ENORME CORDILLERA DE PIEDRA CALIZA
ALBERGA LA CAVERNA MÁS LARGA DEL MUNDO

Cuando un geólogo malayo registró por primera vez las aberturas de la enorme cueva en las colinas de piedra caliza Mulu, estaba buscando depósitos de guano (excremento de ave), usado comercialmente como fertilizante. Nunca se imaginó que sus notas conducirían al descubrimiento de la caverna más larga del mundo.

En 1978, después de que el área de Sarawak, en la isla de Borneo, se había convertido en el Parque Nacional Gunung Mulu, se pidió a un grupo de espeleólogos británicos investigar qué había dentro de las muy lluviosas colinas. Ellos pronosticaron que las cuevas debían ser espectaculares, debido a los eones de lluvia tropical sobre la porosa piedra caliza, que provocaron una profunda erosión. El acceso a la

GIGANTE DE BORNEO *Las rafflesias de olor fétido, y más de 61 cm de ancho, son las flores más grandes del mundo. Crecen como parásitos en las parras de selva.*

MUNDO ESCONDIDO *Una gruesa marquesina de árboles parcialmente escondidos en la cordillera de piedra caliza en la selva malaya (izquierda) que está invadida de cuevas. Muchas, como la Cueva de los Vientos (derecha), contienen grutas que brillan con estalagmitas y estalactitas.*

región, habitada por nómadas penan, es difícil, y para alcanzar la principal cordillera de colinas, cuyas paredes se levantan desde el bosque, la expedición tenía que atravesar una pantanosa jungla infestada de sanguijuelas.

Los espeleólogos encontraron un pasaje que conducía hacia la cordillera desde el remoto Valle Escondido. Lo nombraron Cueva Predicción. No fue sino hasta 1981, cuando exploraron la Cueva de Buena Suerte, que atravesaron un pasaje de casi 1.6 km de largo, con muchas cascadas y un canal subterráneo, y llegaron a una enorme cámara ahora llamada Sarawak. Probaron que es seis veces mayor que la caverna Carlsbad en Nuevo México, la más larga conocida hasta entonces. La cámara Sarawak, de 70 m de alto en sus partes más bajas, es sólo la mitad de la altura de la Basílica de San Pedro, en Roma, pero es al menos dos veces más ancha y tres veces más larga que ella. En el piso hay peñascos tan grandes como una casa, que al principio los espeleólogos tomaron como paredes, dificultándoles el cálculo del tamaño de la cámara por medio de la luz de antorchas.

SARAWAK ERA SEIS VECES MÁS LARGA QUE CUALQUIER CUEVA CONOCIDA HASTA ENTONCES

Los espeleólogos levantaron mapas de unas 26 cuevas, serpenteando por más de 200 km debajo de las montañas. Tan fascinante como las cuevas mismas es la vida animal en sus misteriosas profundidades. En el crepúsculo, nubes de murciélagos salen de las cuevas para cazar y regresan para dormir en un oscuro mundo de arañas ciegas, ciempiés venenosos, serpientes blancas y cangrejos translúcidos.

Bahía Phangnaga

ISLAS DE PIEDRA CALIZA DE EXTRAÑAS FORMAS SE
ELEVAN EL AGUA CLARA DE UNA BAHÍA ADORNADA
POR UN BOSQUE AL SUR DE TAILANDIA

Una neblina oculta las costas franquea-
das por árboles de la bahía Phangnaga, al sur de Tailandia, donde las aguas
del mar Andamán resplandecen verdes
bajo el sol tropical. Cerca de 40 rocas e
islas están dispersas en la bahía, algunas
se elevan 275 m. La mayoría de las islas
tienen cavernas y grutas, y algunas están
perforadas con túneles acuáticos.

La Roca Pekinesa, bautizada así por
su forma, resguarda la boca de la bahía,
y en las cuevas Tham Lot enormes
estalactitas cuelgan como espadas sobre
los turistas que las visitan en botes
cubiertos. Khao Kein o "montaña pintada" no sólo tiene estalactitas, también

peces y animales pintados de negro y
ocre en las paredes por artistas primitivos desaparecidos hace mucho tiempo.

Ko Tapu o Isla Uña resalta sobre el
mar como una gigantesca uña. Cerca se
encuentra Khoa Ping Khan, con lados
decorados con árboles y escarpadas
alturas partidas en dos. Su nombre
significa "dos islas reclinadas espalda con
espalda".

Ahora la deshabitada isla es la mayor
atracción turística y ha adquirido un
segundo nombre: la isla de James Bond,
pues fue escenario de la guarida del
villano en la película en 1974. *El
hombre del revólver de oro.*

ISLA UÑA *Ko Takpu, con forma parecida a
una uña, es una de las extrañas islas de piedra
caliza que se ve en la bahía Phangnaga.*

Krakatoa

EN EL LUGAR DE UNA ERUPCIÓN VOLCÁNICA QUE MATÓ A 36 000 PERSONAS, UNA ISLA NUEVA HA SURGIDO DEL MAR

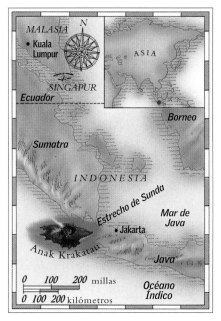

Furiosos estruendos empezaron a surgir desde una bella isla de Indonesia llamada Krakatoa, en mayo de 1883. Varios meses después se hicieron más fuertes. Los barcos que pasaban reportaron explosiones tan fuertes que les destrozaban los tímpanos. Gran cantidad de espumosa piedra pómez flotante empezó a llenar el Estrecho de Sunda, un congestionado paso de barcos entre las islas de Java y Sumatra.

Una nube de cenizas se esparció por el cielo, oscureciendo el sol por varios días. Los barcos se llenaban del material que caía y el lodo caliente y las cenizas tenían que sacarse con pala en la oscuridad llena de un asfixiante aire sulfuroso.

REACCIÓN EN CADENA *La nube de cenizas que emana el Anak Krakatau señala que la nueva isla en Krakatoa también es volátil. (Al dorso) La isla, nacida en 1927, sustenta muy poca vegetación.*

Justo antes de las 10 a.m. del 27 de agosto de 1883, Krakatoa fue desgarrada por una de las más grandes explosiones jamás recordadas. El estallido se escuchó hasta Australia, a 3 500 km. La isla se colapsó y fue pulverizada. Unos 19 km³ de material volcánico fueron despedidos al aire. Una columna de polvo alcanzó los 80 km y luego orbitó por la Tierra por años, bajando las temperaturas del verano y creando espectaculares atardeceres por todo el mundo.

Murieron más de 36 000 personas. No fue la erupción misma lo más letal, sino las gigantescas olas —tsunamis—

UNA NUBE DE POLVO CREÓ ESPECTACULARES ATARDECERES POR TODO EL GLOBO

que alcanzaron alturas hasta de 40 m al momento en que se colapsó el volcán y destruyeron 163 pueblos a lo largo de las costas de Java y Sumatra.

La isla de Krakatoa se formó por la actividad volcánica, pero había estado dormida desde una erupción en 1680. La de 1883 sólo ha sido rebasada en los tiempos modernos por el monte Tambora, en otra isla de Indonesia, Sumbawa. Hizo erupción en 1815 y lanzó cerca de cinco veces más material volcánico que el Krakatoa.

LAS NOTICIAS VUELAN

Sin embargo, Krakatoa atrajo más atención. Hizo erupción en la era de comunicaciones masivas y en horas la noticia del suceso circulaba por todo el mundo por medio de telegramas y cables. La información sobre la explosión fue meticulosamente reunida por científicos y proporcionó una gran inspiración para el estudio de la causa y comportamiento de los volcanes, lo que a su vez condujo a la teoría moderna de las plataformas tectónicas o de continentes desplazándose.

La región se encuentra en la línea frontal de dos placas tectónicas. Al desplazarse la placa indoaustraliana por debajo de la eurasiática, estimula grandes fuerzas que se estremecen por todo el acoplamiento, haciendo erupción, algunas veces explosivamente,

ESTALLIDO *Anak Krakatau hace erupción regularmente —casi una vez por año— lanzando hacia la atmósfera gruesas columnas de ceniza y pequeños trozos de piedra pómez fundida.*

desde los muchos volcanes que se alinean en su curso.

La placa indoaustraliana todavía se mueve varios centímetros cada año. Como para subrayar esto, se ha formado un nuevo volcán en el lugar del Krakatoa. Cuando éste hizo erupción se colapsó bajo la superficie del mar, creando una caldera bajo el agua —un gigantesco cráter volcánico— de 6.4 km de ancho.

En 1927 una columna de humo salió del agua desde la caldera, anunciando el eminente arribo de una isla nueva. Para 1928, la isla Anak Krakatau (Niño de Krakatoa) había salido a la superficie.

Cincuenta años después, ceniza y piedra pómez han dado gradualmente una altura de 305 m al recién nacido. La mayoría del tiempo Anak Krakatau sólo sisea y humea, lanzando ráfagas de humo sulfuroso al claro aire tropical. Los científicos creen que el antiguo volcán gastó lo peor de su furia en 1883 y que Anak Krakatau nunca llegará a tener su misma fuerza. Pero en el mundo de los volcanes nada es seguro.

RELACIÓN DE VIDA *Rakata (der.), lo que queda de la original isla de Krakatoa, proporciona una clara vista de Anak Krakatau, el recién llegado.*

REGRESA EL MUNDO VIVIENTE

NOTAA DE COLOR *En Rakata habita el martín pescador.*

Tras la erupción del Krakatoa en 1883, las islas y costas circundantes se cubrieron de una gruesa capa de ceniza. En 1884 un científico visitó la isla Rakata –lo que quedaba de ella– y sólo encontró una araña.

No obstante, al recibir más de 2 540 mm de lluvia al año, Rakata pronto se cubrió de vida silvestre. Las semillas de pastos, helechos y árboles llegaron por el viento o el mar, o en las heces de las aves. Los corales reconstruyeron los arrecifes; las arañas llegaron de lejanas tierras; las serpientes y lagartos monitor también. Las ratas, cangrejos de tierra, gecos, hormigas y termitas arribaron en balsas de vegetación flotante. Los cientí-

ficos pudieron estudiar el resurgimiento de Rakata y ver cómo el mundo natural recoloniza la tierra devastada.

Anak Krakatau proporciona un diferente tipo de laboratorio natural para el estudio. Aquí, repetidas capas de ceniza fresca han proporcionado un punto de apoyo sobre la isla para la naturaleza, excepto en su punta oriental. Aquí hay matas de pasto, musgo, laberintos de enredaderas de color púrpura en las ramas y árboles de casuarina, y pinos tropicales que dan refugio a los murciélagos.

La erupción del Krakatoa virtualmente despobló la costa occidental de Java. Abandonada a sus propios recursos, sin competir con los humanos, la vida salvaje se recobró y creció en la península Ujung Kulon de la isla, 64 km al sur del volcán.

Entre las estrellas de Ujung Kulon están los raros rinocerontes y leopardos javaneses, así como los zorros voladores (el murciélago más grande del mundo),

aves como el cálao y abejarucos, enormes arañas pájaro, cocodrilos de agua salada, cangrejos trepadores y el pez arquero que puede lanzar una gota de agua a 1 m para cazar un insecto.

ESPECIE RARA *Ujung Kulon es el hogar del raro rinoceronte javanés de un cuerno.*

Keli Mutu

LOS LAGOS DE UNA ISLA INDONESIA, PINTADOS CON CAMBIANTES COLORES, SON LUGARES DONDE DESCANSAN LAS ALMAS DE LOS MUERTOS

La gente de Flores dice que las almas de los hechiceros viven en lo alto de las montañas, en un lago donde el agua se ve negra; otro, marrón, que hasta hace muy poco era de un rico color verde; es el hogar de las almas pecadoras. Las de las vírgenes e infantes descansan en un tercer lago de un vibrante verde.

Los tres lagos se encuentran a más de 1 600 m de altura, en los cráteres del Keli Mutu, uno de los muchos volcanes extintos de Flores. La isla también tiene 14 volcanes activos, que con frecuencia provocan terremotos. Los lagos de dudosos colores que yacen lado a lado son sorprendentes. En años pasados, sus aguas tenían diferentes tríos de colores: negro, marrón y azul; café, rojizo y azul; verde pálido, verde brillante y negro, por nombrar sólo algunos.

Hasta ahora no se sabe la razón de los colores de los lagos, ni por qué cambian. Yacen en lo que una vez fueron tórridas cavidades, mientras que procesos desconocidos confeccionan el siguiente cambio de color.

TRICOLOR *Como camaleónes, los lagos del Keli Mutu cambian de color a través de los años, adquiriendo nuevos matices.*

Australia

Desierto de Pináculos

MILES DE PILARES DE PIEDRA CALIZA SE AGRUPAN EN EL SILENCIO DEL "DESIERTO PINTADO" DEL SUROESTE DE AUSTRALIA

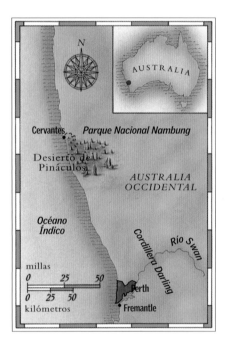

Sólo el susurro y el lamento del viento rompen el silencio del Desierto de Pináculos. Cualquier escritor de ciencia ficción en busca de un lugar para una escalofriante historia no tiene que ir más lejos de este alejado punto, no muy retirado de la costa sur de Australia Occidental. Los ingredientes necesarios están ahí: un lúgubre bosque de erguidas piedras en un área casi desprovista de vegetación; sin señal de vida ni actividad humana, sólo la brillante arena amarilla revuelta por el viento.

El Desierto de Pináculos, uno de los puntos naturales menos visitados de Australia, se encuentra a dos horas de la

EJÉRCITO ENCANTADO *Por miles de años, los pilares del Desierto de Pináculos estuvieron enterrados bajo un mar de dunas de arena.*

ciudad más próxima, Cervantes. Sólo vehículos de trabajo pesado van allá, la piedra expuesta se proyecta haciendo trizas las llantas de los carros ordinarios.

Aunque llegar ahí no es fácil, las dificultades del viaje valen la pena. Un encantado paisaje lunar, con brillantes formas acentuando las extrañas y ásperas sombras. Lóbregas piedras grises se elevan perpendiculares de 1 a 5 m desde el piso arenoso, custodiando los secretos enterrados por decenas de miles de años. Algunas piedras tienen el tamaño de un automóvil; otras, de una casa; hay unas tan pequeñas y delgadas como pinceles. Miles de ellas cubren un área de 4 km de desierto.

Cada pináculo es diferente. Sus superficies pueden ser suaves y apanaladas de formas variadas. Un grupo recuerda enormes botellas de

FANTASMAGÓRICO BOSQUE DE PIEDRAS EN UN LLANO DE ARENAS AMARILLAS

leche que esperan a un lechero fantasma. Otras llevan el nombre de "Siluetas espectrales", el pilar central semeja la figura de la Muerte aconsejando al anillo de fantasmas que lo rodean. Otros nombres son sólo gráficos y no tan macabros: "Camello", "Molares", "Canguro", "Portal", "Pared de jardín", "Jefe Indio Rojo" y "Pie de elefante". Aunque los pináculos tienen miles de años, es poco el tiempo que llevan al descubierto, quizá los últimos 100 años.

Es posible que se supiera poco de ellos, hasta que Harry Turner, un historiador de Perth, se topó con ellos en 1956, de no ser por confusas historias contadas de boca en boca por los primeros colonos alemanes, quienes creyeron que eran las ruinas de una ciudad. En el último siglo, nunca se habló de los pináculos. De haber sido visibles, seguramente los

ganaderos del siglo XIX los hubieran conocido, en sus regulares arreos de ganado del sur a Perth, a lo largo de la arenosa ruta costera. Cerca, Flourbag Flat era un lugar de descanso y suministro de agua para los boyeros.

El explorador George Grey, quien luego se convirtió en gobernador de Australia del Sur y fue armado caballero, debe haber pasado cerca del área en sus viajes de 1837. Era un meticuloso escritor de diarios, pero no registró nada sobre los pináculos.

Los científicos estiman que los pilares de piedra tienen entre 25 000 y 30 000 años, y están convencidos de que deben haber estado expuestos por lo menos en una ocasión antes de este siglo, porque se han encontrado conchas y artefactos de la Edad de Piedra adheridos a la base de algunos pilares. Las conchas se dataron con el método de carbono y se les dio una antigüedad de 5 000 años, así que probablemente, los pináculos estuvieron al descubierto hace unos 6 000 años.

DE ESQUELETO A PIEDRA

Criaturas marinas de cuerpo suave, como la lapa, fueron el material original con el cual los pilares de los Pináculos fueron construidos. Estas criaturas florecieron en mares templados hace 700 000-120 000 años y después de morir sus esqueletos de concha se desmoronaron para formar arena de cal. Llevada a tierra por las olas y el viento, la arena se acumuló capa tras capa hasta formar dunas.

Con el tiempo, estimulada por los húmedos inviernos y secos veranos de un clima mediterráneo, se desarrolló una espesa vegetación. Las dunas se estabilizaron por una red de raíces y una acumulación de humus (vegetación descompuesta). Al filtrarse la lluvia invernal en la arena, algunos granos se disolvieron. Cuando la arena se secó en el verano, algo de este material se endureció como cemento. Los granos se pegaron como piedra caliza. El humus aumentó la acidez del agua filtrada y reforzó la adehesión para formar una capa de piedra caliza más dura en la base de la capa de tierra. Las raíces de plantas se empujaron a través de las grietas en esta capa endurecida y más piedra caliza se formó a su alrededor. Con el tiempo, las arenas movedizas inundaron la vegetación y las raíces se pudrie-ron dejando canales en la piedra caliza que lentamente fueron ampliados por el agua y algunas piedras calizas desaparecieron. Las líneas a través de muchos de los pilares muestran la acumulación de capas de arena y sus cambiantes desniveles, cuando las dunas retrocedieron y avanzaron.

PINÁCULO DETERIORADO

La lluvia y las raíces de las plantas dieron forma a los pilares de piedra caliza por debajo de la tierra.

CIUDAD DORADA *Desde el aire, los pináculos semejan una ciudad construida en piedra. Las oscuras sombras acentúan las formas.*

Pero las piedras deben de haberse hundido en la arena, quizá por miles de años, porque no forman parte del conocimiento aborigen. Tampoco los menciona el navegante alemán Abraham Leeman quien encalló en el área en 1658. Sin embargo, anotó en su diario la existencia de dos grandes montañas, la Hummock del Norte y la del Sur, que se encuentran cerca de los pináculos seguramente habría registrado el hecho.

CONSERVADO EN IMPRESIÓN

Al soplar a través del desierto, el viento altera la arena suelta para exponer nuevos aspectos de las dunas. Así que en unos cuantos siglos más, los pináculos, que ahora forman parte del Parque Nacional Nambung, pueden desaparecer de nuevo. Como esto podría suceder, por lo menos ahora se han registrado en fotografía y pintura.

Desfiladeros de Hamersley

BARRANCOS BORDEAN PROFUNDAMENTE LAS MONTAÑAS CERCANAS AL DESIERTO, EN AUSTRALIA OCCIDENTAL

PAREDES DE COLOR *La vista desde el Mirador de Oxer da hasta el abismo del Desfiladero Rojo. El interior de las rocas es el responsable del rico color de los acantilados.*

Son aterradores desfiladeros perpendiculares, cortados a través de áridos altiplanos y montañas de la cordillera Hamersley en Australia Occidental. Tres de los más espectaculares de los 20 principales son Hancock, Joffre y Weano, que se unen en el igualmente estrecho desfiladero Rojo.

Los desfiladeros empiezan con corrientes de que se lanzan hacia los abismos de 90 m, con paredes perpendiculares de roca para formar claros y refrescantes estanques en el fondo.

Estos desfiladeros tienen tramos tan estrechos que desde el fondo sólo se puede ver un túnel de oscura roca. En su punto más estrecho, el desfiladero Weano tiene apenas 1 m de ancho. Igualmente espectacular por su estrechez es el Mirador de Oxer. Este tramo de tierra separa al Weano y al Hancock, y los acantilados caen de ambos lados. En la cabeza del desfiladero Joffre, de 6 km, las paredes hacen una curva para formar un anfiteatro natural, el lugar de una cascada después de una lluvia torrencial.

EN UNA TIERRA DESHIDRATADA

Las rocas de la cordillera Hamersley fueron puestas en el lecho marino hace 2 500 millones de años. Camas de sedimento fueron comprimidas por las capas posteriores y después todo el bloque fue elevado sobre el nivel del mar. Desde entonces ha sido erosionado por las corrientes que lo cruzan a través de rocas estratificadas para formar los desfiladeros. En lo alto del altiplano, sólo bajos matorrales y árboles mulga resisten el calor y la falta de lluvia; en los acantilados, unos cuantos árboles de blancos troncos se aferran en las fisuras.

Pero lejos, en la profundidad, los pisos de los desfiladeros son verdes, con palmeras, eucaliptos y helechos. En la sombra formada por las paredes del desfiladero se evapora menos agua que en el abrasador calor del altiplano, así que el agua restante del último flujo de río permanece en los estanques.

Como oasis en el desierto, estos espacios de verde agregan más color al vívido paisaje.

Lago Hillier

EL MISTERIO RODEA EL COLOR ROSADO DE UN LAGO QUE ADORNA UNA ISLA APENAS ALTERADA POR LA ACTIVIDAD HUMANA

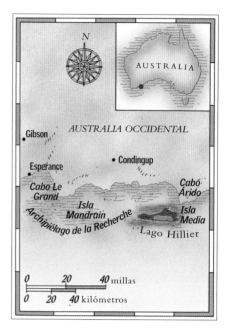

Vista desde el aire, la brillante superficie rosada del lago Hillier parece el glaseado de un pastel. El lago da el inesperado color a la orilla densamente arbolada de la isla Media, una de las más de 100 pequeñas islas que conforman el archipiélago de la Recherche, que se encuentra cerca de la costa sur de Australia Occidental.

El lago salado poco profundo, con cerca de 600 m de diámetro, parece pertenecer al mundo de Hansel y Gretel y no al de mares revueltos por tormentas. Rodeado por sal blanca y por bosques verde oscuro de eucaliptos y árboles de cajeput el lago está separado desde profundas aguas azules del océano

ACERTIJO DE COLOR *El lago Hillier es un enigma entre los lagos "rosados", pues se desconoce por qué tiene este color.*

por una estrecha franja de dunas y arena blancas.

En 1950 un grupo de científicos investigó el motivo del color rosado del lago, esperaban encontrar en su agua salada un alga como la Dunaliella salina. En agua muy salina, esta alga produce pigmento rojo y es la responsable del color de otros lagos "rosados" de Australia, como el cercano a Esperance en el continente. Sin embargo, las muestras de agua del lago Hillier no contenían ningún signo de algas y la causa del color del lago todavíaes un misterio.

El primer registro del lago "rosado" de la isla Media data de 1802, cuando Matthew Flinders, un navegante e hidrógrafo británico la visitó en su camino a Sydney. Unas cuantas aventuras comerciales siguieron a la visita de Flinders entre 1820 y 1840, navegantes y balleneros se asentaron en la isla y se extrajo sal del lago a principios del siglo XX. Pero su producción finalizó tras sólo seis años y desde entonces poco se ha molestado a la isla y a su lago "rosado".

Cordillera Bungle Bungle

EN AUSTRALIA OCCIDENTAL, ENTRE LAS MÁS FRÁGILES MONTAÑAS DEL MUNDO SE ENCUENTRA UN LABERINTO DE ELEVADOS DOMOS ACOLMENADOS

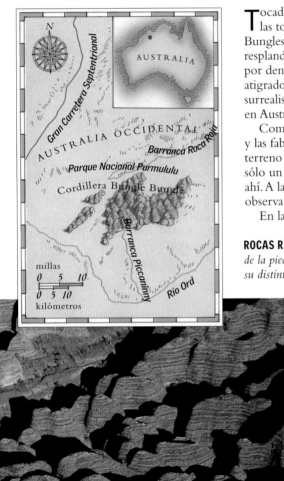

Tocadas por los rayos de un sol bajo, las torres y cañones de los Bungle Bungles crean un país de fantasía que resplandece como si estuviera iluminado por dentro. Los asombrosos domos atigrados surgen con una grandeza surrealista desde las llanuras del río Ord, en Australia Occidental.

Como las paredes de roca con franjas y las fabulosas torres se elevan en un terreno muy remoto, todavía hacia 1980 sólo un puñado de viajeros había estado ahí. A la fecha, la mayoría de la gente observa las montañas desde el aire.

En la vasta región de Kimberley

ROCAS RAYADAS *El mineral que se trasmina de la piedra arenisca da a los Bungle Bungles su distintivas franjas.*

AVE NOCTURNA
El boca de rana leonado llama profundo y fuerte.

—que casi no tiene asentamientos humanos— el grupo de montañas cubre 450 km². El calor es intenso la mayor parte del año, con temperaturas de hasta 40°C a la sombra. Virtualmente no llueve en la larga estación seca de verano y los ríos se evaporan hasta convertirse en agujeros de agua. Luego, durante la temporada de lluvias (noviembre-marzo), toda la cordillera estalla en verde. Como ciclones barridos desde el Océano Índico, las cataratas caen derramando tanta lluvia que los ríos inundan sus llanuras y el camino a Bungle Bungle es intransitable.

PIEDRA ARENISCA EROSIONADA

La historia del Bungle Bungle se remonta 400 millones de años cuando inmensas camas de sedimento se acumularon en capas aquí, al caer desde montañas erosionadas, ahora desaparecidas, hacia el norte. Más tarde, las corrientes excavaron surcos y barrancos en la roca suave; éstas se hicieron más profundas, se conectaron y fueron erosionadas por el viento y el agua hasta dejar las aisladas torres de piedra arenisca de hoy.

La mayoría de los domos se encuentran en los lados sur y este del grupo de montañas. Los lados al norte y oeste están formados por perpendiculares paredes de roca desgastadas de 250 m de alto, con fascinantes cañones. Los desfiladeros y los abismos están tapizados de persistentes plantas, como el spinifex ("pasto puercoespín" de hojas espinosas), acacias y palma, todas

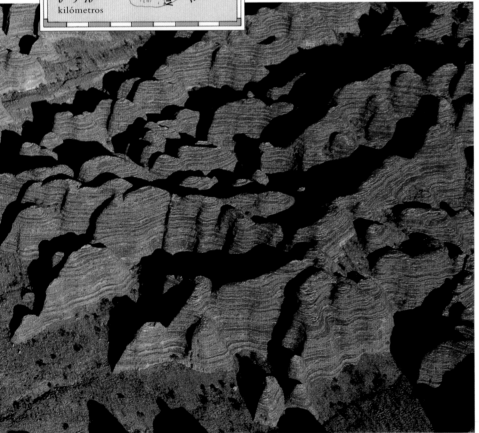

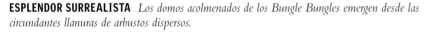

ESPLENDOR SURREALISTA *Los domos acolmenados de los Bungle Bungles emergen desde las circundantes llanuras de arbustos dispersos.*

brotando desde las precarias grietas, para crear extraordinarios jardines colgantes.

Las vívidas rayas en la roca se forman por la erosión. La piedra arenisca recién expuesta es blanquecina, pero el agua que se cuela por las camas en capas, deposita cuarzo y arcilla que se está formando y quebrando. Rastros de hierro dan el matiz anaranjado y el gris viene de los líquenes y algas, secados por el sol.

En 1879, Alexander Forrest, un topógrafo de Perth condujo el primer grupo europeo para observar el gran laberinto. Nadie sabe por qué hacia 1930 se le dio el nombre de Bungle

DOMOS ATIGRADOS SE ASOMAN EN EL SURREALISMO DE LAS LLANURAS

Bungle. El nombre aborigen es Purnululu ("arenisca"). Los aborígenes han vivido en los Kimberley por más de 24 000 años y los Bungle Bungles son uno de sus lugares sagrados.

En la actualidad, los aborígenes participan en el manejo de este Parque y en el área declarada Patrimonio de la Humanidad, restringida para resguardar la frágil piedra de la erosión de los visitantes. Unos cuantos pozos proveen agua para animales, como canguros, walabis y quolls (gatos nativos). Tan extraños como los domos son los enormes nidos de termitas.

TÍMIDO CAZADOR

Debido a sus rayas, a la serpiente café de árbol, cazadora, se halla en los Bungle Bungles, también se le conoce como tigre nocturno. Llega a tener hasta 2 m de largo y ataca a animales pequeños como lagartos, envenenándolos con sus acanalados colmillos posteriores, una vez que los tiene en sus mandíbulas. El veneno de la serpiente no es mortal para los humanos; lo mejor es evitarlas y no morderán a no ser que se les moleste.

TIGRE NOCTURNO *La serpiente café de árbol tiene caza animales pequeños.*

Risco Gosses

UN MISTERIOSO CRÁTER OCULTO POR DESNUDOS DESPEÑADEROS ES LA HERIDA CAUSADA AL CHOCAR UN COMETA CONTRA LA TIERRA

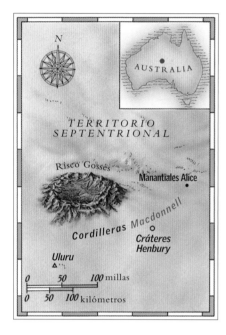

Cuando los dinosaurios andaban en busca de comida en el verde corazón de Australia, una enorme bola de fuego cayó en picada, haciendo pedazos el paisaje con una fuerza cientos de miles de veces mayor que la bomba atómica que destruyó la ciudad japonesa de Hiroshima en 1945. Lentamente, una enorme nube de polvo en forma de hongo y desechos se elevó desde la escena, tapando al sol y oscureciendo por meses los cielos del Hemisferio Sur.

Así fue el nacimiento del risco Gosses, un cráter rodeado de rocas excavado por el impacto de un cometa hace 130 millones de años. El cometa –una bola de dióxido de carbono congelado, hielo y polvo, de 600 m de

TARJETA DE VISITA DESDE EL ESPACIO
Formado por la colisión de un cometa, el risco Gosses es el centro de un cráter que se gastó durante 130 millones de años.

circunferencia– se convirtió en un horno conforme se movía hacia el planeta. Únicamente penetró 800 m en la corteza, pero hizo volar unos 400 km² de la tierra circundante, mandando ondas de choque por todo el globo.

ENORME HUELLA DIGITAL

El cráter original tenía 20 km de diámetro. El actual, de sólo 4 km, es únicamente su antiguo centro. Eones de erosión han consumido la masa de fragmentos que una vez lo cubrió. El empinado risco, el borde de doble pared del cráter del despeñadero de piedra arenisca, ahora se eleva 180 m sobre la llanura. Esta piedra fue empujada hacia arriba por la explosión; se han identificado capas de una roca similar a unos 2 km por debajo de la superficie, dando idea de la enorme fuerza del impacto.

Captado por un satélite, el risco Gosses se ve como una enorme huella digital en la otrora plana Llanura Misional, 160 km al oeste de los manantiales Alice. El anillo de piedra arenisca resalta como una de las más impresionantes

TIERRA HERIDA

En algún momento, toda la superficie de la Tierra se llenó de agujeros con "las heridas de estrella": cráteres de impacto por colisiones de cometas o meteoritos. Cuando el cuerpo de la "estrella" penetra la corteza, se vaporiza tan violentamente que la tierra de abajo se comprime y conforme la fuerza disminuye, rebota explosivamente hacia arriba, formando un cráter con aspecto de volcán. Al pasar el tiempo, el borde exterior se erosiona, hasta que sólo queda el centro.

El cometa penetra y la tierra se comprime al centro

El cometa vaporiza y la tierra rebota.

cicatrices de impactos, en un paisaje lleno de cráteres del meteoro.

Al explorador del siglo XIX Edmund Gosse se le reconoce como el primer europeo en visitar el cráter, en 1873. Desde luego el cráter ya era conocido por los aborígenes, además el área es rica en restos de campamentos, escondites para la caza y albergues de piedra decorados con rojos patrones hechos a mano por pobladores hace mucho tiempo desaparecidos.

Ernest Giles exploró el área en 1875 y la describió. Sin la ventaja de las vistas aéreas, no pudo apreciar la simetría del cráter, pero no se percató de su significado. Poco impresionado, escribió: "Unos cuantos cipreses enraizan en los rocosos lados de la cordillera, la que no tiene la altura que aparenta a la distancia. Los puntos más altos no tienen más de 230 a 270 metros."

Hasta hace poco, los orígenes del risco Gosses eran un misterio y abundaban teorías opuestas. Una sostenía que gases debajo de la superficie podrían haberse abierto camino hacia arriba, creando una poderosa erupción de tierra y agua conocida como "volcán de lodo". Otra decía que un meteorito podría haber sido la causa y que la falta de fragmentos se debía a los millones de años de erosión. Pero una reciente investigación científica señala un origen diferente.

El risco Gosses tiene un patrón de fracturas geológicas que irradian desde el centro hacia fuera. Al erosionarse, las rocas se desmoronan a lo largo de las líneas de fractura en patrones con esta forma de cono, llamados "cono de fragmento". Cuando los científicos estudiaron sus formaciones verificaron que es un cráter de impacto y que el objeto que colisionó tenía una gran velocidad pero una densidad baja, sugiriendo una composición de cometa más que la roca de un meteorito.

No lejos del risco Gosses se pueden ver los cráteres del Meteorito Henbury, hechos por 12 fragmentos de un meteorito que se despedazó al precipitarse desde el espacio hace 4 700 años.

MARCA DE UN METEORITO *La aserrada forma de este cráter Henbury permite que esté bien hidratado comparativamente. Sus arbustos son un sombreado refugio para la vida salvaje.*

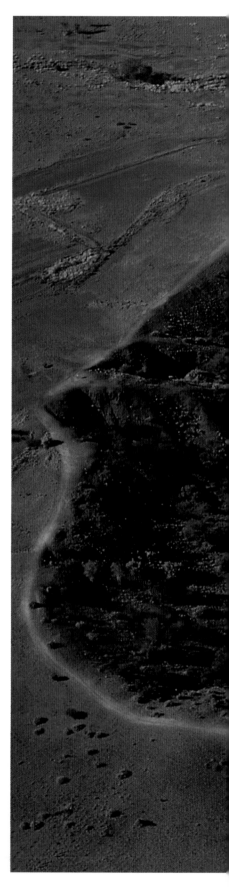

Uluru

UNA MASIVA COLINA DE ROJA PIEDRA ARENISCA SE ELEVA CON SOLITARIO ESPLENDOR EN UN ÁRIDO PÁRAMO ARENOSO EN EL CENTRO DE AUSTRALIA

AUSTRALIA

TERRITORIO DEL NORTE

al Balneario Yulara → ← a Manantiales Alice

Desfiladero Kantju

Uluru (Roca Ayers)

Estación Ranger

Mutitjulu (Manantial Maggie)

Andador Circuito Uluru

millas
0   1   2

0   1   2
kilómetros

La arena llevada por el viento ha esculpido la colosal masa con forma de domo del Uluru, que se eleva abruptamente en planas y áridas llanuras. Para los aborígenes, la vieja piedra roja que llaman Uluru siempre ha sido un lugar sagrado. Ahora también se ha convertido en un símbolo nacional.

Según el sol se mueve por el cielo, Uluru brilla con colores cambiantes. Al amanecer se puede ver que un color naranja brilla con la aurora. Temprano por la mañana, las sombras le dan un matiz oxidado. Al medio día, es ámbar. El atardecer la convierte en una espectacular masa carmín como un brillante y enorme carbón encendido.

Uluru no es un gigantesco peñasco, es una colina de piedra arenisca levantada por los movimientos terrestres hace unos 500 millones de años; la mayoría está sumergida en el circun-

dante mar de dunas de arena. Sólo su tope plano a 348 m de altura está expuesta, una formación conocida como inselberg, o montaña de isla. Delgados surcos cubren la superficie, que tiene cerca de 3 km de ancho, y hay cuevas y cavidades erosionadas. En el lado noroccidental se fragmentó una losa de 150 m de alto, a la que se le conoce como la Cola de Canguro.

La lluvia es muy escasa, pero a veces puede ser fuerte. Después de una tormenta, las cascadas de agua bajan por los altos flancos de piedra, que en lugares se elevan perpendicularmente, dejándolas

ROCA DE COLOR *Conforme el sol efectúa su diario viaje por el cielo, la luz que lanza sobre la tierra lleva a Uluru multitud de colores, desde el rosa oscuro hasta el rojo encendido.*

con negras rayas. En las grietas de la roca se forman hoyos de agua que sustentan plantas como el sándalo gris, el palo de Campeche y bosques de árboles mulga, así como robles del desierto y grupos de hierba morón que rodean las colinas de arena circundantes. Las hojas de los robles reducen la pérdida de agua y su gruesa corteza de corcho mantiene el calor. En la cara sur, el gran estanque de Mutitjulu (que también se llama manantial Maggie), siempre tiene agua excepto en los periodos muy secos. Algunos hoyos de agua permanecen por semanas o meses, pero la mayoría se evapora bastante rápido por el calor.

Los aborígenes creen que las serpientes de agua de los estanques son sus guardianes. En esta región también habitan serpientes venenosas, la café rey y la café occidente, que alcanzan 1.8 m de largo. Con frecuencia, ranas, lagartos, topos marsupiales y ratones que viven entre las dunas de arena son presas de las serpientes. También lo son para los dingos, perros salvajes, que hurgan en los desechos de campamentos.

Algunas veces, los canguros rojos merodean por el área, y los tímidos y más pequeños walabies, habitantes de las rocas pasan el día en las cuevas. Unas 150 especies de aves también se las arreglan para sobrevivir aquí, como el

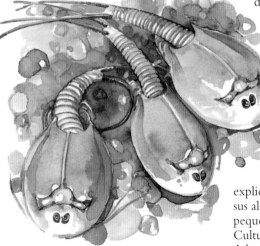

VIDA DE ESTANQUE *Camarones escudo, se alimentan y desovan en los estanques de corta vida que vienen y van en la roca.*

> AL ATARDECER LA ROCA ES UNA MASA CARMESÍ COMO UN CARBÓN ENCENDIDO.

gran emú, incapaz de volar, el águila audaz y los melífagos

Para los anangu, aborígenes australianos que viven en el área, Uluru es un lugar de reverencia; en él han centrado sus vidas por miles de años y forma parte de su código vital, el Tjulurpa. Este código incluye el cuidado de la tierra. Desde 1985, Uluru forma parte del Parque Nacional Uluru-Kata Tjuta de 1 300 km², además es propiedad de este pueblo y él lo administra. Para los anangu, Uluru es un centro de senderos ancestrales de convergencia o *iwara*. Cada parte de la roca, cada acantilado, peñasco o cueva, tiene un significado sagrado, y algunas cuevas, sobre todo en Mutitjulu y el desfiladero Kantju están decoradas con pinturas aborígenes.

PUNTO DE REUNIÓN TURÍSTICO

Los europeos no pusieron sus ojos en Uluru sino hasta principios de la década de 1870, cuando dos exploradores, Ernesto Giles y William C. Gosse, se aventuraron en el área. El nombre que le pusieron a la roca fue en honor de sir Henry Ayers, entonces Primer Ministro de Australia Meridional. Y hasta tiempos recientes, Uluru fue popularmente conocido como Roca Ayers.

Debido a que cada año mucha gente visita la roca, se han impuesto algunas restricciones para evitar la devastación del área. Una subida a la cima toma cerca de dos horas, pero esto suele desestimarse. Si se pronostican tempe-raturas de más de 36°C, se prohíbe la subida, porque tanto esfuerzo puede ser peligroso. Una caminata alrededor de la roca toma como cuatro horas. Las excursiones a pie más cortas incluyen a Liru Trail, con guías aborígenes que explican su cultura y señalan algunos de sus alimentos, como "manzanas" mulga, pequeñas hieles de avispa. El Centro Cultural se encuentra a 1 km de la roca. A los visitantes de Uluru se les da una antigua bienvenida: *Pukulpa pitjama Ananguku Ngurakutu:* "Bienvenido a la tierra aborigen".

PAISAJE EN EL OJO DEL ESPECTADOR

El cuadro de un pintor puede ir de la observación a la evocación de ánimo

Un paisaje tiene muchos estados de ánimo, cambia constante-mente con sus irregulares climas, horas en movimiento y reveladoras estaciones. Armados con una paleta de pintura, los artistas cuentan con una cobertura ilimitada para retratar lo que ven: desde una fiel rendición a una poética interpretación de la atmósfera que inspira la escena. Antes de la invención de la fotografía, la pintura del paisaje fue la única forma visual para registrar el escenario, el Romanticismo, a de finales del siglo XVIII, rescató el paisaje relegado a su papel de fondo del escenario, sólo entonces fue ampliamente aceptado como un apropiado objeto en sí mismo, y sólo entonces empezó su potencial para ser explorado.

ANTÁRTIDA
El Dr. E.A. (Bill) Wilson registró la majestuosa belleza de la Antártida en acuarela durante la expedición del capitán Scott, de 1901-1904. (Wilson y Scott murieron juntos en la fatal expedición de 1912).

PUENTE NATURAL
El puente natural de Virginia (1860) (arr.) por David Johnson, muestra una maravilla natural norteamericana. Su esmerada atención a los detalles y su virtuosa técnica hacen este cuadro doblemente espectacular.

YELLOWSTONE
En 1871, Thomas Moran acompañó a un grupo de reconocimiento a Yellowstone en las Rocallosas. Sus pinturas (izq.) ayudaron a convencer al Congreso para convertir a Yellowstone en el primer Parque Nacional de Norteamérica

BELLE ILE
Usando el rápido toque de la técnica de los Impresionistas, Claude Monet capturó el destello de luz, en un agitado mar en *Las rocas de Belle Ile* (1886), pintado en las afueras de Bretaña.

CUEVA DE FINGAL
J.M.W. Turner visitó la cueva de Fingal en la isla Staffa, en Escocia, en 1831. La nube llevada por el viento al atardecer hizo la más profunda impresión.

Kata Tjuta

LA MONTAÑA MÁS EXTRAÑA DEL MUNDO ES UN GRUPO DE DOMOS DE ROCA ROJA QUE RESPLANDECE EN EL DESIERTO AUSTRALIANO

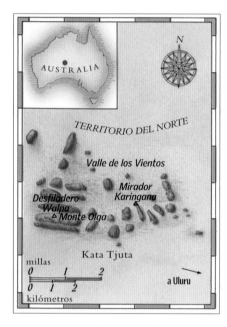

La caliente niebla que brilla en las vastas llanuras arenosas del Territorio del norte de Australia, puede hacer que la primera vista de Kata Tjuta parezca un milagro. Los 36 domos de roca se yerguen y forman un grupo circular. Ernest Giles, un explorador que las vio en 1872, las comparó con "enormes montones de heno rosado, recargados unos contra los otros".

Desde la distancia es difícil apreciar la enorme altura del domo más alto, el monte Olga. De 550 m, tiene casi dos veces la altura de la Torre Eiffel, y es el punto más alto del Parque Nacional Uluru-Kata Tjuta. Muchos de los otros domos tienen la mitad de la altura del Uluru, que yace 32 km al oriente.

Estrechos barrancos y abismos separan los domos, lugares donde el sol apenas llega y el viento puede silbar y aullar alarmantemente. El barranco en el centro de Kata Tjuta, llamado Valle de los Vientos, es un protector oasis verde con paredes rojas, donde las acacias, los arbustos de menta y las margaritas crecen entre la espinosa y amarilla hierba puercoespín. Aquí y allá, los troncos de fresno blanco resplandecen.

Elevándose sobre el Valle de los Vientos se encuentra el mirador Karingana, donde temprano en la mañana, se ve cómo los domos rojos se bañan en la suave luz del sol y por debajo la hierba puercoespín crece dorada como un grano maduro. Kata Tjuta es el nombre aborigen que significa "muchas cabezas". Como al Uluru, se le venera como parte del Tjukupa, el código aborigen de vida. Pero a diferencia de Uluru, los domos se formaron de la mezcla de piedrecillas y rocas grandes, y no de piedra arenisca sólida. Una densa maleza cubre los pisos del barranco y las cuevas que rodean las bases de los domos son el hogar de murciélagos y animales, como el tímido walabye que suele alimentarse en las tardes o noches. Grabados aborígenes adornan las paredes de la cueva.

Solamente llueve unos 200 mm al año, pero esto llena las grietas para formar estanques de roca, que pueden

DOMOS MISTERIOSOS *Kata Tjuta surge desde la interminable llanura, como rojos islotes rocosos en un brumoso mar. Afiladas sombras se unen a la mágica aura.*

durar mucho tiempo en las áreas sombreadas y dar vida a un increíble número de plantas, como el quandong, parecido al durazno, que tiene cerosas hojas verde-azul y carnosas frutas rojas, que son comestibles.

Líquenes rojos, verdes y anaranjados modelan las rocas en algunos lugares de refugio. Lagartos y venenosas serpientes

EL NACIMIENTO DE KATA TJUTA

Hace mucho tiempo Kata Tjuta fue fragmentos de montaña volcados en un mar ahora desaparecido, que gradualmente las trituró en capas de piedrecillas y rocas que se aglutinaron con la arena. Hace unos 500 millones de años, los movimientos terrestres levantaron esta rayada roca sobre el mar, inclinándola unos 20°. Siglos de erosión a lo largo de las grietas o junturas, las grabaron hasta sus formas de domo y derrumbaron las piedras más suaves en el mar de arena. Esto sólo dejó las gigantes puntas de los domos elevándose sobre las llanuras circundantes. A esas formaciones se les llama montañas de isla o *inselberg*.

Grieta   capas de roca inclinada

SITIO SAGRADO *Las suaves curvas y lisas superficies de Kata Tjuta se muestran en su mejor perspectiva, cuando las baña el cálido fulgor del sol.*

látigo se esconden en los huecos de las piedras; los pericos australianos proliferan, elevándose en parvada. Azor y águila audaz se remontan sobre los barrancos y coloridos loros mulga hacen su nido en los troncos ahuecados.

En la cultura aborigen, ciertos nombres son sagrados y por este motivo, dentro de Kata Tjuta existen sitios que no pueden nombrarse. Uno de éstos, una estrecha grieta, tiene paredes llenas de agujeros con cuevas cinceladas desde la suave roca por la lluvia y el viento. En el lado sudoriental de la montaña, un domo registra la historia de un hombre atacado por dingos. También se dice que los grandes domos en el lado occidental representan a los temibles pungalungas, que fueron caníbales. Una cueva en el monte Olga es la guarida de Wanampi, una serpiente que lanza ráfagas de viento a través de los desfiladeros, si se infringen las leyes de la tribu. Después se convierte en un arco iris.

Ernest Giles fue el primer europeo en descubrir Kata Tjuta y, como muchos exploradores, decidió darle un nombre de la realeza: Olgas. Se dice que fue en honor a la reina de España, a sugerencia de su benefactor el barón Ferdinand von Mueller. Como nunca ha habido una reina Olga en España, la historia fue objeto de controversia por años. Se sugirió que la dama en cuestión podría ser la duquesa Olga Constantinovna de Rusia, abuela del actual duque de Edimburgo. El misterio se resolvió en 1981. Una anotación en los Archivos del Estado de Stuttgart, de fecha 14 de abril de 1873, reveló que se referían a la esposa del rey Karl de Wurttemberg, que ahora forma parte de Alemania.

FRUSTRADO POR UN PANTANO

Ernest Giles abrió mucha de la zona austral de Australia. En 1872 divisó Kata Tjuta, pero no pudo llegar a ella debido a un lago de barro salado 80 km al norte. Algunos de sus caballos se hundieron en el lodo hasta los muslos y casi mueren. Giles lo nombró Lago Amadeus, por un rey de España, benefactor de la ciencia. Sus aguas poco profundas vienen y van, pero a veces se elevan para cubrir más de 780 km². Giles se abrió camino rodeando el lago hacia Kata Tjuta en 1873.

> "ENORMES PAJARES ROSADOS, TODOS RECARGADOS UNOS CONTRA OTROS"

En la actualidad, más de 300 000 turistas visitan la montaña cada año, especialmente en primavera. Los domos se ven en su mejor momento por una caminata a través del desfiladero Walta, que se estrecha en una grieta antes de abrirse al Valle de los Vientos. Al atardecer, las grandes de los árboles y colinas de arena en la llanura occidental, oscurecen los flancos más bajos del Kata Tjuta. Y gradualmente, conforme el sol se sumerge y la noche las envuelve, las rocas cambian de un radiante rojo a un oscuro color lila.

ESPINOSO SOBREVIVIENTE

El demonio, gran lagarto de 15 cm come hormigas negras. Sus espinas desalientan a los depredadores (serpientes) y también caza el rocío, que chorrea por su acanalada piel hacia su boca.

Región Selvática de Kakadu

EN LA AUSTRALIA SEPTENTRIONAL, LOS COCODRILOS
ACECHAN EN RÍOS SALOBRES; TIERRA ADENTRO, LOS
ACANTILADOS TIENEN ANTIGUAS PINTURAS

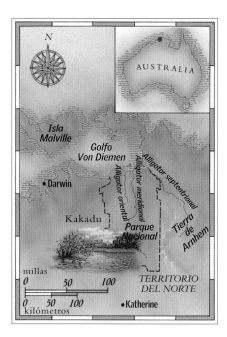

Una vida silvestre amplia y variada yace en el extremo norte de Australia. El Parque Nacional Kakadu tiene dos veces el tamaño de Córcega y su paisaje, así como la diversidad de un lugar a otro, también cambia con las temporadas. "La humedad" empieza a principios de diciembre, con tormentas que dan como resultado grandes áreas inundadas.

El acantilado serpentea por más de 500 km, a lo largo de los lados este y sur del parque nacional, formando la orilla del altiplano de la Tierra de Arnhem. El explorador Ludwig Leichhardt avanzó con esfuerzo por el altiplano en 1845, durante un épico viaje terrestre que duró 16 meses, que había empezado en la costa este cerca de Brisbane. Se topó con "bloques de piedra arenisca en fantásticas figuras de formas variadas"

POR UN BILLABONG *En las llanuras de Kakadu, los cajeput crecen en pantanos al lado de un lago de aguas azules en herradura (billabong) de azules aguas.*

con "vegetación que se agolpaba… y que cubría la mitad de las dificultades que nos esperaban en nuestro intento de pasar sobre ella".

Las cañadas se cortan en la orilla del acantilado, que en algunos lugares tiene más de 460 m de altura. Durante la humedad, las cataratas caen sobre el acantilado. Dos de las más espectaculares caídas son las Jim Jim, de 200 m y las apropiadamente nombradas Cascadas Gemelas, cuyos dos listones de agua

corren 100 m hacia abajo del altiplano.

La tierra baja que se encuentra al pie del acantilado es una mezcla de pastizal, bosque y pantano, rota por remansos y atravesada por ríos. Leichhardt anotó la belleza del escenario que rodea a uno de los principales ríos de Kakadu, el Alligator Oriental. "Entramos en el más maravilloso valle" –escribió– confinado al oeste, este y sur por abruptas montañas, cordilleras y rocas que se elevan bruscamente fuera de una llanura poco arbolada, vestida con el más exuberante verdor".

Kakadu es la tierra de los gagudju, un pueblo aborigen de quienes el Parque Nacional toma su nombre. Sus antepasados llegaron del Asia hace más de 40 000 años, saltando de una isla a otra y luego abriéndose camino desde Nueva Guinea por tierra, cuando el

Algunos de las miles de pinturas de roca de Kakadu se pueden ver en la Roca Nourlangie, un farallón que se eleva desde tierra baja. Los aborígenes los utilizaron como refugio de roca durante la temporada de lluvias por 6,000 años, por lo menos. Cerca del refugio está la galería Anbanghang, donde el artista Najombolmi completó una pintura en un estilo de rayos X en 1964. La sección de arriba muestra a Barrkinj, esposa de Namorrkon, el hombre relámpago que creó el trueno y el rayo al golpear la tierra con hachas de piedra. Dos de las mujeres debajo de Barrkinj se muestran con leche en los senos.

PIEDRA SAGRADA *Iluminada por el sol, la Montaña Brockman es uno de los lugares aborígenes más sagrados. El acantilado de la Tierra Arnhem se ve desde el horizonte.*

nivel del mar estaba bajo durante la Edad de Hielo.

Para los gagudju, Kakadu fue creada cuando un ser femenino ancestral, Warramurrungundji, salió del mar para formar el paisaje y dar vida a la gente. La siguieron otros seres creadores, incluyendo Ginga, un cocodrilo gigante que formó el país de roca. Al terminar su trabajo, algunos de estos seres se volvieron parte del paisaje: Ginga tomó la forma de un farallón rocoso que semeja un lomo de un cocodrilo.

LA HISTORIA DE KAKADU EN EL ARTE

En más de 7 000 lugares del parque se han encontrado pinturas en piedra aborígenes que abarcan unos 18 000 años. Los animales en las pinturas cambian con los años, conforme se eleva el nivel del mar.

Las primeras pinturas se hicieron durante la última Edad de Hielo, cuando el nivel del mar era más bajo y Kakadu se encontraba 300 km tierra dentro. Los artistas pintaron también canguros y emús, al demonio de tasmania —que ya

no se encuentra en Australia septentrional— y grandes animales desaparecidos. La Edad de Hielo terminó hace unos 6 000 años y el nivel del mar se elevó. La planicie bajo los acantilados de la Tierra de Arnhem se convirtió en mar y desembocaduras, y peces como el barramundi y el mullet aparecen mucho en las pinturas; muchos se muestran en estilo de rayo X, con estructuras internas visibles como el espinazo.

Hace como 1,000 años, pantanos de agua dulce se formaron en Kakadu detrás de diques que contenían el mar. Los artistas de pintaron tortugas de cuello largo, gansos magpie y a mujeres empujando balsas sobre los pantanos.

El moderno Kakadu está lleno de vida silvestre. Más de 1,000 diferentes especies de plantas crecen ahí, y es el refugio de aves de mayor importancia. Entre la vida aviar en Kakadú destaca

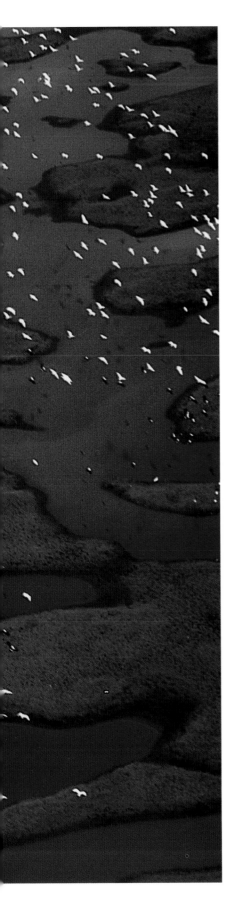

MUCHOS PAISAJES DE KAKADU

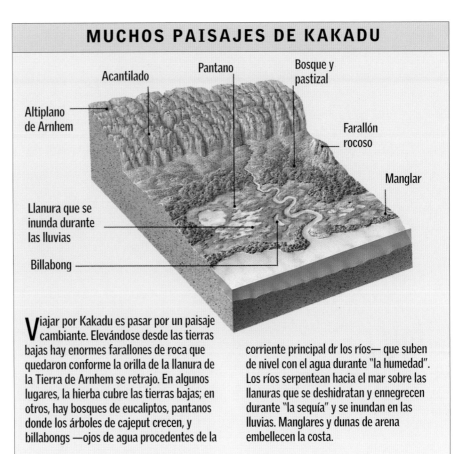

Acantilado
Pantano
Bosque y pastizal
Altiplano de Arnhem
Farallón rocoso
Manglar
Llanura que se inunda durante las lluvias
Billabong

Viajar por Kakadu es pasar por un paisaje cambiante. Elevándose desde las tierras bajas hay enormes farallones de roca que quedaron conforme la orilla de la llanura de la Tierra de Arnhem se retrajo. En algunos lugares, la hierba cubre las tierras bajas; en otros, hay bosques de eucaliptos, pantanos donde los árboles de cajeput crecen, y billabongs —ojos de agua procedentes de la corriente principal dr los ríos— que suben de nivel con el agua durante "la humedad". Los ríos serpentean hacia el mar sobre las llanuras que se deshidratan y ennegrecen durante "la sequía" y se inundan en las lluvias. Manglares y dunas de arena embellecen la costa.

la cigüeña de cuello negro, que se ha convertido en un símbolo del norte tropical. Esta elegante ave, con su blanco y lustroso plumaje negro verdusco, frecuenta los billabongs y las lagunas de agua dulce. Las comparte con una variedad de aves, incluyendo al kookaburra de alas azules, uno de muchos martines pescadores.

Existen 75 especies de reptiles, uno de los cuales es el célebre cocodrilo de agua salada que vive en desembocaduras, ríos, y billabongs salobres. El "hostil navegante" de entre 3.7 y 6 m de largo, tiene la reputación de atacar a cualquier criatura que se le acerque, incluyendo al hombre. En la década de 1960, se cazaron casi hasta su extinción por sus pieles, pero desde que en 1971 se le declaró una especie

INUNDACIÓN *De diciembre a marzo, los monzones y las mareas inundan las tierras bajas de Kakadu, creando innumerables islas y ensenadas.*

protegida, han crecido en número. Los cocodrilos de agua dulce, que también viven en el parque, son menos agresivos y sólo crecen unos 1.8 m.

Otro de los reptiles del Kakadu es el lagarto, de fiero aspecto pero inofensivo, que cuando se alarma levanta la piel suelta alrededor del cuello y parece un pequeño dinosaurio. Los gagudju creen que al lagarto se le dio esta extraña apariencia como castigo por romper la ley aborigen. En algún tiempo, los búfalos de agua fueron comunes en el parque; como los "hostiles navegantes", también han sido cazados, en un tiempo, por su cuero y cuernos, pero después por política. Los europeos introdujeron los animales desde Indonesia por los años 1820 y 1830 como un sustituto para su propio ganado, que no eran apropiado para el clima tropical.

A principios de la década de 1980, unos 300 000 búfalos de agua pastaban

ESTOS COCODRILOS TIENEN UNA PÉSIMA FAMA

PAISAJE DE LAS TIERRAS BAJAS *Uno de los principales ríos de Kakadu, el East Alligator (Lagarto Occidental), serpentea por entre la vegetación de tonalidades verdes, y salpicada de ojos de agua y ensenadas.*

en las llanuras aluviales del Territorio del norte. Se les consideraba una amenaza para los hábitats de la vida salvaje, pisoteaban las plantas y se pensaba que rompían los malecones que separaban los hábitats de agua dulce y salada. Además estos animales tenían tuberculosis bovina, que amenazaba la salud de los humanos y la industria de carne de ganado de Australia. A finales de esa década, casi todos los búfalos de agua habían sido sacados del parque o sacrificados.

COCODRILO DUNDEE

Desde 1980, el Parque Nacional Kakadu, que se encuentra en la lista de Patrimonio de la Humanidad, se ha convertido en una mayor atracción turística, ayudada por las películas de *Cocodrilo Dundee*, que se filmaron parcialmente en el parque. Los visitantes observadores que se detengan en un camino a orillas del río Alligator Oriental pueden advertir que hay una señal que tiene un mensaje sensato e ingenioso: "Usted está entrando a la Tierra de Dios. Mantenga limpia la maldita unión"

LOS ALTOS HOGARES DE LAS TERMITAS

Esparcidos por los pastizales de Kakadu hay montículos, construidos por colonias de termitas, insectos altamente organizados, donde cada uno tiene un papel específico, como obrera o soldado. Dentro de cada montículo, duro como el acero, existe un laberinto de pasadizos.

Los montículos más inusuales son los de la termina compás, cuyo hogar tiene entre 2 y 3 m de altura y parecen lápidas. Sin excepción, todas tienen la misma forma —los lados estrechos apuntan al norte y al sur, y los anchos al este y oeste.

En un tiempo se pensaba que las termitas compás podían sentir el norte magnético, y alinear sus nidos como las agujas de un compás magnético. Ahora, parece que sólo están influenciadas por el sol y construyen sus nidos para que la temperatura sea regular. Al medio día, los lados más estrechos de los montículos dan la cara al sol para evitar el sobre-calentamiento. En la mañana y tarde, cuando los rayos del sol son más débiles, los lados más anchos miran hacia el sol y reciben el máximo de calor disponible. Como resultado, la temperatura dentro del montículo permanece a 30ºC.

TRABAJO DE REPARACIÓN *Las termitas compás construyen, altos y afilados montículos con la madera y tierra que mastican. Los trabajadores de la colonia reparan los agujeros de las paredes.*

Desierto Simpson

UN TEMIBLE DESIERTO DE ARENA Y PIEDRA EN EL CENTRO DE AUSTRALIA, DESAFÍA A LOS VIAJEROS A CRUZAR SUS PELIGROS

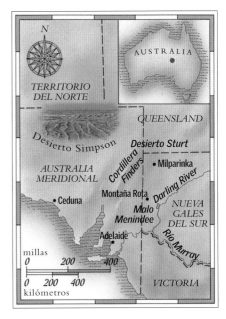

OCÉANO DESÉRTICO *Olas de rugosa arena roja ondean eternamente por el desierto Simpson de Australia, una de las más áridas y hostiles regiones de la Tierra.*

Cresta tras cresta de arena rojiza se alargan por el horizonte, a través del desierto Simpson en el seco corazón de Australia. En 1845, Charles Sturt, el primer europeo en pisarlo, describió cómo las crestas corrían paralelamente y "se suceden una a otra como olas del mar". El amanecer y el atardecer enfatizan la simetría de las dunas, ya que los picos salen de las crestas como bancos de ardiente carbón y sus huecos parecen estanques de tinta.

Con un área de media Italia, el desierto Simpson es la región más hostil de Australia. Entre las dunas, de hasta 20 m de altura, yacen planchas de arcilla y llanuras desérticas, pisos de piedras angulosas. Es el lugar más seco del país, con un sólo 125 mm de lluvia al año, y

por meses consecutivos sólo retorcidos arbustos y hierba bastón pueden con dificultad sobrevivir. Lagartos y ratones se protegen en sus madrigueras durante el calor del día. A veces fuertes lluvias traen una mágica transformación. Casi de la noche a la mañana, una carpeta verde emerge del piso del desierto. Pronto aparecen brillantes superficies púrpuras donde las parakeelya florecen, atrayendo insectos y aves.

Charles Sturt, un inspector del gobierno, estaba ansioso de explorar el área. El patrón migratorio de las aves lo llevó a creer que en el interior debía de haber una extensión con agua no registrada. Esto fue lo que salió a encontrar cuando dejó Adelaide, en agosto de 1844. Pero un año después su

grupo regresó derrotado. Tras cruzar una "inmensa y triste llanura cubierta de piedra" (ahora conocida como el desierto Rocoso de Sturt), habían padecido sed y hambre cuando alcanzaron la orilla occidental del Desierto Simpson. El abrasador calor –70°C– de un verano récord y el escorbuto, habían agotado sus fuerzas.

En 1939, el doctor Cecil Madigan condujo una expedición científica en el desierto, utilizando camellos para transportarse. Le dio el nombre al desierto en honor de Alfred Simpson, presidente de la División de Australia Meridional de la Real Sociedad Geográfica.

AÚN INDOMABLE
Partículas de óxido de hierro dan a la arena su color rojo, pero cerca de los pocos cursos de agua, es blanca. En la prehistoria, los poderosos vientos apilaban las dunas y en la actualidad son tantas como hace 14 000 años, después de que los vientos decayeran y la lluvia incrementara lo suficiente como para permitir que los arbustos y hierbas se aferraran a la arena con sus raíces. Ahora los viajeros pueden conducir por el desierto, pero aún deben enfrentar tormentas de arena, piedras, barro y un ardiente calor.

TOQUE DORADO *(al dorso) El amanecer ilumina el Pilar de Chamber de piedra arenisca, en los límites del desierto, al norte.*

235

Lago Eyre

UNA VEZ CADA CASI DIEZ AÑOS, LOS ÁRIDOS PISOS SALADOS VUELVEN A LA VIDA Y LA NATURALEZA JUEGA UN VELOZ DRAMA

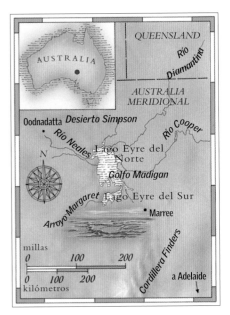

A pesar de su nombre, el lago Eyre apenas lo es; está formado por dos enormes agujeros poco profundos, en la sedienta zona central de Australia. Está seco casi todo el tiempo y un borde de minerales incrustados cuelga como escarcha congelada alrededor de sus costas. En 1856, al llegar al lago, el explorador Peter Warburton describió la escena como "terrible en su quietud, semejante a la muerte".

Un árido paisaje se alarga por cada lado. Al norte se encuentran las cambiantes dunas del desierto Simpson; a este y oeste hay llanuras cubiertas de dunas y gibbers: piedras afiladas que dificultan el andar. Al sur se halla un listón de lagos salados y planchas de sal seca. Un rastro de agua es un utópico prospecto entre esta desolación. Muy frecuentemente una visión de agua en

ESTANQUE FUGAZ *Como un vasto mar tierra adentro, el lago Eyre brilla frío y azul detrás de una cama de remotos estanques salados.*

CRIADERO DE PELÍCANOS *Los pelícanos vienen por miles a anidar en las riberas incrustadas de sal y las islas del lago Eyre.*

el horizonte se convierte en un estanque salado o en un espejismo creado por temperaturas de hasta 39°C. Pero de vez en cuando, un viajero puede encontrarse con el acogedor espectáculo de un enorme lago de agua dulce.

Al encontrarse en el punto más bajo de Australia, con su fondo a 15 m por debajo del nivel del mar, el Lago Eyre recibe agua desde una región más grande que Francia, España y Portugal juntos. Sus dos partes, el lago Eyre del Norte y el mucho más pequeño Eyre del Sur, cubren juntas un área de cerca de 9 600 km². Están unidos por el canal Godyer de 15 km de largo. Cuando llueve, el agua escurre de las montañas distantes y llega a los cauces de ríos secos. Mucha agua se evapora o se filtra en la arena, pero si las lluvias han sido abundantes, algo llega al lago Eyre,

PELÍCANOS EN EL LAGO EYRE

Por qué los pelícanos australianos se reproducen en el lugar más caliente y seco del país, es un misterio. Pero cuando los ríos fluyen y llenan el lago Eyre, una colonia de pelícanos aparece para anidar, las aves tienen que volar grandes distancias, cruzar el abrasador desierto para llegar ahí. Necesitan agua por lo menos durante tres meses para criar a sus polluelos.

Los nidos son un poco más que rasguños en la arena. Los padres se echan sobre dos o tres huevos por tres semanas. Los polluelos nacen sin plumas y decididamente feos, pero fuertes. Si se sienten amenazados, se reúnen en una guardería y se dejan caer todos juntos como en

una pelea de rugby. Sus padres son muy capaces de defenderlos —se ha visto a un pelícano matar a un cisne intruso.

Los dos padres alimentan a los polluelos con camarones, renacuajos y peces, que pescan con sus enormes picos. Algunas veces, los pelícanos pescan en grupo, formando un apretado círculo o herradura, y atrapan su presa ahí adentro.

TIEMPO DE COMER
Cuando los polluelos tienen una semana de nacidos comen pescado regurgitado del pico de sus padres.

1 000 km río abajo. Sólo en años de muy fuertes inundaciones el agua fluye por el canal Godyer.

Cuando el agua llega al lago Eyre, éste explota de vida. En corto tiempo, brotan plantas de un vívido rojo, como el guisante del desierto Sturt. Florecen en una carrera por completar su ciclo y producir semillas antes de que la humedad desaparezca. El agua revive algas y huevos de camarones que yacen en el barro. Pronto el lago es una bullente sopa de criaturas vivientes. No pasa mucho antes de que lleguen aves: patos, aves zancudas, cuervos marinos, gaviotas; algunas tienen que atravesar la mitad de Australia. Se alimentan de camarones y de peces. Junto a las orillas del lago, pelícanos y bandadas de cigüeñas establecen sus ruidosas colonias

PESADA MARCHA *El rocoso piso desértico de las llanuras (izq.) hacia el occidente del Lago Eyre, desalienta hasta al viajero más fuerte.*

TOQUE MÁGICO *Al llenarse el lago de agua, su orilla (ab.) estalla en floración, con margaritas, huevos escalfados y lúpulos silvestres.*

de reproducción, a veces con decenas de miles de nidos.

Cuando el flujo de agua se detiene, el lago se evapora por el intenso calor y se vuelve muy salado. Ahora la sincronización es crucial. Las crías deben crecer y aprender a volar antes de que el lago se seque, ya que si el alimento y el agua escasean, las aves vuelan y los polluelos son abandonados. Los peces de agua dulce no tienen escape. Con el tiempo, el lago regresa a ser dura

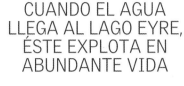

CUANDO EL AGUA LLEGA AL LAGO EYRE, ÉSTE EXPLOTA EN ABUNDANTE VIDA

corteza salada sobre el húmedo barro y la tierra otra vez inhospitalaria, esperando la estación de lluvias para revivir.

El sol cuece el barro hasta convertirlo en piso sólido. Fue en el suelo del golfo Madigan, en el lago Eyre del Norte, que Donald Campbell rompió el récord mundial de velocidad en tierra en 1964, alcanzando una velocidad de 644 km/h en su automóvil de turbina Bluebird.

EL DESCONCERTANTE LAGO

Entre los pioneros europeos fue popular la especulación sobre el lago en Australia. Muchos se cuestionaban adónde iban los ríos que fluían al interior. Hacia 1830, la mayoría de la costa había sido cartografiada, pero sólo los aborígenes conocían la región interior.

Edward Eyre partió de Adelaide en 1839, a la edad de 25 años, intentando ser el primer europeo en atravesar el país de sur a norte. Después de cruzar la cordillera Flinders, se topó con enormes e intransitables herraduras de lagos salados y se vio forzado a regresar. En 1840 Eyre lo intentó otra vez, con el tiempo alcanzó el lago que ahora lleva su nombre. Aunque estaba seco, el traicionero piso de barro le impidió seguir adelante.

Otros exploradores tuvieron experiencias similares, pero los reportes de un gran lago de agua dulce persistían. En 1922, Gerald Halligan examinó el lago Eyre desde el aire y descubrió agua en su lado norte. Pero el siguiente año, encontró apenas agua suficiente para flotar una embarcación.

Ahora está claro que el lago Eyre puede ser seguramente una vasta superficie de agua dulce, pero sólo una vez cada ocho o diez años. Este ciclo de eventos ha sucedido por unos 20 000 años. Rara vez caen fuertes lluvias durante dos veranos seguidos. El primer año satura la tierra, así que en el segundo absorbe menos agua en su viaje descendente desde las montañas y el lago Eyre se llena hasta el borde.

Puerto Campbell

LAS TORMENTAS Y OLEADAS DEL OCÉANO HAN ESCULPIDO EN EL MAR ACANTILADOS DE PIEDRA CALIZA DE LA COSTA SUDORIENTAL DE AUSTRALIA

Hace muchos años, los Doce Apóstoles –pilares de enormes rocas que están cerca del puerto Campbell– eran parte de los acantilados. Estos pilares han resistido miles de años, mientras que la roca circundante se erosiona lentamente. Ahora permanecen solas, solitarias marcas de una antigua línea costera.

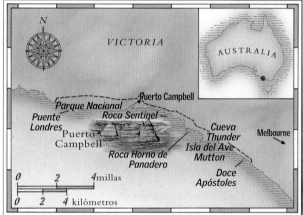

Las olas siguen remodelando los acantilados, que se alargan por casi 32 km y son un punto turístico. Una tarde de enero de 1990, una joven pareja se paró al final del Puente Londres, un muelle que se proyecta en el océano, con dos graciosos arcos carcomidos por la acción del mar. Cuando se preparaban para tomar una fotografía de los acantilados, fuertes vientos provocaron que subieran las olas inesperadamente, frente de ellos, el arco se hizo pedazos y se hundió en el mar, dejándolos varados. Pronto un helicóptero de la policía llevó a los turistas a un lugar seguro, pero los 40 m del Puente Londres, habían desaparecido para siempre.

Por la costa del puerto Campbell, un parque nacional, islotes rocosos de variadas formas: cuñas, pilas, grutas, chimeneas y arcos, se elevan desde el océano, como las piezas de un gigantesco rompecabezas, y así emerge el fantasma de la desaparecida línea costera. Los Doce Apóstoles y el Puente Londres, con formaciones como la roca Sentinel, la Horno de Panadero y la cueva Thunder, son uniones en esta antigua cadena.

La roca del Puerto Campbell es de piedra caliza formada hace 26 millones de años, cuando el área estaba bajo el mar. Al morir los animales marinos, millones de diminutos esqueletos, ricos en calcio, se acumularon en el lecho del mar. Formaron una capa de 260 m de piedra caliza sobre el piso de arcilla. Hace unos 20 000 años, durante la última Edad de Hielo, el nivel del mar

COMO GIGANTESCO ROMPECABEZAS, LAS PILAS PERFILAN UNA COSTA DESAPARECIDA

bajó y la roca quedó expuesta. El viento, la lluvia y las olas azotaron los riscos, el constante asalto de siglos ha enviado trozos de tierra que se estrellan en el océano cada 20 o 30 años. En algunas partes, la línea costera se ha alejado uniformemente, sin dejar huella de su forma original, pero en otras secciones más débiles cedió primero, creando las pilas y arcos de ahora.

El océano del sur azota aquí con fuertes vientos conocidos como "Estruendosos cuarentas"; las enormes olas de tormenta pueden cortar salientes en la piedra caliza a unos 60 m sobre la marca de la marea alta. Cerca del cabo Thunder, El Respiradero ilustra la forma en que el mar se aprovecha de las camas más débiles en la roca para invadir la tierra. Aquí el agua ruge bajo tierra por 400 m a lo largo de un túnel cavado por las olas. En las partes donde el techo se ha derrumbado, los visitantes pueden observar un "respiradero" en las agitadas aguas.

ALTAS Y FUERTES *Los pilares llamados los Doce Apóstoles formaron parte de los acantilados costeros. Ahora permanecen solos, algunos se elevan hasta 100 m.*

Los atractivos pilares atraen a grupos de turistas durante todo el año. También las aves, como el mutton de Tasmania (o pardela) vienen aquí. Se reproducen en los farallones del pilar más grande, la Isla del Ave Mutton; arriban a finales de septiembre, en cientos de miles, después de hacer un viaje de 14 400 km a través del Océano Pacífico desde Siberia.

REFUGIO ROCOSO

Los huecos para anidar están juntos, lado a lado, en cualquier hendidura disponible en la isla. Aquí las aves pueden criar sus polluelos en paz, en las alturas, lejos de predadores como ratas o humanos.

Otras aves —albatros, alcatraces, cuervo marino y petreles— también llegan a alimentarse en el rico suministro de peces. En el invierno ballenas francas pasan por ahí, en su camino desde la Antártida a sus tierras de reproducción de la Gran Bahía Australiana; unas cuantas se detienen ahí para aparearse, pero la mayoría pasan cerca de la costa, sin ser molestadas por el turbulento mar y sus maltrechas rocas.

PUENTE LONDRES

Alguna vez esta roca plana tuvo dos arcos que unían los acantilados y se parecía al viejo puente del río en Londres, por el que lleva ese nombre.

En la actualidad este puente ya no existe, su reciente orilla queda expuesta (abajo, izq.) limpia y al natural, contra la oscura roca más antigua y erosionada. El primer arco se estrelló inesperadamente en el mar en enero de 1990, dejando a dos turistas varados arriba del segundo arco. Con el tiempo, las implacables olas lo derribarán también.

Isla Fraser

UN BOSQUE RICO VISTE A UNA ISLA EN LA COSTA ORIENTAL DE AUSTRALIA; ABAJO SÓLO HAY ARENA

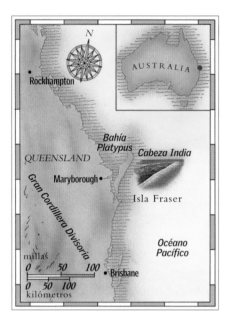

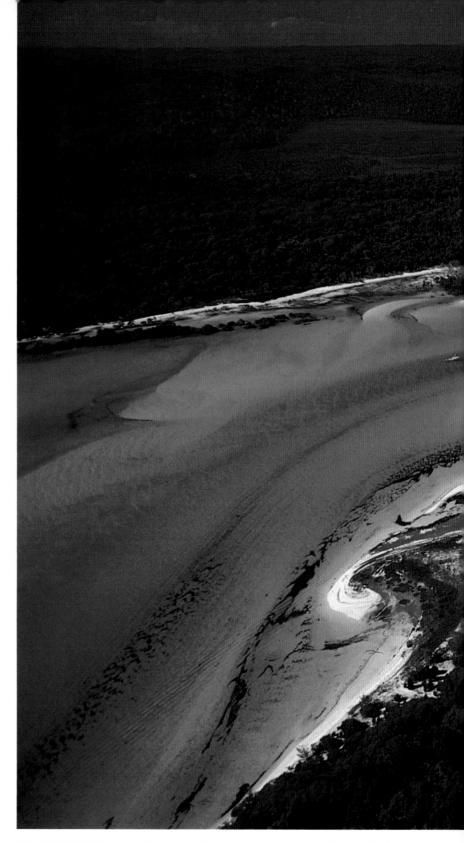

ISLA DE ARENA *Una franja de arena se alarga a la distancia, bordeando la bahía de Platypus en la isla Fraser.*

Con la forma de una bota usada, la isla Fraser se encuentra cerca de la costa de Queensland, que es una isla de arena. A lo largo de sus costas hay playas y dunas de arena dorada y en algunos lugares, la isla de 124 km tiene acantilados formados de arena de color amarillo, rojo y café, con espirales y pináculos labrados por los elementos.

Sin embargo, detrás de las playas y acantilados crece una increíble variedad de vegetación. La arena levantada hasta 240 m soporta un denso y exuberante bosque. Palmas amantes de la humedad y árboles de cajeput crecen donde la tierra está casi empapada. Por doquier hay cipreses y altos eucaliptos; pequeños bosques de araucarias y pinos kauri que fueron muy buscados por los leñadores en el siglo XIX.

La isla Fraser comenzó a tomar forma hace millones de años, cuando las montañas en tierra firme sureña fueron erosionadas por el viento y la lluvia. Los finos fragmentos fueron barridos al mar, llevados hacia el norte por las corrientes y gradualmente acumulados en el piso oceánico. Luego, durante la Edad de Hielo el nivel del mar bajó, la acumulación de arena se conviertió en tierra seca y se formaron enormes dunas. Durante la elevación del nivel del mar, las corrientes oceánicas llevaron más arena. Después de la Edad de Hielo las plantas empezaron a crecer en la arena

virgen, de las semillas y esporas llevadas ahí por aves y el viento. Cuando murieron formaron una capa de humus, en la cual enraizaron plantas más grandes, estabilizando las dunas.

Hoy la precipitación pluvial de la isla —más de 1 500 mm al año— estimula un ciclo de crecimiento y descom-

posición en la arena. Crecen árboles satinay de flechas rectas, que hay en pocos lugares en el mundo; sus troncos se utilizaron para cubrir el Canal de Suez hacia 1920. Eucaliptos Garabateados —por las marcas que los insectos dejan en su corteza— dominan brezales llenos de arbustos.

La isla Fraser toma su nombre de la mujer que atrajo la atención del mundo a la isla. En 1836, unos náufragos europeos llegaron con esfuerzo a tierra en un pequeño bote. Entre el grupo se encontraban el capitán del barco y su esposa Eliza Fraser. Cuando llegaron a rescatarlos, varios del grupo, incluyendo

ARENA DESNUDA *Un solitario árbol costero de banksia surge de la arena ondulada por el viento en la costa norte de la Isla de Fraser.*

el capitan, habían muerto. La señora Fraser afirmó que su esposo había sido asesinado por aborígenes de la isla, el pueblo butchutlla. En Londres, ella contó cuentos cada vez más fantásticos de su estancia en la isla, en una carpa en el Parque Hyde, por una cuota de seis peniques. Relataba cómo había sido herida con lanzas y torturada, y de la forma en que sus compañeros de barco

HORA DE COMER *El alimento del murciélago flor de Queensland es néctar y polen.*

habían sido quemados vivos a fuego lento. Los cuentos de la señora Fraser sobre sus experiencias fueron tema para una película y varios libros.

No mucho después, la fama de la isla Fraser ya se había esparcido como una fuente de magníficas maderas suaves. Se mudaron allá leñadores, establecieron aserraderos y tranvías para mover la madera. Los aborígenes empezaron a sufrir, por enfermedades europeas, los efectos del opio y alcohol y la mala nutrición, ya que su suministro de alimento fue dañado por el desmonte de la tierra. En 1904 las pocas personas butchulla que quedaban fueron trasladadas al continente.

Entre los bosques y montes bajos de Fraser existen más de 40 lagos. Aunque la isla no es gigantesca es un castillo de arena sin drenaje. Bajo la isla, la arena se ha mezclado junto con humus y minerales para formar planchas selladas herméticamente, que atrapan los abundantes aguaceros.

Aquí y allá la superficie de tierra cae bajo esta mesa de agua para formar lagos cristalinos, como el Wabby. Dunas arboladas lo rodean por tres lados, mientras que el cuarto es una enorme pared de arena, llevada por el viento,

que está avanzando hacia el agua. En lo alto, en las dunas, existen muchos lagos "encaramados", donde un impermeable pasillo de arena, humus y minerales aglutinados atrapa el agua de lluvia en las depresiones. Esos lagos contienen pocos nutrientes y pocos peces, pero proporcionan abrevaderos para los animales, incluyendo dingos, wallabies, zarigüeyas,

PARA CUANDO LLEGARON A RESCATAR, VARIOS DEL GRUPO HABÍAN MUERTO

bermejizos y lagartos. Un habitante diminuto es el murciélago flor de Queensland, que sólo pesa cerca de 15g. Con tanta diferencia de hábitats interconectados, Fraser es un paraíso para los observadores de aves, se pueden ver especies tan diversas como los pelícanos, águilas marinas, martín pescador y lorillos.

La isla Fraser es un medio ambiente frágil, afectado por la naturaleza y la actividad humana. Los ventarrones cruzan la isla, tragando árboles, arbustos y flores. Pequeñas cantidades de jabón que los visitantes introducen en los lagos pueden contaminar el agua, provocando la proliferación de algas y amenazando peces, aves y reptiles. Antes de que Fraser se convirtiera en Patrimonio de la Humanidad, existía la preocupación de la tala comercial de los árboles, pero desde entonces esta industria ha sido frenada y el futuro se ve prometedor para esta isla.

Gran Barrera de Arrecife

LA ESTRUCTURA VIVA MÁS GRANDE DEL PLANETA ES LA GRAN BARRERA. SUS CONSTRUCTORES SON LOS DIMINUTOS PRIMOS DE LA MEDUSA

Aunque es uno de los adornos más bellos del planeta: una joya de azul, índigo, zafiro y el más puro blanco cuyas glorias son visibles desde la Luna, es raro que los primeros europeos en ver la Gran Barrera hayan sido tan parcos en sus descripciones, pero la mayoría eran marineros con otras cosas en mente, que no la belleza de la naturaleza.

En 1606, el español Luis Báez de Torres llegó a Queensland y atravesó el estrecho que ahora lleva su nombre. También el británico Cook, en el barco *Endeavour*, que quedó atrapado y muy dañado entre el arrecife exterior y tierra firme en 1770. Y hubo otro marinero, el capitán Bligh, en 1789.

ANILLO DE BRILLANTE AGUA *Olas rodean a uno del Grupo Bunker de cayos que se encuentra afuera en el océano azul.*

A Joseph Banks, el botánico del *Endeavour*, lo atemorizó el lugar. Después de que el barco fue reparado, escribió: "el arrecife que acabamos de pasar es algo poco conocido en Europa, o en cualquier lugar que no sean los mares. Es una pared de roca de coral, que se levanta en las afueras del indescifrable océano". Aunque el coral requiere de un mar poco profundo bañado por el sol para prosperar, Banks tuvo razón al proclamar la singularidad de la Gran Barrera de Arrecife. A lo largo de la orilla de la plataforma continental de Australia nororiental por 2 030 km, es la entidad viva más grande de la Tierra.

En parte, está agrupada cerca de islas verdaderas, de hecho, son cimas de una cordillera hundida hace mucho tiempo. Pero su extraordinaria riqueza viene de sus 3 000 arrecifes, islas, cayos y lagunas de coral, todos en diferentes etapas de

desarrollo. Los arrecifes son el producto de 10 000 años de labor, durante los cuales el océano se elevó a su actual nivel, después de la Edad de Hielo.

Los ingenieros de estas estupendas empresas son millones de diminutos pólipos de coral, unas 350 especies diferentes. Están emparentados con la medusa y cada uno tiene una boca rodeada por un anillo de tentáculos en la punta; puede tomar carbonato de calcio del mar y convertirlo en una cubierta de piedra caliza que, multiplicada por miles de millones, forma el arrecife. Pero un pólipo debe compartir

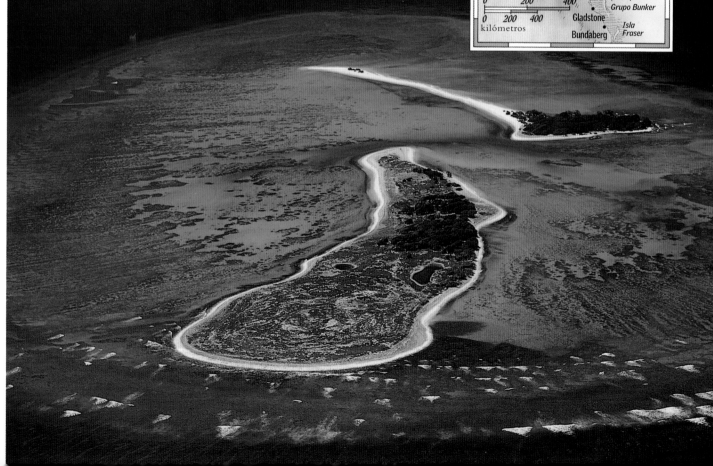

su refugio de piedra caliza con diminutas plantas llamadas *zooxanthellae*, que utilizan la luz para convertir el dióxido de carbono y el agua en carbohidratos y oxígeno. El pólipo los absorbe y en reciprocidad da a las plantas nitratos y otros productos de desperdicio. Así, los arrecifes de coral crecen sólo en agua clara donde llega la luz del sol, hasta a 40 m de profundidad.

CORALES EN ABUNDANCIA

Para los ojos de un visitante el arrecife es una muestra de belleza y serenidad, pero también de una interminable lucha, ya que cada criatura dentro de él compite por alimento y espacio. Existe coral suave y duro (constructor de arrecife), de diversas formas y tamaños: cuernos de venado, látigos, abanicos; corales lo suficientemente duros como para soportar el golpe de las olas, otros son tan delicados que sólo pueden vivir en las aguas más tranquilas. Algunas especies crecen más rápido que sus vecinas, les roban su luz y las ensombrecen. Otras usan tentáculos ponzoñosos para limpiar el área de rivales, o liberan químicos mortales al agua.

Junto a estos peligros están los predadores, como el pez loro, que mastica el coral con sus mandíbulas, o la estrella de mar corona de espinas, que digiere el coral al expandir sus estómagos sobre él. Estas estrellas de mar tienen explosiones periódicas de población y destruyen arrecifes enteros. Las tormentas oceánicas y los ciclones, también los muelen, desgastan y pulverizan.

De día hay poca quietud en las poco profundas aguas del arrecife, pero la noche trae una mayor actividad. En la noche los pólipos de coral se alimentan, sacando sus tentáculos de múltiples colores para atrapar diminutas criaturas y plantas llamadas plancton; es como si el arrecife hubiera abierto en flor, acción que sería imposible de día, ya que le quitaría la luz a la *zooxanthellae*.

En algunas noches tranquilas de primavera, ocurre la más notable exhibición. Luego, por todo el arrecife, disparado por quién sabe qué mensaje de química o luz, toda la población de pólipos libera bultos de huevos y espermas de colores naranja y rojo, azul y verde, que flotan hasta la superficie, cubriéndola con una estela de color. Los bultos se rompen y los huevos y espermas se entremezclan para producir

pólipos que nadan en la marea en busca de un apropiado lugar vacante para empezar a construir un nuevo arrecife.

Las esponjas y las anémonas, además de los cohombros de mar, camarones, almejas gigantes, ascidias, serpientes de mar, medusas y peces de interminable diversidad de colores, son otras de las criaturas que se han adaptado a la vida entre los corales. Se pueden encontrar tiburones dentro y fuera de los arrecifes, y en las aguas más profundas, delfines y ballenas.

Algunos de estos colonizadores vegetales aparecieron con milagrosa velocidad, tienen frutos que toleran la sal y que pueden vagar por meses en el océano antes de encontrar un espacio apropiado y germinar. Hacen camino

RESIDENTES DEL ARRECIFE *La almeja gigante de 90 kg (arr.) libera un millardo de huevos en cada desove. (Inserto) Existen corales (arr.), que tienen cristales de piedra caliza en su piel, pero que no forman cuencos, y los corales duros (aba.) que sí lo hacen.*

CAYOS EN FORMACIÓN *(superior derecha) A la larga, lagunas someras interconectadas, como estas en el Grupo Capricornio, se llenan con arena fuera de su perímetro de coral, formando islas conocidas como cayos.*

VECINOS EN EL PARAÍSO

BANCO DE ARRECIFE *Entre los miles de coloridos peces del arrecife se encuentran los basslets de hadas que se alimentan en las aguas ricas en plancton.*

La Gran Barrera de Arrecife es la jungla del océano. El coral toma el lugar de los árboles y plantas; los peces y las criaturas acuáticas blandas reemplazan a los animales. Aun así, existe similar riqueza de biodiversidad y lucha para encontrar un nicho. Con 150 especies de peces y quizá 100 000 individuos por cada hectárea de arrecife, la competencia es feroz.

Por todos lados hay color: para seducir, advertir, ocultarse, engañar. Las criaturas como el caracol marino blanco y carmesí o la trucha azul moteada o rojo coral, se confunden con el fondo rocoso. Otros, como el pez arlequín escarlata y plata, son rayados para enmascarar sus siluetas. Las rastreadoras faldas del rojo pez de fuego brillan como las de una bailarina Diaghilev, advirtiendo de sus venenosos aguijones; vívidamente estampado, el pez ángel centellea para disuadir a intrusos en su territorio. Algunos, como el lenguado pavo real que hace su nido en la arena, cambian de color para semejarse a sus contornos.

Las formas de encontrar alimento son igualmente variadas. El pez piedra parece una de las rocas donde descansa y mata con mortíferas púas. El tiburón alfombra, con piel con flecos, también yace en espera de sus víctimas. Incansablemente, los voraces pargos cazan en cardúmenes, devorando todo a su paso. El limpio budión, que libera a otros peces del daño de su piel o de parásitos, es inmune a todos los ataques.

Los cardúmenes de arenques y mújol cazan salmoncitos y a su vez son presa para los tiburones punta negra, delfines y barracudas. En el extremo del arrecife, los supremos cazadores —el gran tiburón blanco y tigre, esperan a los delfines y tortugas.

para más plantas. Por todos lados del arrecife, las aves hacen una vital contribución a su bienestar al distribuir semillas de plantas y proporcionando fertilizante para enriquecer la tierra. Las gaviotas tienen una predilección por las bayas y esparcen sus semillas por todas las islas. Los pájaros bobos negros anidan en árboles pisonia, cuyas pegajosas semillas viajan en las alas de las aves.

Las islas de coral son el hogar de miles de aves marinas: golondrinas, pájaro bobo, gaviotas, pardelas, pájaro fragata, alcatraz y águila señorial marina que pelean y graznan. En verano, las tortugas hembras se arrastran por la costa para poner sus huevos en la cálida arena. Cerca de ocho semanas después, miles de tortuguitas salen y corren en desorden hacia el mar, acosadas por las aves marinas, cangrejos y ratas.

LOS MÁS GRANDES PELIGROS

En conjunto, la Gran Barrera de Arrecife es uno de los ecosistemas más vigorosos y mejor integrados, pero también es uno de los más delicadamente balanceados. El arrecife puede resistir tormentas y la furia del mar en su camino, pero ahora, en el siglo XXI, los más grandes peligros que enfrentan son los inducidos por el hombre moderno.

Por siglos, los aborígenes pescaron y cazaron a lo largo del arrecife, sin dañarlo. Pero en los últimos 100 años, las excavaciones de guano (estiércol de pájaro), el exceso de pesca y la caza de madreperla, le han dejado cicatrices.

Al declarar al área Parque Nacional y Patrimonio de la Humanidad se han detenido muchos de los peligros y el turismo está estrictamente controlado. Aún así, algunos científicos culpan a las aguas residuales del balneario de una explosión en la población de estrellas de mar corona de espinas, y los desechos de comida del hotel descargados en el mar llevan a un aumento de gaviotas y una dramática elevación en la depredación de tortugas bebés. El escape hacia el mar de fertilizantes con base de fosfato debido a los campos de caña de azúcar, es otra gran amenaza para el arrecife.

Ninguna acción es demasiado pequeña para proteger esta excepcional área, y asegurar que la Gran Barrera de Arrecife pueda continuar por siempre.

REFUGIO MORTAL *El pez anémona vive a salvo entre los tentáculos de la anémona, inmune a su veneno. La anémona aprovecha las sobras del pez.*

El Breadknife

UNA DELGADA ESPADA DE ROCA SOBRESALE DE LOS BOSQUES DE EUCALIPTO DE LAS MONTAÑAS WARRUMBUNGLE

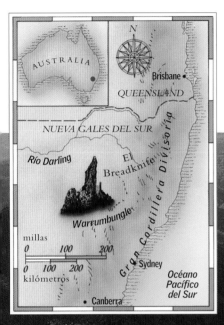

Una estrecha espada de roca apuñala el claro aire de Warrumbungle, una cordillera en Nueva Gales del Sur. Llamada Breadknife (cuchillo para pan), se eleva a 90 m, pero su cima sólo tiene 1 m de grosor. La Breadknife es la más impresionante de las muy arboladas Warrumbungle, cuyo nombre significa "montañas encorvadas". Las columnas y espirales rocosas se elevan abruptamente desde las llanuras circundantes y se alzan sobre domos y cordilleras diseccionadas por los profundos desfiladeros. John Oxley, uno de los primeros exploradores europeos, nacido en Yorkshire, las describió como "la más estupenda cordillera que levanta sus azules cabezas sobre el horizonte".

PARED DE ROCA *La escueta espada de la Breadknife se eleva desde las boscosas colinas de montecitos de las Warrumbungle. Está prohibido escalar su empinada superficie.*

Los orígenes de la Breadknife datan de la agitación volcánica que llegó a su punto máximo hace unos 15 millones de años. La lava llenó las grietas en la superficie de la Tierra y se enfrió para formar paredes de lava incrustada en la roca. Desde entonces, millones de años de erosión han desgastado las rocas, pero las paredes de lava probaron ser más resistentes a la fuerza del viento y al clima. Ahora la Breadknife se eleva como vestigio de una de estas paredes, sin la roca en la cual estaba incrustada.

Con frecuencia se alude a las Warrumbungle como un lugar donde el oriente se encuentra con el occidente, debido a lo contrastante de los climas en los lados opuestos de las montañas. Al norte y oeste, las montañas se inclinan hacia las cálidas llanuras planas. En estas soleadas y secas cuestas crecen árboles como el quandong, que tiene brillantes frutos rojos comestibles. Las pendientes al sur y este, más frías y húmedas, están dominadas por bosques de altos árboles de eucalipto y floreados arbustos. Las sundews crecen en los lugares húmedos en los bosques, junto con helechos, orquídeas y enredaderas wonga, con tubulares flores de cuello púrpura.

Los pericos chillan y pasan velozmente por los bosques. Los pericos de cola roja de las llanuras de tierra adentro se unen a las rosellas de las costas y montañas orientales, a los lorillos y a galahs rosa y grises, para hacer un caleidoscopio de color. A nivel de tierra, el emú se reproduce en el aislamiento de los pastizales, listo para esconderse cuando se le molesta.

> "LA MÁS ESTUPENDA CORDILLERA SOBRE EL HORIZONTE"

Los canguros grises abundan en las áreas más abiertas, y los koalas y los oposum de cola de cepillo viven en las copas de los árboles. Durante el indeterminado número de años en que las Warrumbungle formaron parte del territorio del pueblo kamilaroi, que vivió en las llanuras vecinas, ellos recogían bayas, raíces y la miel de las abejas salvajes, cazaban canguros, emús y aves salvajes. Pero cuando los conquistadores europeos llegaron, estos aborígenes fueron eliminados, dejando muy poco que contar de su presencia, aunque una cueva en lo alto de las colimas contiene peñascos con ranuras creadas con hachas. Cerca de ahí, un refugio de piedra conserva vestigios de material orgánico, que muestra que fueron preparadas ahí semillas de macrozania, alguna vez parte básica de la dieta de los aborígenes.

TENTADORAS FRUTAS

La macrozania pertenece a un grupo de plantas llamadas cícadas, que alguna vez fueron mucho más comunes que ahora. Sus semillas rojo anaranjado son ricas en almidón, pero venenosas cuando se comen crudas. Los aborígenes las desintoxicaban con métodos que incluyen la cocción, el remojo, moliéndolas y horneándolas y luego comían la pulpa cruda o asada, pues así su sabor es parecido a la castaña.

Las aparentemente apetitosas semillas de macrozania y otras cícadas dieron considerables problemas a los primeros exploradores. El botánico Joseph Banks, quien viajó con el navegante británico capitán Cook en el *Endeavour*, registró cómo los hombres que probaron sólo un poco de semillas cícadas "se vieron violentamente afectados, tanto de arriba como de abajo".

En 1967, las Warrumbungle se convirtieron en Parque Nacional. Los bosques llevaban mucho tiempo sin ser molestados por seres humanos y parecen una verde isla.

MUCHOS Y VARIADOS ÁRBOLES DE LA GOMA

En Australia crecen más de 500 especies de árboles de eucalipto, popularmente conocidos como árboles de la goma. Su madera es altamente apreciada y se utiliza para todo, desde pisos hasta embarcaderos y durmientes de tren.

Los perennes árboles varían enormemente en tamaño y características, y existen especies adaptadas a la mayoría de las condiciones climáticas de Australia. Gigantes árboles de más de 60 m de altura crecen en los bosques húmedos, y arbustos mallees sobreviven en las áreas más secas, debido a sus largas raíces que les dan acceso a más agua. Algunos árboles están protegidos de los incendios de pasto por su corteza resistente al fuego, que aísla su interior del calor. El Goma de Nieve de las regiones alpinas de Australia puede tolerar las congelantes temperaturas del invierno y el fiero calor del verano. La corteza de algunas especies es suave —el resultado de que se deshaga de la capa exterior en el verano— y su color va desde el rosa y amarillo, al crema, gris o anaranjado.

CAPA MULTICOLOR *Durante los fuegos, la corteza de los gomas azules (der.) protegen los tejidos vivos de los árboles de las temperaturas muy altas. Cada año el goma salmón (ab.) cambia de corteza.*

Cataratas Wallaman

SURGIENDO DE LAS ALTURAS DE LAS MONTAÑAS, UN RIACHUELO CAE IMPRESIONANTEMENTE EN PICADA SOBRE UN PRECIPICIO EN LA PRIMITIVA JUNGLA

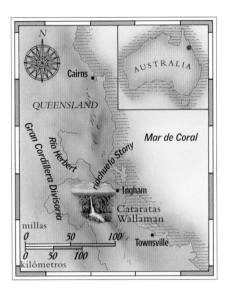

En el corazón de una húmeda y calurosa selva, el riachuelo Stony transcurre inclinado, a través de árboles y arbustos. Aún goteando por la lluvia nocturna, las palmas echan hojas a empellones, y en lo alto se filtra la luz matinal sobre una cubierta de hojas. En algún lugar, una cacatúa negra está llamando, un augurio de más lluvia.

Al acelerarse la corriente, las serpenteantes aguas del riachuelo forman remolinos y giros. Las cascadas bajan por el desfiladero, para desplomarse sobre un acantilado y caer 278 m hasta el río de abajo. Estas son las Cataratas Wallaman,

un plateado listón sobre brumosos halos rubíes, azules y violetas.

El Stony es una de las varias corrientes que nacen en la cordillera costeña del norte de Queensland y caen por la orilla de una llanura hacia el desfiladero del río Herbert. Aquí, en la punta sur de la selva más grande de Australia, existe más diversidad de plantas y animales que en cualquier otra parte del país.

Si se pone atención se podrá ver un

CAÍDA PERPENDICULAR *Al bajar por un despeñadero, las Cataratas Wallman perforan la roca y lentamente repliegan río arriba.*

adormilado oposum, una gigantesca rana verde de árbol o una pitón de 6 m de largo. Las aves van del diminuto pájaro canoro al ave zancuda de pico largo, incapaz de volar y casi del tamaño de un hombre; además, el mundo de los insectos incluye la oruga azul del largo de un brazo y polillas aladas de 25 cm.

Este también es el país del ornitorrinco; si uno se sienta en el agua, podrá escuchar el sonido de una cola plana o alcanzar a ver su piel café plateado.

MAMÍFERO OVÍPARO

Si la naturaleza se hubiera puesto a crear un enigma, no habría podido haber hecho algo mejor que el ornitorrinco. Un mamífero del tamaño de un gato, que pone huevos, parece castor, y tiene patas y pico de pato.

El ornitorrinco está excelentemente adaptado para su vida en la ribera. Hasta su pico es un muy evolucionado buscador de alimento, capaz de sentir las más pequeñas corrientes eléctricas de sus presas como el cangrejo de río.

Pirámide de Ball

UN AISLADO PILAR DE ROCA EMPUJADO HACIA ARRIBA EN EL SUR DEL OCÉANO PACÍFICO ES EL PINÁCULO DE ROCA MÁS ALTO DEL MUNDO

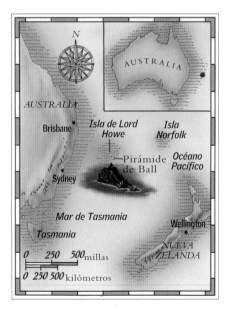

En el mapa, el diminuto punto que marca la Pirámide de Ball casi se pierde en el océano circundante. Pero quienes se encuentran frente a frente con ella en la vida real, difícilmente pueden creer lo que ven. Es un obelisco tan alto que parece que toca el cielo. Aunque sólo tiene 400 m de ancho en su base, alcanza una altura de más de 550 m, casi el doble de la Torre Eiffel. En el *Libro de Récords Guinness*

está listado como el pináculo de roca más alto del mundo.

Descansando en la costa oriental de Australia, la Pirámide de Ball se encuentra 700 km al noroeste de Sydney. Durante su vuelo trans-tasma-niano de 1931, el solitario aviador Francis Chichester, vio hacia abajo la gran roca y la describió como una "gran espada prehistórica de piedra". Sin embargo, esta gigantesca Excalibur

DE REPENTE *Al sur del Océano Pacífico, la Pirámide de Ball se eleva abruptamente como las puntiagudas ruinas de un antiguo convento misterioso.*

no revela sus secretos desde el cielo, sino bajo el mar.

Por debajo de la cristalina superficie del océano, miles de peces de brillantes colores pasan velozmente por las columnas de roca y bajo los arcos. Su campo de juego es una meseta de piedra volcánica, ya que la Pirámide de Ball es un derrumbado volcán extinto hace mucho tiempo, con tan sólo su pico fuera del agua. Es uno de una serie de volcanes que quedaron inactivos hace 7 millones de años.

Desde entonces, el mar ha emprendido una guerra conta la extensión de tierra que se abre camino a través de sus profundidades. Por siglos, las olas han roído las rocas y, gracias a su persistencia y a la ayuda del viento, están ganando. Sólo queda el 3% de la extensión de tierra original, reducida por el uso y desgaste del océano y de una cadena de islas y farallones.

DESCUBRIMIENTO DE BALL

La primera persona conocida en poner los ojos en la roca fue Henry Lidgbird Ball, al mando del barco *Supply*, que pasó por ahí en 1788. Ball le puso su nombre a la roca piramidal y en su camino de regreso ancló en la isla más grande de la cadena, nombrándola Lord Howe, en honor al Primer Lord del Almirantazgo británico.

Cuando el teniente Ball y su tripulación bajaron en la isla con forma de medialuna, de sólo 11 km de largo, se encontraron en un arbolado paraíso donde animales salvajes no mostraban miedo por su cercanía. Pero después, otros barcos llegaron y los hambrientos marineros cazaron hasta su extinción a aves como la gallinula. Desde 1834, la isla de Lord Howe ha estado poblada de gente que vive del comercio con los barcos que pasan.

Junto con los colonos llegaron las ratas. La isla les ofreció abundante comida, los lagartos, aves e insectos no se pudieron defender, y se extinguieron cinco especies de aves. De la misma forma, llevaron a razas únicas de lagarto como los gecos y los skinks, y a los insectos palo a punto de la extinción.

Pero la Pirámide de Ball, a unos 20 km al sur de la isla Lord Howe, sigue intacta. Los barcos la circundan mientras sus pasajeros la miran hacia arriba con asombro. Solo los pájaros marinos no muestran ningún respeto, ya que giran en su cima y se posan en sus peligrosas salientes. Para ellos esta pila barrida por el viento es un hogar ideal y por miles, incluyendo los bobos enmascarados, los petreles de provincia, los bobos tropicales de cola roja, crían sus polluelos ahí cada año.

La isla de Lord Howe, donde las cálidas corrientes tropicales con rumbo al sur se encuentran con las frías del subantártico, tienen el arrecife de coral más al sur. En los rincones y grietas del arrecife y en las piedras colgantes y galerías, existen más de 400 clases de peces tropicales y de agua más fría. Es el único lugar donde se puede encontrar, como el budión, de 76 cm de largo.

Durante dos siglos, la Pirámide de Ball resistió el ataque del hombre. No

"APUÑALA EL AIRE COMO UNA ENORME ESPADA PREHISTÓRICA DE PIEDRA"
Sir Francis Chichester

existen cuevas ni playas donde se pueda desembarcar, sólo una plataforma de desembarco golpeada por las olas.

El mar ha obligado a regresar a muchos escaladores; algunos enfrentaron olas y tiburones al nadar hasta la roca con su equipo. Cuando se esforzaban para encontrar los pocos apoyos en la frágil roca, las aves marinas bajaban en picada hacia sus cabezas y los ciempiés de 15 cm de largo mordían su piel.

Descrita como el "Everest Australiano" la Pirámide de Ball parecía destinada a no ser escalada. El éxito llegó en 1965, cuando Bryden Allen y John David condujeron a un grupo hacia la cima. Casi fueron vencidos en los últimos 60 m, donde las rocas se balanceaban tan precariamente que algunas caían al mar cuando las tocaban. Ahora la Pirámide de Ball está declarada Patrimonio de la Humanidad.

MEZCLA DE COLOR *Peces de agua caliente y fría viven en el arrecife de la Isla de Lord Howe y sus alrededores. Incluyen al pez ángel, el payaso con rayas blancas (de cuerpo más oscuro que sus primos de agua más caliente) y la babosa de mar bailarín español, que parece pétalos de rosa flotantes.*

Nueva Zelanda y El Pacífico

Rotorua

TIERRA DE VAPOR, FUEGO Y ERUPCIONES VOLCÁNICAS, QUE TIENE UNA NOTABLE BELLEZA PROPIA

Ellos, como más tarde los europeos, amaban la cadena montañosa de lagos en el centro de Rotorua. Las aguas estaban llenas de peces, abundaban las aves de varios tipos y la tierra era fértil y cálida. Lo más maravilloso eran las fuentes que proporcionaban agua, no sólo lo bastante caliente para el baño, sino también para cocinar. En ellas había géiseres que periódicamente lanzaban chorros de agua hirviente por el aire.

El actual centro turístico de Rotorua, construido en la playa del lago, depende también de estas maravillas, pero sufre la desventaja de hallarse al centro de la zona volcánica Taupo, enormemente inestable, que corre a través de gran parte de la Isla Norte. Con frecuencia, la tierra se agita bajo los pies y suelta un vapor amenazante, aunque estas amenazas rara vez son cumplidas, por lo que muy

Para los recién llegados, el olor a huevo podrido penetra todo de inmediato. Surge en nubecillas de vapor de drenajes de lluvia, profundas grietas del camino, trampas de lodo en el campo de golf y hasta de camas de flores en el jardín. Los rotoruanos, cansados de explicar que el tufo es sulfuro de hidrógeno, el aliento de la actividad volcánica, dicen simplemente que luego de un par de días no se nota. Y así es.

De cualquier forma, se reciben muchas compensaciones y éstas son muy valiosas. Desde que los maoríes invadieron lo que hoy es Nueva Zelanda, viniendo de Polinesia en el siglo XIV, la zona de Rotorua ha sido el país del gran grupo de tribus arawa.

FUERZA DE LA NATURALEZA *Cráteres colosales en el monte Tarawera recuerdan la erupción que destrozó la zona en 1886.*

cerca del centro, en Whakarewarewa, hay atracciones como Geyser Flat con sus siete géiseres activos.

Cuando la roca fundida subterránea calienta el agua hasta convertirla en vapor presurizado, los géiseres lanzan columnas de agua hirviente. El más espectacular es Prince of Wales Feathers, un géiser triple que sube casi 12 m. Por lo general, esto actúa como una apertura de telón para el Pohuto, de 30

m, sugiriendo que ambos están ligados bajo tierra de alguna forma. Cercanos están los estanques de lodo hirviente que estallan, se retuercen y se aglutinan.

Cerca de 24 km al sureste está Waiotapu, cuyo géiser Lady Knox ha sido ayudado a elevarse a grandes alturas con la inserción de una tubería de hierro. Una dosis de jabón, administrada diariamente, dispara una fuente de espuma que llega hasta la copa de los árboles.

Mucho menos divertido es el valle Waimangu, silencioso y amplio desierto de cráteres desnudos y estanques hirvientes. Más allá se encuentran los lagos Tarawera y Rotomahana, sobre los que alguna vez se levantaban las renombradas terrazas Pink y White, una deliciosa formación de sílice exactamente igual a los pisos de un pastel de bodas. Desaparecieron el 10 de junio de 1886, cuando el cercano monte Tarawera explotó con un rugido que se oyó a más de 160 km, y el lago Rotomahana se disolvió en un elevado pilar de lodo y vapor. No hubo advertencia de la erupción, aparte -según se dice- de la aparición de una fantasmal canoa maorí de guerra navegando en las

UNA DOSIS DIARIA DE JABÓN DISPARA UNA FUENTE DE ESPUMA

brumosas aguas del lago Tarawera una o dos semanas antes. La poderosa explosión no sólo borró las terrazas, sino también enterró tres aldeas, matando a 155 personas. La evidencia de ese desastre es bastante abundante: un cráter como la huella de un gigante sobre nieve profunda, se extiende por 20 km en el Monte Tarawera, y los riscos en el ampliado lago Rotomahana sueltan vapor perpetuamente. Una de las aldeas, Te Wairoa, ha sido desenterrada y atrae visitantes como una pequeña Pompeya.

COMBUSTIBLE GRATIS *En una fotografía del siglo XIX, mujeres maoríes cocinan en una fuente caliente cerca de Rotorua.*

Milford Sound/ Piopiotahi

ENORMES MONTAÑAS Y CASCADAS ESPECTACU-LARES SUBRAYAN LA GRANDEZA DEL FIORDO MÁS FAMOSO DE NUEVA ZELANDA

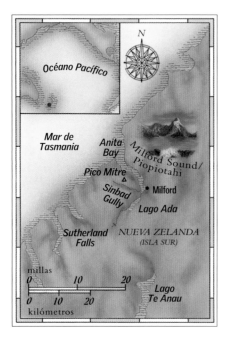

ATRACTIVO ÁSPERO *La angosta entrada a Milford Sound, que no vio el capitán Cook, oculta una escena de esplendor no superado de fiordo y montaña.*

El ocaso en un día tranquilo es la mejor hora para apreciar Milford Sound (conocido también como Piopiotahi). La niebla corona las puntas de los picos de la montaña que se yergue de la orilla del agua y se refleja en el azul del mar. El capitán James Cook, que descubrió los fiordos de Nueva Zelanda en la década de 1770, no descubrió la oculta entrada a Milford Sound, por lo que se perdió de ver su deslumbrante esplendor escénico.

Un brazo de mar que entra 15 km tierra adentro, recibió su nombre europeo de John Grono, capitán galés de un barco de focas en la década de 1829. Le dio el nombre de su hogar natal: Milford Haven, en Gales del Sur. Pero para maoríes que iban a recoger diorita de la playa en Anita Bay, cerca de

la boca del canal, se llamaba *Piopio-tahi*, que significa "petirrojo solitario". Los dos nombres son usados en la zona.

Se decía que el petirrojo fue el compañero del legendario héroe maorí. Maui, que buscó la inmortalidad para la raza humana con la Diosa de la Muerte, haciéndole el amor mientras ella dormía. Pero a la mañana siguiente fue despertada por el canto del petirrojo, y enfurecida aplastó a Maui entre sus muslos hasta matarlo. El pájaro voló con el corazón roto a Milford Sound para vivir en soledad y arrepentimiento.

Hace millones de años, los glaciares hicieron estrías en los valles y en las profundas brechas de Milford Sound y los fiordos anexos en la costa sureste de

la Isla Sur. El mar de Tasmania intervino al fundirse el hielo hace cerca de 10 000 años. Mas la leyenda maorí expresa una historia más poética. Dice que la Isla Sur era el casco de una canoa medio hundida que se volvió piedra, y fue convertida en tierra habitable por el hacha del Dios del Mar. Éste empezó a trabajar en los fiordos y la costa dentada; las islas en el extremo sur, en torno a Dusky Sound, se atribuyen a su inexperiencia inicial. Mejoró al trabajar hacia el norte, y Milford Sound, más al norte de los fiordos, fue su mejor creación.

Sin embargo, la Diosa de la Muerte también puso su parte. Estaba tan alarmada por los atractivos de la zona que, para desanimar a los visitantes

humanos, soltó plagas de insectos: pequeños mosquitos (*sandfly*) cuyas picaduras producen comezón. Se dice que el lugar donde los liberó fue Sandfly Point, donde los insectos son más molestos.

El pico Mitre, 1 691 m, a mitad de la costa sur del canal, es una de las montañas más altas que se levantan directamente del mar. Le dio ese nombre el capitán J. L. Stokes, comandante del barco de investigaciones de la Armada Británica, *Acheron*, en 1851, quien pensó que el pico parecía la mitra de un obispo. El capitán Stokes quedó maravillado por los altos riscos del canal, los cuales, escribió, "achican los mástiles del *Acheron* hasta desaparecerlos". Como con muchas de las montañas de Milford Sound, un verde bosque de lluvia aparece en las laderas más bajas del pico Mitre, alimentado por las altas precipitaciones de una de las partes más húmedas de Nueva Zelanda. Fieros y frecuentes vientos e intensas lluvias hacen del canal una tierra maravillosa de cascadas fugaces, algunas azotadas con tal fuerza por el viento que saltan hacia el cielo.

EL BOSQUE DE LLUVIA SE APOYA EN LAS LADERAS BAJAS DE LAS MONTAÑAS EN TODO EL CANAL

Hay también cascadas estables muy impresionantes, como las Stirling, que caen 146 m directamente al mar, en medio de dos rocas de forma curiosa, conocidas como el León y el Elefante.

Las cataratas Bowen, cerca de 15 m más altas, hacen una caída en dos canales al mar, moviendo las rocas al caer. Pero estas cascadas no son nada comparadas con las Sutherland, que se desprenden con tres saltos al pie de la montaña, del lago Quill al río Arthur, en la cabeza del canal. Estas cascadas de 580 m, están entre las diez más altas del mundo. Donald Sutherland descubrió las cascadas al buscar oro en la década de 1860. 'Si llegara a establecerme, sería aquí', prometió. Cumplió su deseo en 1877 y permaneció en Milford Sound hasta su muerte a los 80 años, en 1919. Sutherland construyó una cabaña conocida como la Ermita del Canal, junto al Freshwater Basin, y exploró solitariamente durante dos años antes de que se le uniera su amigo John Mackay.

Juntos atravesaron las que serían Cascadas Southern en noviembre de 1880, mientras exploraban los ramales del valle del río Arthur.

Hasta que Sutherland hizo un trayecto en 1888, comisionado por el gobierno de la provincia, las cataratas eran inaccesibles. Will Quill, uno de los jóvenes investigadores, con la encomienda de hacer mapas del área del trayecto, escaló hasta la cumbre de las cataratas y llegó al lago que ahora lleva su nombre.

Quill dijo a sus colegas "La desembocadura es un profundo precipicio de cerca de un centenar de metros de longitud. El agua corre por ahí con enorme fuerza y rapidez, haciendo un ruido

PAÍS DEL PIONERO *Nubes de tormenta y nieve (arriba) ponen un encanto misterioso en Milford Sound. Los primeros habitantes fueron Donald Sutherland (izq. centro) y su esposa Elizabeth (der.).*

terrible". Quill murió un año después, en una caída de la Gertrude Saddle, no lejos de ahí. El sendero trazado por Sutherland se volvió parte del Milford Track, una escarpada ruta de tres días para caminantes, que se extiende 50 km al norte del lago Te Anau.

Donald Sutherland se casó con una escocesa, la viuda Elizabeth Samuel, en 1890. Tras una vida de aventuras: poli-

CASCADA ASOMBROSA *Las Cascadas Sutherland caen unos 600 m al lago Quill en tres grandes saltos, o en unos solo si las lluvias han sido copiosas.*

zonte a los 12 años, Camisa Roja en el ejército de Garibaldi (el general italiano de guerrilla) a los 17, y marinero, cazador de focas, pescador de aren... buscador de oro, s... ... ... en hotelero tras su m... ...nio. A medida que los turistas llegaban a las cataratas, la pareja construyó un hotel en Milford, que se levanta en la cabeza del canal.

Hoy los visitantes pueden apreciar la magnificencia de las Cascadas Sutherland desde el aire, navegar por el Milford Sound, o pueden llegar por el sur, no sólo por el Milford Track para caminantes, sino también por el camino

de autos, por paisajes inigualables entre Te Anau y Milford.

Uno de los pájaros más raros del mundo, una codorniz que no vuela, llamada takahe, habita en las montañas de Fjordland. D... 50 años se pensó que estaba ext... redescubierta en la zona en 194...

EXTRAÑO LORO

Sinbad Gully, en el pie sur del pico Mitre, donde cierta vez Sutherlan... fue a buscar oro, es uno de los hábitats más recientemente conocidos del raro kakapo, un perico grande, nocturno, que no vuela y que está en peligro de extinción. Antes había muchos kakapos amarillo verdoso, y el estruendoso llamado de las aves macho tenía a los exploradores despiertos durante la noche. Sin embargo, las comadrejas y las ratas, llevadas a fines del siglo XIX, los devastaron. Rara vez vistos por visitantes son los kiwis, comedores nocturnos y no voladores, comunes en la región. Pero sus quejumbrosos gritos, apenas oscurece y justo antes del amanecer, son parte de las innumerables atracciones de Milford Sound.

Taranaki o Egmont

EN UN PROMONTORIO, UN MONTE VOLCÁNICO SE YERGUE COMO GIGANTE SOLITARIO SOBRE EL MAR DE TASMANIA

mapa:
OCÉANO PACÍFICO
N
New Plymouth
Mar de Tasmania
Montes Kaitake
▲ Monte Pouakai
Cataratas Bells
Monte Egmont
Cataratas Curtis
Cabo Egmont
Pico de Fantham
Cataratas Dawson
NUEVA ZELANDA (ISLA NORTE)
millas
0   10   20
0   10   20
kilómetros

LLEGANDO AL CIELO *El pico nevado del Monte Taranaki o Monte Egmont se yergue sobre las nubes, pero en sus laderas bajas el árbol lucha constantemente por la luz.*

Elevándose como una isla en un mar de pasto, el monte Taranaki o Egmont parece espejismo: a veces está, otras no. En la costa sudoeste de la Isla Norte de Nueva Zelanda, la niebla a menudo oculta la montaña.

Pero en tiempo claro, el pico de la montaña penetra la orilla del cielo, y es visible de lejos. Desde las capas de nieve de su cúspide, a 2 494 m, hasta la selva de sus pendientes, la montaña ofrece un paisaje deslumbrante e impresionantes.

Los maoríes dicen que una lucha pasional llevó al Taranaki o Egmont a este sitio. Alguna vez Taranaki vivía en el centro de la Isla Norte, pero peleó con otra montaña masculina, Tongariro, por una montaña femenina, Pihanga. Taranaki fue vencido. Corrió hacia el sudoeste, tallando la garganta del río Wanganui a su paso.

Las heridas dentadas en los flancos superiores de la montaña cuentan otra historia: fueron hechas de lava, ya que es un volcán. Nació hace 70 000 años, luego de que los volcanes Pouaki y Kaitake se extinguieron. Desde entonces, el monte Taranaki o Egmont ha hervido periódicamente, lanzando piedra y lodo, por sus pendientes. La erupción más feroz la época reciente ocurrió en 1500, cuando se desplomaron las rocas suficientes para sepultar el bosque de las laderas. La última

LUCHA DE GIGANTES *Un pino rimu tiene un árbol rata tipo vid creciéndole encima. Con el tiempo la rata puede oscurecer al rimu.*

llamarada fue en 1665, y hubo una erupción menor en 1775.

Pero la violencia de un volcán puede alimentar tanto como destruir. Los labriegos pueden agradecer a las cenizas volcánicas por el suelo fértil que, junto con fuertes lluvias, proporcionan a las colinas del monte Taranaki o Egmont profusas plantas y vida de insectos. Algunas especies son desconocidas en otras partes, pues se han desarrollado variedades distintas, incluso dos tipos de violetas de montaña, un helecho diferente y dos polillas raras.

Entrar a la profusa vegetación que cubre las colinas bajas hasta cerca de los 900 m, significa perderse en un bosque lluvioso donde los árboles rimu, que crecen 30 veces el tamaño de un hombre, llegan hasta la luz del Sol. Los árboles rata, que buscan también la luz solar, empiezan a vivir sobre ramas de rimu. No se alimentan de la savia del rimu, sino que lanzan sus raíces a la tierra en busca de sustento. Con el tiempo, el árbol rata puede privar al rimu de luz. Pero ambos están despareciendo y los árboles kamahi se extienden.

Árboles más pequeños y más fuertes se apoderan de la parte más alta de la montaña, algunos kaikawaka (cedros de montaña) son sobrevivientes de 400 años de la erupción de 1665. Más allá, cerca de los 1 070 m hay densos matorrales de madera correosa de la altura de una cabeza. Más arriba, las flores alpinas iluminan despeñaderos y screes. Finalmente, en la cúspide, no hay sino musgo y liquen.

ÚLTIMO BALUARTE

Durante siglos, sólo los maoríes habitaron en la montaña. Sus valles fluviales les dieron el rojo ocre, el cual mezclaban con aceite de tiburón para hacer pintura corporal. Sus bosques los ocultaron de enemigos. Sus cavernas fueron tumbas para los jefes muertos. Cuando el navegante holandés Abel Tasman navegó hasta allá en 1642, debió de haber sido un día nebuloso, pues no hizo mención de la montaña. No fue sino hasta la tarde del 10 de enero de 1770 cuando el monte Taranaki o Egmont se reveló a los ojos europeos, a los del explorador y capitán británico James Cook, quien le dio el nombre de Egmont, en honor de un antiguo Primer Lord del Almirantazgo.

En 1839, guías maoríes condujeron a dos hombres: Dr. Ernst Dieffenbach y James Herbeley, un ballenero inglés, en la primera expedición europea hasta la cumbre. Siguieron los pasos de Tahurangi, un jefe maorí que se dice subió hasta la cumbre varios siglos antes. Una delgada nube que con frecuencia parece girar en torno a la cúspide se dice que es el humo de su fuego. Debido a la creencia de que espíritus y reptiles místicos merodean la cumbre, los guías maoríes no se aventuran más allá de la línea de la nieve. Los dos europeos treparon solos hasta la cima.

Hoy, cerca de 150 años más tarde, el monte Taranaki o Egmont es el pico más escalado del país. Unas 200 000 personas lo visitan cada año, muchos siguiendo el sendero hacia la cumbre. La tierra, dentro de un radio de 10 km, ha estado protegida desde 1881. La frontera es fácil de distinguir: árboles en el interior y campos afuera.

El Taranaki o Egmont es el último baluarte de los bosques que alguna vez cubrieron la región. La montaña permanece indomable. Sus cambios de humor pueden tomar desprevenidos a sus visitantes —como cuando sopla viento o cae la niebla. Y el volcán está dormido, no extinto, y puede despertar.

DE LAS CUMBRES NEVADAS AL BOSQUE, EL PAISAJE DESLUMBRA LAS MIRADAS

ORQUÍDEA DEL BOSQUE

Frondosos helechos y plantas rastreras florecen en los bosques del monte Egmont, y a menudo de los árboles cuelgan largas guirnaldas de musgo verde.

A veces, entre las ramas de árboles como el kamahi y el rimu, los delicados pétalos rosados de la pequeña hoja de la orquídea de bambú (ab.) parecen asomarse. Esta orquídea se encuentra en la parte baja de las ramas de los árboles; es una epifita que usa las ramas del árbol como apoyo, pero no se alimenta de su savia. En vez de ello, sus raíces toman su alimento de la materia en descomposición en la superficie de las ramas.

Volcanes de Tongariro

EN EL CENTRO DE LA ISLA NORTE ESTÁN TRES VOLCANES ACTIVOS, UNO DE LOS CUALES HACE EXHIBICIONES FRECUENTES E IMPRESIONANTES

Una gigantesca pluma blanca de vapor y gas se eleva del cráter del Ngauruhoe, volcán de 2 291 m en el corazón de la Isla Norte de Nueva Zelanda. Pertenece a un trío de volcanes activos. Al norte, Tongariro, un complejo grupo de picos, conos y cráteres, y al sur el Raupehu, de 2 797 m, el pico más alto de la Isla Norte. Los tres volcanes forman el núcleo del Parque Nacional Tongariro.

El Ngauruhoe es el más espectacular de los tres. Se trata de un volcán clásico, un cono con laderas inclinadas, con un cráter de 400 m de ancho en la cúspide, que ha estado activo al menos desde que los europeos se establecieron en Nueva Zelanda a finales de la década de

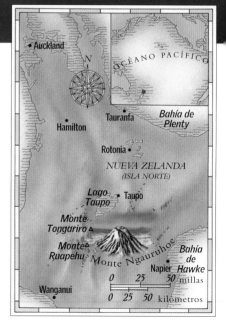

CALIENTE Y FRÍO *El cráter bordeado de nieve del Monte Ruapehu, el pico más alto de la Isla Norte, tiene un lago sulfuroso caliente, a pesar de estar rodeado de hielo.*

1830. En lapsos de unos cuantos años se agita en acciones más dramáticas y escupe ceniza que luego llueve en los campos aledaños.

Con menor frecuencia, el Ngauruhoe explota con violencia, enviando ríos de lava por los costados y cambiando su perfil. En 1954 escupió lava por el aire e hizo "continuos ruidos chirriantes y resonantes" al moverse. Las erupciones también producen cambios en el mismo cráter, y conos secundarios se forman dentro del cráter principal.

La nieve cubre la cima del Ngaurugoe en invierno, pero el Ruapehu está cubierto de nieve todo el año y es un atractivo para los esquiadores que combinan el incentivo del deporte con el riesgo de esquiar en un volcán activo. El peligro es real. El lago del cráter del Ruapehu rompió su bordo en 1953 y se derramó por la ladera arrastrando piedras y hielo, llevándose un puente del ferrocarril, provocando un choque de trenes que mató a 151 personas. Un derrame similar en 1969 cruzó por una zona de esquí, pero de noche.

Al costado del monte Tongariro, de múltiples cráteres, hay un extraño paisaje conocido como salto de Ketetahi. Ahí los géiseres lanzan al aire

chorros de agua hirviente, burbujean estanques de ardiente lodo y estallan como un gigantesco caldero de brujas, resopla ensordecedoramente y el pesado y penetrante olor a sulfuro llena el aire.

FLORES DE PRIMAVERA *Ranúnculos gigantescos de montaña crecen en la ladera de los volcanes, y producen muchas flores blancas en primavera e inicios del verano.*

En lo referente a volcanes, el Ngauruhoe es joven. Se cree que la actividad volcánica de la zona empezó hace aproximadamente 2 millones de años, pero el Ngauruhoe, en realidad un retoño del cercano Tongariro, se formó hace apenas 2 500 años.

En una leyenda maorí, la actividad volcánica fue llevada a la Isla Norte por un *tohunga*, persona con poderes especiales. Se dice que el tohunga Ngatoro-i-rangi viajó hacia el sur de su cálida Polinesia natal, descubrió en la lejanía el pico cubierto de nieve y se dispuso a escalarlo. Llevaba consigo a su esclava Auruhoe y ordenó al resto de sus acompañantes que ayunaran mientras estaba lejos. Sin embargo, los compañeros de Ngatoro lo desobedecieron y rompieron el ayuno; los dioses, enojados, enviaron ventiscas a la montaña. Ngatoro oró a los dioses, y éstos respondieron con fuego que lo reanimó. Peo llegó demasiado tarde para salvar a Auruhoe, y Ngatoro lanzó su cuerpo congelado al cráter del pico que lleva ahora su nombre.

Los tres volcanes eran sagrados para los maoríes. Enterraron a sus jefes en grietas en las laderas e intentaron impedir que los europeos los escalaran. El botánico británico J. C. Bidwill, llegó a la cima del Ngauruhoe en 1839 e intentó explicar a los enfurecidos habitantes que no había hecho mal alguno puesto que si la montaña era sagrada para los maoríes, el tabú no se aplicaba a los hombres blancos.

'UNA ESPESA COLUMNA DE HUMO SE LEVANTÓ COMO UN HONGO'
J.C. Bidwill

El Ngauruhoe revivió durante el ascenso de Bidwill. Oyó un ruido "no distinto al de la válvula de seguridad de una máquina de vapor" que duró cerca de media hora, y vio "una espesa columna de humo negro [que] se elevó cierta distancia y luego se extendió como hongo". Cuando llegó al cráter, el volcán emitió un rugido y Bidwill inició una rápida retirada, ya que "no deseaba ver una erupción tan cerca como para ser hervido o morir quemado".

En 1887 el jefe maorí Te Heuheu Tukino IV entregó Ngauruhoe, Tongorino y Ruapehu al gobierno como regalo para todos los habitantes de Nueva Zelanda, porque se temía que las montañas sagradas fueran adquiridas por colonos europeos.

Los volcanes se elevan sobre un paisaje variado. En algunos sitios es yermo y lunar, pero en las áreas más húmedas y bajas hay bosques con árboles altos, orquídeas y helechos. Tierras de arbustos de brezos y hierbas aparecen más alto, y más arriba ranúnculos de montaña y margaritas siemprevivas están dispersos en las laderas superiores de los tres espectaculares volcanes.

ÁSPERO Y SUAVE *La nieve invernal hace rayas en el suave cono de Ngauruhoe, y a lo lejos, la cima irregular del Monte Ruapehu se eleva sobre las nubes.*

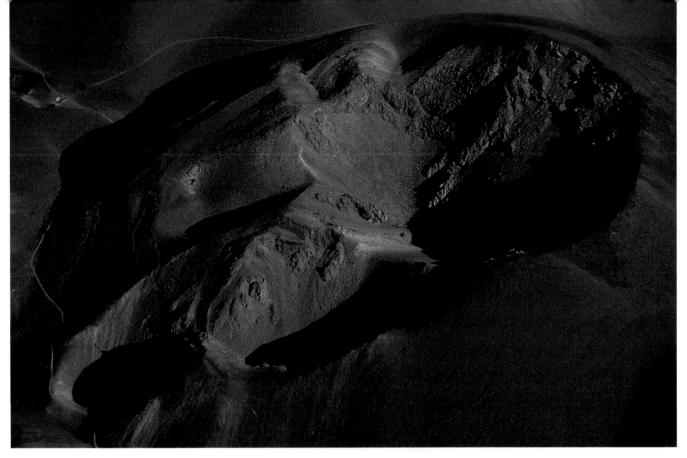

Cráter Haleakala

ENORME Y MAJESTUOSO, EL VOLCÁN DORMIDO MÁS GRANDE DEL MUNDO SE ELEVA SOBRE LA ISLA HAWAIANA DE MAUI

Tan enorme es el cráter Haleakala en la isla Maui de Hawai, que el escritor norteamericano Mark Twain escribió: "Si tuviese fondo plano sería un buen lugar para una ciudad como Londres." El cráter del Vesubio, dijo, era en comparación un "modesto hoyo."

El vasto tazón del Haleakala tiene 34 km de circunferencia y más de 800 m de profundidad, suficiente para acomodar Manhattan. Dentro de él hay un desnudo paisaje de rocas, multicolores conos de cenizas y raras formas de lava que parecen estatuas. Pero en esa montaña de 3 055 m de alto, el cráter está a menudo envuelto en nubes. Mark Twain, después de observar desde el borde elevarse al Sol sobre el cráter lleno de nubes, escribió: "Me siento como el Último Hombre... que quedó

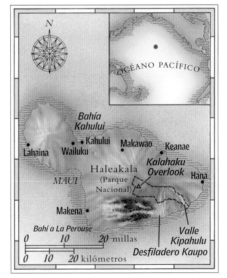

como pináculo en medio del cielo, reliquia olvidada de un mundo desaparecido." Era, dijo, el espectáculo más sublime que hubiese presenciado. Hoy, los visitantes pueden ir en viajes de grupo a ver el amanecer del Haleakala, cuando nubes rosadas y diáfanas nubes se visten lentamente de oro.

El nombre Haleakala significa 'Casa del Sol'. Según una leyenda hawaiana, el semidiós Maui trepó a la cima antes del amanecer y amarró los rayos del Sol uno a uno al aparecer sobre el borde. Hizo que el Sol prometiera cruzar el

CASA DEL SOL *La fuerte luz solar resalta los conos de ceniza de varios matices dentro del enorme cráter del Haleakala.*

cielo más lentamente para que hubiera más luz, para que crecieran las plantas y para que los pescadores pescaran.

En 1790, según las historias locales, el Haleakala escupió un chorro de lava por un respiradero lateral hasta la bahía La Perouse. Fue ésta su última erupción, aunque los científicos piensan que puede hacerlo nuevamente.

SIGLOS DE EROSIÓN

El gran cráter del volcán no es del todo resultado de la acción volcánica. Ha sido tallado durante miles de años por la erosión: el viento, la lluvia y arroyos que corren como el Kaupo y el Keanae, todos han puesto su parte.

Pero los multicolores conos de ceniza, como el Pu'u o Maui (Colina de Maui), de casi 300 m de alto, son resultado de la acción volcánica de hace 800 o 1000 años, mucho después que el Haleakala hubiese asomado su pico sobre el mar. Azufre y hierro

MOMENTO MÁGICO *(al dorso) El ocaso inunda el silencioso cráter y crea una escena de fuerte desolación; los conos se ven rojizos antes que la oscuridad los envuelva.*

Hay algo de vegetación entre la ceniza y la escoria dentro de la alfombra de helechos en las pendientes al sur del cráter. Pero las plantas más notables son las brillantes silversword. Sus hojas suculentas están cubiertas de pelos que actúan como espejo al reflejar la luz solar, y crecen en rosetas de picos que protegen del Sol las raíces de la planta durante el día y del frío en la noche.

ESPLENDOR EFÍMERO

Cuando la silversword florece (sólo una vez en 10-15 años), su magnífica columna de flores marrón crece hasta la altura de un hombre. Luego que las flores y los frutos mueren, queda un esqueleto blanqueado por el sol. Otra rareza son los nidos del ganso silvestre de Hawai sobre la tierra, o nene (pronunciado ney-ney), que pueden verse sobre el cráter. La introducción de animales como ratas y mangostas acabó con la población original de nenes de Maui, pero el ave fue reintroducida en la década de 1960.

El follaje abunda en las pendientes exteriores del cráter, bajo las marismas alpinas del borde. En el encantador valle Kipahulo que desciende por las pendientes orientales, el bosque de lluvia y los matorrales de bambúes son rotos por el Ohe'o Stream, una serie de estanques centelleantes ligados por cortas cascadas que caen hacia el mar. Volcán y valle constituyen un parque nacional. Al igual que el cráter, el valle está a veces envuelto en una niebla turbulenta.

MONTES VERDES *A partir del borde del cráter (arr.), sus laderas rugosas y boscosas llegan hasta el mar por tres costados. Dentro del cráter (izq.) crece la rara y elegante planta silversword.*

fueron vomitados con la lava ardiente produciendo las rayas amarillas y rojas. Los conos incluyen Bottomless Pit y el Paint Pot de Pelé, llamado así por la diosa Pelé, que se dice creó los volcanes. Los hawaianos tiraban cordones umbilicales al cono de 20 m de hondo del Bottomless Pit, pidiendo que los recién nacidos crecieran para convertirse en adultos de valía. Esparcidas en todo el piso del cráter hay "bombas" volcánicas, de un tamaño que va de un puño hasta el de un auto. Son fragmentos de lava fundida que se endureció al caer en tierra.

Monte Waialeale

ES ESTE EL LUGAR MÁS LLUVIOSO DEL MUNDO – LAS COLINAS DE UN VOLCÁN EXTINTO CUBIERTAS DE SELVA

A medida que la náufraga Jessica Lange se acerca a una isla selvática en la versión de 1976 de *King Kong,* murmura "Siento que éste va a ser el mayor suceso de mi vida". Un observador pedante añadiría: "Y el más mojado". El escenario para su encuentro con el gigantesco gorila fue Kauai, una isla de Hawai cuya montaña central es el sitio más lluvioso del mundo.

La isla es lo bastante dramática como para ser el hogar de la bestia más famosa de Hollywood. Un volcán extinto llamado Waialeale eleva desde el océano su vasto cráter constantemente cubierto de nubes. Riscos de filosos bordes separan barrancos hechos por milenios de lluvia, y el lujuriante verdor se extiende hasta playas doradas. No sorprende que Kauai sea un sitio preferido por los cineastas: parte de *South Pacific* se filmó ahí, al igual que las secuencias iniciales de *Cazadores del Arca Perdida.*

EL SITIO MÁS HÚMEDO DEL MUNDO
Listones de agua caen de la cima del monte Waialeale barrida por la lluvia.

Waialeale es parte de una cadena de volcanes que se elevan del piso oceánico 5 500 m más abajo. Fueron formados uno a uno al subir lava de un "punto caliente" muy adentro de la Tierra. El suelo oceánico se mueve aquí hacia el

noroeste cerca de 10 cm por año, al deslizarse una de las placas de la corteza terrestre sobre la capa semi fundida de abajo. El punto caliente, sin embargo, permanece en su lugar.

Cada volcán fue gradualmente arrastrado por la placa deslizante lejos de su fuente de roca fundida y se extinguió, dejando que otro se formara en el punto caliente. Waialeale, el volcán de Kauai, empezó a formarse de esta manera hace 6 millones de años, y Hawai, la más nueva de las islas, aún se está formando.

Waialeale es un buen nombre pues significa "sobre agua que fluye". La lluvia que cae en la cima promedia 12 350 mm al año, casi 20 veces la de Londres. Esta es una cifra promedio, en

1948 la precipitación totalizó casi una tercera parte de eso de nuevo. El diluvio es producido por los vientos llenos de humedad que soplan por el Océano Pacífico del noreste. Al golpear el viento los costados del Waialeale brama en los desfiladeros, y condensa y libera la carga de agua.

Un resultado de tanta lluvia, es la vegetación de invernadero de la montaña. El Pantano Alakai, una depresión de turba en sus costados, sustenta una jungla de raras plantas y aves en una ciénaga brumosa de aguas color de té y marismas de lodo negro. Los árboles que aparecen como fantasmas entre la bruma del Alakai incluyen el lapalapa, cuyas hojas aletean

PICOS HECHOS PARA UN OBJETIVO

Amakihi

Iiwi

Apapane

Hace 5 millones de años, los ancestros del azucarero hawaiano volaron 3 200 km por el Océano Pacífico, desde América del Norte, y aterrizaron en Kauai y otras islas de Hawai. Sin embargo, grupos de pájaros quedaron aislados unos de otros, en islas, atolones de coral y en valles lejanos. Se alimentaron con la abundante comida local, y aquellos con el pico más adecuado a esa comida sobrevivieron y se reprodujeron.

Al poco tiempo –en términos evolutivos– surgieron diferentes especies del azucarero con picos variados. Un pico largo y delgado, ligeramente curvo, como el del iiwi, puede comer néctar de flores tubulares. Un pico corto y rígido es ideal para partir nueces y

semillas; uno poderoso puede rasgar corteza y extraer larvas.

La mayoría de las 15 especies que sobreviven son ahora raras, y sólo el apapane y el amakihi, comedores de insectos y néctar, se encuentran en todas partes.

a la menor brisa, y el ohia, que produce flores rojo brillante. Todos los árboles están tapizados con capas empapadas de musgo, que convierten las ramas delgadas como un dedo, en "esponjas" verdes, gruesas como un brazo.

El Waialeale tiene pocos animales grandes. El único mamífero que llega a la isla sin ayuda humana es el murciélago; los demás han sido introducidos por la sucesión de pueblos que han llegado a vivir a este paraíso subtropical. Los polinesios llegaron aquí alrededor de 750 d.C., tras un viaje de 4 000 km por el océano en canoas de doble casco. En el siglo XIX, japoneses, norteamericanos, filipinos, chinos y europeos de varios países llegaron a Kauai, muchos de ellos atraídos por las plantaciones azucareras de la isla.

Los polinesios llevaron cerdos a la isla, y hoy los biólogos, abriéndose paso por entre lodo hasta la cintura y por

UNA CIÉNAGA DE AGUAS COLOR DE TÉ Y MARISMAS DE LODO NEGRO

profundos abismos, encuentran cerdos salvajes. Las cabras, introducidas por el navegante capitán Cook, quien visitó la isla en 1778, también pastan en las laderas de la montaña. Sus pezuñas les dan poco apoyo en el lodo y en la turba cenagosa, y se les han extendido hasta ser del tamaño de platos.

En todas las islas de Hawai, muchos pájaros se han extinguido debido a la destrucción de sus hogares en los bosques y a la competencia de aves introducidas en las islas. En Kauai, sin embargo, las aves han tenido mejor suerte y una razón puede ser que ahí no se introdujo la mangosta.

Durante el siglo XIX, las islas Hawai se convirtieron en una fuente cada vez más importante de caña de azúcar. Las plantas fueron atacadas por una plaga de ratas y en 1883 se llevaron mangostas para controlar la plaga. No sólo atacaron ratas, sino que se comieron los huevos y polluelos de las aves que anidan en tierra.

Algunos pájaros se encuentran sólo en Kauai. El anianiau, azucarero de 10 cm de largo, vive sólo en las tierras altas de la isla, en árboles ohia. Otros pájaros están restringidos al Pantano Alakai: el oo de Kauai, con su fantasmal canto, vive ahí y sólo ahí.

IR DE PESCA

Un pájaro muy raro de las montañas de Kauai es el ao, del tamaño de una paloma. Anida en madrigueras como los frailecillos, y en consecuencia es fácil víctima de las mangostas en otras islas. Estas torpes avecillas hacen fuertes ruidos al regresar de pescar, se meten en la tierra en medio de la densa vegetación y rascan su camino bajo la maleza baja hasta su madriguera. Para echarse a volar, los pájaros trepan a una planta y luego aprovechan las fuertes corrientes de aire para obtener la elevación que precisan.

La lluvia, el lodo y las pendientes vertiginosas desaniman a los visitantes, y ello ha preservado al Waialeale del turismo que invade ésta y otras islas hawaianas. Siempre y cuando las mangostas sean mantenidas a raya, el Waialeale seguirá siendo el Jardín del Paraíso tan gustado por los cineastas.

CASCADAS DE LA SELVA *La enorme cantidad de lluvia en el Monte Waialeale produce cascadas (izq.) que penetran profundamente sus costados, y en una densa selva donde crecen plantas como este icic de intenso color.*

Bora-Bora

ESTA IDÍLICA ISLA TROPICAL TIENE PLAYAS DESLUMBRANTES, PALMERAS QUE SE MECEN Y UNA LAGUNA AZUL ENCANTADORA

La perla del Pacífico, el lugar más aproximado al Paraíso en la Tierra, la isla de los sueños, todos estos nombres se le han dado a Bora-Bora. Para el autor norteamericano James Michener era la isla más hermosa del mundo y el modelo para su isla mágica Bali-h'ai, mencionada en *Tales of the Pacific* y presentada como canción en la comedia musical de Rodgers y Hammerstein *South Pacific*, en 1949.

Bora-Bora es una isla de tranquilidad, como un sueño, en el corazón de la Polinesia francesa, una de las más bellas del grupo Leeward de las Islas de la Sociedad. Playas blancas y brillantes, enmarcadas por palmeras, verdes colinas y profusión de hibiscos, se extienden a un lado de una laguna clara como el cristal. Las temperaturas, que van de 24°C a 28°C, son moderadas por la fresca brisa de los vientos alisios del este.

Hay sólo un brazo navegable por el anillo de las islas de coral –llamado localmente *motus*– por lo que la laguna es una bahía natural. Al igual que la isla principal, que es como del doble de tamaño que Gibraltar, hay dos islas más pequeñas, Toopua y Toopuaiti, ambas

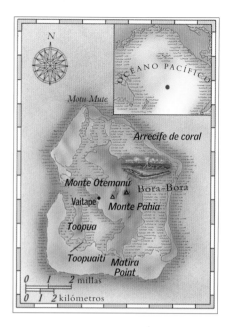

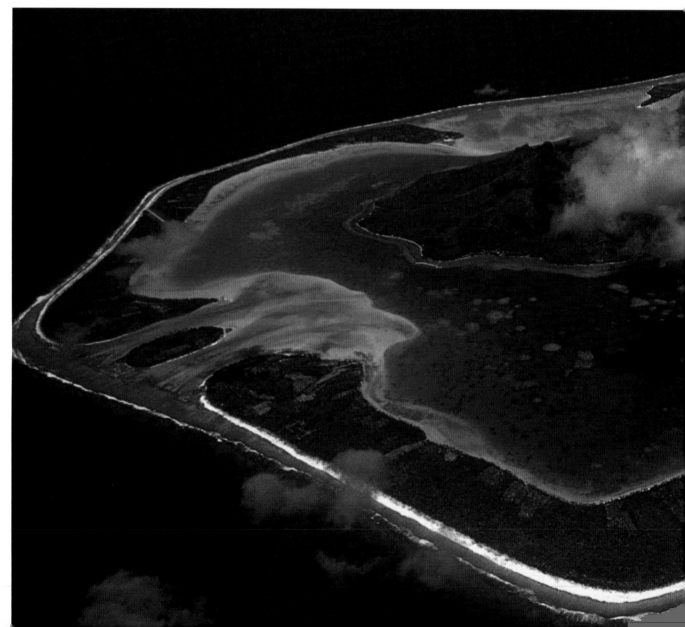

remanentes del erosionado cráter. Dos agudos picos dominan Bora-Bora: el monte Pahia, (660 m) y el Otemanu (725 m). Los polinesios colonizaron la isla hace unos 1 100 años, y hay en ella varios templos. Uno tiene lápidas de piedra esculpidas con tortugas sagradas.

Jacob Roggeveen, explorador holandés, visitó Bora-Bora en 1722 y fue el primer europeo en llegar ahí. El capitán Cook, percibió la isla en 1769, y echó anclas en la entrada de la bahía en diciembre de 1777. Cook registró el nombre de la isla como Bola Bola (que quiere decir Primogénito), pero Pora

JOYA DEL PACÍFICO *La brillante laguna de Bora-Bora yace serena en un collar cerrado de arrecifes de coral, que mantiene a raya las fuertes olas del Pacífico.*

Pora hubiese sido más exacto, ya que los nativos polinesios eran incapaces de pronunciar ni la 'b' y la 'l'.

El primer colono europeo fue James Connor, sobreviviente del naufragio de un ballenero británico, el *Matilda*, en 1792. Se casó con una polinesia y se instaló en la punta meridional, Matilda Point, hoy conocida como Matira Point. La isla se volvió parte de la Polinesia francesa en 1895.

TIEMPOS MODERNOS

Bora-Bora entró de lleno a la forma de ser occidental en el siglo XX , en 1928-1929, con la primera "invasión" norteamericana: un equipo de filmación que hacía una película muda llamada *Tabú*, la trágica historia de amor de un pescador de perlas tahitiano que transgredió las leyes del tabú. Esto fue un

preludio de la llegada de los norteamericanos durante la Segunda Guerra Mundial, cuando durante cuatro años la isla fue base aérea y naval de 6 000 efectivos militares. Cineastas italiano llegaron a Bora-Bora en 1979 para filmar *Hurricane,* filme de Dino de Laurentis, repetición de un melodrama de la década de 1930.

La pista de aterrizaje de tiempos de guerra en Motu Mute forma parte de un aeropuerto moderno, desde donde los turistas son transportados por lancha a través de la laguna a Vaitape, la ciudad principal.

Tras un día de sol, arena y agua burbujeante, el ocaso de Bora-Bora es feroz y efímero. Deja la isla en una oscuridad que parece amplificar los suspiros del viento en las palmeras y el golpeteo de las olas en el arrecife.

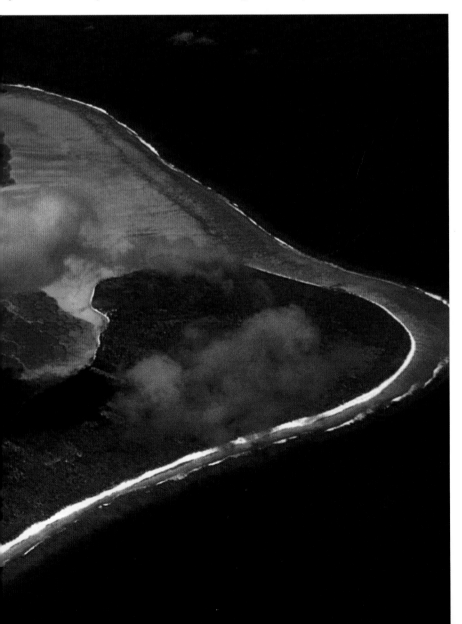

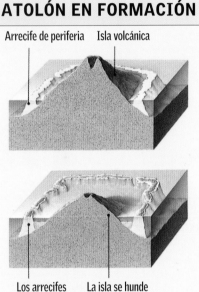

ATOLÓN EN FORMACIÓN

Arrecife de periferia   Isla volcánica

Los arrecifes siguen creciendo   La isla se hunde

Bora-Bora surgió del mar como un volcán hace 3 millones de años, y a su alrededor creció el coral. Pólipos de coral viven dentro de los esqueletos de caliza que secretan, usando calcio extraído de mares tropicales bajos. Los esqueletos de una colonia de pólipos se adhieren para formar el arrecife. Al enfriarse la corteza oceánica, el volcán empezó a hundirse, pero el coral todavía crece hacia arriba dejando una isla y una laguna dentro del arrecife circular. Con el tiempo, la isla desaparecerá, para dejar un atolón: una laguna rodeada por un arrecife de coral.

América del Norte

Isla Ellesmere

UNA ISLA HELADA Y SOLITARIA EN LA CIMA DEL MUNDO NO VE SALIR EL SOL DURANTE MEDIO AÑO

Indiferente al bullicio del mundo, la isla Ellesmere está tan remota y en un sitio tan inhóspito que parece estar purificada por los rigores del clima. Hasta el aire es tan puro que todo el paisaje —los vastos campos helados, las montañas desnudas y los imponentes glaciares— se ve con nítido detalle, dando la desconcertante impresión de distancia y a la vez de cercanía.

LUZ Y OSCURIDAD

En verano el Sol hace círculos sobre el horizonte y proyecta sombras pertubadoras. Pero durante casi cinco meses, desde mediados de noviembre hasta fines de marzo, no hay luz solar.

Ellesmere es cerca del doble de tamaño de Islandia. Su punto más al norte, Cape Columbia, está a sólo 756 km del Polo Norte. En donde el Sol derrite la nieve en las colinas que ven al sur, las montañas muestran un lado gris oscuro contra la brillante blancura de su alrededor. Algunas son de forma redondeada, pulidas por el hielo durante miles de años. Su forma oculta su altura.

El monte Barbeau, en las Grant Land Mountains en el norte, se eleva cerca de 2 600 m, que lo hacen el pico más alto al este de América del Norte.

La costa está dentada con fiordos, formados por glaciares. Algunos, como el Archer Fjord, tienen profundos barrancos con riscos que se hunden 700 m en el mar. Durante gran parte del año el mar que rodea la isla tiene una capa gruesa de hielo, produciendo un aire frío permanente. En invierno las

FIN DE LA JORNADA *Cuando el débil Sol aparece entre las nubes, al pie de un glaciar, formas esculpidas con el tiempo se separan y se deslizan al mar como icebergs.*

SILENCIO BLANCO *Completamente remotas, las Montañas Grant Land, barridas por el viento al norte de la Isla Ellesmere, se destacan contra una capa de hielo y nubes*

temperaturas pueden bajar cerca de -45°C. Aun en verano –finales de junio a fines de agosto– la temperatura es con frecuencia menor a 7°C, pero en días sin nubes puede alcanzar 21°C. A pesar de lo helado, la isla no está, como se esperaría, cubierta de nieve. De hecho es un desierto, su precipitación (nieve, lluvia y condensación) alcanza sólo 60 mm al año, porque no hay calor suficiente para producir la evaporación necesaria en la superficie.

Lo maravilloso es que, a pesar de su tamaño, la isla Ellesmere está poco poblada. Hay sólo una colonia, en Grise Fjord al sur. Es ésta la comunidad canadiense más al norte, habitada por

aproximadamente 100 inuit. Se fundó en 1953 para asegurar la reclamación de Canadá de la isla. Pero Grise Fjord no fue el primer asentamiento en la solitaria isla.

Los colonos llegaron ahí hace 4 000 años: los resistentes descendientes de los primeros americanos que cruzaron hacia Alaska desde Siberia. Restos antiguos, como un campamento rodeado de grandes piedras, aún pueden verse, el paisaje ha cambiado poco con

PEQUEÑOS PERO RUDOS *El caribú de Peary tiene piel más gruesa y patas más cortas que otros caribúes. Esto reduce la pérdida de calor corporal en su hogar de Ellesmere.*

el tiempo. Olas de nuevos colonos conocidos como el pueblo thule, ancestros de los inuit, empezaron a llegar alrededor de 1250. Pero los días de crudos inviernos los ahuyentaron, y hasta 1953 ningún inuit había habitado la isla durante 200 años.

Ellesmere no tiene árboles, los más próximos están a casi 2 000 km al sur en Canadá. En verano, la mayoría de la tierra está libre de nieve, y flores silvestres como la amapola ártica florecen en sitios prote-gidos, por ejemplo, junto a arroyos. La zona del lago Hazen es la mayor de estos oasis verdes en la vasta soledad. En verano, las orillas explotan de vida con maleza como juncias, sauces postrados, brezos y saxifragas.

Millares de liebres árticas blancas como nieve y manadas de bueyes almizcleros pastan en las praderas veraniegas junto a manadas de caribúes de Peary. Este caribú isleño es menor y más blanco que el del continente y no puede emigrar al sur en el invierno. Al igual que el buey almizclero y la liebre del ártico, sobrevive lo mejor que puede enterrándose y alimentándose con líquenes y cualquier maleza que pueda encontrar bajo la nieve. En invierno o en verano, es presa de los zorros y los lobos del ártico. Muchos de los pájaros que se ven en la isla durante el verano, como el búho nival, vuelan al sur buscando clima más cálido durante el invierno. La golondrina del Ártico vuela por la mitad del mundo hacia la Antártida para pasar ahí el verano. Los pinzones de nieve y la perdiz blanca sobreviven en la isla lo mejor que pueden con la vegetación invernal.

PRIMEROS EN EL POLO NORTE

El Fuerte Conger en la isla Ellesmere fue la base de la que Robert Peary (1856-1920), oficial naval estadounidense, condujo el primer grupo que llegó al Polo Norte en abril de 1909, su cuarto intento. Las cabañas del fuerte y las estufas de hierro fundido, conservadas en el clima seco, son recuerdos fantasmales de los antiguos exploradores. El comandante Peary utilizó relevos inuit y sus trineos de perros para trazar una ruta a sus puntos de abastecimiento. Con Matthew Henson, su compañero, cruzó los últimos 250 km en 16 días. Su victoria fue oscurecida por la protesta rival (más tarde desacreditada) de un cirujano naval, el Dr. Frederick Cook, quien declaró que había llegado al Polo en 1908. Una tarjeta postal (aba.) declaró vencedores a ambos.

PIONERO *Matthew Henson (centro) con inuits en el Polo Norte (arr.).*

MEDIO AMBIENTE SENSIBLE
En la vida silvestre de la isla Ellesmere el balance entre supervivencia y extinción es delicado. La expedición de Robert Peary al Polo Norte mató cerca de 90 caribúes entre 1891 y 1906, por ahora con el nombre de Peary, estos caribúes son una especie en peligro, con sólo unos cuantos ejemplares.

Como reconocimiento de su naturaleza frágil, en 1988 parte de la isla se convirtió en Parque Nacional; incluye el lago Hazen de 70 km de largo, el más grande dentro del Círculo Ártico. Los visitantes vuelan ahí en verano para excursionar por el parque.

Glacier Bay

A MEDIDA QUE LOS GLACIARES EN ALASKA SE ALEJAN, HACEN POSIBLE EL REGRESO DE PLANTAS Y ANIMALES

Cada día de verano en Glacier Bay resuena con el estrépito y el salpicar de trozos de hielo que caen, algunos del tamaño de una manzana. Se desprenden de las altas paredes de hielo que se encuentran con las heladas aguas de la bahía, al frente de Icy Strait en el Golfo de Alaska. La tierra se desprende de su concha de hielo para mostrar rocas

GRUTA AZUL *(al dorso) El agua del deshielo ha tallado esta caverna en el denso hielo de un glaciar. En poco tiempo la caverna puede derrumbarse.*

desnudas, y las plantas y los animales reclaman el territorio que perdieron durante la "Pequeña Era del Hielo", que empezó hace unos 4 000 años.

Cuando el navegante británico George Vancouver, capitán del *HMS Discovery* visitó Icy Strait en 1794, no existía Glacier Bay. El capitán vio sólo la punta de un glaciar: un muro de hielo de más de 16 km de largo y 100 m de alto. Pero cuando John Muir, el naturalista y escritor norteamericano llegó 85 años después, encontró una extensa bahía. El hielo se había retirado hacia tierra unos 77 km hacia las montañas.

Ahora, en lo que se ha vuelto el

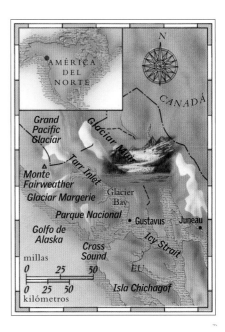

MUNDO DE HIELO *En un brillante paisaje azul y blanco, el glaciar Margerie se abre paso por las montañas Fairweather hacia Iarr Inley en Glacier Bay. Año tras año, el glaciar se encoge lentamente a medida que en verano se derrite más nieve de la que cae en invierno.*

Parque Nacional Glacier Bay, los fiordos penetran hasta 100 km tierra adentro de los antiguos y ricos bosques, hasta encontrar roca pelada o uno de los 16 glaciares que se desprenden de las alturas en la frontera entre EU y Canadá. Los picos se dibujan en el horizonte; el más alto, el monte Fairweather, tiene 4 663 m. Los picos dominan los vastos campos de nieve y hielo que alimentan los glaciares. John Muir escaló el Fairweather en 1879. Describió la belleza de las masas de nubes en forma de ala que se juntaban en el pico, con la

FIORDOS VERDES Y EXTENSOS CAMPOS DE HIELO INTENSA-MENTE BLANCOS

luz del Sol pasando por sus luminosos bordes para caer sobre las aguas de los fiordos, y los extensos campos de hielo, intensamente blancos. Describió el esplendor del amanecer, apareciendo como una luz roja que se incendiaba sobre el más alto pico. "La gloriosa visión se extinguió," -escribió Muir- "con un desvanecimiento cambiante de miles de tonalidades de color hasta el amarillo pálido y el blanco." Esas escenas pueden aún verse hoy cuando los glaciares truenan y chillan mientras caen de las alturas heladas.

En verano el agua de deshielo truena dentro de ellos, formando cavernas y túneles se derrumban con un profundo rugido, cuando el hielo es muy delgado para cubrir los vacíos. Durante los últimos siglos, la nieve de invierno no iguala a la que se funde en verano, por lo que los glaciares se retraen, y esto, al combinarse con el calentamiento global, hace que la velocidad a la que lo hacen esté aumentando. Mas el hielo en retirada permite a los científicos estudiar la secuencia de la vida que retorna.

OCASO VIRGINAL *Al apagarse el día, el ocaso ilumina la "casta y espiritual belleza" de Glacier Bay, descrita por el naturalista norteamericano John Muir.*

SALTO GIGANTESCO *Ver a una ballena jorobada saltar – lanzar sus 30 toneladas casi fuera del agua – es uno de los atractivos de Glacier Bay. Las ballenas saltan sobre todo cuando el mar está agitado, y pueden estar haciendo señales de sonido más fácilmente percibidas que sus voces.*

Al principio las nuevas rocas descubiertas sustentan sólo una capa de algas (plantas diminutas) que dan lugar a musgos y líquenes. Luego dríadas amarillas forman alfombras en los desechos del glaciar, que tiene restos de bosques existentes antes de la Edad del Hielo.

Se forma una capa de tierra, enriquecida por bacterias fijadoras de nitrógeno en las raíces de las dríadas. Surge maleza de aliso enano y de sauce, y a su tiempo es cubierta por álamos, que dan paso a los bosques de abeto que ahora cubren muchas de las costas. Una vez establecida la vegetación, aparecen animales herbívoros, seguidos por depredadores como los lobos. En verano, los icebergs producidos en la punta del glaciar dan refugio a las focas. Otros visitantes de verano son las ballenas jorobadas, de unos 14 m, que se sumergen y saltan en las aguas de la bahía tras pasar el invierno alrededor de Hawai.

John Muir describió el nacimiento de los icebergs: "se elevan y se hunden… antes de zarpar como islas de cristal azul, libres al fin tras haber estado sujetas durante centurias como parte del glaciar de lento movimiento".

LUCES DE ALASKA *En las latitudes del norte, las auroras boreales, o luces del norte, pueden iluminar el cielo nocturno con bandas o rayos de luz roja o verde.*

Brooks Range

LA MANO DEL HOMBRE HA PARTICIPADO POCO EN ESTA CORDILLERA EN EL EXTREMO NORTE DE ALASKA

Este paisaje no contaminado de picos escarpados y sin árboles, profundos valles y lagos y ríos helados, es conocido como la "Última gran tierra salvaje". La actividad humana apenas ha alcanzado la parte central y y la oriental de Brooks Range, la punta de las Montañas Rocosas que se extienden 100 km por el norte de Alaska. Osos grises, glotones y alces son los habitantes de las montañas, junto con las ovejas Dell cornudas, zorros del Ártico y caribúes.

Brooks Range forma un gran muro en la punta norte de Estados Unidos. En su extremo sur crecen bosques de árboles alargados, cuyos troncos pueden tomar 300 años para engrosar 75 mm.

EL MÁS CORTO VERANO

Al norte del muro de la montaña está la Alaskan North Slope, un vasto desierto de tierra congelada. Durante los pocos meses de calor y luz solar estalla en vida, con flores que crecen entre líquenes, juncias, musgos y sauces atrofiados (der.).

Poca gente vive en esta tierra desolada. A mitad del invierno está oscuro todo el día y la temperatura, que baja a –30°C, puede caer hasta –45°C.

Los asentamientos están muy aislados. La Artic Village, en el lado sur del Brooks Range es accesible sólo por aire, y por autos de nieve o trineo de perros.

Los habitantes del área cazan al caribú puercoespín. Estos ciervos del Ártico pasan el invierno al sur del Brooks Range, en valles que conducen al río Porcupine que les da su nombre. Cada primavera, el rebaño de 160 000 individuos deja sus campos invernales y emigra por Brooks Range a las planicies costeras. Ahí nacen los becerros, y los caribúes comen líquenes y pastos que los engordan para resistir el inclemente

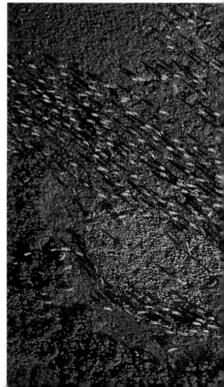

MOVIÉNDOSE *Grupos de caribúes se unen para emigrar a las planicies costeras donde las hembras van a parir. La mayoría de los becerros nace durante la misma semana.*

INTACTOS *No hay campos, cultivos, caminos, edificios u otras huellas de vida humana que turbe vastas regiones de Brooks Range, una de las pocas zonas salvajes auténticas en el mundo.*

invierno. La zona se ha titulado "Serengeti de América" porque la migración de caribúes recuerda la gran migración de ñúes, cebras y gacelas que ocurre en el Parque Nacional de Serengeti, en el este de África.

PROTECCIÓN DE LA ZONA SILVESTRE

Un Parque Nacional y otras tierras protegidas cubren la mayor parte del centro y el este de Brooks Range, y también la parte oriental de la North Slope. Las Puertas del Ártico, en el corazón de las montañas, toman su nombre del paso entre Boral Mountain y Frigid Crags.

El área fue descrita como "Puertas del Ártico" por Bob Marshall, silvicultor y explorador por instinto. Sentía fascinación por lugares no visitados por nadie y en los años 1930 exploró los valles de Brooks Range y escaló muchas de sus montañas. "Hay algo glorioso -decía- en viajar más allá de los confines de la Tierra, en vivir en un mundo diferente que los hombres todavía no descubren." Y hasta ahora, sólo unos cuantos visitantes decididos y resistentes han descubierto las áreas salvajes extraordinarias de Brooks Range.

SOBREVIVIENTES DE UN MUNDO DIFÍCIL

Las plantas que crecen en la tierra helada al norte de Brooks Range deben tener cualidades especiales para sobrevivir al frío, el viento y la poca lluvia. Todas las plantas crecen cerca del suelo, minimizando los efectos del frío, los vientos desecantes; el sauce polar, por ejemplo, crece plano sobre la tierra. El calor es atrapado en plantas agrupadas, la temperatura al centro de un grupo de musgo colleja llega a ser 22°C más alto que el aire circundante. Las delgadas hojas del musgo colleja detienen la pérdida de humedad, e igual hacen las hojas apretadas junto a un tallo, como la del brezo ártico campana. Sólo en época de floración los tallos se levantan sobre la alfombra de la tundra, y luego se doblegan ante el viento.

COJÍN ROSADO
Grupos de flores cubren grupos de musgo colleja.

Monte Katmai

UNA DE LAS EXPLOSIONES VOLCÁNICAS MÁS GRANDES DEL SIGLO XX DECAPITÓ ESTA MONTAÑA EN LA VASTA ZONA SELVÁTICA DE ALASKA

Pocas noticias de inicios del siglo XX tuvieron una difusión inmediata como la historia del monte Katmai. En el vapor *Dora*, que zarpó hacia el puerto de Kodiak, en la isla Kodiak, Alaska, el 6 de junio de 1912, el capitán anotó en la bitácora, a la 1 pm exacta: "Atisbada una gruesa columna de humo directamente a popa, elevándose de la península de Alaska. Tomé la marcación de la misma, que resultó ser el monte Katmai, a una distancia de cerca de 88 km de aquí."

HUMO, CENIZAS Y EXPLOSIONES

Acompañado de fieros vientos y relámpagos, el humo llegó al barco dos horas después, cubriéndolo con cenizas que ensuciaban hasta la superficie del mar. La ceniza cubrió también a Kodiak, y los techos cayeron por el peso.

En Cold Bay, en la península de Alaska, un fuerte sismo fue seguido por una tremenda explosión que se oyó en la frontera con Columbia Británica, casi

GIGANTE DE ALASKA *Inmutable ante la catastrófica erupción, un oso pardo Kodiak —más grande que un gris promedio— pesca salmones que emigran.*

1 300 km más lejos. Más explosiones resonaron durante la noche y al día siguiente, culminando a las 10:40 pm del 7 de junio, con el resplandor de luz de una montaña de ceniza volcánica que iluminó la zona "como la luz del Sol". Al día siguiente, las siluetas familiares de los picos distantes confirmaron la declaración de un testigo: "La cumbre del monte Kutmai desapareció."

La estimación posterior calculó que cerca de 33 mil millones de toneladas de corteza terrestre habían esparcido polvo y ceniza sobre amplias áreas del noroeste norteamericano, y también fueron lanzadas a la estratosfera. Ahí, durante casi todo el siguiente año, el material rodeó el Hemisferio Norte, desviando casi el diez por ciento de la energía solar, causando veranos más frescos e inviernos más fríos.

No fue sino hasta 1915 cuando un botánico norteamericano, el Dr. Robert E. Griggs, pudo dirigir una expedición al valle Katmai. Encontraron ahí un desierto de lodo, arena movediza y

MONTAÑA COLAPSADA *Debido a la salida de roca fundida por una erupción, el monte Katmai se colapsó hacia adentro. Su cima se volvió un vasto cráter, que se llenó de agua.*

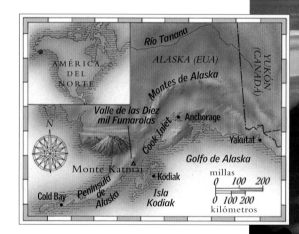

polvo de piedra pómez, sin ningún árbol ni hoja de hierba vivos. El suelo sonaba hueco bajo sus pies, y cuando se golpeaba fuerte, cedía para revelar fisuras de vapor de azufre. Prudentemente, el equipo se retiró. Pero volvieron al año siguiente, y entonces con cautela rodearon nuevos abismos abiertos para llegar a la cima del monte Katmai.

La cima había sido reemplazada por un pozo de 4 km de largo y más de 600 m de profundidad. Al fondo brillaba un lago azul-verde vitriólico. Más adelante, la expedición encontró un valle cuyo suelo fisurado emitía miles de columnas de vapor que subían al cielo. Los expedicionarios lo llamaron el Valle de las Diez Mil Fumarolas. En su extremo superior, a casi 10 km del

monte Katmai, descubrieron un volcán nuevo, que fue bautizado como Novarupta.

Éste fue la clave del desastre. El Katmai no había explotado, sino el nuevo volcán, arrastrando roca fundida del Katmai por grietas subterráneas y causando que la cima sin sostén se colapsara. Novarupta cubrió las maris-

mas, los campos de nieve y los ríos del valle con 215 m de ceniza; las columnas de vapor del agua hirviente provocaron el surgimiento de las diez mil fumarolas.

El valle ya no humea. Quedó como desierto color pastel, fantásticamente erosionado por 80 años de heladas, vientos y ríos de nieve derretida, una visión del mundo cuando era joven.

COCINANDO A PRESIÓN *La expedición del doctor Griggs prepara el desayuno sobre una fumarola de vapor volcánico. Ésta no sólo fríe el tocino, sino que también levanta la sartén.*

Delta Mackenzie

AL NORTE DEL CÍRCULO ÁRTICO, UNA RED DE VÍAS DE AGUA SE RETUERCE ENTRE ISLAS BOSCOSAS, EN EL MAYOR DELTA DE RÍO EN CANADÁ

Casi seis meses al año, el delta Mackenzie, en la costa noroeste de Canadá, apenas puede reconocerse como delta de un río. Está cubierto con un manto que fusiona sus islas y vías de agua con la planicie costera congelada. Los vientos friccionan el desierto ártico, que en lo más profundo del invierno, durante varias semanas está envuelto en la oscuridad, sin ver salir el Sol.

En esta época, la única luz proviene de la fantasmal y siempre presente Luna y las espectaculares luces del norte o aurora boreal: cortinas y bandas que cubren el cielo de luz, sobre todo verde y carmesí. Los inuit (o esquimales) creían que las luces del norte eran reflejos del fuego de la danza de fantasmas.

La primavera se presenta dramáticamente en el delta Mackenzie. A medida que el largo invierno se apresta a concluir, las comunidades aisladas que habitan el delta esperan ansiosas la bienvenida explosión y astillado del deshielo. Al romperse y tronar los grandes bloques de hielo mar adentro, empujando los bancos del río en su camino, la vida en el delta empieza de nuevo. En pocas horas, el ruidoso deshielo revela una extensa red de canales y lagos, separados por incontables islas pequeñas.

SUPERFICIE PLANA Y BAJA

Todo el complejo trazado del delta, que se extiende hacia el norte cerca de 160 km hasta el mar de Beaufort y cubre 80 km de costa, sólo puede apreciarse desde el aire. La tierra ahora yace baja, y la mayoría de las islas apenas salen del agua. Aquí y allá, como si quisiera enfatizar su llanura, el paisaje está salpicado de montecillos conocidos como pingos, por la palabra inuit para monte. Cada uno tiene una masa helada de hielo en su núcleo. Hay más de 1 000 pingos en el delta Mackenzie, la mayor concentración de ellos en el mundo.

En verano, el delta es constantemente formado y reformado por la fuerza de sus poderosas aguas empujadas por el lodo, que alternativamente erosionan y construyen sus bancos una estación tras otra. En América, sólo el Amazonas y el Mississippi descargan un mayor flujo de agua que el Mackenzie, que drena tres lagos: el Athabasca, el del Oso y el del Esclavo. La mayor corriente fluye del Gran Lago del Esclavo, que es aproximadamente del tamaño de Albania.

Se trata del lago más profundo de América del Norte, con cerca de 614 m. A pesar de que el Mackenzie fluye sólo cerca de 180 km desde el lago al mar, su cuenca cubre una área que es casi tan grande como Francia, Alemania, Italia, España y Portugal juntos, pues tiene varios tributarios directos así como varios indirectos que van a los lagos. Un escocés de nombre Alexander Mackenzie dio a conocer el río y su delta a los tramperos de pieles a

EL DESHIELO DE PRIMAVERA REVELA UN GRAN LABERINTO DE CANALES E ISLAS

finales del siglo XVIII. Mackenzie, que era empleado de la North-West Fur Company, fue elegido por ésta en 1789, para explorar el noroeste. Salió de Fort Chipewyan, en el lago Athabasca, con un grupo que incluía nativos americanos y viajeros canadienses (remeros). El viaje se hizo en canoas de corteza de abedul. Mackenzie esperaba descubrir una ruta por el oeste que llevara hasta el Pacífico y quedó contento cuando encontró un río que fluía hacia el oeste desde el Gran Lago del Esclavo. Pero al seguir navegando por las agitadas aguas, percibió que el río llevaba al norte, hacia el Océano Ártico, en vez de continuar rumbo al Pacífico. Hoy el río

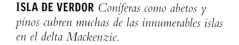
ISLA DE VERDOR *Coníferas como abetos y pinos cubren muchas de las innumerables islas en el delta Mackenzie.*

porta su nombre, pero Mackenzie le llamó "Río del desengaño".

Su grupo llegó al mar en menos de tres semanas, buscando tramos de rápidos como los Rampart Rapids, que corren por una garganta de 11 km de largo entre riscos de 60 m de alto. Hacia septiembre había regresado a Fort Chipewyan, después de viajar 4 800 km.

El delta Mackenzie se volvió el lugar predilecto de los tramperos que cazaban ratas almizcleras y castores, o de balleneros que iban tras belugas (ballena blanca) y ballenas francas, de buscadores de oro y, más recientemente, de petroleros. Mackenzie se convirtió más tarde en el primer europeo que cruzó las Montañas Rocosas. Escribió un libro sobre su exploración del noroeste y fue nombrado caballero en 1802.

En la actualidad, el delta en verano está lleno de botes y barcazas que traquetean río abajo para entregar abastos, así como con botes de excursionistas y canoeros, y ocasionales vuelos de aviones ligeros. El puerto de escala más al norte es la aldea costera de Tuktoyaktuk, anteriormente un próspero centro ballenero y ahora sitio de transferencia de carga, como madera y pescado del océano, a barcos del río.

PINGOS Y POZAS

Un pingo (montículo cónico) se moldea en el lecho de un lago drenado. El agua en la tierra no helada de abajo queda atrapada en permafrost y se congela para labrar un bloque de hielo en forma de lente que hace subir la tierra hasta hacer un domo. Un pingo puede crecer; uno de los mayores que se han registrado tenía más de 1 300 años y casi 50 m de alto. Pero la mayoría se estiran, se cuartean y colapsan mucho antes de alcanzar ese tamaño, dejando una poza de altos bordes llena de agua en verano, cuando se funde su núcleo de hielo expuesto.

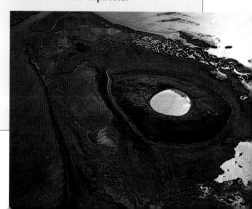

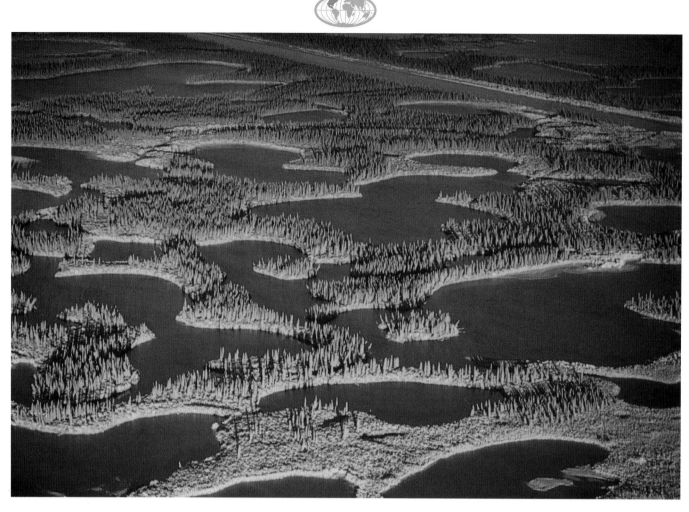

DESIERTO DE AGUA *En verano, hay tres canales navegables entre el laberinto de vías de agua e islas casi superficiales que forman el delta Mackenzie. Ellos permiten que los botes de abastecimiento lleguen a comunidades aisladas separadas por el hielo casi medio año.*

Bajo el delta hay un lecho de tierra congelada donde la capa superficial se derrite en verano. Esa capa derretida alcanza cerca de 1.2 m de profundidad en su parte más honda. El hielo impide que al agua permee, y esto da al delta su vegetación frondosa de verano.

La naturaleza trabaja tiempo adicional en el corto verano, cuando la tierra recibe luz solar durante varias semanas. En las islas más al norte del delta, donde la capa de tierra superior se derrite menos, sólo crecen árboles bajos como el sauce y el aliso, junto con musgos, líquenes, juncias y flores silvestres como el chamico. Más al sur, a medida que el suelo se profundiza, las islas producen abetos, pinos, álamos blancos y una especie americana de alerce.

El verano trae nubes de mosquitos que vuelan sobre el agua, y aves silvestres como el ganso de nieve y el

TALADOR DE ÁRBOLES
Un castor usa sus afilados dientes para talar un árbol. Éste será llevado para reparar la presa del castor que forma el estanque donde construye su guarida.

de Canadá, que llegan por millares para criar sus polluelos antes de volar al sur en el invierno. Las ratas almizcleras corren en las marismas, los castores reparan sus guaridas y presas, y el caribú se desliza por el norte y se alimenta con la abundancia de líquenes y juncias. Al igual que otras criaturas, zorros y lobos se ocupan de engordarse y engordar a sus pequeños para el invierno, con presas como el urogallo del abeto, lemmings y caribúes.

LA GARRA DEL INVIERNO
El invierno llega con rapidez, y el hielo se apodera de todo tan rápidamente como se fundió. El tráfico en el río debe suspenderse antes de que hielo selle los canales y cierre las pistas de aterrizaje. Luego, durante meses, el único medio de transporte son los vehículos para nieve y los trineos de perros. Las colonias de humanos y los animales quedarán aislados hasta que el deshielo de primavera derrita y abra de nuevo el mundo congelado.

Río Nahanni

MUY DENTRO DE LOS TERRITORIOS DEL NOROESTE DE CANADÁ HAY UNA TIERRA REMOTA Y LEGENDARIA, DE UNA BELLEZA SALVAJE Y CAUTIVANTE

Si tiene usted todavía el corazón lo bastante joven para acelerarse con historias sobre una tierra lejana y secreta, donde florecen valles de verdor entre nieves árticas, y perdidas minas de oro custodiadas por Hombres Sabios y espíritus del bosque, entonces el río Nahanni puede ofrecerle las vacaciones de su vida. Añada a estos sitios nombres como Valle de los Muertos, Cordillera Decapitada, Cordillera del Funeral, Valle Sin Retorno, cada uno con su leyenda propia e historias fascinantes.

La restricción al área está garantizada por el Gobierno de Canadá y la UNESCO, que puso al sitio y a su entorno en la lista del Patrimonio de la Humanidad, permitiendo el acceso sólo por barco o aviones ligeros. Fue una sabia decisión, porque el esplendor de la zona ribereña, la magnificencia de sus cañones y cascadas, deben mucho a su soledad. Esto ha quedado asegurado por el mero tamaño: el Nahanni irriga una zona selvática del tamaño de la mitad de Escocia. Pero también por la reputación que ha tenido desde inicios del siglo XX, cuando los buscadores de oro empezaron a penetrar en su interior.

En 1905, se rumoró que dos hermanos se habían enriquecido. Un año más tarde, sus esqueletos decapitados se descubrieron cerca del río. Luego, en 1915, el cuerpo sin cabeza de otro buscador, un fornido sueco, se encontró en el bosque.

DOBLE ESTRUENDO *Lejos de toda ruta turística, dos brazos del Río Nahanni caen 90 m por las Virginia Falls a las aguas turbulentas de Hell's Gate.*

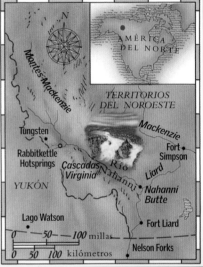

MUCHO FRÍO *En el Primer cañón, el río Nahanni ha cavado una alta pared a través de su paso por las montañas Mackenzie. Las temperaturas bajo cero van de octubre a mayo, época invernal.*

descubrió el cuerpo congelado de otro, arrodillado sobre las cenizas de su fogata hacía tiempo apagada.

Las muertes de otros más las sugirieron canoas volteadas que flotaban en el río. En suma, cerca de 50 murieron en un sitio tan salvaje por accidente o de hambre, pero las leyendas de espíritus malignos surgieron, junto con historias de tesoros custodiados por monstruos que vivían en valles fértiles y escondidos, donde nunca caía la nieve.

CAÑONES DRAMÁTICOS

Todas las grandes zonas selváticas tienen un rasgo sobrenatural, pero en el Nahanni, esto se olvida por completo en la abrumadora majestuosidad del sitio. Para la mayoría de los visitantes, la única forma de verlo es tomando el viaje guiado de 210 km en lancha de motor desde Nahanni Butte a Virginia Falls, luchando con una corriente de 28 km/h todo el trayecto.

SUEÑO HECHO REALIDAD

En 1924, un joven llamado Raymond Patterson dejó su empleo en el Banco de Inglaterra de Londres. Tres años después, tras haberse internado en las aguas salvajes del Río Nahanni de Canadá, se encontraba viendo las estruendosas Virginia Falls – uno de los primeros europeos en observarlas.

Fue esto la culminación de un sueño infantil – explorar las zonas al norte de Canadá, una de las tierras salvajes más grandes de la Tierra.

Mucho después, Patterson escribió un libro, *Dangerous River*, en donde narraba sus experiencias en ese mundo salvaje, y contaba las leyendas que había oído de traperos y buscadores de oro – cuentos de tribus indias perdidas gobernadas por una Reina Blanca, y de Hombres Sabios que cortaban la cabeza a los intrusos.

Pero su libro también alababa las bellezas del lugar, preparando el camino para la adopción de la zona del Río Nahanni como parque nacional.

PRIMAVERA TODO EL AÑO *Durante todo el frío año subártico, las Rabbitkettle Hotsprings cálidas, cargadas de minerales, burbujean creando montes de piedra frágil llamadas tobas. En ellas hay un precario sostén para musgos (izq.), y otras flores.*

En la boca del Primer Cañón, las aguas han creado un microclima donde pequeñas praderas brillan con reinas margaritas, violetas y varas doradas. Al entrar la lancha al Primer Cañón, muros de caliza con franjas amarillas y anaranjadas se levantan 1 200 m a cada lado. En una gruta, la Valerie, están los huesos de más de 100 ovejas que en varias épocas en los pasados 2 000 años buscaron refugio en invierno en sus profundidades y murieron de hambre. En la parte alta del río, el cañón se encuentra con el Valle de los Muertos, llamado así por los esqueletos descabezados descubiertos en él en 1906.

El Segundo Cañón, con cortes en la Cordillera Decapitada, ofrece la mejor oportunidad de ver ovejas montañesas colgadas en riscos de vértigo, osos negros que caminan sobre rocas a orillas del agua y alces asoleándose en los bajos. El dentado y rocoso Tercer Cañón, el más angosto de los tres, se desliza por la Cordillera del Funeral. Su estrechez lo hace verse más profundo que sus 900 m o más, y lo convierte en una presentación adecuada de la Puerta del Infierno, una horquilla doble, destrozadora de botes de agua blanca, que gira en remolinos. Dando vuelta a la siguiente curva se llega ante las Virginia Falls, un clímax verdaderamente asombroso de todo el viaje. Muy arriba, el Nahanni da vuelta regiamente en torno a una torre rocosa cubierta de abetos, para desplomarse a cada lado en cataratas gemelas que sacuden la tierra

con su estruendo. La caída desde la orilla es de 90 m, casi el doble de alto de las Cataratas del Niágara.

Rabbitkettle Hotsprings yace un poco más allá de las cataratas río arriba; la única forma de llegar a ellas es con avión ligero. Una de las mejores vistas del noroeste de Canadá son sus amplias y extensas terrazas de piedras de delicados matices, cada una cubriendo un área de casi 37 km². Deben haber tardado 10 000 años en formarse, a medida que los manantiales calientes depositaron minerales para formar toba, un tipo de caliza. Cada terraza tiene un estanque como espejo de agua hirviente, con franjas de musgo verde esmeralda y diminutas flores, por lo que es fácil comprender que algunos melancólicos traperos viejos pudieran pensar que habían descubierto un paraíso ártico.

TERRAZAS DE CALIZA DE MATICES Y ESTANQUES COMO ESPEJOS

Western Brook Pond

UN LAGO EN TERRANOVA YACE EN EL FONDO DE UN CAÑÓN RETORCIDO EN LAS PROFUNDIDADES DE MONTAÑAS DE SUPER-FICIE PLANA

Desde lo alto, Western Brook Pond parece una joya resplandeciente lanzada por una mano gigantesca. El lugar de caída de la joya es el fondo de un profundo cañón de 600 m, cortado en las Long Range Mountains de la isla canadiense de Terranova.

Describir este lago como 'poza' es erróneo, puesto que Western Brook Pond repta 16 km entre las montañas, se amplía y profundiza justo antes de la costa. Cuando el hielo retrocedió hace aproximadamente 11 000 años, Western Brook Pond se formó en el fondo del corte.

Unos 6 000 años después de la terminación de la Era del Hielo, la gente empezó a llegar a esta área, (cazadores de focas, peces, aves y caribú). Los posteriores esquimales Dorset se establecieron a lo largo de la costa cerca de Western Brook Pond durante los primeros siglos de la era cristiana. Construyeron casas con muros de tierra y chimeneas. Usaran botes de madera y piel, similares a los kayaks.

VISTA DESDE ABAJO

En verano, botes de recreo llevan a los visitantes por el Western Brook Pond, por las cascadas que caen de los costados del cañón, y el *scree* que llena de escombro las colinas bajas. Para llegar al lago, los visitantes cruzan una pradera pantanosa donde crece la planta insectívora cántaro, emblema de Terranova.

PROFUNDA HENDEDURA *Un glaciar corta el abismo que contiene Western Brook Pond. En invierno, el hielo cubre el lago.*

COMEINSECTOS
Las hojas tipo jarrón de la planta cántaro contienen agua y enzimas que ahogan y digieren a los insectos que llegan a ellas.

Tierras de los lagos Banff

UN ASOMBROSO CONJUNTO DE LAGOS ALIMENTADOS POR GLACIARES, BRILLA CONTRA EL FONDO DE LAS MONTAÑAS ROCOSAS

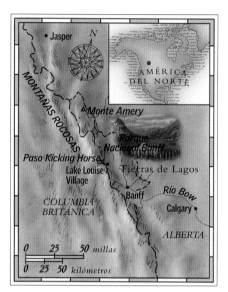

El geólogo James Hector, que exploraba el valle Bow en las Montañas Rocosas de Canadá en 1858, fue pateado por un caballo de carga cuando ayudaba a éste a cruzar un río. Cuando Hector fue hallado inconsciente por sus guías indios stoney, pensaron que había muerto y se prepararon para enterrarlo. Pero el doctor despertó. Ese incidente dio al río el nombre de Kicking Horse (caballo pateador).

El valle Bow pasa por las tierras de lagos montañosos del Parque Nacional Banff fundado en 1885 y el más viejo de Canadá. Después apareció la "Reserva Hotsprings" que cubría sólo 26 km². El Parque Nacional Banff tiene 6 680 km² de picos, praderas, lagos y glaciares que corren 240 km por las cordilleras más al norte de las Montañas Rocosas al sur de Alberta. Éstas y los parques adjuntos de Jasper, Yoho y Kootenay forman una tierra salvaje vasta y protegida.

ORÍGENES HELADOS

Las montañas del parque son jóvenes, producidas en un parpadeo geológico. Su inquietud juvenil, combinada con el temible poderío del hielo deslizante, ha creado una tierra de asombrosos contrastes.

Al norte, el Banco de Hielo de Columbia de 325 km², es el banco de hielo más grande en América del Norte. Sus aguas derretidas forman ríos que con el tiempo fluyen hacia tres océanos diferentes: el Pacífico, el Ártico y el Atlántico.

Del banco de hielo surgen grandes glaciares que desmoronan rocas hasta hacerlas polvo. Los desechos – "harina de roca" – llenan los lagos helados. El Lago Louise, sitio de legendaria belleza, es un ejemplo asombroso de un lago producido por un glaciar. El limo glacial, suspendido en el agua, refracta la luz, dando al lago un matiz esmeralda.

PICO ELEVADO *Monte Amery, el más inhóspito y menos accesible del norte del Parque Banff.*

Arriba hace tanto frío como calor abajo. El agua de hielo derretida escurre por las rocas y dentro de las grietas de la corteza terrestre. Ahí es presurizada, calentada y filtrada de nuevo hacia la superficie para formar las fuentes calientes minerales que atrajeron a los primeros turistas a Banff hace ya un siglo.

El variado paisaje crea una gran diversidad de plantas. En los valles, los lagos esplendorosos se unen a los densos

GEMA ALPINA *El agua iridiscente del Lago Louise es "destilada de las colas del pavo real", según palabras de un autor de 1920.*

bosques de álamos, pinos, abetos y piceas. Más arriba, los lagos albergan praderas y árboles retorcidos que dan paso a alturas desnudas barridas por el viento. Las montañas madereras están salpicadas de praderas de campánulas y brezos. En verano las fresas silvestres y los arándanos crecen al lado de senderos rocosos, y los lirios amarillos del glaciar surgen del hielo que se derrite.

La vida animal también ofrece una gran variedad. Los osos pardos son

cautelosos y raros, pero los osos negros a menudo buscan alimento en la basura, junto a los caminos y en torno a los campamentos.

Los ataques de oso a los humanos son raros, pero sí los hay. Se recomienda que los viajeros tomen todo tipo de precauciones, pero si se ve atacado, le conviene que se haga el muerto. Todas las sendas permiten a los visitantes sumergirse en el aire dulce de asombrosos paisajes montañosos.

LOS RESIDENTES MÁS CONOCIDOS SON LOS OSOS PARDO Y NEGRO

IMPONENTES FONDOS PARA DRAMAS DEL CINE

El paisaje ha tenido un papel estelar en muchas de las películas más notables

Desde sus comienzos, el hombre ha expresado su relación con el paisaje en la pintura, música, literatura, y hasta la danza. En el siglo XX surgieron los filmes. Los cineastas han elegido algunos de los más espectaculares escenarios del mundo, desde montañas elevadas hasta desiertos vírgenes, para darles un papel principal en las películas. Directores como John Ford y David Lean han utilizado los paisajes elegidos no sólo como importantes telas de fondo, sino como medios para intensificar los conflictos dramáticos o reflejar las emociones de sus personajes.

ANFITEATRO
El imponente Anfiteatro de Mont-aux-Sources en Sudáfrica se asoma amenazadoramente sobre soldados británicos asediados en "Zulu" (1964).

DAVID LEAN
A pesar de su amor por los exteriores, f inmortalizado por uno de sus filmes má antiguos, "Brief Encounter" (1946), que rodó en una estación de ferrocarril ingl

DESIERTO DE JORDANIA
La pasión de David Lean por los paisajes poderosos lo llevó en la década de 1960 a los áridos desiertos de Jordania para filmar "Lawrence of Arabia" (arriba).

GRUTAS DE KASHMIR
En los años 80, David Lean filmó la novela de E.M. Forster, *Pasaje a la India* en las colinas de kashmir (arr.).

PLANICIES AFRICANAS
Meryl Streep y
Robert Redford
en un día de
campo frente a las
planicies de Kenia
en "memorias de África"
(1985).

VALLE MONUMENTAL
Los oteros del desierto
de Monument Valley, en
la frontera de Arizona y
Utah, se usaron como
telón de fondo en el
drama clásico de
vaqueros "Stagecoach"
(der.), realizada en 1939
por John Ford.

ESTEPAS NEVADAS
Los desolados desiertos de las estepas rusas,
recreadas en el filme épico sobre la Revolución
Rusa, "Doctor Zhivago", fueron filmados en
Finlandia (abajo).

SÍMBOLO DE PELIGRO
Para John Ford (der.), el
desierto simbolizaba
dificultades y peligro.

Cataratas del Niágara

LAS CASCADAS CUELGAN SOBRE UNA CORTINA DE ESPUMA

Niágara, "agua estruendosa", fue el nombre que los nativos americanos le dieron a la imponente cascada que actualmente forma una frontera entre EUA y Canadá. Desde el lago Erie, el río Niágara fluye plácidamente por casi 56 km, pero cerca del lago Ontario corre entre rápidos que irrumpen hacia la catarata en medio de una bruma de salpicaduras y arco iris. Luego, una caída de cerca de 55 m lanza un torrente de agua que cae en forma de espuma a un abismo al parecer sin fondo.

La isla Goat, al borde de la cascada, divide el río en dos. Las American Falls en el este forman una línea recta de cerca de 300 km; las Horseshoe Falls tienen el doble de largo y, como indica su nombre, semejan una herradura.

VISTA GENERAL

Las cataratas se muestran magnífica-mente de ambos lados, pero la costa de Canadá ofrece la mejor vista general. Para verlas de cerca, las Horseshoe Falls pueden ser desafiadas desde un bote pequeño, el Maid of the Mist, que zarpa hacia el remolino de rocío.

Las Cataratas del Niágara nacieron hace aproximadamente 12 500 años al final de la última Era del Hielo. Con el

EN RETIRADA *La mayor parte del agua del Niágara cae por las Horseshoe Falls canadiense, que lentamente se cortan por el centro para dejar una cornisa proyectada.*

derretimiento de un enorme glaciar, el agua se derramó del lago Erie y fluyó al noroeste para formar el lago Ontario en una cuenca casi 100 m más baja. Originalmente la montaña por la que cae el agua estaba unos 11 km más al norte –donde ahora está Queenston– pero al paso de los siglos se ha recortado por las casi 7 000 toneladas de agua por segundo que chocan contra ella. A una tasa de retraimiento de cerca de 1.2 m al año, tardará 25 000 años para que la montaña se retire hasta el lago Erie.

Queenston Heights retumbó con el rugido de la batalla entre Gran Bretaña y EUA en 1812. En la década de 1800, las voces que resonaban cerca de las cataratas eran las de observadores que veían a uno de los malabaristas que se convirtieron en un atractivo de las cataratas, ¡por saltar al remolino inferior!

El primero en enfrentar ese riesgo fue Sam Patch de Passaic Falls, New Jersey, quien saltó de la isla Goat en octubre de 1829, y sobrevivió. En 1901, Mrs. Annie Edison Taylor, de 43 años,

DOS EN LA CUERDA FLOJA

Charles Blondin, acróbata francés cuyo nombre verdadero era Jean-François Graveley, fue el primero en cruzar las Cataratas del Niágara en una cuerda –el 30 de junio de 1859. En el camino, levantó una botella de una lancha 49 m abajo y dio un sorbo. Un mes después, Blondin llevó en hombros a su aterrorizado administrador, Harry Colcord al otro lado (izq.).

El Signor Farini (un norteamericano llamado William Leonard Hunt) repitió la hazaña en agosto de 1860. Dos semanas más tarde, él y Blondin hicieron un cruce gemelar a la luz de la Luna, cada uno llevando un pasajero. Otros imitadores del malabarista incluyeron a una italiana, María Spelterini, quien se deslizó al otro lado con los pies dentro de canastos.

una profesora de Bay City, Michigan, que no sabía nadar, fue la primera en caer por la catarata en un barril, y seguir viva. La caída tardó tres segundos. Hizo una gira como conferencista con el sobrenombre de la 'Reina de la bruma', para hacer fortuna, pero murió en la pobreza 20 años después.

De los que intentaron emular su hazaña en los siguientes 60 años, tres tuvieron éxito y tres murieron. Entre estos estaba George Stathakis de Buffalo, Nueva York, en 1930. Sobrevivió al chapuzón, pero se asfixió cuando el barril quedó atrapado en las cataratas 22 horas; llevaba oxígeno para tres.

Badlands

GARGANTAS SE
RETUERCEN ENTRE
MONTES Y PINÁCULOS
QUE SE DESMORONAN EN
LAS PLANICIES DE
DAKOTA DEL SUR

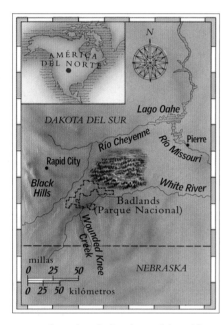

Tras el verdor de las tierras laborables de su alrededor, con sus largas bandas de grano agitándose, se llega abruptamente a las Badlands de Dakota del Sur. Las áridas colinas y montañas no se elevan de la planicie – están sobre ella, como un paisaje tallado en relieve.

PAJARES DE PIEDRA

Repentinamente extendido ante los pies aparece un asombroso panorama de rocas dentadas y barridas por el viento, pináculos que se desmoronan, murallas hendidas por gargantas retorcidas, e interminables montículos almiares que, al moverse el Sol por el cielo, cambian del rosado al rojo brillante.

Rugosas y austeras, las Badlands fueron por siglos el lugar predilecto de

SANTUARIO DEL DESIERTO *Yermo como parece ser, Sage Creek en las Badlands de Dakota del Sur tiene pastizales que sustentan búfalos (bisontes) y perros de pradera.*

CAZA DE BÚFALOS *Pintada en 1835 por el norteamericano George Catlin. Los cazadores de Badlands a veces conducían a los animales a un precipicio.*

los siux, que las llamaron mako siko (malas tierras). Esta faja de 160 km de largo y de 80 km de ancho, se tuesta en verano, a excepción de raras tormentas torrenciales y frío congelante. Pero las Badlands no son tan desoladas como se piensa, pues algunos juníperos se prenden a las pendientes rocosas, y pastos resistentes florecen en arroyos y pozas, junto con álamos y flores silvestres.

Las Badlands deben su principio a las Black Hills, cubiertas de pinos en el suroeste, que se elevan 2 207 m. Las Black Hills fueron empujadas hacia arriba por un mar interior hace cerca de 65 millones de años. Al paso del tiempo, la tierra y las piedras finas fueron continuamente arrastradas por las pendientes de las colinas para formar una planicie pantanosa en capas, sobre la tierra plana del este. Hace aproximadamente 30 millones de años hubo un cambio de clima, y el pantano se convirtió en pastizal. Con el tiempo, el viento y el agua erosionaron parte de este pastizal, mordisqueando las capas de frágil tierra y piedra suave, erosión que todavía sigue. El pasto arrancado de su

> **LAS BADLANDS ESTÁN EN LA PRADERA COMO UN PAISAJE EN RELIEVE**

raíz por tormentas dejó un lodazal de tierra expuesta que fue arrastrado por riachuelos, tallando la piedra en forma de pináculos y domos que se endurecieron bajo el sol quemante.

Las franjas pálidas que corren horizontalmente por las rocas suaves, señalan las capas de sedimentos arrastrados de las colinas hace eones. Mostrados en estas capas y en los lechos de roca están los fósiles de millones de años de edad – tortugas marinas, por ejemplo, y el titanotérido con aspecto de rinoceronte de la selva del pantano; los siux llamaban a este fósil gigantesco Thunderhorse (Caballo trueno).

Con la llegada de los colonos europeos en la década de 1870 hubo una invasión de cazadores de búfalos. Las grandes manadas de búfalo (o bisonte) de las praderas fueron casi extinguidas, y los siux, cuyas vidas dependían de ellos, quedaron desolados. En 1890 las Badlands de Dakota del Sur se volvieron el centro de las Danzas del Fantasma, foco de un nuevo culto religioso que prometía la reaparición de la fortuna de los nativos norteamericanos y el retorno del búfalo.

Una de las técnicas de cacería del búfalo utilizada a veces por los siux, era echar al rebaño por el borde de un risco. Los siux utilizaban todas las partes del búfalo.

Durante los disturbios que sucedieron como resultado de las Danzas del Fantasma, la Séptima Caballería de EUA interceptó al Jefe Pie Grande y a un grupo de 350 siuxs cuando cruzaban las Badlands en 1890. El incidente provocó trágicos asesinatos en Wounded Knee Creek.

RETORNA LA VIDA SILVESTRE

Muchos colonos intentaron cultivar en las Badlands, pero la sequía y la erosión causaron repetidos fracasos. La vida silvestre revivió en 1930, tras el establecimiento del Badlands National Monument, que se volvió Parque Nacional en 1978. Tiene cerca de 980 km², y es el hogar de lagartos, víboras de cascabel, diversas clases de pájaros, murciélagos, activas colonias con túneles de perros de pradera y pequeños rebaños de bisonte y antílope berrendo.

BELLEZA DE BADLANDS

La apariencia brillante y refrescante del lirio mariposa (Sego Lily) es una dicha para los caminantes en las Badlands de Dakota. La flor crece de un bulbo comestible con sabor a nueces que puede comerse crudo o cocinarse como papa.

Los indios norteamericanos lo comían, igual que los colonos mormones de Utah cuando fracasaba la cosecha. El lirio mariposa florece en verano, crece hasta 50 cm de alto y aparece en cuestas secas o en pastizales.

Yosemite

ESPLÉNDIDA TIERRA DONDE BRILLANTES CATARATAS CAEN DE ENORMES RISCOS DE GRANITO PULIDO

Uno de los riscos intactos más altos en el mundo, El Capitán, domina la orilla boscosa del suave río Mercedes en el valle Yosemite. Se eleva abruptamente 900 m cerca de la entrada al valle, y es una de las joyas incomparables de Yosemite. Sus cataratas, las sextas más grandes del mundo, caen 739 m sobre los riscos en tres saltos gigantescos. En la otra punta del valle se eleva la mole de granito del Half Dome, llamado así porque es redondo en su pared trasera y tiene un muro vertical de roca de 670 m de altura del lado del valle.

Varias de las cataratas más altas de América del Norte se encuentran en el Parque Nacional de Yosemite, un área ligeramente mayor que Luxemburgo, en el corazón de las montañas de Sierra Nevada en California.

MARAVILLAS ESCÉNICAS

Ríos que rugen entre piedras gigantescas y praderas boscosas, llenas de flores, se encuentran al pie de enormes riscos de granito, con los picos de punta nevada de las High Sierras como brillante telón de fondo. De este escenario maravilloso, el más impresionante es el Valle Yosemite.

Yosemite, pronunciado 'Yoshemittii' se deriva de una palabra indígena americana para el oso gris, el totem tribal de la gente que vivía ahí. Hasta 1851, tenían toda la tierra salvaje de Yosemite para ellos solos.

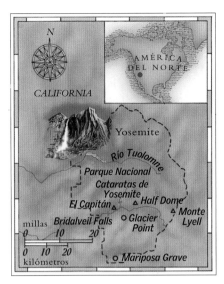

Después, una tropa de caballería, los California Volunteers del Mariposa Battalion, persiguió a una banda de guerreros indios hasta el valle, y

SOMBRAS PÚRPURA *El Half Dome, con su cara plana tallada por los glaciares de la Era del Hielo, se yergue sobre sus compañeros de granito cuando el ocaso salpica el cielo sobre el sombreado Valley John Muir de Yosemite (der.), que inspiró el establecimiento del Parque Nacional de Yosemite.*

VISITA LA ZONA SILVESTRE

Visitantes excursionistas en el valle Yosemite, en el primer Gran Viaje organizado en 1901. El grupo de 96 personas fue guiado por Will Colby, secretario del Sierra Club. Formado en 1892 por John Muir como presidente, el fin del club es mantener indemne la zona silvestre y ayudar a la gente a gozarla y apreciarla.

Un campamento permanente se levanta en las praderas de Tuolomne, de donde salen grupos a escalar, pescar y explorar. El viaje de tres semanas tuvo tanto éxito que se volvió anual. En su nota sobre el viaje en el boletín del club, Ella M. Sexto declaró: 'La ropa de hombre es indispensable ... Todo tipo de falda hará la lucha con los arbustos inútil.' Poco después Yosemite se popularizó para vacaciones de verano y para deportes de invierno, y las agencias de viaje lo anunciaron en sus folletos (der).

INSTANTÁNEA *Miembros del Sierra Club fotografiados en el primer Gran Viaje de 1901.*

descubrió sus esplendores escénicos –como las Cataratas Velo de Novia (Bridalveil Falls), al otro lado de El Capitán, que caen 190 m y después se detienen en el aire como un velo de rocío. Los relatos de su belleza hicieron que la región se abriera a los turistas y que se estableciera como Parque Nacional, creado en 1890, sobre todo por la iniciativa de John Muir, naturalista escocés que trabajó incansablemente en su cuidado. Escribió: "Ningún templo hecho con las manos puede compararse con Yosemite… Todas las rocas de sus muros parecen brillar de vida… como si dentro de esta mansión de montañas la Naturaleza hubiera reunido sus más preciados tesoros".

Unos 10 millones de años antes, Yosemite era una tierra de colinas, pero los movimientos de la Tierra empujaron las colinas más alto y los ríos excavaron los valles. Muchos de los domos de granito son los núcleos que quedaron cuando las rocas se rompieron al erosionarse las rocas superficiales, lo que liberó la presión bajo ellas.

Hace unos 3 millones de años, empezaron las Eras del Hielo. Glaciares de lento movimiento jalaron los muros de rocas unidas y tallaron los valles todavía más hondo, cortando cañones laterales para crear valles profundos. Cuando el hielo finalmente se derritió, hace aproximadamente 10 000 años, un enorme lago llenó el profundo valle Yosemite.

El lago se llenó de limo y se convirtió en un valle de suelo fértil. El Gran Cañón de Toulomne, que yace al norte del valle Yosemite, también cruza el parque de este a oeste.

Entre los más de 1 000 tipos de flores silvestres están las amapolas californianas que iluminan los pastizales bajos en primavera y las fragantes azaleas que hacen resplandecer las praderas en verano. La lila de California y la manzanita de tallo púrpura cubren las colinas.

En otoño Yosemite se incendia con los rojos y amarillos de las hojas. Los árboles que ahí se encuentran, incluyen el roble negro, el cedro incienso, el pino ponderosa, y el rey de todos ellos, la gigantesca secuoya: el árbol vivo más grande del mundo. Aunque no tan alto

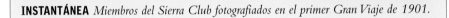

ROCA GIGANTESCA *Nubes pasando sobre la cara de granito de El Capitán (izq.) mientras su enorme mole se refleja en el río. El ocaso invernal (arriba) cubre la roca con un brillo dorado.*

PODER DE LAS RAÍCES *Un pino Jeffrey marchito se sujeta de la orilla de la roca en el Sentinel Dome, en el valle Yosemite.*

como la mencionada secuoya de la costa de California, la altura y el diámetro de esta secuoya sumados, son más voluminosos que cualquier otro árbol.

Todas las secuoyas en el parque se encuentran sólo en tres bosques separados, catedrales de columnas amarillas que se elevan 60 m o más. La mayor de ellas, es un veterano nudoso, herido por rayos. Con una estimación de 2 700 años, el Grizzly Giant debe haber crecido antes de que la Era del Hierro llegara a Europa.

El oso negro es el mamífero más grande de Yosemite; a los grises ya no se les encuentra aquí. Los osos cazan sobre todo de noche, luchando por engordar para el largo invierno con una dieta que incluye bulbos, retoños, peces, miel, nueces y frutillas. Los ciervos mulos, llamados así por sus largas orejas, son fácilmente vislumbrados por sus pieles rojizas de verano.

UNA VISTA INOLVIDABLE

Hoy Yosemite atrae a 3 millones de visitantes al año. En verano, Glacier Point ofrece una vista a ojo de pájaro del valle Yosemite, 1 000 m más abajo, con las cataratas Yosemite en el lado opuesto que se ven en toda su gloria. Es una vista que nunca se olvida, más mágica en el ocaso o a la luz de la Luna.

AGUAS DANZANTES *Las cataratas superior e inferior de Yosemite, caen estruendosamente del risco con un torrente de salpicadura.*

Yellowstone

PAISAJE DE CHORROS DE VAPOR, DONDE LOS GÉISERES ESCUPEN MÁS ALTO QUE EN LAS HISTORIAS ANTIGUAS

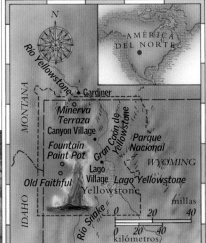

Hace tiempo en Estados Unidos había rudos madereros que contaban historias de una tierra fabulosa hacia el oeste, donde manantiales de agua hirviente saltaban sobre los árboles mientras la tierra temblaba con su rugido. Había

montañas de cristal y azufre, sitios donde se podía pescar una trucha y cocinarla de inmediato en un estanque de agua hirviendo. Había lagos como marmitas burbujeantes de pintura, e hileras de baños de porcelana donde un hombre podía bañarse a la temperatura que deseara.

Referente a los ríos, algunos partían hacia el distante Pacífico, en tanto que sus vecinos fluían hacia el Atlántico, otros corrían tan rápido que la fricción

calentaba sus lechos, y el mayor río de todos se lanzaba por un cañón dorado. También había, decían, bosques de "árboles petrificados" donde "pájaros petrificados cantaban canciones petrificadas". Nadie les creía, claro, pero las historias persistieron. En 1871 una

FRÍA COMODIDAD *(página siguiente) Una manada de bisontes en Yellowstone busca pastura cerca de manantiales, cuya agua mantiene los ríos sin helar.*

GRAN PRISMÁTICO *Los colores en el mayor de los manantiales de Yellowstone se producen por algas resistentes al calor en las aguas casi hirvientes.*

GÉISER CONFIABLE *Aún sin ser el que se lanza más alto, Old Faithful atrae multitudes debido a sus erupciones predecibles.*

expedición del gobierno fue a investigar; su reporte llevó al presidente Grant en 1872 a declarar toda el área, 9 000 km², el primer Parque Nacional que hubo en el mundo: "Prohibida su colonización o venta… para el beneficio y el gozo del pueblo." La palabra Yellowstone viene del nombre nativo norteamericano de su río más grande.

NO ERAN MENTIRAS

Millones de visitantes han descubierto que, en general, los antiguos tenían razón. Hay ríos que drenan a ambos lados de la divisoria continental dentro del parque, y hay una montaña de cristal –Obsidian Cliff– compuesta de cristal volcánico que los guerreros shoshone cortaban como puntas de flecha. En la Terraza Minerva, baños naturales de vapor se levantan de pisos de calcita, y en Fountain Paint Pot hay marmitas de lodo burbujeante pintados por minerales con los colores del arco iris. Pero es un poco desilusionante saber que el río Firehole debe su calor no a la fricción sino a las rocas calientes de abajo.

ESCULTURA EN AGUA *Los manantiales calientes elevan soluciones de caliza a la Terraza Minerva, y roca nueva se deposita al enfriarse el agua. Dos toneladas de caliza se añaden a las terrazas cada día.*

El rasgo más comentado de Yellowstone son sus géiseres, imponentes escupidores de agua como el Old Faithful, que cada 1¼ de hora más o meno hace subir agua hirviente y rugiente hasta 60 m hacia el cielo. Los muchos otros, todos diferentes, incluyen el Grotto Geyser que sale de una caverna blanca de sílice, el Riverside Geyser con una pluma arqueada de agua hirviente sobre el río Firehole, y Steamboat –el más alto del mundo–, con erupciones casi el doble de alto que Old Faithful, pero erráticas, escupiéndolas en intervalos de casi nada, hasta cuatro días o cuatro años.

Los géiseres dependen de la reunión de un abasto abundante de agua, una potente fuente de calor y una estructura de roca que se vuelve un sistema natural de tuberías. La fuente de calor es roca fundida del núcleo del continente, que en Yellowstone está a poco más de 5 km bajo la superficie.

En total hay cerca de 10 000 atracciones termales en el parque. Al igual que los géiseres, hay ollas de lodo hirviendo, borbollones de vapor de azufre, llamados fumarolas y manantiales a menudo pintados de esmeralda por algas que se han adaptado a vivir en temperaturas a punto de ebullición.

Toda esta actividad debe su existencia a la gran ampolla de roca fundida que se mueve bajo esta área de delgada corteza, siempre amenazando con hacer erupción. Hace casi 600 000 años lo hizo, arrastrando cerca de 2 600 km² de las Montañas Rocosas en un paroxismo de erupciones que depositaron una pila de ceniza y echaron una capa de polvo volcánico en gran parte de América del Norte. Luego, la corteza carente de apoyo se hundió en la cámara vacía dejando un cráter de 3 100 km².

Más tarde, erupciones menos violentas casi llenaron la caldera con cenizas y lava, bloqueando el ancestral río Yellowstone y creando el lago Yellowstone. Pero el río, ayudado por los glaciares de tres Eras del Hielo y aún más por el agua caliente y el vapor que suavizaba y amarilleaba el borde de roca de la caldera, lentamente cercenó el actual Gran Cañón de Yellowstone que desciende en una serie de caídas majestuosas desde el lago.

ÁRBOLES HECHOS PIEDRA

En ninguna otra parte aflora más dramáticamente la evidencia de pasadas erupciones que en el Specimen Ridge. Están ahí los árboles petrificados, todavía identificables (sicomoros, nogales, cornejos y magnolias). Hace millones de años fueron enterrados en ceniza volcánica y escorias que le quitaron el oxígeno a la madera e impidieron que se quemara.

Luego, tras varios eones, célula tras célula, el material orgánico de los árboles fue reemplazado por minerales de las rocas, de manera que, cuando su última cubierta se erosionó, quedaron como copias en piedra de ellos mismos. Si la imaginación no puede entender lo largo que pudo ser este proceso, considere esto: en partes del risco hay restos de 27 de esos bosques, uno encima del otro. Cada uno creció centenares de años en el mismo sitio, y cada uno en sucesión fue sepultado y vuelto piedra.

PODER DEL AGUA *El río Yellowstone talla su Gran Cañón en las rocas pálidas, de las que toma su nombre.*

La precipitación de lluvia se filtra por la roca porosa hasta una profundidad de unos 1 500 m. Ahí, bajo presión, es sobrecalentada. En un viaje redondo que lleva siglos, el agua caliente sube a la superficie y cerca del nivel del suelo parte de la más caliente se vuelve vapor. Lanza la columna de agua por arriba, iniciando una reacción en la que la presión deja que más agua supercalentada se vuelva vapor, manteniendo la erupción del géiser hasta que el sistema de plomería se vacía. Cuando el agua llena otra vez las cámaras subterráneas desde abajo, el ciclo se inicia de nuevo.

Devils Tower

UN PILAR GIGANTESCO QUE SE ELEVA SOBRE EL CATTLE COUNTRY DE WYOMING, ES UN ESCENARIO IDEAL PARA EL ATERRIZAJE DE NAVES ESPACIALES

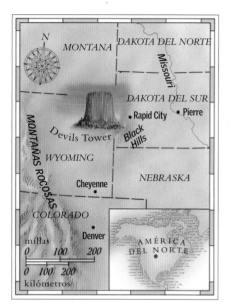

Un monolito semejante a un enorme árbol se levanta en la región ganadera al noreste de Wyoming. Una leyenda del pueblo kiowa que vivió en la región dice que Devils Tower fue creada cuando siete niñas pequeñas fueron perseguidas por un oso furioso. Las niñas saltaron a una roca baja, que se empezó a levantar del suelo, lejos del alcance del oso. Al intentar alcanzar a las niñas, el oso clavaba sus garras en la roca, y dejó surcos en sus costados. Más tarde el oso murió de agotamiento, pero las niñas vivieron por siempre como las siete estrellas que se ven en el grupo de las Pléyades.

La Devils Tower, el primer Monumento Nacional de Estados Unidos, es un enorme grupo de columnas de lados múltiples que se levanta 265 m sobre el monte arbolado. Mide 300 m en lo ancho de su base, y se angosta hasta los 85 m en la cima.

ORÍGENES SUBTERRÁNEOS

Los geólogos dicen que la torre empezó a formarse hace cerca de 50 millones de años, cuando de la tierra salió a la superficie materia fundida, que se enfrió lentamente y se solidificó dentro de la roca circundante, y a medida que se enfriaba se contraía y se fracturaba formando columnas de múltiples lados, como lodo que se quiebra al secarse. Durante muchos millones de años, las rocas más suaves que rodeaban la materia solidificada se erosionaron, descubriendo lentamente el grupo de columnas de múltiples costados.

La particular masa de Devils Tower puede verse desde 160 km de distancia, con sus costados llenos de líquenes, que cambian con la luz y la hora del día. Era un hito para los primeros colonizadores europeos, que

PERRO VIGÍA *Un perro de la pradera vigila, listo para avisar del peligro.*

convirtieron el área en una región de ranchos ganaderos. Más recientemente, la torre fue vista en el filme de 1977 *Encuentros cercanos del tercer tipo*, donde se le presentaba como el sitio de aterrizaje para una nave espacial extraterrestre.

Próximos a la base de Devils Tower hay túneles y cámaras de perros de

UN PARAPENTISTA QUEDÓ AISLADO EN LA CIMA DURANTE SEIS DÍAS

pradera. Hoy están protegidos, pero antes los mataban porque se creía que les quitaban pastura al ganado.

"Inaccesible para cualquier cosa que no tenga alas" fue como el coronel Richard I. Dodge describió la cima de la torre en 1875, cuando acompañaba una investigación geológica de EU. Dio a la torre su nombre, tras haber oído que los cheyennes la conocían como la Torre del Dios Malo, debido a un dios del mal que vivía en la cima y tocaba tambores que hacían el rugido del trueno.

No fue mucho después cuando alguien partió para demostrar que Dodge estaba errado. El 4 de julio de 1893, mil personas observaban al ranchero local William Rogers armando su "escalera": escalones de madera metidos en una grieta vertical y unidos para darles estabilidad.

Desde la cima, pueden verse cinco estados: Wyoming, Montana, Dakota del Norte, Dakota del Sur y Nebraska. Crecen en la cúspide cactos pera y salvia —cuyas semillas fueron probablemente llevadas por los pájaros—. Las víboras de cascabel y las ardillas se han abierto paso hacia arriba. Un parapentista que aterrizó en la cima en la década de 1940 tuvo mucho tiempo para estudiar tanto la vista como la vida animal, porque perdió su cuerda y no podía descender; se quedó ahí durante seis días hasta que llegó el rescate.

ALTURAS DE VÉRTIGO *Los lados abruptos de Devils Tower ofrecen a los alpinistas un reto irresistible. Fritz Weissner (inserto), detenido en una columna rota en 1937, fue el primer alpinista que llegó a la cima utilizando sólo una cuerda.*

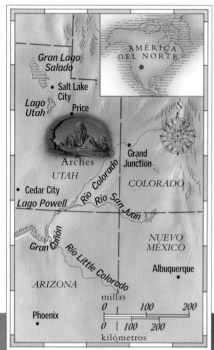

Arches

ARCOS DE PIEDRA POR DECENAS, Y PILARES POR MILLARES, DAN UN ARCO IRIS DE COLORES A LOS DESIERTOS DE UTAH

El paisaje rocoso de Utah se asemeja a la superficie de algún planeta fantástico. Rugosos pilares de roca esculpidos en formas y tamaños inimaginables sobresalen del suelo del desierto. Más asombrosos son los más o menos 200 arcos que abren huecos en muros de piedra y dan a la zona su nombre.

El Landscape Arch es el arco natural más largo del mundo: una cinta de piedra de apenas 1.8 m en un punto, que se extiende 89 m entre dos enormes contrafuertes. Eye of the Whale es una rendija alargada bajo un gran tramo de roca. No obstante, el arco más notable es el Delicate Arch, con forma de algo así como una U invertida con lados expandidos, se levanta en el borde de un gran anfiteatro natural.

Nombres igualmente evocativos se han dado a otras formas de Arches, uno de los parques nacionales de Estados Unidos. Algunos tienen un asombroso parecido con humanos, objetos o animales. El Dark Angel, un pináculo de roca negra de 38 m de alto, preside un área llamada Devil's Gardens, y la Tower of Babel es una alta plancha de roca acanalada que se eleva 150 m.

ESCULTURAS NATURALES

Las formaciones rocosas de Arches están talladas en arenisca (granos de cuarzo unidos por un pegamento de sílice o de carbonato de calcio, y cubiertos con componentes de hierro que dan a la roca sus múltiples colores). La arenisca de la zona de Arches se encuentra en lo alto de una gruesa capa de sal. Bajo el peso de la roca superior, la sal puede moverse hacia áreas más débiles de ella y aplicar presión ahí.

En el área de Arches, la sal móvil ha empujado la arenisca hacia arriba en un domo, estirándolo y rompiéndolo, el resultado son cientos de uniones separadas de 3 a 6 m. El agua se filtró en las uniones, y la roca de las aletas interpuestas fue erosionada fácilmente, aunque en unos lados más que en otros. Algunas aletas se erosionaron más en sus capas inferiores, hasta que la roca se rompió dejando un arco (der.).

Normalmente los arcos toman su forma con lentitud, pero en ocasiones hay un cambio dramático, como en el Skyline Arch (Arco de la línea del horizonte) en 1940. El arco se conocía como "Arch in the Making" (Arco en formación) hasta que una gigantesca plancha de arenisca cayó de la abertura y duplicó su tamaño.

PIERNAS ARQUEADAS *El Delicate Arch era llamado por los primeros colonos Blumers la vieja doncella o Chaparreras de vaquero. Una "rodilla" tiene un grueso de sólo 1.8 m.*

ENMARCADO *La Ventana Norte, de un par de arcos llamados 'The Spectacles' (Los anteojos), forma un arco como lente alrededor del Turret Arch (Arco Torreón)*

Esta parte de Utah es conocida como "país de rocas rojas", pero casi todos los colores están presentes en este semidesierto donde poca vegetación oculta las rocas. Algunas deformaciones están envueltas en "barniz del desierto": una cubierta brillante de minerales que quedaron luego de que el agua de las filtraciones se evaporó. La gente de Utah dibujó hombres a caballo sobre el barniz, poco después que los caballos, traídos a América por los españoles, llegaran a esta zona en el siglo XVII.

El clima de Arches es extremo. Menos de 250 mm de lluvia caen anualmente, y la temperatura, bajo cero en invierno, puede subir a 38° C o más en verano, con las rocas abrasadas a 66° C. No obstante, florecen helechos y orquídeas en salientes y nichos húmedos.

La mayoría de los animales de la zona emergen rara vez durante el día, pero apenas caída la noche el desierto se anima, linces y ciervos mulo, de largas orejas, cazan o pastan entre las sombras de las rocas a la luz de la Luna.

CREACIONES DEL AGUA DEL DESIERTO

Aun cuando en Arches llueve poco, es el agua la principal responsable de las formas de la tierra. La lluvia y la nieve derretida disuelven el cemento que une la arenisca, dejando que los granos sean arrastrados. En invierno, el agua en la roca se congela y se expande al volverse hielo, sacando granos u hojuelas a la roca.

El cemento está distribuido irregularmente. Las rocas menos pegadas se desgastan más rápido que las unidas sólidamente, y la desigual erosión deja a las rocas sobrevivientes más fuertes, con forma de aletas, arcos y torres. La combinación de delgadas aletas de roca y la erosión desigual son la causa de la profusión de arcos en la zona.

Aleta delgada de roca

Base de roca resultado de la erosión

Mayor erosión agranda el agujero en el arco

Crater Lake

UN LAGO AZUL CLARO EN
OREGÓN LLENA EL HUECO
QUE QUEDÓ TRAS EL
COLAPSO DE LA CIMA DE
UNA MONTAÑA, HACE
7,000 AÑOS

VOLCÁN DE LAGO *La isla Wizard es un cono de lava y ceniza que se eleva del piso del Crater Lake. Todo, menos su punta, está cubierto por las aguas del lago.*

En 1870, un escolar de Kansas leyó un corto artículo –en el diario que envolvía su merienda– acerca de un lago en las montañas de Oregón que estaba muy arriba, rodeado de diáfanos muros y con un volcán extinto. El artículo provocó el interés de William Gladstone Steel por el Crater Lake para siempre. Incansablemente hizo campañas para protegerlo de lo que las actividades humanas podrían suscitar y su labor rindió frutos en 1902, cuando Crater Lake se convirtió en el quinto Parque Nacional de Estados Unidos.

El lago por el que Steel trabajó tanto, yace en el vasto hueco que quedó luego que la cima del monte Mazama se colapsó durante violentas erupciones volcánicas hace 7 000 años. El lago, de 8 km de ancho, está rodeado de riscos multicolores que se levantan abruptamente del agua para formar un borde dentado que en algunos sitios tiene casi 600 m de alto, el doble de la altura de la Torre Eiffel.

Dos islas pequeñas pero contrastantes interrumpen la superficie del lago. Una, conocida como la isla Wizard, es un cono volcánico casi perfecto. La otra, llamada Phantom Ship, zarpa del lado sur del lago, con mástiles, velas y aparejos de roca, y espinosos árboles de coníferas.

El Crater Lake yace en lo alto de la Cascade Range, 1 882 m sobre el nivel del mar. Los inviernos son largos y duros, la caída de nieve totaliza 15 m al año, empieza en septiembre y dura hasta

FURIA DE LLAO *Las tormentas, que se pensó eran el desahogo furioso del dios, rompen la magia del clima seco y tranquilo del verano.*

julio, y el lago se duerme entre vendas de niebla. Al fundirse la nieve, la Naturaleza emerge de su retiro de invierno. Las flores dan color a las pendientes, los osos negros despiertan de su sueño invernal y los ciervos mulo y alces emigran a los pastizales a comer.

Los pueblos nativos americanos que vivieron en la zona –los klamaths y los anteriores maklaks– temían al Crater Lake. Para los klamaths, era un sitio de magia amenazante, que sólo los curanderos y los hombres sabios podían visitar e iban ahí para restaurar sus poderes.

En una leyenda maklak, el monte Mazama era el sitio de una batalla entre el Jefe del Mundo Superior, Skell, y Llao, el Jefe del Mundo Inferior, que habitaba en la montaña con sus monstruosos discípulos. Durante la batalla se arrojaron grandes rocas al cielo, corría fuego por los bosques y la tierra tembló, hasta que Llao murió y la cima quedó en ruinas de la montaña. Skell lanzó el destrozado

EL CENTRO DEL VOLCÁN EMPEZÓ A DESPLOMARSE

cuerpo de Llao al gran hoyo que se había formado en la montaña, y las lágrimas de sus discípulos lo llenaron para formar el Crater Lake. La cabeza de Llao quedó donde él cayó, y fue posteriormente llamada Wizard Island por colonos europeos.

La batalla de la leyenda se parece a acontecimientos reales. Antes de su erupción hacia 5,000 a.C., el monte Mazama era un volcán con muchos conos que podría tener 3 600 m de alto. Entonces el respiradero principal y un grupo de subsidiarios empezaron a lanzar enormes cantidades de ceniza que barrieron las laderas del volcán. La erupción subió de poderío, y poco después había perdido tanta roca que el centro del volcán empezó a desplomarse, dejando una enorme caldera de 1 200 m de profundidad que ahora contiene el Crater Lake.

Por miles de años el agua se depositó en el agujero formando un lago de 589 m de profundidad, el más hondo de

Estados Unidos. No hay ríos que fluyan al Crater Lake y ninguno sale de él, y la pérdida de agua por filtraciones y evaporación es recuperada con creces con la nieve y la lluvia.

Tras la erupción mayor, la actividad volcánica siguió en menor escala y los conos volcánicos, incluyendo la isla Wizard, formaron el lecho del lago. Sin embargo las púas dentadas del Phantom Ship son mucho más viejas, y fueron erosionadas de una capa vertical de roca dura que llena la fisura que alimentó un respiradero volcánico muy anterior.

La zona ha estado habitada continuamente durante 12 000 años, y pudo haber testigos de la erupción del monte Mazama. Útiles y sandalias de fechas anteriores se han encontrado cerca de Crater Lake, enterradas bajo una capa de ceniza, producto de los eventos cataclísmicos que crearon este tesoro de belleza natural.

COLORES VESPERTINOS *(al dorso) El sol poniente da un toque rosado al cielo sobre Crater Lake, y sumerge el borde del lago y a la isla Wizard en la sombra.*

Bryce Canyon

FANTÁSTICOS PINÁCULOS DE PIEDRA BRILLANDO CON MUCHOS MATICES DE ROJO, SE YERGUEN EN APRETADAS FILAS EN LAS BADLANDS DE UTAH

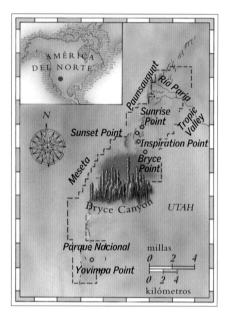

Como fantasía arquitectónica de arenisca y caliza, las agujas y torres del Bryce Canyon se elevan de profundidades oscuras, como ruinas de una ciudad antigua. Cuando un investigador norteamericano llamado T.C. Bailey puso los ojos en las misteriosas escuturas de piedra en 1876, quedó fascinado, pensó que era "la escena más salvaje y más maravillosa que hayan contemplado nunca los ojos de un hombre".

COLORES SIEMPRE CAMBIANTES

Los paiute, que vivieron allí durante siglos, eran menos románticos respecto al sitio. Lo llamaban "Rocas rojas que se yerguen como hombres en un cañón con forma de tazón". Creían que las rocas eran hombres convertido en piedras por la ira de los dioses.

Bailey describió los "miles de rocas color rojo, blanco, púrpura y bermellón, de todos tamaños, que parecían centinelas en los muros de castillos,

monjes y sacerdotes con sus túnicas, sirvientes, catedrales y congregaciones". Los nombres modernos dados a algunas de las rocas, como 'Wall of Windows' (Muro de ventanas), 'Thor's Hammer' (El martillo de Thor), 'Tower Bridge' (Puente de la torre), 'Hat Shop' (Tienda de sombreros) y 'Atomic Cloud' (Nube atómica), indican su rareza y diversidad.

Bryce Canyon no es en realidad un cañón, sino una serie de anfiteatros de roca de cerca de 150 m de profundidad. Sus rocas castaño rojizo pasan por matices rojo óxido, rosado salmón, amarillo limón a casi blanco, debido a la erosión de diferentes mezclas materiales en las capas, sobre todo óxidos de hierro. Los azules y púrpuras indican óxido de manganeso.

La luz cambiante provoca colores siempre diferentes y nuevas perspectivas surrealistas a las piedras. El amanecer y el ocaso son las mejores horas para verlas, porque en esos momentos los rayos sesgados del Sol reflejan colores más vívidos y proyectan sombras más oscuras que acentúan la forma de las rocas; en invierno las piedras están veteadas de blanco, pues se junta la nieve en cornisas, y en los sitios sombreados permanece hasta finales de primavera.

DESAFIANDO LAS BADLANDS

Los pioneros encontraron que era difícil viajar por el Bryce Canyon a causa de la basura bajo los pies y el grupo de desfiladeros. El calor y el

la comunidad mormona de Salt Lake City como carpintero y operador de aserradero. Fue al sur para establecer su residencia junto al río Paria, con su mujer y sus diez hijos en la década de 1860, esperando que un clima más cálido mejoraría la salud de su esposa. Bryce abandonó todo en 1880, tras fallarle el intento de irrigar el valle desviando el agua del río Sevier, proyecto que fue terminado con éxito 12 años después.

Las rocas están acanaladas horizontalmente, con cada canal señalando el borde de una de las capas de sedimento durante su formación, ya que hace 60 millones de años el cañón Bryce estaba al fondo de un lago que cubría gran parte de Utah. Capa tras capa de cieno, arena y restos de conchas se depositaron en el fondo, variando cada una según el material arrastrado y la vida presente en el agua. Gradualmente los granos se pegaron unos a otros con cementos químicos para formar capas de caliza y arenisca de diferentes resistencias.

LA GRAN ESCALINATA

Cuando se hubo formado una capa de roca de cerca de 600 m de grueso hace unos 15 millones de años, los movimientos de la tierra empujaron el lecho del lago hacia arriba del agua formando Paunsaugunt, la más joven y la mayor de una serie de mesetas conocidas como la Gran Escalinata, que desciende al sur, al borde del Gran Cañón de Arizona.

El sitio más alto de la meseta Paunsaugunt está en la punta sur, 2 750 m sobre el nivel del mar. Hacia el norte tiene unos 600 m de altura. Los anfiteatros de roca del cañón Bryce se extienden 34 km por el borde este de la meseta, tallados de sus riscos.

El agua ha moldeado este paisaje, y lo sigue haciendo. Aunque el terreno es seco en verano, es mucha la nieve que cae en invierno, y en primavera el agua del deshielo se filtra en las rocas durante el día y se congela por la noche. La expansión del hielo rompe la

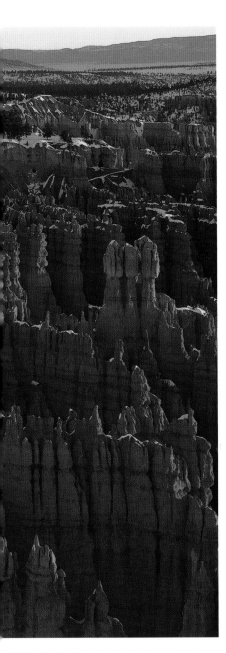

NIEVE Y LUZ *Desde Inspiration Point, el amanecer da brillo a las rocas bordeadas de nieve de Silent City, una serie de hondonadas en Bryce Canyon.*

brillo de las rocas desnudas se sumaban a la incomodidad, y el delgado aire –la altitud es más de 2 750 m– pronto agotaba sus fuerzas.

Es ésta la razón por la que muchas áreas son conocidas como *badlands* –"tierras malas para cruzarlas". Ebenezer Bryce, pionero del siglo XIX que se estableció cerca del río Paria, al norte del cañón, describió las *badlands* como "¡un sitio endiablado para perder en él una vaca!"

Bryce, de quien toma el nombre el cañón, era de origen escocés y se unió a

EN BUSCA DE SOL *Un pino Douglas, que puede crecer más de 90 m, sube al cielo entre las rocas verticales de Wall Street en el Anfiteatro Bryce.*

roca, que es barrida por los torrentes de agua de deshielo y las tormentas.

Las inundaciones excavan las partes más suaves de las capas de arenisca, creando barrancos, arcos y túneles, y tallando el cañón más profundamente.

GRAN FELINO *La región rocosa de Bryce Canyon y la meseta al lado son uno de los últimos refugios del elusivo puma.*

ANTIGUOS RESIDENTES

Algunos de los árboles vivos más antiguos han sobrevivido siglos en los suelos desnudos y hostiles de los riscos más expuestos del Bryce Canyon. Son pinos retorcidos, de poca altura, que son muy eficientes en el uso de la escasa humedad de que disponen.

En tiempos de sequía los pinos alimentan sólo unas cuantas raíces y ramas, y no sacan nuevas agujas. De hecho, rara vez tiran sus agujas. Los árboles crecen lo suficientemente lejos para no contagiar el fuego, en caso de incendio, y su madera resinosa controla hongos e insectos.

Esta estrategia de supervivencia tiene tanto éxito que algunos de los pinos de cerdas del Cañón Bryce tienen entre 1 200 y 1 600 años de edad. Sin embargo, no son los más longevos de su tipo: el "Matusalén", un pino de cerdas en las White Mountains de California, tiene 4 700 años.

ESPECTRAL Y MARAVILLOSO *Con los últimos rayos de sol del ocaso, las filas de torrecillas de roca vistas desde Sunset Point, parecen extrañas e irreales bajo la Luna naciente.*

DETENIDO *Un viejo pino de cerdas se sujeta de un risco en Bryce Canyon, con las raíces expuestas por la erosión de la roca del borde, destrozada por heladas.*

Al continuar el proceso, la orilla del cañón se reduce a una tasa cercana a 30 cm cada 50-65 años.

El verdor de la meseta Paunsaugunt, mezcla de praderas abiertas y artemisa, contrasta con las desnudas rocas de su borde desgastado. La meseta toma su nombre de la lengua paiute: Paunsaugunt significa "Hogar del castor". Pero los castores fueron blanco de los traperos de pieles del siglo XIX, y ya no forman parte de la vida silvestre local.

Pinos y abetos crecen en los niveles más altos, dando paso sobre todo al pino ponderosa al bajar el suelo hacia el norte. En verano, ciervos mulos pastorean aquí al anochecer y en la oscuridad, y son presa de los pumas.

Esta área es uno de los últimos refugios de los grandes felinos. Un puma adulto mata más de 50 ciervos al año, ayudando a mantener el número de en un nivel sustentable, sólo los suficientes para que medren con la vegetación disponible sin destruirla.

Los primeros pioneros confundieron con cedros los juníperos de ramas bajas que cubren las pendientes más bajas al este de la meseta. Esto explica algunos nombres locales, como Cedar City, Cedar Breaks y Cedar Mountain.

Los bosques cubren el suelo de los anfiteatros, pero pocos árboles y matorrales logran sobrevivir en las colinas altas, que son de polvo seco la mayor parte del tiempo. Sin embargo, los pinos de cerdas, los árboles vivos más antiguos del mundo, se encuentran en algunas de las desoladas cordilleras, y la rabbitbrush de flores amarillas ilumina sitios soleados abiertos, proveyendo de comida a criaturas pequeñas como las marmotas que viven entre las rocas.

VISTA ÚNICA EN LA VIDA

Sunrise Point y Sunset Point, que ven hacia el Anfiteatro Bryce, el más espectacular de los anfiteatros naturales, son sólo dos de los miradores a lo largo del borde del cañón. Actualmente, éste y parte de la meseta Paunsaugunt forman juntos los 145 km² del Parque Nacional del Bryce Canyon. Centenares de miles de visitantes van ahí cada año. Desde los diferentes miradores pueden ver maravillados el increíble panorama de torrecillas, riscos y pináculos de roca colorida, para muchos la vista favorita entre todos los paisajes espectaculares del oeste norteamericano. Aquellos con más vitalidad pueden seguir los senderos hacia los barrancos y hondonadas. Vistas desde abajo, las torrecillas de roca parecen distintas y fantásticas.

Lechuguilla Cave

NUEVO MÉXICO
CONTIENE UNA CUEVA
DEL TESORO CON
DECORADOS FABULOSOS
E INFINITAMENTE
VARIADOS

La incredulidad es el compañero constante de quienes exploran la caverna Lechuguilla en Nuevo México. Hasta ahora, se han descubierto 156.5 km de cavernas y pasajes bajo las montañas del desierto en el sur de Estados Unidos, que la hacen una de las cavernas más largas del mundo. Dentro de la cueva hay "decorados": minerales incrustados que cuelgan de los techos y embellecen muros y pisos.

La belleza y variedad de los ornamentos es asombrosa. Estalactitas huecas como popotes de hasta 4.5 m de largo cuelgan de los techos de la caverna. Estantes con forma de baños para pájaros se apoyan en nudosos pedestales y cuelgan del techo por medio de estalactitas de columna, y ramales de yeso blanco (gypsum) tan delgados como un cabello humano que llegan a los 6 m de largo. Hay forma-

CAMINO PRECARIO *Los excursionistas se abren paso en el enorme Prickly Ice Cube Passage, en donde el agua ha tallado el piso de yeso en bloques de bordes espinosos.*

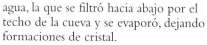
CREACIÓN ORNAMENTADA *En la caverna Tower Place, columnas majestuosas de 15 m se elevan del suelo hasta el techo.*

ciones que parecen perlas, palomitas de maíz, globos y diminutos pinos cubiertos de escarcha, y otras que asemejan estar envueltas en elegantes telas con colgaduras.

Parece extraño que esta tierra no se haya descubierto hasta la década de 1980. En 1914, algunos hombres de la localidad hicieron efímeros intentos de extraer el guano de murciélagos, que se encuentra en el interior de la entrada a la caverna, para utilizarlo como ferti-lizante. Al paso de los años, exploradores curiosos se aventuraron al interior, pero no fue sino hasta 1986 cuando un grupo penetró. Los intrigaban los fuertes vientos que soplaban en la entrada, señalando la existencia de cavernas más grandes y profundas. Tras excavar un poco, encontraron un pozo casi vertical que llamaron Boulder Falls. Más adelante está el laberinto de cavernas hermosamente decoradas.

La exploración de Lechuguilla ha sido lenta y meticulosa, no sólo por que hay que vencer las dificultades del terreno y la profundidad de los lagos. Los exploradores están conscientes de lo frágiles que son los ornamentos, y de los cambios que ellos pueden provocar, como aumentos de sequías.

RIESGOS HUMANOS

Sin importar lo cuidadosamente que los exploradores pisen, es imposible no aplastar o ensuciar algunas de las prístinas superficies. Los abundantes decorados están hechos de gis y son excepcionalmente frágiles, un movimiento descuidado puede dañar o destruir una formación que tardó varios millones de años. Hasta la menor sequedad de la atmósfera, provocada por la ampliación de la entrada a la caverna, puede dañar los brillantes decorados de yeso blanco, y hacerlos colapsar.

Los exploradores de cuevas tienen un estricto código de conducta. Siempre que les es posible, caminan descalzos para evitar ensuciar el piso, pero deben ser cuidadosos para no cortarse los pies

y no dejar manchas de sangre. La mayoría de las cuevas de arenisca se forman cuando la lluvia ligeramente ácida se filtra, pero Lechuguilla parece haberse formado boca abajo. El gas de los profundos depósitos de petróleo subió por grietas a las rocas y se mezcló con oxígeno y agua. El resultado fue ácido sulfúrico que reaccionó con la arenisca, disolviendo los pasajes obstrui-dos y creando yeso blanco en la misma reacción. Durante millones de años, las cavernas fueron decoradas con minerales arrastrados por el laberinto y disueltos en agua, tanto las estalactitas de calcita como las estalagmitas tienen muchos ornamentos en yeso blanco. Las formaciones de este gis de belleza arrobadora cuelgan en el Chandelier Ballroom. Se hicieron cuando los depósitos de mineral más altos en el sistema de cavernas se disolvieron con

> ## TIRAS DE YESO, FINAS COMO UN CABELLO Y DE 6 M DE LARGO.

agua, la que se filtró hacia abajo por el techo de la cueva y se evaporó, dejando formaciones de cristal.

Los expertos argumentan que Lechuguilla debe abrirse sólo a los investigadores y no al público, para preservar esa Cueva de Aladino de tesoros en un estado impoluto.

GEMAS *Perlas de caverna, pulidas esferas de calcita, se han formado en una cueva conocida como Pearlsian Gulf (der.).*

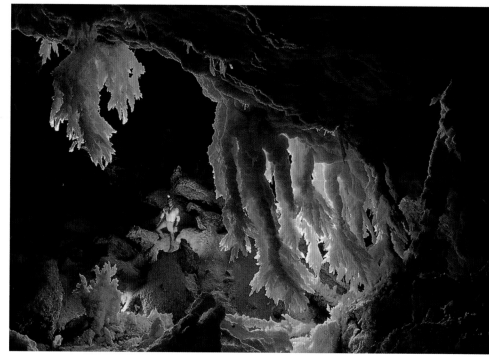

LUZ FANTÁSTICA *Delicadas creaciones de yeso blanco cuelgan del techo del Chandelier Ballroom. Algunos de estos candeleros singularmente grandes tienen 6 m de largo.*

Gran Cañón

ROCAS RAYADAS DE PROFUNDOS ABISMOS DEL RÍO COLORADO REGISTRAN LA HISTORIA DE LA TIERRA

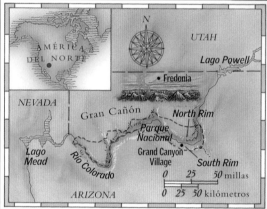

Un pequeño avión bimotor azul golpea el suelo de un monótono desierto. Esto sucede en una película hecha para ilustrar las capacidades del IMAX, el ultramoderno cine con pantalla envolvente de cinco pisos de alto. Sorpresivamente, el bimotor llega al borde del Gran Cañón y va hacia abajo. Y el público se va con él, girando y bamboleándose en ese abismo increíble.

Pero ninguna película puede preparar para el asombroso impacto del Cañón mismo. Hasta los aburridos adolescentes enmudecen ante la existencia de algo tan vasto, tan antiguo y tan sereno. Esta trinchera excavada por el Río Colorado tiene una perturbadora profundidad de 1.6 km y 15 km de ancho, en promedio, en tramos de cerca de 450 km. En cualquier tramo de 21 km se le puede colocar al fondo la isla de Manhattan entera y todavía necesitar de binoculares de campo para inspeccionar los techos de los rascacielos bajo uno.

Su humor y sus colores cambian con las horas y las estaciones. Al amanecer,

OCASO ESPECTACULAR *Una tormenta eléctrica danza por la orilla del borde sur del cañón. Esos espectáculos de verano causan con frecuencia incendios de matorrales.*

las rocas estriadas del borde opuesto —muy distantes pero aparentemente lo bastante cercanas para tocarlas— están barnizadas de plata-oro sobre el azul abismo de abajo. Las mañanas de primavera llenan las profundidades con una niebla que parece lo bastante sólida para caminar sobre ella; la luz de la Luna inunda las distancias de azul y añil; y el ocaso baña los riscos superiores con el rosa más profundo.

TRIBUTARIO DEL COLORADO *Por siglos, los havasupai han vivido junto a la cascada en Havasu Creek (izq.). El nombre de la tribu significa 'Gente de agua azul verdosa'.*

La mayor parte de la lluvia se evapora antes de llegar al fondo del abismo, por lo cual abajo, al lado del río, el terreno es un árido desierto. En contraste, el borde norte, que es considerablemente más alto que el Borde Sur, está cubierto de nieves árticas hasta bien entrado mayo. Entre estos dos extremos, el rango climático pasa por la tundra, bosques templados y bosques de coníferas. Al igual que al ascender por una montaña, cada 300 m de elevación producen un cambio climático comparable a un viaje de 500 km en terreno plano.

Esta variación permite la riqueza de vida silvestre: animales de montaña, como el carnero cimarrón de cuernos grandes, se vuelven vecinos próximos de criaturas del desierto como las víboras de cascabel. Y la gran línea divisoria del cañón asegura que ciertos animales nunca se encuentren, las ardillas de cola roja del borde norte son una subespecie muy diferente de las del borde sur.

ELEVACIÓN Y EROSIÓN

Hace muchos años, según dicen, un vaquero errante miró hacia abajo a las profundidades asombrosas del cañón y exclamó: "¡Seguramente algo sucedió aquí!" Como cualquier visitante desde entonces, no podía dar crédito a que el cañón fue creado sobre todo por el listón de río que se ve en su base. Sólo una inspección más cercana revela que aquí el Colorado puede ser un torrente tumultuoso que arrastra consigo miles de toneladas de sedimento cada día, "Demasiado espeso para beber, demasiado superficial para ararlo", era la queja usual de los viejos colonos. Lo ancho del valle se debe sobre todo a los tributarios alimentados por el derretimiento de nieve, ayudados por 5 millones de años de erosión por el viento, las heladas y la lluvia. El corte central es obra del Colorado.

Es razonable asumir, como hicieron los primeros exploradores, que el río, durante eones, simplemente cavó su camino hasta la actual profundidad. De hecho, el río permanece más o menos como siempre, cerca de 600 m sobre el nivel del mar. Fue la tierra la que se

PAREDES DEL CAÑÓN *Desde las alturas de Toroweap Overlook en el borde norte, el Río Colorado puede verse torciendo su camino, casi 900 m más abajo.*

elevó, pero tan lentamente que el poder abrasivo del Colorado le permitió mantener su sitio mientras los muros del abismo subían en ambas riberas.

La historia del cañón está escrita en las distintas edades de las rocas, al emerger capa sobre capa de las profundidades. Abajo de todas está la Garganta Interna, donde el Colorado fluye. Hace dos billones de años, esa roca oscura era parte de una cordillera como el Himalaya. Las montañas se desgastaron hasta ser una planicie y fueron reemplazadas por un mar bajo. Más arriba, el diario de las rocas informa sobre antiguos cataclismos en los que montañas se desgastaron al ahogarse bajo las inundaciones de lodo de las planicies, donde anfibios y reptiles dejaron sus huellas. Hay capas que alguna vez fueron pantanos y desierto, y antiguos mares en donde vivían corales. El río no empezó su abrasión sino hasta hace 6 millones de años. No obstante, cuando la lava se derramó de una punta de la garganta hace menos de un millón de años, el cañón ya tenía 15 m de su profundidad actual.

AMANECER HELADO *El amanecer ilumina la nieve en Mather Point, en el borde sur del cañón, donde una nevada es más rara que en el borde norte.*

DESAFIANDO LOS PELIGROS DEL CAÑÓN

El nombre del mayor John Wesley Powell, veterano de la Guerra Civil, será asociado con el Gran Cañón. Condujo la primera expedición por el Río Colorado en mayo de 1869 – un grupo de nueve hombres en cuatro botes. Uno de éstos, que llevaba la mayoría de las provisiones, se hundió en la primera semana, pero los exploradores insistieron y penetraron al Gran Cañón el 4 de agosto.

Siguieron días de lucha contra los rápidos y repeliendo rocas, con los peligros empeorando por la sensación de estar yendo siempre hacia lo desconocido. El 28 de agosto, tres de los hombres no quisieron seguir adelante y escalaron el cañón, sólo para ser muertos por indios. Irónicamente, los siguientes días los botes encontraron aguas calmas del Colorado bajo. El río había sido conquistado – pero a qué precio.

OCCIDENTALES *El Mayor y un valiente paiute.*

LUCHANDO CON EL RÍO *Los botes de Powell arremeten decididos por el cañón.*

MONUMENTOS DE IMPERIOS PERDIDOS

Pueblos de la antigüedad vencieron grandes retos para manipular el paisaje para sus propios fines

Fueron las catedrales de su época, monumentos que inspiraron temor con su diáfana desnudez. Los paisajes dramáticos ofrecían a los antiguos pueblos posiciones ventajosas y sitios de belleza mística, y ellos los transformaron en ciudadelas, barreras defensivas y montes funerales reales. Numerosos operarios, equipados únicamente con herramientas primitivas, trabajaron para lograr cada objetivo. La escala y la osadía de estos monumentos siguen inspirando asombro, a pesar de los miles de años de desgaste, proceso que resalta lo minúsculo de la historia humana contra el tiempo geológico.

GAMLA UPPSALA
Los reyes de la Suecia pre-vikinga fueron enterrados bajo los vastos montículos de Gamla (Viejo) Uppsala hechos a mano .

SIGIRIYA
La cima de un montículo de granito (arriba) fue elegida en el siglo V por un rey de **Sri Lanka**, para construir la fortaleza de Sigiriya.

MACHU PICCHU
Los conquistadores españoles nunca vieron la ciudad inca de Machu Picchu en los Andes peruanos. Sus ruinas fueron descubiertas en 1911 por el arqueólogo norteamericano Hiram Bingham.

CASTILLO DE LA DONCELLA
Murallas de tierra se construyeron en torno al Castillo de la Doncella, de la Era del Bronce, en el sur de Inglaterra, alrededor de 100 a.C, (arr).

MURO DE ADRIANO
Los romanos aprovecharon la cresta de un antepecho natural de roca (arr.) para construir el Muro de Adriano en 122-129 d.C. creando una barrera en el cuello de Inglaterra.

SÍMBOLO RELIGIOSO
El Gran Monte de la Serpiente (arr.) en Ohio, fue probablemente un símbolo religioso del pueblo adena hace 2 000 años.

FORTALEZA DUN AENGUS
La fortaleza prehistórica, Dun Aengus en Irlanda (der.), cuelga de la orilla de un risco 75 m arriba del Atlántico.

Cráter del Meteorito

UN METEORITO PRODUJO UN GIGANTESCO HOYO EN ARIZONA

CICATRIZ DE ESTRELLA *Este cráter fue excavado por un meteorito en las praderas de Arizona .*

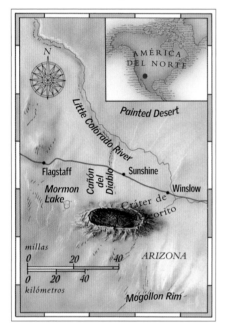

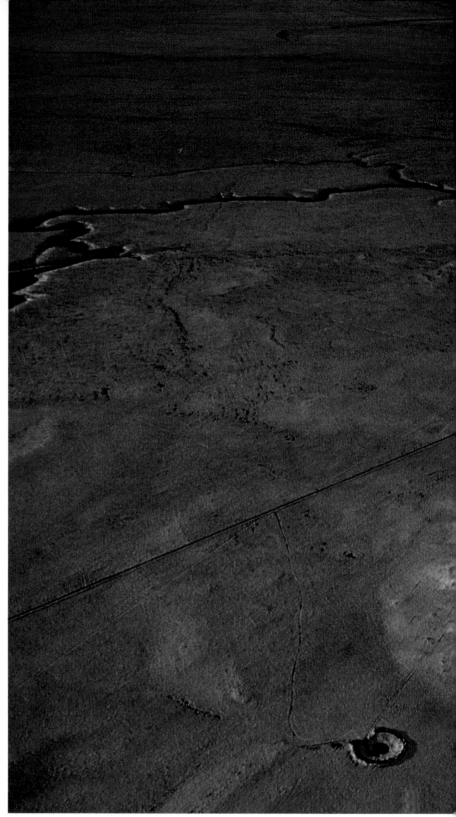

Desde las planicies laterales, el borde del Cráter del Meteorito (Meteor Crater) parece una loma baja, que no da idea del inmenso agujero al que rodea. Taladrado cuando un meteorito gigante pegó ahí hace unos 50 000 años, el cráter tiene cerca de 1.2 km de diámetro y 180 m de hondo, con un borde que se levanta 45 m sobre la planicie. Su suelo es tan parecido al terreno de la Luna que los astronautas del Apolo se entrenaron en él, y fue un sitio de prueba para vehículos lunares.

Los científicos estiman que el meteorito cayó a 72 000 km/h, y que con el impacto explotó con una fuerza mil veces mayor que la bomba nuclear de Hiroshima. Lanzó de 5 a 6 millones de toneladas de roca y tierra volando hacia el cielo y bloqueó la luz solar. Tras el choque, el meteorito –una masa de níquel y hierro calculada en 40 m de ancho y más de 300 000 toneladas– se desintegró y se fundió. Los restos se han hallado en un radio de 10 km.

Por un tiempo se creyó que el cráter era volcánico, pero un ingeniero en minas, llamado Daniel Barringer, fue uno de los primeros en reconocerlo como cráter de meteorito. Creyendo que era rico en níquel y hierro, introdujo un reclamo en 1912 y gastó una fortuna intentando inútilmente extraer el mineral. Hoy el cráter se conoce también como Cráter Baringer y aún pertenece a la familia.

En promedio, los meteoritos grandes caen a la Tierra aproximadamente una vez cada 1 300 años. El meteorito intacto más grande del mundo, que también es probable que haya caído en tiempos prehistóricos, pesa 60 toneladas y yace cerca de la ciudad de Grootfontein en Namibia.

ELIMINANDO UNA "BOMBA"

Hacia fines de 1890, un meteorito de 30 toneladas fue extraído de Groenlandia por Robert E. Peary, y está en el Museo de Historia Natural, de Nueva York.

Cañón de Chelly

GIGANTESCOS MUROS DE PIEDRA FOMENTARON LAS CREENCIAS DE LOS NAVAJOS Y GUARDAN EL MISTERIO DE UN PUEBLO DESAPARECIDO

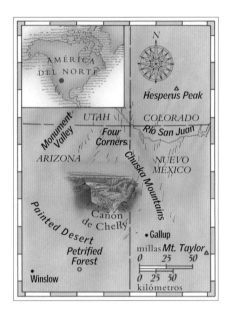

En la tierra de Four Corners, donde Utah, Colorado, Arizona y Nuevo México se encuentran, las extravgancias geológicas son comunes, de ahí los muchos parques nacionales y monumentos que salpican el mapa. Entre éstos, el Cañón de Chelly (pronunciado "de Shai") es especial a causa de su serenidad, su retiro y el profundo efecto que tuvo sobre las vidas y creencias de pueblos que ahí lo habitaron.

El cañón no es un único valle, sino un laberinto de cañones, que fueron excavados por el lento movimiento de ríos en la profundidad de la arenisca del Defiance Plateau. Los muros del cañón, que varían en grueso desde 9 m hasta 300 m, no son sólo delgados sino increíblemente tersos. Se ven exactamente como si un diseñador, trabajando con glaseado rojo, hubiera terminado su labor deslizando hábilmente la espátula. Las bandas oscuras que parecen pintura corrida y que marcan las paredes del

cañón son conocidas como "barniz del desierto". Han sido producidas por siglos de agua cargada de minerales que escurrió por la cara de la roca.

Aunque el hielo erosiona los bordes del cañón, al soltar pedruscos que se estrellan en el fondo, hay pocos desechos: en poco tiempo, la arena que forma las grandes peñas se desintegra y después simplemente se la lleva el viento. De esta forma, los amplios suelos del cañón tienen una apariencia esmerada y bien mantenida, especialmente en primavera, cuando arroyos plateados se retuercen entre los bancos de arena, y los pequeños huertos de los navajos que viven ahí brillan con flores de manzano y durazno.

A pesar de los fríos inviernos, el

NOCHE Y DÍA *El ocaso dora la orilla del cañón, en tanto que el suelo está ya en profunda oscuridad (inserto). Las ovejas navajo siguen un sendero centenario.*

Cañón de Chelly siempre ha atraído a la colonización. A los pies de los altos riscos hay a menudo profundos huecos. En unos cuantos de esos se hallan las ruinosas construcciones de piedra de una raza antigua que desapareció alrededor de 1300 d.C. Se les conoce sólo como los anasazi, el nombre que les dan los navajos, que llegaron después de ellos, y que quiere decir "los Antiguos".

HOGAR SAGRADO

Fueron alrededor de 1500 españoles que llegaron y dieron a los duros e ingeniosos pobladores locales el nombre de navajos. Ellos se decían dinch, simplemente "El Pueblo". Su tierra sagrada es toda la región del entorno, limitada por los cuatro picos sagrados de San Francisco, Hesperus, Blanca y Mount Taylor.

El extraño nombre del cañón es la corrupción de una palabra navajo que significa valle de roca. Ahí, junto a las inscripciones anasazi, los navajo han registrado su propia versión de la Creación: historias de los yei, seres sagrados que habitaron la Tierra antes

CINTURÓN DE PLATA *Un platero navajo hacia 1870 con un cinturón de conchas de plata (arriba). Los navajo aplicaron su oficio en la década de 1860 a acuñar monedas.*

LOS ANTIGUOS

Encajadas en las salientes de los riscos del Cañón de Chelly se hallan las todavía imponentes ruinas de complejas construcciones en piedra, con altas torres y cámaras ceremoniales subterráneas. Los constructores, conocidos sólo por el nombre navajo de anasazi, vivieron en la zona aproximadamente de 100 d.C. hasta 1 300.

No sólo fueron los anasazi expertos constructores, también eran grandes agricultores, tejedores de algodón y de canastos, y ceramistas que comerciaban muy lejos, como en México y en la costa del Pacífico. El motivo de su desaparición en el siglo XIII nunca se sabrá, quizá fue porque sufrieron sequías y hambrunas. Sólo sus construcciones señalan su paso.

NICHO EN EL TIEMPO *La Casa Blanca ha estado protegida por una enorme cueva de roca durante casi mil años.*

TORRE DE ROCA *Spider Rock (Roca araña) es el nombre navajo para este pilar de arenisca de 244 m en el Cañón de Chelly. Se dice que es el hogar de la sagrada Mujer Araña.*

de que la Primera Mujer y el Primer Hombre emergieran del inframundo. Las historias están pintadas en los muros de cavernas y sobre las salientes de roca.

También desde aquí, los navajos hicieron la guerra a los invasores: a los españoles, que se retiraron asesinando a 115 hombres, mujeres y niños en 1805, y luego a los colonos. La respuesta del gobierno de EU, en 1863, fue enviar unidades de caballería al mando del coronel Kit Carson. Ellos mataron de hambre a los navajos hasta someterlos, y unos 7 000 de ellos fueron conducidos en cautiverio a Nuevo México, un viaje de 320 km aún recordado amargamente como la Larga Caminata.

Cuatro años después, el gobierno se ablandó y los navajo fueron devueltos a su tierra natal, ahora oficialmente asignada como Reservación Navajo. Se trata de una tierra en la cual toda roca, todo objeto natural es envuelto con las creencias navajo. La principal es que la Creación es una, y por lo tanto al estar en armonía con su entorno, el Hombre puede lograr el objetivo final de unificación con la belleza del todo.

Cerca del Cañón de Chelly está el Parque Nacional Petrified Forest, un paisaje desértico lleno de troncos de árboles que han yacido ahí 225 millones de años. Crecieron, florecieron, y con el tiempo murieron en la Era de los Dinosaurios.

Los troncos caídos, enterrados en sedimento, absorbieron sílice del agua, que gradualmente sustituyó su materia orgánica por ágata colorida como un arco iris. A los árboles petrificados se les erosionó su cubierta de piedra, junto con los restos fosilizados de helechos, peces y reptiles, un catálogo asombroso de su mundo cuando eran jóvenes.

Death Valley

ESTA SARTÉN DEL DESIERTO POSEE NO SÓLO UN RÉCORD, SINO TRES: ES EL SITIO MÁS CALIENTE, SECO Y BAJO DE AMÉRICA DEL NORTE

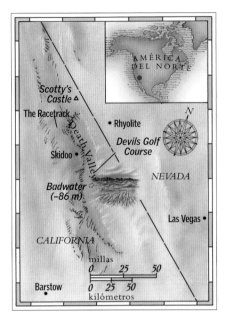

Deadman Pass, Dry Bone Canyon (Cañón del hueso seco), Funeral Mountains, hasta los nombres de lugares del Death Valley de California son siniestros. Es este el sitio más seco de América del Norte, un lugar de ardiente calor veraniego, sin una gota de lluvia.

En los días de verano, el termómetro se eleva rutinariamente a 43° C, y se han registrado temperaturas que llegan a más de 49° C todos los días durante más de seis semanas. Cuando llega la lluvia, con frecuencia es como chaparrón que inunda la tierra quemada por el calor con torrentes de agua y lodo.

ARENAS MOVEDIZAS *El viento del Death Valley dibuja formas intrincadas en la arena (izq.). Sin embargo, la prímula del desierto (arriba) florece aún en esta tierra desértica.*

343

Death Valley tiene otro récord: su punto más bajo, 86 m abajo del nivel del mar, es el lugar más bajo en el continente norteamericano. Se formó cuando grandes bloques de tierra se hundieron por líneas de falla, en tanto que los bloques adyacentes se elevaron para formar las montañas vecinas. Esta profunda trinchera, con el suelo yaciendo muy abajo, actúa como una trampa protegida del sol en un área que de por sí es caliente y seca, y está guarecida de la lluvia de las montañas de la Sierra Nevada.

Todo ahí evidencia que el clima fue antes mucho más húmedo. Los cañones cortados en los muros del valle fueron creados por torrentes de agua corriente, y hay grandes despliegues de sedimento arrastrados de los picos circundantes. Quedaron depósitos de sal en el piso del valle luego de que los lagos se evaporaron, y la sal del Devils Golf Course ha sido erosionada por el viento y la lluvia en espirales dentadas.

Sin embargo, pese al entorno hostil, el Death Valley está lejos de no tener vida: el carnero cimarrón de largos cuernos puede vivir con poca agua; la serpiente de cascabel cornuda se mueve con "saltos" que mantienen su cuerpo lejos de la tierra caliente; y los tallos y hojas de la rara rocklady de flores blancas están cubiertos de pelo

ALOCADO PAVIMENTO *Las escasas lluvias dejan una capa de lodo que se cuartea al secarse bajo el sol feroz.*

SOBREVIVENTES *El carnero cimarrón de cuernos largos necesita poca agua, aún viviendo bajo el quemante sol de verano requiere beber sólo una vez cada tres días.*

que las aísla del viento desecante. Hasta los pocos arroyos salinos y pozas tienen vida, pequeños peces pupas que resisten el agua salada.

Un grupo de buscadores de oro que iban a California, visitó por accidente el Death Valley en 1849, y sus experiencias le dieron el nombre al lugar. Abandonaron el sendero con la esperanza de encontrar un atajo, pero en vez de ello se hallaron luchando en un valle desértico, casi sin agua. Una mujer describió después cómo sus pequeños "se portaron valientemente, aunque apenas podían hablar, de lo secos e hinchados que tenían labios y lenguas."

Dos hombres encontraron una ruta para salir y guiar a sus compañeros a un sitio seguro. Al salir, uno dijo la frase de despedida "Adiós, Valle de la Muerte".

Surgió un mito sobre los horrores del Death Valley. Se contaban historias sobre caravanas de carretas con gente que moría atormentada por la sed, pero los buscadores de oro siguieron atraídos.

En los días de auge que siguieron se hicieron fortunas, pero más a menudo se perdieron en efímeras aventuras mineras. Las colonizaciones crecían como hongos y fueron abandonadas unos años después cuando las minas se agotaron. Skidoo, sitio de una productiva mina de oro, tenía 500 habitantes en la década de 1900. Tenía una línea telefónica que la unía con Rhyolite, justo fuera del valle, que en 1906 tenía una alberca, un teatro de ópera y 50 salones donde los buscadores de oro podían gozar de sus ganancias.

Aunque la minería de oro tuvo éxito por poco tiempo en Death Valley, no sucedió lo mismo con el bórax. En la década de 1880, el "oro blanco", usado en el glaseado de cerámica, se raspaba del suelo del valle. Grupos de mulas lo llevaban al arranque de la vía del ferrocarril, alejada 265 km del duro, pero austeramente hermoso Death Valley.

DURA TIERRA *Colinas arrugadas, con gargantas profundamente grabadas, se yerguen a cada lado del piso del Death Valley. Hay poca vegetación para suavizar el severo perfil.*

ROCAS QUE RESBALAN

Un rastro sobre tierra resquebrajada lleva a un pedrusco y se detiene. Este rastro es recto; otros trazan curvas errantes o en zigzag. Estas huellas están en un lecho seco de lago llamado The Racetrack, donde pedruscos dispersos al azar se han movido sobre una superficie nivelada. La explicación más probable es que la tierra se vuelve resbalosa tras la lluvia, fuertes vientos empujan los pedruscos y se forman senderos.

White Sands

RATONES RUBIOS Y LAGARTIJAS BLANCAS SE CONFUNDEN CON EL ENTORNO EN UN DESIERTO DE DUNAS

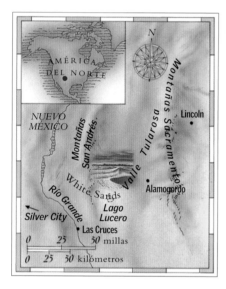

MUESTRA DE SOMBRAS *La luz del atardecer (arriba) colorea de azul las dunas. Las sombras del ocaso (der.) muestran la formación ondulada de las arenas movidas por el viento.*

Dunas blancas y brillantes, formadas y torneadas por el viento, se extienden ante los ojos del caminante en White Sands. Pero ésta es una arena inusual, no la acostumbrada de cuarzo, sino de gypsum (yeso blanco). White Sands es el desierto de gypsum más impresionante del mundo. Con cerca de 780 km² de extensión, yace en el Valle Tularosa, de suelo plano, en Nuevo México, y gran parte de él ha sido monumento nacional de EU desde 1933. Nadie explotó jamás el gypsum que existía en esa zona; el área era demasiado remota y el mineral abundaba por doquier.

El gypsum es un mineral usado en la manufactura de cemento y de yeso. Enormes capas de roca de gypsum existen en las montañas que rodean White Sands. Siglos de erosión, lluvia y nieve derretida han arrastrado restos de roca al lago Lucero, la parte más baja de la cuenca, mezclándolos con el agua que se filtra del piso del valle. El sol y el viento evaporan el agua dejando un lecho seco incrustado de gypsum grueso, y éste es molido en finas partículas por el viento.

El viento las acumula en dunas que pueden tener 30 m de alto. Lentamente el viento barre las dunas de norte a este, a veces a una tasa de 6 m al año.

Este paisaje árido y bajo un cielo amplio, azul, y un implacable sol, evoca al Lejano Oeste. El río Grande no está lejos. Los apaches mescalero llegaron a él para congregarse en las planicies de álcali, aún hay moldes de sus fogatas. El gypsum calentado formó yeso blanco, y éste se endureció con la lluvia.

White Sands posee también otra nota sobre historias de conflictos. Durante la Segunda Guerra Mundial, el Valle de Tularosa fue el radio de acción de una bomba. El 16 de julio de 1945, la primera bomba nuclear, fabricada en Los Álamos, al norte, fue probada cerca de Alamogordo.

Algunas plantas logran obtener alimento de esta tierra salvaje y cambiante. Unos chopos se elevan desafiantes hacia el cielo, a veces apenas sobresaliendo a una duna. Cuando la duna se mueve, pueden quedar encerrados en un molde de yeso. En forma similar, el zumaque zorrillo echa sus raíces en taburetes de gypsum duro.

Las yucas jaboneras sobreviven empujando los tallos como serpientes por las dunas. Sus flores cremosas en forma de campana, llamadas "Candle of the Lord", son la flor emblemática de Nuevo México. Los nativos americanos comían los retoños de esas flores y hacían atole con sus semillas.

DECOLORACIÓN

Pocos animales grandes se aventuran en el desierto blanco, que ofrece poco alimento y ningún refugio del asesino calor de medio día. La tuza gófer de abazones sobrevive porque se mete en la arena lejos del calor. Los ratones de bolsa de apache se refugian en los agujeros de tuza. Junto con los tres tipos de lagartija, en particular la decolorada sin orejas, estos ratones han desarrollado un color blanco descolorido que los camufla de predadores como lechuzas y halcones.

A diferencia de los hombres antiguos del oeste, que encaraban el calor y las tormentas de arena a pie o a caballo, los visitantes modernos de White Sands pueden conducir en la zona por una ruta señalizada. Sin embargo, las tormentas de arena a veces hacen lento el tránsito y las dunas movedizas pueden enterrar el camino.

EXPERTO EN CAMUFLAJE *Cuando caza cerca de nidos de hormigas, el lagarto blanqueado sin orejas puede volver su piel tan blanca que es difícil de ver en las dunas blancas, pero puede ennegrecer de nuevo su cuerpo en las áreas sombreadas.*

Mammoth Cave

ESTE GIGANTESCO LABERINTO DE ARENISCA, LA CAVERNA MÁS GRANDE DEL MUNDO, CONTIENE RÍOS, LAGOS Y "CASCADAS DE PIEDRA CONGELADAS"

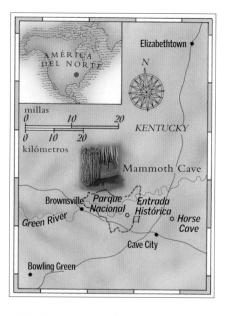

La Mammoth Cave debe su nombre a su tamaño, no a restos de mamuts. Excavada en colinas de arenisca en Kentucky por el goteo de agua ácida durante millones de años, la caverna tiene cerca de 530 km de pasajes, quizá más, en cinco niveles.

Los indios conocieron este subterráneo hace cerca de 4 000 años; se han encontrado aquí puntas de flecha de piedra y restos funerarios. Los primeros exploradores iluminaron su camino con antorchas de caña de azúcar.

Hoy puede verse parte del espectáculo con luz eléctrica. Éste varía de grandes vestíbulos como la Rotonda, tan amplio como la estación Grand Central de Nueva York, hasta pasajes angostos como el Fat Man's Misery, de sólo 46 cm de ancho. Los visitantes en lancha en el Río del Eco, 110 m bajo tierra, pueden experimentar sus resonantes ecos.

Los colonos europeos que llegaron por primera vez a esta caverna en la década de 1790, y durante la guerra de 1812, entre EU e Inglaterra, explotaron sus depósitos de nitrato para hacer pólvora. En 1843 la caverna fue breve y fracasadamente usada como hospital para tuberculosos, debido a su clima seco y a la temperatura estable, alrededor de 12°C. Para entonces ya eran atractivo turístico; su primer guía y explorador fue un esclavo llamado Stephen Bishop, quien iluminaba el camino con una linterna de petróleo. Ahora la caverna forma parte de un parque nacional de 207 km².

ESCENOGRAFÍA SUBTERRÁNEA *Las cavernas tipo catedral de la Mammoth Cave, formas rocosas y esculturas naturales de piedra (izq.), fueron populares entre turistas a fines del siglo XVIII.*

Everglades

PANTERAS, COCODRILOS Y NUTRIAS SOBREVIVEN EN LA PROFUNDIDAD DE LA ZONA SALVAJE, TIBIA Y ACUOSA, DE FLORIDA

La escritora Marjorie Stoneman Douglas describió los Everglades de Florida como una región especial de la Tierra, nunca en su totalidad descubierta. Habla de "su vasta y brillante franqueza ... el paso sin prisa de los grandes vientos carentes de sal y dulces, bajo el deslumbrante azul de las alturas del espacio", y el "milagro de luz ... sobre la verde y castaña expansión de diversas juncias, que brillan y se mecen por abajo".

Los nativos americanos del sur de Florida, los seminola, llamaban a los Everglades Pa-hayokee, o "aguas de hierba". Gran parte es plana, baja e inundada, una pradera de juncia dentada que crece hasta 4 m de alto. Pero hay también árboles, bosques densos subtropicales y pantanos de cipreses oscuros que dan la sensación de que un dinosaurio puede todavía estar oculto en sus profundidades silenciosas. Las más grandes creaturas que viven ahí son caimanes y cocodrilos, panteras, osos negros, nutrias de río y ciervos de cola

LABERINTO DE MANGLAR *Incontables grupos de mangles florecen en las Ten Thousand Island del estuario Everglades. Sus raíces dan cobijo a muchas criaturas marinas.*

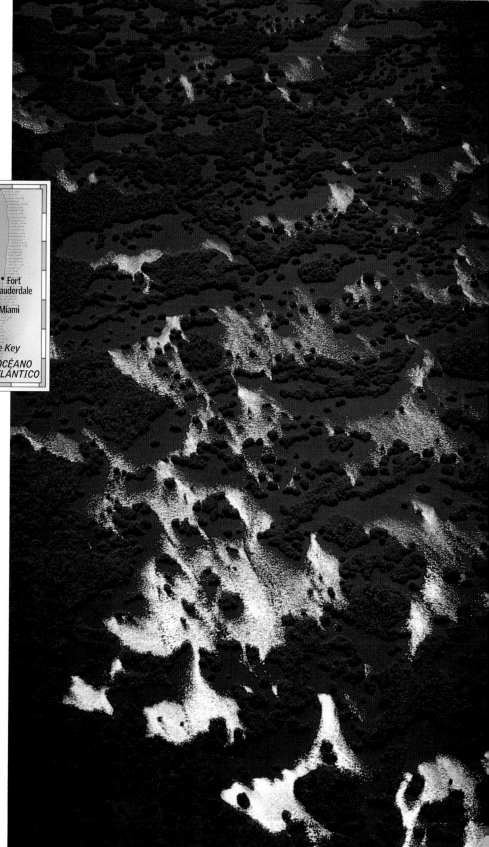

PANTANO DE VAPOR *Serpientes y caimanes viven entre los cipreses calvos del Big Cypress Swamp, donde también se refugia la muy rara pantera de Florida.*

blanca. Desde 1947 parte de la zona es parque nacional.

El corazón de los Everglades es un bajo río de 160 km de largo y de casi la mitad de ancho, salpicado de islas bajas o bosquecillos (*hammocks*). La fuente del río es el lago Okeechobee, que llega a menos de las rodillas, pero tiene cerca de 1 865 km^2 de extensión. Hacia junio-octubre, la estación de lluvias, llegan a caer hasta 30 cm de lluvia en un día, y el desborde del lago (controlado con diques) alimenta tanto al río como a otros manantiales y arroyos. Su lecho de caliza se inclina hacia la Bahía de Florida, en la punta de la península.

'VASTA Y BRILLANTE FRANQUEZA ... EL AZUL BRILLANTE DE LAS ALTURAS DEL ESPACIO'
Marjorie Stoneman Douglas

El verdor de los montecillos incluye árboles como roble perenne, caoba, cocoplum, palmito y gumbo limbo (un tipo de pino). La corteza del gumbo limbo es roja y se pela, como piel quemada por el sol, lo que le da el apodo de "árbol de turistas". Cuando la juncia dentada desaparece bajo las inundaciones, o cuando el río se seca, estas islas son refugio para muchos animales y a veces para personas.

Ni los exploradores españoles del siglo XVI ni los primeros colonos norteamericanos se habían aventurado dentro de los Everglades. Los nativos americanos vivían ahí, en casas de techo de paja o en plataformas levantadas. Eran cazadores-recolectores, pero cultivaban jardines en los montecillos, cuyo nombre original "hammock" se deriva de su palabra para un sitio del jardín. Las guerras contra los indios seminola empezaron alrededor de 1817, cuando colonos europeos empezaron a invadir la zona. En 1835 el gobierno de EU intentó que los indios se mudaran a Oklahoma, y ello provocó la Segunda Guerra Seminola. Comandados por Osceola, libraron una guerra de guerrillas en los pantanos y marismas; pero en 1837 fue apresado cuando asistió con otros jefes a conferenciar una supuesta tregua. Murió un año después y la resistencia disminuyó.

Las praderas de juncia dentada palpitan con vida. En una hoja se puede ver una rana verde brillante, en otra lo que parece ser una gran cápsula de semilla que se abre para revelar un grupo de saltamontes. Las mariposas cebra tropicales frecuentan los montecillos en verano, y en las aguas pululan los peces, renacuajos y moluscos, como caracoles del tamaño de pelotas de golf.

La abundante vida marina coloca los Everglades entre los mejores santuarios de aves del mundo. En la década de 1880, colonos recien llegados mataron miles de pájaros para obtener sus plumas por sus plumas, pero en 1905 se aprobó una ley que protege a las aves de no caza en la región. Más de 350 especies de pájaros viven ahora en esos pantanos

el medio en que los árboles toman oxígeno. El borde boscoso de Long Pine Key, al este del río, es lo que queda de un bosque de palmeras y pinos.

Al doblar el río hacia el sur, el mar viene a su encuentro, como si estuviese impaciente por la lentitud de su corriente. Juntos hacen una mezcla de agua salada y agua dulce. Los manglares rojos crecen en el agua salada porque sus raíces se levantan sobre el rezumadero y pueden tomar aire. Sus raíces enmarañadas forman una barrera al nivel del agua, que atrapa cieno y desechos que forman nuevas islas.

Peces, terrapenes, delfines y jóvenes tiburones buscan estas tórridas aguas y se cobijan entre las raíces del manglar. Los cocodrilos americanos color verde oliva, con narices más largas y angostas que los caimanes, también viven ahí, pero probablemente se logrará ver de ellos sólo una sombra en el agua. Éste es ahora su único hábitat en EU.

CAMBIO DE LA MAREA

Figuras más gráciles se deslizan por los mares que rodean la península de Florida, algunas encuentran el camino hacia los pantanos de manglares de Whitewater Bay. Son los manatíes, vacas marinas, de unos 3 m de largo y casi una tonelada de peso. El tránsito de embarcaciones en torno de la costa ha provocado la muerte de muchos manatíes, otros tienen cicatrices de las hélices de los motores. Sólo quedan en Florida cerca de 3 000 manatíes, y los esquemas de protección están en proceso.

No sólo los manatíes tienen cicatrices de la civilización. Hacia 1900 los colonos descubrieron que las capas de juncia dentada, llamada mantillo, eran una composta excelente; empezaron la irrigación y el drenado, y ahora casi una cuarta parte de los Everglades son campo de cultivo. Hay canales que desvían y controlan el agua; esto perturba el ritmo de la vida silvestre, con su delicado equilibrio. La destrucción está retrocediendo y el lago Okeenchobee, envenenado por la contaminación agrícola, se está limpiando.

o los visitan con regularidad: espátulas rosáceas, pescadores de largas patas como garzas, airones de nieve, ibis blancos y la anhinga, parecida al cormorán, o marbella. Acechantes caimanes de hasta 5 m de largo devoran todo, desde caracoles hasta ciervos; pero en la estación de sequía proporcionan líquido salvador de vidas para otros animales sedientos, al cavar hoyos llenos de agua agitando cabezas y colas.

FLORIDANOS AMISTOSOS
Plácidos manatíes pastan en plantas submarinas, comiendo hasta 90kg al día. Suben con regularidad a la superficie para respirar.

En el flanco occidental el río cruza el Pantano Big Cypress, que bordea el Golfo de México y mide casi la mitad de Jamaica. Cipreses calvos se elevan muy alto sobre el agua. Pegados al lado están sus "rodillas", grupos de tocones que crecen de sus raíces. Se cree que es

Mono Lake

TORRES DE ROCA DE CUENTOS DE HADAS SE LEVANTAN DE UN ENORME LAGO SALADO RODEADO POR LAS MONTAÑAS NEVADAS DE CALIFORNIA

Espectrales pináculos de roca parecen flotar como espejismo sobre las aguas azules del lago Mono, que resplandece como joya en un escenario de planicies de arena y montañas bordeadas de artemisa. Casi tres veces más salado que el mar, demasiado salado para peces, el lago Mono recibe su nombre de una palabra de los nativos americanos para las moscas de la sal, que tiene por millones. La gente local que comía las larvas de la mosca era

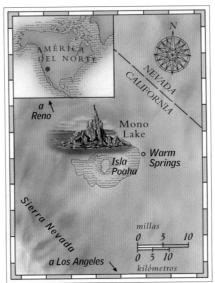

conocida en lengua shoshone como monachi, o comedores de moscas. El agua es jabonosa al tacto y es muy salina para nadar en ella. Tras visitar el lago Mono, el escritor norteamericano del

siglo XIX Mark Twain comentó que el agua tenía tantos álcalis que hasta una prenda echada a perder por suciedad, podía blanquearse en ella.

En octubre de 1833, unos tramperos de pieles, conducidos por el capitán Joseph Walker, conocido montañista de esa época, fueron los primeros europeos que describieron el lago. Iban desde Wyoming hacia occidente, a las montañas, y según Zenas Leonard, un miembro del grupo, llegaron a verlo al detenerse en un alto risco desde donde podían inspeccionar "la atemorizante grandeza" de las sierras.

Al pie de ellas había un gran tazón azul justo a mitad del desierto; bajaron para verlo de cerca y encontraron amarga su agua. No había señales de vida, a excepción de millones de creaturas como gusanos meneándose en el agua y moscas arrastrándose sobre la costa. Masas de roca dura pero de apariencia de esponja flotaban en la superficie, y había extraños picos y columnas

de una roca suave diferente, con el aspecto de queso suizo, bajo el agua y elevándose sobre ella. A lo largo de la costa surgían manantiales de agua caliente, y hacia el sur había rocas ennegrecidas por la acción volcánica.

El Lago Mono tiene cerca de 155 km² de extensión y más de 700 000 años de antigüedad. Su cuenca se formó por movimientos telúricos y por acción volcánica durante el nacimiento de la Sierra Nevada. Los respiraderos de vapor y los manantiales termales en la cuenca del lago muestran que aún hay actividad volcánica. La isla Paoha, en el centro del lago, se formó por acción volcánica hace cerca de 200 años.

Manantiales de agua dulce y el derretimiento de la nieve alimentan al lago. No tiene drenaje natural. Los pináculos que sobresalen del lago son de toba, un tipo de caliza que se acumula en columnas sobre las fuentes de agua dulce en el fondo del lago, a medida que el calcio del agua del manantial se

GLORIA REFLEJADA *Las torres de toba del lago Mono se reflejan al ocaso en sus misteriosas aguas, como castillos de cuentos de hadas. Quedaron expuestas por una baja del nivel del agua.*

combina con los carbonatos en la alcalina agua del lago. Las columnas de toba dejan de crecer cuando el nivel del agua baja y quedan descubiertas.

CONFLICTO DE INTERESES
Desde 1941, el nivel del agua del lago ha descendido casi 12 m. Esto se debe a que cuatro de los siete arroyos de agua de deshielo que fluyen de las montañas han sido desviados para llevar agua a Los Ángeles, a 443 km al sur. Esto ha quitado al lago Mono más de la mitad de su provisión de agua. En consecuencia, se ha encogido, se ha vuelto más salado y las tierras alcalinas polvorientas de su alrededor se han extendido más.

Los científicos temen que más drenado dañará el lago y su vida silvestre. Además de las moscas de la sal, el agua está llena de camarones de salmuera, pero un aumento de la

salinidad pudiera matarlos. Tanto moscas como camarones se alimentan de algas microscópicas que crecen ahí y cambian el agua de azul a verde cuando florecen en invierno. Las gaviotas de California que están anidando y los frailecillos nevados hacen festines con moscas y camarones, al igual que lo hacen millones de aves migratorias, de cerca de 80 especies, incluyendo colimbos y falaropos de Wilson y de cuello rojo.

Mark Twain, quien casi se ahogó en el lago Mono en 1863 debido a una tormenta, no quedó impresionado por él. Escribió: "Este solemne, silencioso, mar… este solitario inquilino del sitio más solitario de la Tierra, es poco agraciado en lo referente a lo pintoresco." Quienes han visto el lago comparten poco esta opinión. La mayoría queda cautivada por el paisaje y su inquietante belleza.

Zona virgen Bisti

ESPECTRALES ESCULTURAS DE ROCA ERGUIDAS EN UN PAISAJE LUNAR, ENTRE UNA PANTANOSA SELVA DE LLUVIA DONDE CAMINARON LOS DINOSAURIOS

Es medianoche. Hay silencio total, ni siquiera ruido de grillos o ranas. El cielo sobre la alta meseta de Nuevo México, al sur de Estados Unidos, es tan nítido que la Luna y la Vía Láctea bañan el paisaje con una luz sobrenatural. Un coyote aúlla a lo lejos por la zona virgen Bisti, seguido por otro y otro más, en un enorme coro. Una a una las voces quedan silentes, dejando solo al organizador de este concierto fantasmagórico. En su serenata nocturna, los "perros cantores" añaden una dimensión misteriosa a una escena ya de por sí extraña.

Entre las dunas móviles de Bisti y lechos de río secos aparece una galería de arte natural rica en esculturas fantasiosas de roca. Monstruos mancos de piedra balancean sus desproporcionadas cabezas sobre larguiruchos cuellos. Enormes hongos que parecen escapados del País de las Maravillas de Alicia, y extravagantes pilares y torrecillas parecen creaciones inspiradas por Salvador Dalí. De manera apropiada, las figuras son llamadas *hoodoos*, palabra africana que significa "espíritu". Esparcidos entre ellos hay fósiles de 80 millones de años, de tocones de cipreses, hojas de palmera y dinosaurios.

Mirando este paisaje silencioso y árido, con pocos rastros de plantas o vida animal, es difícil imaginar que alguna vez fue un húmedo pantano vibrante de vida, próximo al borde de un vasto mar interior. Los dinosaurios se abrían paso violentamente entre la selva lluviosa, espesa de árboles y helechos. Dinosaurios con picos de pato, gigantes de cinco cuernos, y feroces tiranosaurios carnívoros que devoraban reptiles más pequeños. Los primeros mamíferos –la zarigüeya– también vivieron ahí al igual que criaturas del tamaño de ratas.

Huesos de animales y restos de plantas quedaron enterrados en la arena

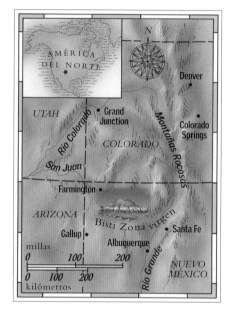

FEROCES TIRANOSAURIOS CARNÍVOROS COMÍAN REPTILES MÁS PEQUEÑOS

y el lodo del pantano, que se compactó tras millones de años para formar arenisca y esquisto. Al pudrirse la vegetación gradualmente se transformó en turba y carbón. Los movimientos de las placas de la Tierra y los cambios climáticos hicieron que las rocas se elevaran hasta formar una meseta alta y seca. El viento y ocasionales precipitaciones de lluvias torrenciales esculpieron luego las rocas en los *hoodoos* que ahora pueblan Bisti, y los expuestos restos fosilizados de más de 200 plantas y especies animales.

La zona silvestre de Bisti ha proporcionado a los científicos una instantánea de un dramático momento crucial en la historia de la Tierra. Los fósiles expuestos incluyen restos tanto de

ESCENA BAJO LA LUZ DE LA LUNA *Los hoodoos de la zona salvaje de Bisti se levantan como silenciosos parranderos, coronados por rocas más resistentes al clima.*

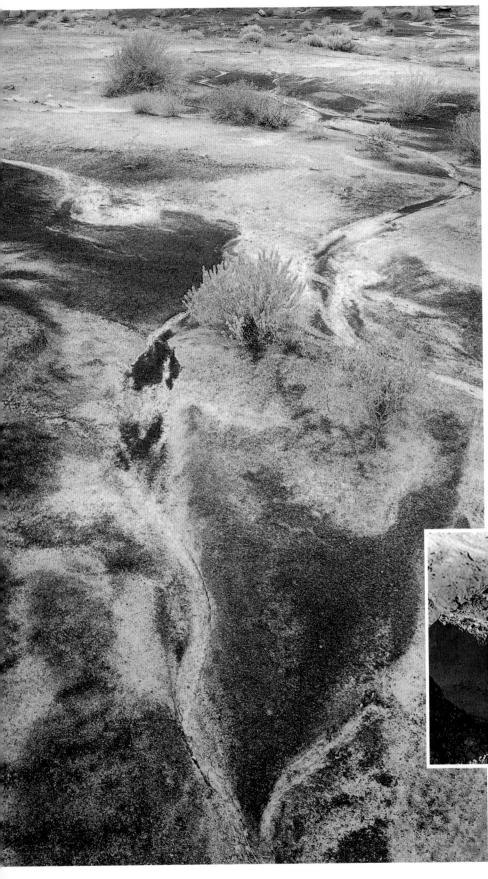

dinosaurios como de mamíferos, y señalan el final de los 140 millones de años de la dinastía de los dinosaurios y el inicio de la dominación de la Tierra por mamíferos de sangre caliente.

Hace sólo relativamente poco que el hombre ha tenido parte en este paisaje. Alrededor de 6 000 a.C., cazadores-recolectores visitaron los manantiales del área de Bisti y tallaron utensilios de rocas que los ayudaran a cazar.

TIERRA SAGRADA

En época más reciente, el pueblo navajo construyó sus hogares en la zona. Expulsados de su tierra original por grupos nativos rivales, los pastores navajo se retiraron hacia Bisti y alrededor de 1850 se habían establecido familias en torno a los manantiales. Vivían en hogans (casas de madera cubiertas de tierra) y pastaban sus ovejas en la planicie cercana. Hoy los navajo consideran sagrada esta tierra. Recogen las arenas coloridas de Bisti para hacer pintura que utilizan en ceremonias curativas, y otras pinturas ceremoniales para el cuerpo.

Al bañar el Sol este sitio, los colores atraen la mirada: rosados, marrones y naranjas; grises sombríos de grietas expuestas de carbón, y los amarillos de la arena. Como rompecabezas tridimensional, Bisti demuestra que la Naturaleza tiene sentido del humor.

FÓSIL DE BISTI *Hace 80 millones de años creció esta palma en el clima cálido y humedo.*

LECHO DE RÍO SECO *Varios ondulan aquí (izq). Éste está manchado de polvo de carbón.*

Barranca del Cobre

CAÑONES INMENSOS HACEN CORTES PROFUNDOS Y DENTADOS EN LAS MONTAÑAS DEL NORTE DE MÉXICO

ESPLENDOR ANGULOSO *Nada hay terso o grácil que suavice el duro perfil de los cortes al cañón por el río Urique, que se retuerce muy abajo de los rugosos picos.*

El viaje en ferrocarril hasta arriba de las altas montañas de la espina dorsal de México es estupendo. En su ascenso a las montañas donde está la Barranca del Cobre, el tren se balancea al dar vuelta y cruza puentes muy por encima del suelo. Se hunde en la negrura de un túnel tras otro, emergiendo para ofrecer a los pasajeros nuevas vistas del fondo de valles de pendientes inclinadas.

Pero la recompensa escénica del viaje palidece al compararla con el premio que se encontrará en El Divisadero, una estación de ferrocarril a más de 2 300 m. La vista que ofrece hacia la Barranca del Cobre es hipnótica: una enorme zanja que se extiende a lo lejos aproximadamente 50 km y se hunde unos 1 400 m en el río Urique que fluye en la negrura brumosa mucho muy abajo. Hay gargantas cortadas profundamente en las paredes del cañón, con inclinados lados encontrándose en riscos filosos como navajas. A la distancia, olas de riscos y pináculos se agitan alejándose como un mar petrificado.

La Barranca del Cobre, llamada así por sus minas hace tiempo abandonadas, es una de al menos doce enormes gargantas que acuchillan la Sierra Madre Occidental. En la cúspide de los cañones, la cima rocosa está en invierno a menudo cubierta de nieve, pero el inclinado descenso hacia el cañón lleva al visitante por una serie de mundos siempre cálidos.

Pinos y cedros de las tierras altas ceden el paso a mezquites y acacias, y

cactos de altos brazos. En el fondo de los cañones el escenario vuelve a cambiar a valles refrescantes donde hay naranjos, plátanos y orquídeas silvestres. Un explorador del siglo XIX escribió: "En poco más de cuatro horas bajamos de la tierra de pinares a la de palmeras".

A pesar del aspecto inquietante de los cañones, son éstos el hogar de 70 000 individuos del pueblo tarahumara. Antes de la llegada de los europeos, en el siglo XVII, los tarahumaras vivían en un área mucho mayor, pero al ver invadido su territorio retrocedieron cada vez más a lo profundo a los cañones. Ahora crían ovejas y cabras, y cultivan maíz, manzanas y duraznos en la poca tierra plana que hay ahí. Los tarahumara se llaman a ellos mismos "rarámuri" "pueblo que corre", pues tienen una asombrosa capacidad para correr en una tierra en donde casi cada paso que dan es o cuesta arriba o cuesta abajo. Hacen competencias en que cada equipo patea una pelota de madera, en una carrera que puede tomar varios días y noches, hazaña de resistencia digna de verse.

EQUIPO PARA CORRER *Los tarahumara, de pies ligeros, van descalzos o usan los zapatos más sencillos, junto con sus túnicas sueltas y coloridas bandas en la cabeza.*

Volcán Poás

UN VOLCÁN DE TRES
CRÁTERES EN
CENTROAMÉRICA ES EL
GÉISER MÁS POTENTE
DEL MUNDO

El volcán Poás en Costa Rica saltó a la
fama en 1910, cuando lanzó una
columna de vapor de 6.4 km hacia el
cielo, ganando así el récord mundial de
géisers. En otras ocasiones, el volcán ha
expulsado columnas de agua hirviente a
una altura de 300 m.

Se cree que los comportamientos
tipo géiser, como éste, son señales de un
volcán en declinación. Ello se produce
cuando el agua de la superficie se filtra y
se encuentra con una roca derretida
muy caliente, aunque en proceso de
enfriamiento.

El volcán posee tres cráteres, dos de
ellos ha largo tiempo dormidos. Uno de
ellos contiene un lago; el otro está
cubierto con un bosque enano casi
siempre envuelto de nubes. Ahí
abundan musgos, líquenes y orquídeas
bajo la sombra húmeda, junto a plantas
de hojas anchas conocidas como
sombrillas de los pobres. La vida aviaria
es también magnífica –colibríes de
largos picos, petirrojos tiznados y el
espléndido quetzal.

El cráter más bajo, y aún activo,
conserva un aspecto infernal: un
desolado paisaje lunar de 1.6 km de
diámetro y 300 m de profundidad.
Ceniza alisada por la lluvia forma el
piso, entremezclada con humeantes conos
de ceniza y bultos de lava arrastrados de
las paredes calientes. Un lodoso lago
hirviente humea en el fondo, cambiando
el color de blanco a verde cuando los
vapores sulfurosos son forzados a salir de
abajo, convirtiendo el agua en solución
de ácido sulfúrico.

En años pasados, Poás ha mostrado
señales de aumentar su actividad de
géiser. Los intervalos entre las erupciones
se han acortado, y el gas azufroso y el
vapor que las acompañan incrementaron
la lluvia ácida, que a su vez ha dañado la
cosecha local de café y es también causa
de enfermedades de piel y respiratorias
entre la población campesina.

De interés particular para los científicos es el descubrimiento reciente de
piscinas de azufre disuelto en el cráter,
únicas en el planeta según se cree. Se
formaron cuando la roca fundida subte-

INFIERNO Y CIELO *La cima del Poás tiene tres cráteres: un tétrico caldero que lanza vapor de agua caliente, un oscuro espejo de agua fría y un tercero oculto por rica espesura de follaje tropical.*

VÁLVULA DE SEGURIDAD

Fumarolas (respiraderos de vapor) como las de abajo sirven para liberar las presiones de gas acumuladas en un volcán. Los gases emitidos por el cráter activo del Poás tienen gran contenido de azufre que se cristaliza, al emerger los gases, en pilas de azufre puro.

Se ha notado recientemente que en ocasiones, y en ciertas circunstancias, estas pilas se derrumban formando hoyos de azufre hirviente, que más tarde se amplían hasta ser albercas. El fenómeno es único en la superficie de este planeta, pero por las imágenes enviadas por la nave espacial Voyager, se sospecha que una actividad semejante puede ocurrir en otras partes del Sistema Solar.

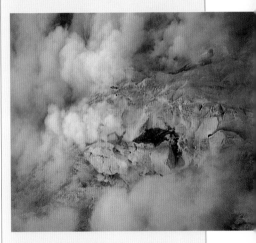

ALIENTO DEL DIABLO *Los vapores de una fumarola del cráter del Poás forman montones de azufre amarillo.*

rránea hizo hervir el agua de la superficie.

El volcán Poás es sólo uno entre 60 volcanes que dominan el paisaje en esta parte de Centroamérica. En 1835, el Cosiguina de Nicaragua estalló con una explosión más violenta que la más grande de las bombas nucleares. En Guatemala, el Pacaya derrama ríos de lava y de fuego, y sepulta aldeas bajo cenizas. El vecino simétrico al Poás, el Turrialba, ocasional-

mente lanza grandes cantidades de fina arena.

En Managua, la capital de la vecina Nicaragua, pueden verse media docena de huellas –de hombres, mujeres y niños– grabadas en la que ahora es una rocosa mezcla de lodo y ceniza volcánica. El espaciamiento de las huellas sugiere que la gente corría de prisa para salvar la vida, ya que se hicieron durante una erupción del cercano volcán Masaya, ocurrida hace

cerca de 10 000 años.

Parece ser que la costa del Pacífico en Centroamérica ha sido durante largo tiempo una tierra de fuego y temblores. Geológicamente es tierra joven y las fuerzas que la crearon no están de ningún modo apaciguadas. Una de las placas de la corteza terrestre se ha incrustado en otra adyacente, y todavía se mueve, prometiendo erupciones volcánicas y terremotos en el futuro.

Sudamérica

El Amazonas

EL MÁS PODEROSO SISTEMA QUE RIEGA UN TERCIO DE SUDAMÉRICA Y CUYO NOMBRE SE DEBE A MUJERES GUERRERAS

Tratar de imaginar la extensión del río Amazonas es casi tan difícil como intentar comprender el infinito, la mente vacila ante su asombrosa inmensidad. Con sus incontables sub-afluentes, el Amazonas riega un área de Sudamérica similar a Australia, con una profundidad suficiente como para que las embarcaciones que entran por el océano puedan navegar tierra adentro desde el Atlántico hasta Iquitos, Perú, la mitad de la longitud del río. Descarga en el mar diez veces más agua que el Mississippi.

El Amazonas cruza virtualmente todo el continente. Sus más extensos subafluentes empiezan en los lagos alimentados por glaciares en lo alto de los Andes peruanos, a 190 km del Pacífico. Rugiendo desde las montañas, los subafluentes bajan forjando cañadas en las vertientes orientales, batiendo el barro que torna al agua de color café lechoso. También las hay de color negro, pero muy claras, pintadas por materia de plantas de los pantanos que las drenan. Conforme disminuyen las pendientes, las corrientes de agua aminoran antes de alcanzar la llanura abajo: la inmensa cuenca amazónica.

CERCA DEL MAR *Las nubes forman sombras sobre el Amazonas conforme se acercan al Océano Atlántico hacia el final de su recorrido de 6 440 km. En la gran selva tropical amazónica, los esbeltos árboles (der.) buscan la luz del sol.*

La selva tropical húmeda en la cuenca amazónica cubre un área casi del doble de la India, y con no más de 200 m de tierra alta, una vez que ha dejado las montañas. La mezcla de la nieve de los Andes y las fuertes lluvias trae inunda-ciones durante la mayor parte del año. Una extensión de selva del tamaño de Islandia, conocida como *várzea*, se inunda hasta 9 m de profundidad por meses, y en algunas partes, los igapós están bajo el agua casi siempre. Además, la mayoría del tiempo la selva es

MORADOR DEL BOSQUE *El kinkajú, del tamaño de un gato, se alimenta de hormigas que hacen su nido en un árbol. Puede usar su cola para asirse a las ramas.*

AGUA ROJA

El sol que atraviesa las oscuras aguas rojas del río Negro (der.) ilumina un banco de arena blanquecina.

AGUA NEGRA

El agua negra del río Xingu (arr.) crea un gigantesco remolino al unirse con el Amazonas.

cálida, húmeda y pegajosa, con temperaturas que varían de 33°C en el día a 23°C de noche. Cerca de Manaus, en Brasil, a 1 200 km del Atlántico, se encuentra la "unión de las aguas", donde el agua oscura del río Negro, aquí de 5 km de ancho, converge con la corriente principal de agua blanca. Para los brasileños, el Amazonas empieza en esta confluencia, al río contracorriente lo llaman desde aquí, el Solimões.

Los límites más bajos del Amazonas son tan planos que la marea del río llega a 966 km tierra adentro desde el Atlántico hasta Obidos. Antes de que finalmente desemboque en el océano,

forma un enorme laberinto de canales junto con dos ríos (Tocantins y Pará) que se le unen del lado sur. En conjunto, la boca abarca unos 320 km; la isla Marajó —del tamaño de Suiza— separa dos de sus canales.

LAS MUJERES GUERRERAS

Vicente Yañez Pinzón, un capitán español que navegó con Colón, fué el primer europeo conocido que exploró la boca del Amazonas, en 1500. Él creyó que era un mar de agua dulce. Otro español, Francisco de Orellana fue el primero en navegar mucho río abajo, hacia 1541, comenzando en Perú en el

río Napo. Orellana partió de Ecuador formando parte de la expedición del español Gonzalo Pizarro, en busca de oro, especies y de El Dorado, la legendaria ciudad de oro. Cuando la expedición fracasó en la selva peruana, construyeron una embarcación, el San Pedro, y partieron en ella con Orellana al mando, para buscar alimento. Él nunca volvió. Pizarro y sus hombres batallaron para regresar a Ecuador. Orellana se embarcó hacia el este del delta amazónico y con el tiempo alcanzó el Caribe.

Entre los peligros que enfrentaron Orellana y sus hombres en sus viajes

UN GIGANTE ENTRE LAS SERPIENTES

Ninguna serpiente en el mundo es tan grande ni pesada como la anaconda amazónica. Puede crecer hasta 10 m de largo, pesar 225 kg o más y tener una circunferencia del tamaño del torno de un hombre. Sin embargo, en promedio, la mayoría de ellas alcanza sólo unos modestos 5.5 m.

Al ser el agua su hogar, estas serpientes gigantes yacen al asecho en bancos lodosos o en estanques poco profundos, listas para cazar una presa, como aves marinas, tortugas, capibaras y tapires. Una anaconda puede tomar un caimán de hasta 2.5m, al cual sofoca hasta morir y traga entero —después de un festín como éste, puede pasar semanas sin comer.

Sólo hasta su madurez la serpiente es la más feroz de los predadores. Son ovovivíparas —algunas veces nacen cerca de 70 a la vez— de sólo 760 mm de largo. Muchas son atrapadas por caimanes. Las que sobreviven hasta la madurez, pueden tener su propio lomo.

LUCHA GIGANTE *Una anaconda puede matar y comer a un animal grande como un caimán. A pesar de las historias que cuentan lo contrario, rara vez atacan a humanos.*

estuvieron tribus hostiles y una de ellas parecía ser de mujeres únicamente. Después, cuando contaron esta historia, capturó tanto la imaginación del público que las apodaron Amazonas, nombre de una mítica tribu de mujeres luchadoras de la Antigua Grecia. Así es cómo el río obtuvo su nombre. Sin embargo, Orellana lo llamó El río Mar, debido a su enorme extensión.

En ninguna parte del mundo existe un variedad tan grande de plantas como en el Amazonas. Árboles de 60 m de alto tapan la luz del sol, por lo que en la selva seca, el suelo frecuentemente es apenas una carpeta de vegetación podrida. En la selva inundada, arbustos y árboles (los kapoks, por ejemplo), tienen raíces robustecidas para sobrevivir. En todas partes, el dosel de ramas estalla de vida: lianas, orquídeas y bromelias compiten por asirse en las ramas más altas que albergan criaturas como monos, perezosos, colibríes, guacamayas, mariposas e innumerables murciélagos.

En el agua viven caimanes parecidos a cocodrilos y tortugas de río, al igual que mamíferos del lugar, como manatíes y botos (delfines de agua dulce). Los animales terrestres incluyen jaguares, jaguarundis, pecaríes, tapires, capibaras y armadillos. Existen unas 2 500 especies de peces y más de 1 600 de aves.

Algunas partes de la selva pluvial amazónica están protegidas, incluyendo el Parque Nacional del Amazonas que bordea el río Tapajós en Brasil y cubre casi 10 000 km^2. Pero si la deforestación continúa, esta selva —que suma un tercio de las selvas tropicales húmedas del mundo— habrá desaparecido virtualmente para finales del siglo XXI.

AMAZONAS

- El amazonas, de 6 440 km de largo, es el segundo río más largo del mundo, el Nilo tiene 6 695 Km

- Descarga al Atlántico un promedio de 116 000 toneladas de agua por segundo, casi tres veces más que el Zaire (Congo), diez más que el Mississippi y 60 más que el Nilo.

- Contribuye con un quinto de toda el agua vertida por los ríos en los océanos del mundo.

- Desemboca en el Atlántico con tal fuerza que su corriente de agua dulce puede localizarse a una distancia de 160 km de la costa.

- Siete de los subafluentes del Amazonas tienen más de 1 600 km de largo; el mayor, el Madeira, tiene más de 3 200 km.

Salto de Ángel

UN EXHAUSTO PILOTO EN
BUSCA DE ORO,
DESCUBRIÓ LA
CATARATA MÁS ALTA
DEL MUNDO EN LA DENSA
SELVA VENEZOLANA

Una de las más satisfactorias formas de lograr la inmortalidad debe ser tropezarse con ella mientras se está buscando algo más; tomemos a Cristóbal Colón y el Nuevo Mundo como ejemplo. Otro fue Jimmy Ángel, un ex piloto de la Primera Guerra Mundial y trotamundos.

En 1935 Ángel había dividido en cuartos el vasto altiplano venezolano de Auyan Tepuy -Montaña del Diablo- en busca de un río. Años antes, un viejo explorador lo había llevado allí y a su gran contenido de oro deslumbrante; desde entonces, Ángel trató de encontrarlo una y otra vez.

Viendo hacia abajo desde su biplano, encontró, corriente tras corriente, que desbocaba en la orilla de la meseta, para perderse en la selva húmeda de abajo. Entonces, al doblar un encumbrado arbotante rocoso, se congeló en los controles: desde la altura, casi en las nubes, brotaba un río entero que caía desde la cima de una orilla rosa oscuro

VUELOS DE ÁNGEL *Desde un halo de nube, las cataratas del Salto de Ángel saltan para explotar entre las piedras del río Churún.*

del acantilado, para estallar en el lejano valle con un estruendo que enmudeció el ruido de su máquina. Zambulléndose, notó que había descubierto la catarata más alta del mundo.

De regreso en Caracas, la capital venezolana, su historia interesó a un par de exploradores, Gustavo Heny y Félix Cardona, y se ofreció a llevarlos en su avión desde su campo base. Mientras Cardona controlaba el radio en la base, Ángel, su esposa Marie y Heny, despegaron para buscar un lugar donde aterrizar en el altiplano.

Escogieron un lugar que resultó ser un pantano y aunque nadie salió lastimado, el avión no pudo ya despegar. El terreno era atroz: enormes barrancos y fisuras erosionadas durante siglos y cubiertos por una espesa selva. Era imposible alcanzar la cima de las cataratas, además, su problema inmediato era salir de esa situación. Milagrosamente, dos semanas después llegaron a la base, andrajosos y hambrientos, después de que se había perdido la esperanza de su retorno.

EL ORIGEN DE LAS CATARATAS

Sin embargo, Ángel y sus compañeros habían resuelto el enigma del suministro de agua a las cataratas: las grietas y cañadas del altiplano —una extensión de 770 km²— colectan una enorme cantidad de agua de lluvia, 762 mm anualmente, lanzándola por la cascada para alimentar el río Churún, un subafluente del Carrao.

Fue hasta 1949 que se confirmó el

UN ANFITEATRO CAVADO POR EL MARTILLEO DEL AGUA

testimonio de Ángel; una expedición dirigida por Ruth Robertson, una norteamericana ex corresponsal de guerra, se aventuró a subir el cañón del Churún en canoas motorizadas. La luz de la luna brillaba cuando vieron las cascadas, una gran cuchillada plateada a través de una incandescencia naranja.

En los siguientes días se colocaron instrumentos que comprobaron la altura de la cascada: 979 m, casi 18 veces más alta que las Cataratas del Niágara. Sin embargo, su flujo no es constante. En la estación lluviosa, el rocío que explota desde el pie de la cascada empapa la selva en una gran extensión. Pero en la estación seca, el mermado flujo se puede disolver en niebla antes de llegar al río. Esto revela un gran anfiteatro alrededor de la cascada, cavado durante siglos por el abrasivo martilleo del agua.

Jimmy Ángel había ganado su lugar en los atlas y en los libros de récord, aunque se dijo que el cauchero Ernesto Sánchez la Cruz había sido el primer extranjero en ver las cascadas, en 1910. Naturalmente, los lugareños las han conocido de siempre. Cuando Jimmy se mató en un accidente aéreo en 1956, sus cenizas se esparcieron sobre las cataratas que llevan su nombre. Su avión, recuperado de su elevado nido, ahora tiene un lugar de honor en el Museo de la Ciudad de Bolívar.

CAÍDA VERTIGINOSA *(al dorso) La increíble vista desde arriba de las cascadas revela que el agua cae desde profundas barrancas en la agrietada arenisca del altiplano.*

ROEDOR RÉCORD
El roedor más grande del mundo, el capibara, vive en los ríos que rodean el Salto de Ángel. Pesa hasta 80 kg.

Mundos perdidos de Venezuela

LAS AISLADAS MONTAÑAS DE MESETA SE ELEVAN POR ENCIMA DEL BOSQUE TROPICAL HÚMEDO, COMO ISLAS DISPERSAS EN UN ENORME OCÉANO DE VERDES

Existen dos mundos muy separados en el remoto bosque tropical húmedo al sudeste de Venezuela. Grandes montañas de arenisca y de picos planos surgen como impenetrables ciudadelas sobre la selva —un misterioso submundo envuelto en nubes, rodeado por otro, ruidoso, vivo: escandalosos monos y gritos de guacamayas. Sir Arthur Conan Doyle se inspiró en estas montañas acantiladas, que los indios pemón del área llamaron *tepuyes*, para escribir su historia de aventuras, *El mundo perdido*.

Hace unos 2 mil millones de años, cuando Sudamérica y África formaban parte del supercontinente Gondwana, los restos de montañas erosionadas formaron una gran cama de arenisca.

Esto se levantó por los movimientos de la tierra y se desgarraron con fisuras y, conforme pasaron los años, erosiones provocadas por el clima y el agua gastaron los lugares más débiles. Ahora sólo quedan mesetas de montaña, algunas de 1 000 m de altura y físicamente aisladas de la tierra abajo. La temperatura en la selva húmeda es de unos 27° C, pero en los picos, cubiertos por nubes, es 10° C más fría.

Estas "islas" —más de 100- han sido semiinaccesibles durante millones de años. Sólo por helicóptero se puede alcanzar la cima de alguna de ellas, como la Auyan (de donde se precipita la cascada Salto de Ángel). Esto es peligroso debido a las corrientes de aire arremolinadas. El terreno también es desalentador:curvas, laberintos, pantanos, ríos torrenciales, intransitables pilas de peñascos y profundas fisuras, aparentemente sin fondo.

Sir Walter Raleigh, el navegante y explorador inglés, visitó el área en 1595 en busca de El Dorado, una mítica tierra de grandes riquezas. Habló de una brillante montaña de cristal de la cual fluía "un poderoso río que no tocaba parte ninguna del lado de la montaña, pero que caía a la tierra con un terrible ruido y clamor, como si 1 000 colosales beldades se golpearan unas contra otras". Esta descripción concuerda con el Valle de los Cristales, un cañón fantástico que brillaba con cristales rosas y blancos en la cima de la más alta meseta de montaña: Roraima, a 2 772 m de altura a nivel del mar y 44 km² de extensión. Los escaladores han trazado una ruta ascendiente por su escarpada pared de acantilado.

Como consecuencia de su largo aislamiento, las plantas y muchos de los

TIERRA DE MISTERIO *Más de 100 mesetas de montañas se levantan sobre la selva en las tierras altas de la Guyana venezolana. Antana tiene enormes cuevas talladas en sus escarpados lados.*

EL MUNDO PERDIDO DE CONAN DOYLE

Everard Im Thurn, un botánico británico, escaló la montaña Roraima en 1884 y regresó con plantas desconocidas. Su descripción de los rocosos laberintos totalmente cubiertos de niebla y terrenos impenetrables encendió la imaginación de Arthur Conan Doyle, famoso después como el creador del ficticio detective Sherlock Holmes. Como resultado, Conan Doyle escribió un *best seller: El Mundo Perdido*, en el cual el irascible profesor Challenger dirigía a un grupo de exploradores hacia una misteriosa meseta de montaña. Encontraron un mundo no tocado por millones de años de evolución, con dinosaurios prehistóricos, viciosos hombres-mono y amigables indígenas. También se toparon con "una colonia de pterodáctilos" (gigantes reptiles voladores carnívoros) y lograron llevar uno a Londres.

EL MUNDO PERDIDO *Arthur Conan Doyle incluyó monstruos prehistóricos en su novela (der.), cuya primera edición se publicó en 1912.*

THE LOST WORLD
Sir Arthur Conan Doyle

5/- NET

animales de los *tepuyes* han crecido sin mezclarse con otros y sin el contacto humano. Esto emocionó tanto a Conan Doyle que imaginó un mundo donde sobrevivían monstruos prehistóricos.

Sin embargo, los científicos que exploraron las cimas de los *tepuyes* no encontraron algún animal más grande que el león montañés. Su mayor interés ha sido estudiar cómo se han desarrollado las plantas y los animales del "mundo real", en comparación con sus similares en el "submundo". Sus singularidades incluyen un primitivo sapo rugoso que apenas tiene 25 mm de largo y no puede brincar ni nadar; se arrastra torpemente y la piel de su lomo se camufla con las rocas de algas ennegre-cidas del Roraima.

Cada *tepuy* tiene su particular mezcla de plantas, de un estimado de 10 000 especies encontradas ahí, por lo menos la mitad son únicas, incluyendo varias clases de plantas devoradoras de insectos y bromelias. Dado que la lluvia se filtra con rapidez en el suelo, las plantas sufren por falta de tierra y nutrientes. Las bromelias enraizan en musgo, líquenes o ramas, y unas 900 especies de orquídeas, muchas no mayores que un alfiler, enraizan en grietas de roca. Existen hongos únicos que matan a los insectos mediante el envenenamiento.

LA MITAD DE LAS PLANTAS DE LAS MESETAS DE MONTAÑA SON ÚNICAS

ELEGANTE PLUMAJE
Guacamayas escarlata se alimentan de fruta, hojas y raíces en las salientes del tepuy.

MESETA FLOTANTE *La niebla sube alrededor de la montaña Roraima. Al atardecer los acantilados suelen brillar como el oro.*

Lago Titicaca

EN UN INMENSO MAR INTERIOR DE LOS ALTOS ANDES, LOS DIOSES, LA HISTORIA Y LA LEYENDA ESTÁN POR SIEMPRE ENTRELAZADOS

En ningún lugar en la historia se puede encontrar un matrimonio más fructífero, de coraje sublime y avaricia pura, que en las personalidades de los conquistadores, como los españoles que dominaron Centro y Sudamérica. En

1535, con Perú sometido y más rico de lo que se pudiera imaginar, Diego de Almagro dejó a su compañero Francisco Pizarro en Cuzco, la capital inca, y marchó al sur hacia lo desconocido. Su objetivo, y el de los 570 soldados que llevaba, era conseguir aún más oro.

Su ruta los llevó a través de los altos y áridos altiplanos de lo que ahora son Bolivia y Argentina, sobre los Andes y descendiendo a las selvas costeras de Chile. Los hombres y caballos se congelaban en los pasos de montaña y se ahogaban en el enrarecido aire de las mesetas, se asaban en el ardor de los desiertos y no encontraban oro.

Haber logrado una de las más grandes aventuras expedicionarias era de poco consuelo y de menos interés. Sin embargo, hasta para los hombres más resueltos, había cosas que los llenaban de interrogantes. En lo alto de la meseta donde ahora se unen Perú y Bolivia, encontraron un enorme mar interior de un increíble color azul, seguido por montañas cargadas de glaciares que brillaban contra un perfecto cielo. La gente navegaba por sus aguas en extraños botes hechos de bayucos.

Así fue como los primeros extranjeros llegaron al lago Titicaca, espléndido escenario contra los 6 400 m de altura de la Cordillera Real. Pero aunque a los testarudos españoles les

ISLA SAGRADA *Todavía se venera la Isla del Sol del lago Titicaca —como el lugar donde los dioses se establecieron para fundar la dinastía inca y llevaron sabiduría a la gente aimara que vive en el lago.*

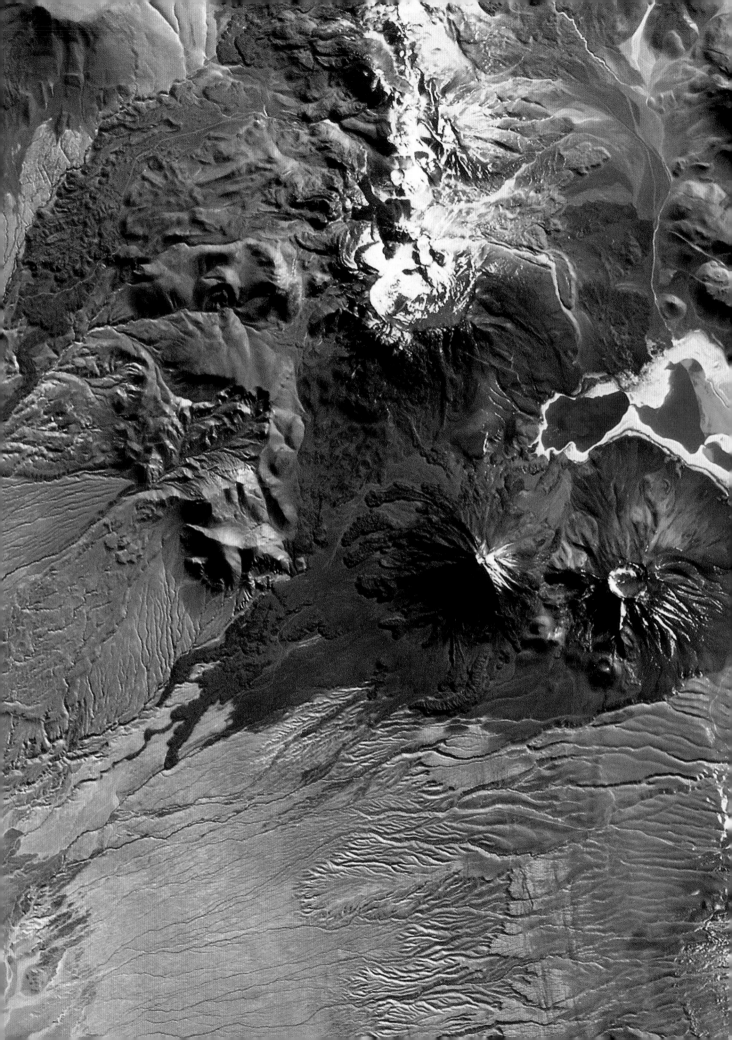

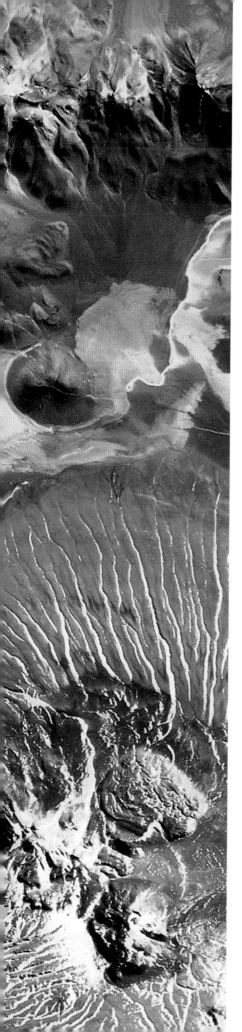

VISTA DEL HOMBRE DEL ESPACIO *Una imagen de satélite muestra el lago Titicaca ahuecado entre los picos andinos, cubiertos de hielo, en la frontera de Bolivia y Perú.*

hubiera impresionado la escena, para los nativos el lugar era sagrado. Los picos son la morada de los dioses o las deidades mismas: para los aimaras que viven en el lago, sus aguas son el vientre de donde emergió Viracocha, la blanca y barbada representación del Sol en la Tierra, para enseñar a los hombres a construir, cosechar y fabricar botes de bayuco.

El lago Titicaca es el mayor de los lagos sudamericanos, con un área de 8 300 km². Yace a 3 812 m sobre el nivel del mar y aun así no es el más alto, pero es la vía navegable más extensa para grandes embarcaciones, y lo ha sido desde 1862 cuando se llevó un buque de vapor en secciones y se reensambló en la orilla. Después de un siglo de servicio, esta nave fue retirada y reemplazada por acuaplanos que viajan entre Puno, Perú, y varios destinos en Bolivia.

El lago Titicaca marca una división en los Andes: al norte, el clima firmemente se vuelve más templado y al sur, poco a poco más destemplado. Sus costas son casi el límite sureño de asentamientos humanos todo el año y de una exitosa cosecha. Se cultivan papa, maíz y cebada, que cosechan inmadura para alimento de animales.

VIDA EN LAS PROFUNDIDADES

Actualmente la pesca en el lago es pobre. Al introducir truchas arco iris, éstas devoraron al bagre nativo, y luego hubo una excesiva pesca de la primera. El principal habitante del lago es la rana, del tamaño de una rata. Sin embargo, como respira sólo al extraer oxígeno del agua a través de su piel y no puede sobrevivir en el aire, es raro verla.

Muchos Aimaras aún viven como lo hicieron sus antepasados, cuando fueron vistos por los conquistadores españoles. A diferencia de éstos y de los actuales visitantes, ellos no sufren de mal de montaña, ya que tienen corazones y pulmones más grandes de lo normal, y más glóbulos rojos para contrarrestar los efectos de la deficiencia de oxígeno. En

> LA GENTE AIMARA TIENE CORAZONES Y PULMONES MÁS GRANDES DE LO NORMAL

la orilla construyen balsas de junco totora, sobre ellas edifican casas del mismo material, y hasta plantan parcelas de vegetales ahí. El totora también se utiliza para hacer sus botes que, a pesar de su frágil apariencia, son muy fuertes. Versiones más grandes se podrían utilizar perfectamente para navegar.

Este punto impresionó al viajero Thor Heyerdahl. Ya había visto embarcaciones similares, pero mucho más grandes, en las pinturas de las tumbas egipcias y propuso la teoría de que los pueblos sudamericanos debían su adoración al Sol y sus habilidades para construir sus antiguas ciudades, a algunos antiguos visitantes egipcios. Para probar la posibilidad, Heyerdahl llevó a varios constructores de botes aimara a Marruecos, y ahí construyeron el Ra II, un barco de junco navegable en el mar.

Heyerdahl navegó en su embarcación por el Atlántico, desde Marruecos hasta Barbados sin contratiempos, siguiendo la estela, lo que saben los lejanos aventureros. ¿Podrían ellos tener algo que ver con Viracocha, la representación del Sol, dándoles crédito por la piel blanca y la barba, donde ambas cosas se desconocen? Si Heyerdahl está en lo cierto, entonces ciertamente los conquistadores llegaron tarde.

ÚLTIMO VIAJE *Una llama adornada con un listón es llevada a la Isla del Sol, donde será sacrificada para asegurar buenas cosechas.*

Cataratas de Iguazú

DONDE SE UNEN ARGENTINA Y BRASIL, UNA LÍNEA DE CAÍDAS DE AGUA DESCIENDE SOBRE UN ARCO DE ACANTILADOS EN UNA ESTRECHA CAÑADA

En una confusión de espuma, el río Iguazú se lanza fuera de la orilla de la meseta Paraná cañada abajo, batiendo nubes de rocío que se suspenden más arriba de las cascadas. Docenas de arco-iris danzan un colorido ballet en el velo de niebla, al atravesarla la luz del sol.

Las aguas se arremolinan y caen desde los acantilados en una larga línea de unas 275 cascadas separadas por islotes y farallones. Algunas se zambullen por los acantilados y otras se estrellan sobre las salientes: "un océano desembocando en un abismo" como lo describió el botánico suizo Robert Chodat.

El río hace un amplio giro y se ensancha al aproximarse a las cascadas, donde el rugir del agua semeja un trueno y se puede oír a 24 km. En enero y febrero, en lo alto de la temporada lluviosa de verano, cada segundo corre suficiente agua sobre los acantilados como para llenar unas cuatro albercas olímpicas.

Las cataratas Unión, las más altas de Iguazú, se zambullen en un abismo conocido como Garganta del Diablo. El río la ha cortado por una falla geológica

y al final el curso del río dobla en ángulos a la derecha, antes de caer por los rápidos para unirse al río Paraná.

Miles de vencejos revolotean y se sumergen bajo y rápido en el agua, en busca de enjambres de insectos. En las rocas, detrás de la cortina de agua, crecen plantas acuáticas parecidas al liquen, y la selva húmeda y calurosa —con helechos transparentes, bambúes, palmeras y pinos— bordea la cañada y forma una cortina sobre sus empinadas orillas, como una enorme mantilla verde.

SELVA RESPLANDECIENTE

Musgos, lianas de florecidas campañas y bromelias adornan los árboles; guacamayas y pericos de brillantes plumajes, además de cientos de diferentes tipos de mariposas, revolotean entre el follaje. Sus brillantes colores compiten con la cantidad de orquídeas salvajes, que en el fresco de la primavera (agosto-octubre) están en su mejor momento.

El escándalo de los monos capuchinos compite con los llamados de las aves, y el rugir de los monos negros aulladores se une a la algarabía. Venados y pecaríes vagan por las profundidades de la selva, como lo hacen los pesados

ENORME AGUA

- En su viaje de 1 320 km a las cascadas, desde su origen en la costa atlántica de Brasil, el río Iguazú es alimentado por 30 subafluentes y tiene 70 caídas de agua.

- Las cascadas tienen 4 km de ancho, con una caída de 85 m en su punto más alto: cataratas Unión.

- Son cuatro veces más anchas y la mitad de altas que las cataratas del Niágara.

- En verano derraman cerca de 58,000 toneladas de agua por segundo, el doble que las del Niágara.

AGUA SALVAJE *Con un rugido como trueno, las cataratas Iguazú (izquierda) caen en la hirviente cañada, enviando el rocío al aire a más de 90 m.*

FASCINACIÓN TOTAL *Un fugaz arco iris de rocío danza sobre el río Iguazú (abajo) al caer en la Meseta del Paraná.*

tapires de pezuñas, y los tímidos grandes felinos solitarios: ocelotes y jaguares. Pero los mamíferos más comunes son el agutí, del tamaño de un conejo, y dos roedores: el paca de manchas blancas y el coatí, del tamaño de un gato.

Un explorador español, Alvar Núñez Cabeza de Vaca, fue el primer europeo en ver las cataratas, en 1541. Hombre piadoso, las llamó Salto de Santa María, que pronto se cambió por Iguazú —como las llamaban los guaraní, y que en su lengua significa "agua grande".

Según su leyenda, Taroba, el hijo del jefe de la tribu se paró sobre un banco del río y rogó a los dioses que devolvieran la vista a la princesa. Los dioses abrieron la tierra para formar la cañada. El río se lanzó por ella llevándose a Taroba con él. Pero la princesa recuperó la vista, y fue la primera persona en ver las cataratas de Iguazú.

SANTUARIO DE AVES *Negruzcos vencejos descansan sobre las salientes detrás de la cascada (abajo). Esperan por un claro en el flujo de la caída de agua para atravesarla rápidamente.*

CAZAR AL VUELO

Todo el día cientos de vencejos negros revolotean y sumergen sus curveadas alas sobre la cañada del río en las cataratas de Iguazú. Frecuentemente desaparecen, volando detrás de las cascadas por la pared de agua.

Estas aves, de cerca de 18 cm de largo, se reproducen aquí en verano, haciendo sus musgosos nidos en las salientes detrás de la cascada. Tres semanas después abren los huevos y de 5 a 8 semanas más —dependiendo del suministro de alimento— las crías se lanzan de su nido a través de las cortinas de agua. Los padres están ocupados alimentándolos. En sus picos abiertos atrapan insectos al vuelo y los llevan a sus pequeños, en una pegajosa bola de saliva.

DIVISORES DE AGUA *Este farallón situado precariamente en el borde de la cañada es uno de los muchos farallones e isletas que dividen el río Iguazú en una serie de cataratas separadas y lo agitan en un torrente de espuma y rocío.*

A Cabeza de Vaca no lo impresionaron las cataratas de Iguazú. Las reportó únicamente como "considerables", anotando que "el rocío se eleva a dos tiros de lanza o más sobre la cascada". Los sacerdotes jesuitas que seguían sus pasos construyeron misiones y empezaron a convertir a los lugareños al cristianismo.

Luego los jesuitas establecieron sitios para proteger a los guaraníes de los esclavizadores, que los secuestraban y proporcionaban trabajadores para las plantaciones de portugueses y españoles. Como indudablemente los terratenientes eran los oídos del rey Carlos III de España, en 1767 expulsó a los jesuitas de Sudamérica porque pensaba que la orden se estaba volviendo muy poderosa. Una de las antiguas misiones jesuitas que aún existe es San Ignacio Miní (1696), cerca de Posadas en Argentina, un centro para visitar las cataratas.

LAS MEJORES VISTAS

Brasil y Argentina tienen un parque nacional que bordea las cataratas. El parque brasileño, a donde se llega por Curitiba, cerca de la costa atlántica, tiene el más llamativo panorama de todas las cataratas, más impresionante a la luz matinal. En el lado argentino hay vistas más cercanas, como la catarata San Martín, que hace dos saltos de 30 m, y la impresionante Garganta del Diablo, a donde se llega por pasarela, y se ve mejor en la tarde cuando regresan los vencejos.

Los visitantes no sólo pueden disfrutar de las cataratas, tienen la rara oportunidad de caminar a través de una selva húmeda similar a la del Amazonas, pero por senderos marcados.

Lagos salados de los Andes

COLOR Y MARAVILLA DESCANSAN EN LAS NUBES, SOBRE EL EXTRAÑO Y SECRETO MUNDO DE LAS ALTAS LLANURAS BOLIVIANAS

Acunada entre las cordilleras orientales y occidentales de las montañas de los Andes existe una serie de altas mesetas que se extienden unos 2 400 km, desde Perú central hasta Argentina. En ningún lugar bajan de los 3 000 m y por lo general son más altas. Es una tierra extraña donde nada parece ser lo que aparenta, un poco desordenado. El sol quema, pero frecuentemente los desiertos donde brilla son helados. De día, los cielos son violáceos y no azules, y en la noche las estrellas no centellean, sino que resplandecen en un palio de oscuridad aterciopelada.

Las distantes montañas parecen estar tan cerca como para tocarse y el agua del lago puede tener cualquier color, desde verde jade hasta rojo rosáceo, en ocasiones el color de su vida acuática es similar. Lo que al principio parece ser un lago, puede ni siquiera ser agua, sino una deslumbrante llanura de sal. A esto se suman grupos de humeantes volcanes, pilas de barro burbujeante y rocas erosionadas con formas de bestias de pesadilla y el panorama empieza a parecer familiar. Es una antigua idea de la superficie de Marte, según los ilustradores de ciencia ficción.

ALTO Y SECO

Sin embargo, lo más abrumador de la meseta es su escala perpendicular. El altiplano —la "llanura alta" entre los dos brazos de los Andes al oeste de Bolivia y al sureste de Perú— yace bajo picos con poca nieve, aunque tienen más de 6 000 m sobre el nivel del mar. Al final de la última Edad de Hielo, dos enormes lagos cubrieron el altiplano; el Titicaca, que a pesar de su extensión es

MUNDO DE SUEÑOS *Las rojas aguas de la laguna Colorada parecen contrarias a la naturaleza, pero de hecho son el resultado de un rico contenido de plantas microscópicas.*

ISLAS EN MAR SALADO

No existe vegetación en la enorme llanura salada de Salar de Uyuni, aparte de algunos cactus, como el browningia (abajo), que se ha establecido en sus pocos islotes rocosos. Su gruesa piel los protege del calor y frío extremosos y también, algunos son capaces de almacenar agua en sus expansible troncos.

sólo un pequeño fragmento de otro al norte.

Ambos lagos se alimentaban de las precipitaciones de los glaciares y de campos de nieve en las cordilleras, pero cuando se formaba el hielo y el suministro de agua descendía, los lagos empezaban a evaporarse. En el ardiente sol y la clara atmósfera de aquellas

EN VUELO *(al dorso) Los flamencos, incluyendo el raro flamenco James, forman sombras sobre el arrecife salado, que se alarga hasta la laguna Colorada.*

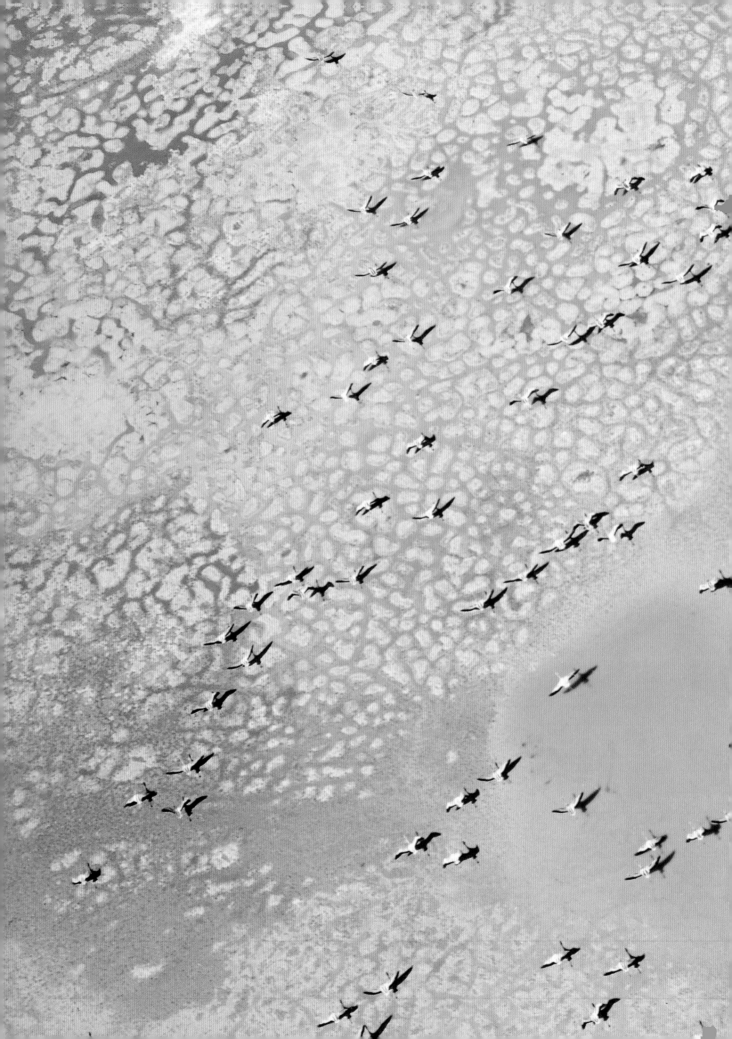

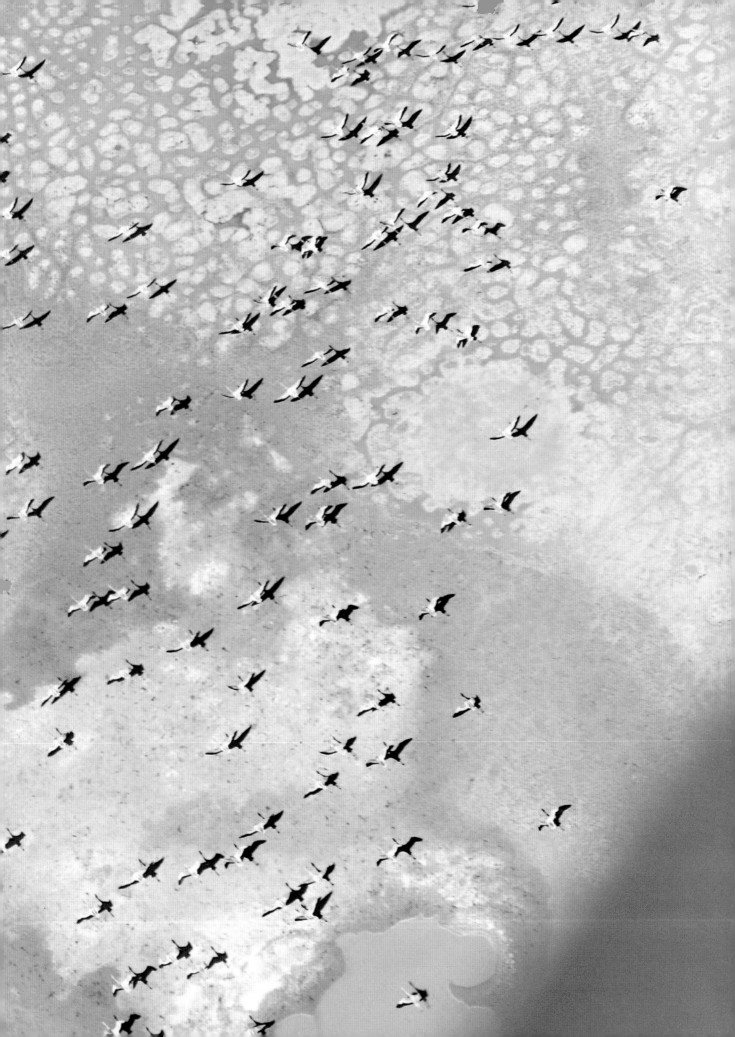

altitudes, el proceso fue cambiando poco. Ahora nada queda del lago del sur, sólo algunas negruzcas lagunas, pantanos y los lagos salados, o salares, de estos, el rey es el impresionante Salar de Uyuni.

Casi siempre, este lago salado es una llanura cegadora de blanca sal pura, que se extiende sobre un área casi del tamaño de Chipre. Desde el final de la Era de Hielo, hace unos 10 000 años, el proceso de evaporación ha ido

CONTRASTES *Laguna Verde, de aguas de verdes tonalidades sobresale de la tierra que la rodea. Tras el lago hay al menos 20 volcanes.*

chupando la humedad y los minerales de la superficie de Uyuni desde el fango. Cada año, las lluvias invernales forman un gran lago superficial que se evapora en el verano. Todo esto crea una costra de minerales, principalmente sales, de hasta 6 m de profundidad, excepto en las orillas, esto es, donde es lo suficiente-mente delgada para colapsar y depositar al incauto en el fango.

Cruzar en automóvil el lago salado es una de las más grandiosas experiencias

de manejo del mundo, y es un considerable atajo para atravesar el altiplano. Se llega a la sal por una de las más seguras entradas, marcadas por transportistas. De hecho, la enorme planicie blanca tiende a desorientar, y los picos de las montañas parecen flotar en el cielo. Cuando llueve es aún peor. La capa de agua encima de la sal refleja el cielo azul, el horizonte se desvanece y los conductores se sienten como hormigas deslizándose por la cara de un gigantesco espejo.

LAS MONTAÑAS DE LA LAGUNA DE REPLANDORES ROJOS

Son raras las señalizaciones, aunque en varios sitios se levanta una isleta rocosa sobre la sal. Con frecuencia se encuentran cascarones de huevo de flamenco y puntas de flecha de piedra pulida, pero no se puede determinar si fueron abandonados hace siglos o milenios. También hay huesos de animales que de algún modo llegaron a los islotes, pero murieron ahí de sed y hambre antes de poder regresar a la costa a través del desierto salado.

Al sur del Uyuni, el altiplano se encumbra aún más hacia el Puna de Atacama, volviéndose más frío. Sin embargo, es un panorama asombroso y surrealista, con antiguos farallones de lava color verde grisáceo y marrón, y salares que abrazan glaciares de sal. La planta más exitosa es la llareta, pariente del perejil, que cubre rocas con suave capa de pequeñas y brillantes hojas, cuyo tejido cerrado es una alfombra de raíces duras como el hierro y es el único combustible que el campo ofrece.

El hecho sorprendente del Puna de Atacama son sus reducidas lagunas de brillante agua. También son ricas en minerales, pero que no se han secado todavía. Algunas son color turquesa, otras gris plateado o verdes, como la pequeña Laguna Verde —el color de cada una depende de su composición química. Pero la señal que quita la respiración, si aún se tiene en esta altitud, es la Laguna Colorada: de color rojo ladrillo en su gran copa de montañas y arrecifes de sal que se proyectan al agua, acentuando aún más lo rojo.

Al acercarse, se multiplican las sorpresas, como que de repente la superficie se levanta. Está compuesta por miles de flamencos James, los más raros, cuyo plumaje hace juego con el lago. Estas extrañas aves, buscan comida en aguas saladas a punto de congelarse y se alimentan de ciertas algas (plantas microscópicas) que dan a Laguna Colorada su asombroso matiz. Los acompañan flamencos más altos y menos coloridos: el andino y el chileno.

Las tres especies de flamencos se entremezclan bastante bien, y no compiten por alimento —el pico negro y amarillo de James tiene filtros muy finos y toma organismos más pequeños que los otros dos no pueden. De vez en cuando todos van a los pozos de agua dulce cercanos para quitar la sal de sus patas. Los lazos de los flamencos James con las amargas aguas de Colorada son muy fuertes. Cuando se llevaron algunas aves al zoológico de Nueva York hacia 1960, con gratificante prontitud aceptaron una dieta de alimento para pollos y cereal para bebé, pero empezaron a perder su color. Parecía que su brillantez, parecida a la del lago, se derivara de las algas. Afortunadamente, una ración diaria de aceite de zanahoria ayudó mucho al balance de su color.

MILES DE FLAMENCOS ALZAN EL VUELO

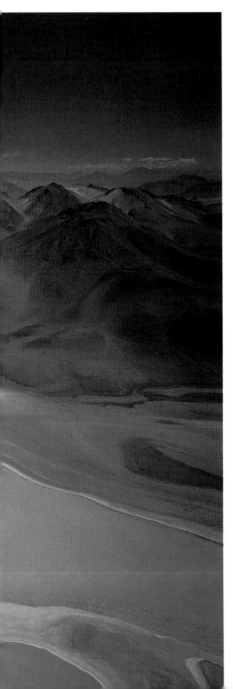

SALARES DE MUCHAS FACETAS *Cada lago de sal tiene características propias. Estos polígonos se crean cuando la humedad se evapora, provocando que el fango se contraiga y agriete.*

El Pantanal

LAS TIERRAS PANTANOSAS EN SUDAMÉRICA SON UNO DE LOS MÁS GRANDES REFUGIOS DE VIDA SALVAJE EN LA TIERRA

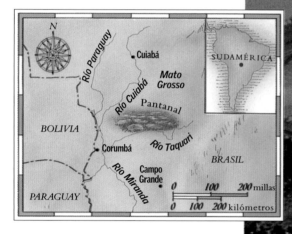

Las aves acuáticas proliferan por millones en el Pantanal, un acuoso mundo de lagunas y praderas en el centro de Sudamérica, principalmente en Brasil. El aire resuena a sus llamados y las enormes parvadas son como nubes en el cielo, mientras que en la tierra los ñandúes -parecidos a las avestruces- pastan entre venados. Muchas especies de animales viven en el Pantanal: el yacaré (cocodrilo brasileño), lanudos capibaras (también conocidos como cerdos de agua), gigantes nutrias y tímidos jaguares, todos forman parte de, posiblemente, la más grande concentración de vida salvaje fuera de África.

Todos los años, entre noviembre y marzo, cae de 2 000 a 3 000 mm de lluvia, lo más fuerte en febrero. Gradualmente el río Paraguay y sus muchos subafluentes se desbordan para inundar un área ligeramente mayor que Gran Bretaña. El agua puede tener 3 m de profundidad o más, y la tierra se convierte en un vasto espacio de agua salpicado de pequeñas islas, donde florecen palmeras y pequeños árboles. Muchos animales emigran al sur a tierra seca, pero algunos, como el venado, son

ESTACIÓN SECA *Las inundaciones dejan lagos y estanques poco profundos que pululan con peces, haciendo al Pantanal un lugar ideal para la reproducción para aves acuáticas.*

abandonados a su suerte en las islas y fácil presa para los jaguares.

En abril, cuando la lluvia cesa y las inundaciones empiezan a bajar, aparecen ricos pastizales salpicados de árboles alrededor de miles de estanques y pozos de agua. Los animales regresan para procrear durante la estación seca de mayo-octubre. Los estanques repletos de peces y otras criaturas acuáticas proporcionan una rica fuente de alimento para muchas aves y animales carnívoros.

Resuena el penetrante clamor de

aves: chillonas copetudas, muchas clases de coloridos cotorros, acanas de largos dedos que ligeramente se posan en las lilas acuáticas mientras buscan caracoles e insectos. Las garcetas se alimentan de espátulas rosadas y los patos moscovitas y abundan los cuervos marinos y aves zancudas como la lavandera.

CIGÜEÑA ESPECTACULAR

El ave más espectacular de todo el Pantanal es el jabirú, una clase de cigüeña que parada llega a la altura de los hombros de una persona y planea con alas de 3 m. Tiene cabeza negra y calva, y cuello con un collar rojo sobre un plumaje beige. Los tupí-guaraníes, primeros habitantes del Pantanal, lo llaman *tuiuiu*, "llevado por el viento".

Los más siniestros habitantes son los caimanes, que se asolean junto a los estanques, y las anacondas, serpientes de 6 m de largo que acechan sumergidas en los bajos pantanos a su presa y la estrujan hasta matarla.

Por siglos los tupí-guaraníes prosperaron al cultivar sembrando maíz y yuca, cazando y pescando. Cuando los exploradores españoles y portugueses, y los colonos llegaron en el siglo XVII, se entremezclaron con los lugareños. Un siglo después llegaron los ganaderos, dispuestos a explotar las ricas pasturas del Pantanal. Actualmente, rebaños de ganado pastan junto a los venados, y un área extensa está ocupada por grandes ranchos que se conocen como fazendas.

Hay un parque nacional que cubre 1 300 km² al norte del área. Entre los primeros defensores de estos pantanos está el ex presidente norteamericano Theodore Roosevelt, que visitó el Pantanal en 1913 y 1914. Dijo que ofrecía: "extraordinarias oportunidades para el estudio de las historias de vida de las aves". Ahora el Pantanal está abierto a los turistas. Está prohibida la caza, pero se permite la pesca con caña. No es fácil llegar al Pantanal, esto puede ser su mayor protección.

RANAS CANÍBALES

La rana cornuda de brillantes colores que vive en el Pantanal, tiene una gran cabeza y potentes quijadas con las que come cualquier animal que pueda tragar: desde serpientes hasta ratones y otras ranas más pequeñas. Una protuberancia de piel en forma de cuerno sobre cada ojo, le da su nombre. Debido a su color y a su agresividad si es atacada, con frecuencia se piensa equivocadamente que es venenosa.

CUERNOS DE PIEL
Una protuberancia sobre cada ojo parece un cuerno.

Desierto de Atacama

ESTE DESIERTO EN UNA MESETA AZOTADA POR EL VIENTO JUNTO A LA COSTA NORTE DE CHILE, ES EL LUGAR MÁS ÁRIDO DE LA TIERRA

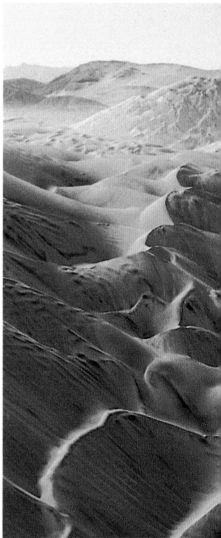

Pocas aves revolotean sobre el desierto de Atacama, el lugar más árido de la Tierra y no se ve nada verde desde el único camino pavimentado que lo cruza, la Carretera Panamericana. Vacío paisaje de cambiantes dunas de rocas y grava quemadas por el sol, el desierto alcanza unos 1 000 km al lado de la costa del norte de Chile. Y, con diferentes nombres, continúa por otros 2 250 km al norte y al sur.

ARENAS MOVEDIZAS

Pero el desierto no es inerte. Donde hay arena, dunas de media luna ondean a través del paisaje, formadas y reformadas por el viento. En las áreas rocosas, los desperdicios de polvo de la arena, barridos por el viento y escasos aguaceros, han erosionado las colinas creando cuevas. A la luz vespertina, las rocas ricas en minerales brillan con colores café, rojo, púrpura y verde. Conforme avanza el desierto, el Atacama se vuelve cálido. Generalmente, las temperaturas en verano son alrededor de 18°C, pero al mediodía la tierra puede alcanzar los 50°C. En la noche la temperatura puede caer a 21°C en poco más de una hora. El sonido de un disparo en el crepúsculo, puede ser una roca rom-

piéndose cuando se deforma y corta por el veloz cambio de temperatura.

Sólo un río permanente, el Loa, atraviesa el corazón del desierto desde las colinas andinas, su curso es tan profundo que los visitantes lo ven casi hasta que están sobre él. Se dice que son áreas del desierto donde nunca llueve, aunque nadie lo sabe con seguridad. En los puertos de Iquique y Antofagasta sólo ha llovido cuatro veces en un siglo y, cuando sucede, los resultados son devastadores. La escasa humedad viene de la niebla que a menudo cubre el sol en los márgenes norte y sur del desierto, donde sobreviven unos cuantos cactus.

El Atacama muere de inanición por la falta de lluvia, debido a las circustancias de sus alrededores. La lluvia no puede llegar desde la cuenca del Amazonas porque los vientos orientales

MONTAÑA HUMEANTE *Hay sulfuro alrededor de un respiradero humeante (abajo) en el nevado Tocorpuri, 583 m, en la orilla oriental del desierto.*

la depositan en las cuencas orientales de los Andes. Al occidente del Pacífico, la fría Corriente Humboldt pasa hacia el norte desde el Antártico. Mientras que los vientos en tierra son normalmente calientes y húmedos, y atraen lluvia, aquí son fríos debido a la corriente helada, así que al pasar sobre la tierra más caliente, recogen humedad y forman niebla. Ésta, conocida localmente como camanchaca, llega a la costa a 300 m más abajo. No llega al corazón del desierto sobre los acantilados. Su aire seco hace del Atacama un lugar donde se preservan las huellas de

actividad humana. Caminos hechos hace cerca de 100 años aún se pueden ver en la suave costra formada de fragmentos de piedra quemada por el sol y cristales de sal. Más intrigantes son las pinturas de tierra (o geoglifos) de patrones y estilizadas figuras perfiladas en piedras. El más grande es el Gigante de Atacama, de 120 m de largo, en un monte cerca de Iquique. Aunque las pinturas de tierra parecen nuevas, se crearon hace quizá 1 000 años por gente desaparecida hace tiempo.

Los atacameños, habitantes originales del área, fueron conquistados por los

DUNAS DEL DESIERTO *Al norte del Desierto de Atacama, el viento forma dunas similares a las de la arena cuando baja la marea.*

incas de Perú no mucho antes del siglo XVI, cuando llegaron los españoles. Siguieron los exploradores, en el duelo de los españoles, en busca de oro y plata tal vez, hasta en muchas antiguas tumbas bien conservadas. Contaban historias de haber sido guiados por el Alicante, una legendaria ave que resplandecía con el color del precioso metal que devoraba. Pero Alicante se desvanecía si se le amenazaba, dejando al explorador

ORILLA DEL DESIERTO *Donde el desierto de Atacama se une al Océano Pacífico, los pronunciados y áridos acantilados son trazados con barrancos donde las corrientes bañan sus costados después de la lluvia. Sin embargo, generalmente, aquí no llueve más de unas cuantas veces en un siglo.*

perdido, hambriento, pasando calor de día y temblando de frío de noche.

Hacia 1830, se descubrió una riqueza diferente en las inmensidades del interior del Atacama, desde Iquique: los más grandes depósitos de nitrato de sodio del mundo, vital para hacer pólvora y fertilizante. Originalmente, estos depósitos estaban en Perú y la industria que se desarrolló condujo a la Guerra del Pacífico (1879-84), donde Chile ganó contra Perú y Bolivia. El primero perdió sus minas y el segundo su litoral.

MINAS Y MONUMENTOS

Durante los siguiente 30 años, la riqueza de Chile vino casi totalmente del nitrato de sodio, pero después de la Primera Guerra Mundial, la industria se colapsó, ya que los químicos artificiales reemplazaron a los naturales. Ahora los vientos del desierto soplan alrededor de los restos esqueléticos de edificios, chimeneas, líneas férreas e innumerables cruces que se asoman a través de los

cambiantes velos de polvo y arena, y enmascaran las tumbas de los mineros muertos. Aún existen minas, uno de los depósitos de cobre más conocidos que se están explotando ahora en las colinas alrededor del Chuquicamata.

Donde el litoral es bajo, zorros y mofetas de hocico de cerdo sobreviven a base de aves marinas y criaturas de la costa. Las gaviotas grises también se dan un festín, pero en el verano vuelan 80 km tierra adentro para anidar en el desierto, en orificios en la tierra. De día, las madres extienden sus alas para cubrir a sus crías del sol. Los murciélagos

MORDEDOR DE BEBÉS *Un vampiro obtiene una rápida comida de sangre de la aleta de un cachorro de león marino del sur.*

habitan en las cuevas de la costa. Se alimentan mordiendo la piel de su presa y lamiendo su sangre, frecuentemente sin molestar a la víctima. En contraposición, la vida en los litorales vecinos es rica. El agua que fluye de las profundidades lleva plancton que alimenta a peces, que a su vez son alimento de bandadas de aves marinas. Millones de ellas anidan en islotes rocosos fuera de la costa, donde focas y leones marinos llegan para asolearse o reproducirse.

Cañón Colca

UN BARRANCO QUE TIENE EL DOBLE DE PROFUNDIDAD QUE EL GRAN CAÑÓN, Y CORTA IMPRESIONANTE-MENTE LOS ENCUMBRADOS ANDES DEL NORTE

En lo alto de los Andes peruanos se encuentra el cañón Colca, descrito en el *Libro de Récord Guinnes* como el barranco más profundo del mundo. Pero pocas personas lo saben. Y a pesar de poseer del récord, y de su llamativa grandiosidad, sólo un puñado de excursionistas se aventuran dentro de estas montañas para ver el abismo, aparentemente sin fondo, que el río Colca ha cortado en la superficie de la Tierra.

En esta esquina de Perú, se pueden hacer otros extraordinarios descubri-mientos. Volcanes extintos yacen esparcidos en el valle, misteriosos aguafuertes de osos de piedra e historias de gente de cabezas pintadas. En sus viajes, pocos visitantes siguen caminos empolvados y atraviesan pastizales sin árboles, desiertos pedregosos donde el sol casi no resplandece y montañas de más de 4 000 m de altura con helados torrentes cayendo por los costados.

Desconectada del mundo exterior, está parte de los Andes se guarda sus secretos. Quienes logran llegar al cañón Colca son recompensados por una de las más imponentes vistas: una grieta en las montañas que parece como si hubiera sido rebanada por un cuchillo.

CORTE PROFUNDO *Desde la perspectiva del fotógrafo, los lados del cañón Colca peruano caen perpendicularmente hacia el río, en la parte más baja de la fotografía.*

PAISAJE LUNAR *Simétricas montañas de ceniza, nítidamente circundadas por caminos hechos por el hombre, se asoman sobre un pequeño asentamiento en el Valle de los Volcanes.*

En lo alto está el río Colca, salvaje y turbio en la estación húmeda. En lo alto —un total de 3.2 km sobre el río— se encuentran elevadas montañas cuyas nevadas cabezas están frecuentemente perdidas en las nubes.

A pesar de eso, por siglos la gente ha vivido en estas montañas haciendo terrazas en las laderas bajas para cultivo y criando llamas. Si se les pregunta cómo llegaron ahí, dirán que sus ancestros se trasladaron aquí desde un volcán cubierto de nieve llamado Collaguata. Se hicieron llamar collaguas en honor a su montaña sagrada e imitaban su forma, usando puntiagudos sombreros y vendando la cabeza de sus hijos para hacerla cónica.

Desde el Cañón Colca, cerros cónicos se afilan hacia arriba desde el piso del valle para terminar en cráteres circulares. Este panorama lunar es el Valle de los Volcanes; los 86 conos son volcanes extintos, algunos de ellos se acercan a los 300 m de altura. En algunas partes de los 64 km del largo valle, los conos se elevan de los campos.

392

FLORES DE VELA *Cuando tiene unos 100 años de edad, la puya florece al enviar una espiga parecida a una vela de 4-6m llena de espirales de flores. Las puyas están relacionadas con la piña.*

Entre el Valle de los Volcanes y el océano Pacífico, miles de peñones se esparcen sobre Toro Muerto, un barranco caliente y arenoso. Muchos han sido esculpidos con formas geométricas, discos de sol, serpientes y llamas, y hasta personas con cascos. Probablemente los peñones quedaron ahí después de alguna convulsión volcánica, pero quien los grabó permanece en el misterio. Se ha especulado que las figuras con casco representan hombres del espacio. Sin otros restos de antiguos pueblos para seguir el rastro de los grabados, las explicaciones más sensatas de sus orígenes son escasas. Una teoría es que tribus emigrantes pasaron por ahí hace más de mil años, en su camino desde las montañas hacia la costa y se detuvieron para hacer sus marcas.

En las desnudas vertientes de esta áspera tierra brotan bolas con púas de 1.2 m de largo. Son las plantas de la puya, cuyas hojas, que parecen espadas, irradian desde un grueso tronco y están ribeteadas con ganchos curvados que las defienden de los animales que pastan.

Como aquí casi no hay refugio, las avecicas desafían las púas y hacen sus nidos entre las hojas de la puya, aunque el número de cadáveres muestra cómo muchos hogares se convierten en trampas mortales.

Los cuerpos de las aves y otros animales son el alimento del poderoso cóndor andino. Esta ave rapaz tiene una envergadura de 3.2 m, pero es menos invencible de lo que parece. El suministro de alimento en las montañas es pobre y poco confiable y, como los cóndores se reproducen sólo cuando han ingerido alimento, su supervivencia se ve constantemente amenazada.

EL EXTRAÑO PAISAJE LUNAR, CON LOS CONOS DE 86 VOLCANES EXTINTOS

Las devastadoras tormentas de cada cinco años o más, proporcionan abundante carroña: matan a los animales más débiles y favorecen insectos que causan enfermedades. Luego de esto los enormes cóndores ponen un solo huevo.

Pero si alguna criatura viviente conoce todos los secretos de estas montañas es esta majestuosa ave, que proyecta una sombra en las vertientes al planear con tan natural facilidad.

Los Glaciares

UN GLACIAR DETIENE EL FLUJO DE UN LAGO ARGENTINO Y DESPUÉS SE FRAGMENTA EN UN PODEROSO DESPLIEGUE

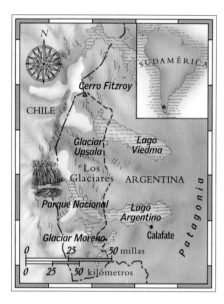

Los bloques de hielo que colapsan en frenética confusión, junto con los furiosos torrentes de agua, forman parte de un cataclismo de hielo que ocurre una vez cada dos o tres años en el Parque Nacional Los Glaciares, al sur de Argentina. Este drama sucede en el lago Argentino y se debe al glaciar Moreno.

El lago Argentino yace bajo la alta capa de hielo de la Patagonia, cerca de la punta sur de los Andes. En la cabeza del lago, brazos de agua bajan hacia las profundidades de las montañas. El glaciar Moreno, uno de los hijos de la capa de hielo, baja por la montaña hacia uno de los brazos del lago. Cuando llega a la orilla del agua, el agrietado glaciar no se detiene, continúa por el lago hacia la orilla opuesta. En algunos de sus avances arremete implacable-mente hacia el bosque junto al lago, arran-cando árboles y piedras.

Una pared de hielo blanco azuloso de hasta 60 m ahora se posiciona en el lago deteniendo el flujo del agua llega. El nivel de agua de la corriente del dique de hielo se levanta hasta 37 m más que el que está debajo del dique, antes de que la presión sea tan grande que el agua estancada

PEREZOSO *El milodón, cuyos restos se encontraron en Los Glaciares, tuvo algún parentesco con el gigante perezoso terrestre Megaterio (izq.), que tenía casi el tamaño de un elefante.*

rompa la barrera con una inmensa fuerza y un ensordecedor rugido (ver página opuesta). Cuando el dique se rompió en 1972, quedó atrapada tanta agua detrás de él, que transcurrieron varias semanas antes de que los niveles de agua arriba y abajo del dique alcan-zaran un equilibrio.

ORIGEN DE LOS GLACIARES

Moreno es uno de los nueve heleros en este lugar. La capa de hielo de la Patagonia, donde nació, es un helado residuo en la frontera entre Argentina y Chile. La capa de hielo da origen a glaciares que corren hacia los océanos Pacífico y Atlántico. El mayor de los nueve es el Upsala, de 48 km de largo, que se pulveriza bajando al brazo del

ROMPEHIELOS

Cuando el dique de hielo del Lago Argentino finalmente se quiebra, lo hace con ensordecedoras fracturas y un rugido que se puede oír a 16 km. El agua que se ha acumulado detrás del dique empieza a colapsarse sobre él y rápidamente se convierte en un estruendoso torrente, excavando un túnel cuyas paredes se debilitan por minutos. El túnel colapsa en un caos de rocío cuando bloques de hielo del tamaño de una casa se zambullen en el agua.

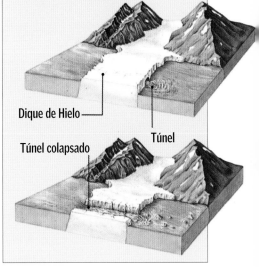

Dique de Hielo

Túnel

Túnel colapsado

norte del lago argentino y constante-mente descarga grandes icebergs azules en él.

En 1893, el terrateniente local Herman Eberhard exploró una profunda cueva cerca de la capa de hielo. Encontró una pieza de piel peluda de cerca de 1.2 m de largo, que una vez cubriera un milodón, un extinto perezoso terrestre con grandes garras y larga lengua. La piel del animal, de 3 m de alto, estaba tan bien conservada, que al principio se creyó que correspondía a una especie aún existente.

Alpinistas han cruzado Los Glaciares, para escalar el cerro Fitzroy de 3 375 m de altura. Este desafiante pico se eleva desde los pastizales al norte del parque, proporcionando una vista única del glaciar Moreno al sur.

ACERCÁNDOSE *Como una lengua congelada, el glaciar Moreno (arriba) avanza inexorablemente a través del lago Argentino en la Patagonia. La superficie del glaciar y sus acantilados que se levantan perpendicularmente desde el agua, se quiebran por una selva de profundas grietas.*

Cuernos del Paine

LOS PICOS DE MONTAÑA COMO CUERNO SE ELEVAN SOBRE LAGO AZUL CIELO AL FINAL DE LOS ANDES

Dos picos de granito rosado coronados con pizarra negra se elevan en la punta sur de los Andes, con vista panorámica a las estepas. Estos extraños picos (2 545 m) son los Cuernos del Paine, parte del grupo de montañas Paine (se pronuncia Pienay) al sur de Chile. Estas montañas fueron descritas por el Padre Agostini, un sacerdote romano, que viajó por la Patagonia en 1945, como "una impenetrable fortaleza, coronada con torres, pináculos y monstruosos cuernos

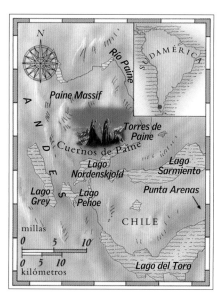

emergiendo atrevidamente hacia el cielo"; en *El vuelo del cóndor* (1982) Michael Andrews escribió, "no puedo olvidar sus verticales espirales, la claridad de la luz, el furioso viento y la infinidad de flores".

LUGAR TORMENTOSO *Un sombrío cielo envuelve a los Cuernos del Paine, los picos gemelos a la izquierda de la fotografía.*

Los cuernos no son los únicos picos extraños en estas montañas. Cerca de ahí existen tres picos de costados perpendiculares, llamados Torres del Paine. Lady Florence Dixie, viajera británica que visitó la Patagonia en 1879, vio, contra un fondo de colinas de espesos bosques, "tres altos picos de un matiz rojizo y cuya forma era la copia exacta de la Aguja de Cleopatra".

TRABAJO DE GLACIARES

Una cadena de volcanes corre por los Andes dando nacimiento a las masas de granito, que se solidificaron bajo tierra y fueron lanzadas a lo alto por convulsiones subterráneas, rompiendo la costra de pizarra que ahora corona los picos. Los glaciares formaron las cuevas de los cuernos y los costados pronunciados de las torres, y el agua nieve de los glaciares moldeó los brillantes lagos azules del

SAFARI EN SILLA

La viajera del siglo XIX, Lady Florence Dixie (abajo), divisó las Torres del Paine durante una expedición de 400 km a caballo desde Punta Arenas. En el viaje, su grupo experimentó un temblor, grandes lluvias y ráfagas de vientos, y comieron guanaco y ñandú con frutos de calafaté como postre.

La vista de los tres picos hizo que el viaje valiera la pena. "Sus blancos glaciares", -escribió-, "con las blancas nubes descansando en ellos, todo era un reflejo de una maravillosa perfección en el tranquilo lago, cuyas aguas cristalinas eran del más extraordinario azul brillante que jamás haya contemplado".

área y los pantanos alfombrados con musgo rojo, amarillo y verde.

No se sabe de dónde viene el nombre de Paine. Unos dicen que significa "rosa" en el lenguaje del pueblo tehuelche; otros, que fue el nombre de un colono. Hasta 1950 pocos visitaron estas partes; los picos, maltratados por tormentas y vientos, permanecían sin escalar. Alpinistas italianos encabezados por Guido Monzino escalaron la torre norte de las Torres del Paine en 1958, y en 1963, los británicos Chris Bonington y Don Whillans fueron los primeros en subir a la torre central, la más alta y formidable de las tres.

En los lagos con bosques y praderas abunda la vida, las águilas anidan en la cresta de la montaña, el cóndor andino, un gigante buitre surca las alturas con las alas extendidas —como señor de los cielos y guardián de las torres.

TRÍO DE GRANITO *Colosales obeliscos de granito esculpidos por glaciares llamados Torres de Paine, se elevan cerca del punto sur andino.*

Penitentes

CADENAS DE PINÁCULOS DE BRILLANTE NIEVE JUNTO A UN ALTO PASO ANDINO ENTRE CHILE Y ARGENTINA

Silencioso y extraño, el Paso Aguas Negras, en lo alto de los Andes, une La Serena en Chile, con San Juan, Argentina. Con una altitud de 4 765 m, es uno de los pasos transitables con motor más altos del mundo, en un difícil viaje de 12 horas, con alto riesgo de caer en un barranco o de ser arrastrado por un derrumbe. El cielo es oscuro en el denso aire, y las sombrías hileras de los Penitentes —pináculos de nieve congelada de 2 a 6 m de altura— como blancas figuras encapuchadas bordean las empinadas pendientes.

En 1835, el naturalista británico Charles Darwin pensó que los pináculos se formaban por la acción del viento. Pero en 1926, el geólogo argentino Luciano Roque Catalano consideró su forma como consecuencia de trastornos eléctricos causados por radiaciones ultravioleta. Conforme se derriten los picos en el día y se congelan de noche, los cristales de nieve son atraídos por campos eléctricos en ángulos rectos al campo magnético de la Tierra.

SILENCIOSOS PENITENTES *Los pináculos deben su nombre a los penitentes vestidos de blanco en las procesiones de Semana Santa.*

Antártida

Isla Zavodovski

CADA AÑO, POR ALGUNOS MESES, LOS PINGÜINOS ANIDAN EN LA PAZ DE UNA REMOTA ISLA AL SUR DEL OCÉANO ATLÁNTICO

El ruido es ensordecedor y el olor irresistible, pero están elegantemente vestidos. Ésta es una de las mayores reuniones de pingüinos en el mundo y tiene lugar en una isla, a 1 800 km al este de la Península Antártica.

Zavodovski, una de las islas Sándwich, está dominada por el cono volcánico del monte Asfixia. La isla mide 6 km de ancho, pero cada primavera unos 14 millones de parejas de pingüinos de barquijo arriban para anidar en las cenizas volcánicas. A estas aves, llamadas así por la banda negra bajo su barbilla, se les unen los pingüinos macarrón de plumaje amarillo.

Parece que está aumentando el número de los pingüinos de barquijo. Su principal alimento, crustáceos pequeños parecidos al camarón, es abundante. La ballena franca, una predadora, está bajando en número y los pingüinos pueden estar multiplicándose en exceso.

LUGAR SÓLO PARADOS *Millones de pingüinos se empujan ruidosamente en la isla Zavodovski, descubierta por rusos en 1819.*

Valles Secos de la Antártida

NO HAY UN SOLO COPO DE NIEVE EN LOS VALLES SECOS, EN ESTRICTO CONTRASTE CON LA MAYORÍA DE LOS BLANCOS GLACIARES DEL CONTINENTE

Al volar sobre la Antártida hacia el estrecho de McMurdo, una interminable inmensidad blanca repentinamente abre camino a una tierra de cafés y blancos, completamente sin nieve. Hundidos en una área sin hielo se encuentran los Valles Secos: tres enormes cuencas de costados empinados cortados por glaciares extintos.

Aunque el hielo acumulado por millones de años cubre casi la totalidad de la Antártida, la mayor parte tiene nevadas muy bajas. En los Valles Secos —Taylor, Wright y Victoria— nieva el equivalente a apenas 25 mm de lluvia cada año, y la tierra está libre hasta de esta leve cubierta, por vientos secos que eliminan la nieve, y por el calor del sol que absorbe las oscuras rocas expuestas.

Cada valle tiene unos cuantos lagos salados. Lago Vanda el mayor, tiene más de 60 m de profundidad y lo cubre una gruesa capa de hielo de 4 m, pero la temperatura en el fondo es de 25°C, porque el hielo actúa como invernadero y calienta el agua.

Hay esqueletos momificados de focas esparcidos por los Valles Secos. En el frío, el aire seco disminuye muy lentamente, algunas focas tal vez hallaron un camino a los valles, donde murieron hace cientos o hasta miles de años.

SIN HIELO *"Un desabrigado pesebre rocoso", escribió Griffith Taylor, de la expedición polar del Capitán Scott en 1910-12, después de ver el Valle Seco que hoy lleva su nombre. Sus palabras ilustran los tres valles.*

Monte Erebus

UN GUARDIÁN DE HIELO Y FUEGO VIGILA EL UMBRAL DEL CONTINENTE MENOS PISADO DE LA TIERRA

Resplandeciente por el rojo rosado y turquesa del sol de medianoche, y tras seguir un largo estandarte de humo sobre kilómetros de nieve y hielo de la isla Ross, el monte Erebus es el símbolo y atalaya de la exploración antártica. A sus pies yacen las instalaciones de la Base Norteamericana de McMurdo y no lejos, las cañadas que una vez albergaron las expediciones comandadas por Robert Scott y Ernest Shackleton.

Actualmente estos albergues no son de lujo, pero a no ser por el alimento enlatado y el tocadiscos, permanecen tal como los dejaron, intactos y atemporales en el conservador frío profundo. En especial para los primeros exploradores del siglo XX, el monte Erebus, de 3,743 m, fue su mentor y amigo, testigo de sus triunfos y tragedias, el guía que les dio abrigo para el trazado de mapas o las correrías científicas.

A TRAVÉS DEL BLOQUE DE HIELO

Bautizar a los dos picos que vigilan el final del mundo conocido, como Terror y Erebus, sugiere un toque poético por parte de sus descubridores, sobre todo Erebus, nombre que los griegos daban al reino de la oscuridad, por donde debían pasar todos los muertos. Pero esos nombres fueron simplemente los de los barcos que el capitán de la Marina Imperial, James Clark Ross, condujo por el bloque de hielo, en enero de 1841, en busca del Polo Sur Magnético.

Una mañana, mientras la expedición avanzaba por el sur, vieron una gran montaña bien formada que se levantaba sobre las nubes. De su cima volaba una banda que al principio les pareció nieve. Al verla, la montaña se reveló como un volcán, dejando salir una de sus raras y

completas erupciones de fuego y vapor —una impresionante vista en esa inmensidad helada. El capitán Ross la llamó Erebus en honor a su embarcación; y al cercano volcán, más pequeño e inactivo, lo nombró Terror, por una nave que los acompañaba.

Ross nunca llegó al polo magnético. Su camino al sur lo bloqueo una plataforma de hielo, del tamaño de

CALDERO POLAR *En la profundidad del cráter Erebus yace un lago de lava fundida que crece y burbujea, y lanza bombas de lava lejos del borde del cráter.*

Francia, que después llevaría su nombre. Sin embargo, el viaje fue todo un éxito y regresó a Inglaterra con honores.

Los siguientes exploradores en pasar fueron los de la expedición del Capitán Scott en 1904. Pero hasta que Ernest Shackleton intentó llegar a los polos magnético y geográfico en 1909, se efectuó la primera acometida a la cima. Los escaladores eran inexpertos y las condiciones terribles: placas casi verticales de hielo azul cubiertas por nieve y temperaturas que caían a -33°C. Era difícil respirar en el delgado aire, y uno de ellos sufrió congelación de un pie.

Pero al final, llegaron a la cima, muy peculiar, con cuatro cráteres superpuestos. La tierra estaba llena de cristales de feldespato perfectamente formados, y todo alrededor se encontraba en un orden de formas fantasmales que parecía estar esperando para dar la bienvenida.

BELLEZA DEL HIELO *(al dorso) Visto a través de los colmillos de los campos helados de la isla Ross, el monte Erebus brilla con belleza indescriptible, al recoger los rayos matutinos.*

Esto intrigó al grupo, hasta que vieron que eran fumarolas o columnas de vapor que se filtraban a través de las grietas de la tierra y se congelaban al subir. El activo cráter, de 275 m de profundidad, lanzaba nubes de humo sulfuroso y escupía bombas de lava.

Las muestras de la artillería volcánica son una característica regular en la cima del monte Erebus, como Colin Monteath, un experto sobreviviente de la Base Scott antártica de Nueva Zelanda, reportó en 1978, "docenas de misiles derretidos giran en espiral en lo alto sobre nosotros, aparentemente en un lento movimiento. Algunos caen desde el cielo, mientras que otros son lanzados bajo y rápido entre nosotros. La mayoría tiene el tamaño de una cucharita; sin embargo, algunos son mucho más grandes… bombas caen dentro del piso del cráter principal para lanzar silbantes géiseres de vapor, mientras que se convierten en nieve".

"VISIÓN BLANCA" POLAR

A pesar de sus proyecciones, el monte Erebus nunca había sido peligroso hasta un día de noviembre de 1979, cuando en una excursión, un avión neozelandés chocó en la ladera del monte, los 257 pasajeros y la tripulación murieron. Fueron víctimas de la "visión blanca", según la cual la línea del horizonte se desvanece. Hay todavía escombros del avión esparcidos, un recordatorio de que la Antártida, aunque fascinante y bella a su modo, siempre es un lugar peligroso.

COLUMNA DE HIELO *Alto en el Erebus (der.) un científico examina una fumarola: el vapor volcánico helado por el frío.*

LA CARRERA AL FIN DEL MUNDO

Labradas en un monumento abajo del monte Erebus están las palabras de Tennyson: "esforzarse, buscar, encontrar y no rendirse", un tributo al coraje que impulsó la carrera por el Polo Sur en el verano antártico de 1912. Los competidores eran el capitán de la marina británica Robert Falcon Scott y el explorador noruego Roald Amundsen.

Los campos base de los dos grupos estaban a unos 800 km de distancia, los noruegos en la bahía de Ballenas y los británicos en la isla Ross. Amundsen llevaba perros para sus trineos, pero Scott creía que el grupo que hiciera el último asalto en el Polo Sur debería llevar el trineo todo el camino. Esto se debía, en parte, a su falta de experiencia para manejar perros. Pero también había un toque de misticismo: que el Polo Sur debería ser ganado sólo por el esfuerzo personal, sobrepasando todos los peligros.

El 19 de octubre, los noruegos salieron con cuatro trineos. Un mes después llegaron a la parte más pesada del viaje: subir el helado caos del glaciar Axel Heiberg. En la cima yace el altiplano antártico. El 14 de diciembre a las 3:00 pm los conductores vieron ansiosamente los cronómetros del trineo, y juntos gritaron ¡Alto! Los cálculos mostraban que habían alcanzado el Polo Sur.

El grupo de cinco hombre de Scott, jalando su cargado trineo, llegó al Polo Sur el 17 de enero de 1912. En las inmensidades nevadas, la negra mancha de una tienda con la bandera noruega les dijo que habían llegado tarde. "Dios mío, -Scott confió a su diario- este es un lugar terrible".

Emprendieron el regreso; el oficial Evans y el capitán Oates habían enfermado por la congelación, y el primero murió el 17 de febrero. Los otros cuatro siguieron su camino, pero llegaron las tormentas de nieve. Consciente de que los estaba retrasando, Oates se dirigió a la nieve y desapareció. Atrapados por las tormentas a finales de marzo, los demás murieron en su tienda. Cuando un grupo de búsqueda los encontró en noviembre, parecía que estaban dormidos.

"DIOS MÍO" SCOTT CONFIÓ A SU DIARIO, "ESTE ES UN LUGAR TERRIBLE"

SEGUNDO LUGAR *Derrotados por un mes, el equipo británico llega al Polo. Ocho semanas después todos habían muerto.*

LOS GANADORES *Roald Amundsen, primero en alcanzar el Polo Sur, posa con sus perros esquimales y la bandera noruega.*

Fuerzas que dan forma a la Tierra

TRES TIPOS DE ENERGÍA –EL CALOR DEL INTERIOR DE LA TIERRA, EL DEL SOL Y LA FUERZA DE GRAVEDAD– DAN AL PLANETA SUS FASCINANTES CARACTERÍSTICAS

El perpetuo ciclo de cambio que ha creado la faz de la Tierra, con toda su fuerza y fascinante variedad, con frecuencia pasa desapercibido por su lentitud. Pero en ocasiones es rápido y violento: los volcanes arrojan lava fundida, los temblores rasgan la tierra, los derrumbes arrastran los costados de las montañas. Es entonces cuando el hombre se da cuenta de las poderosas fuerzas que dan forma a su planeta.

Estas fuerzas son abastecidas por tres magnas fuentes de energía: el calor dentro de la Tierra, el del Sol y la fuerza de gravedad. Cada relieve en el mundo ha sido formado por estas tres fuentes de energía.

Los continentes que se deslizan por la superficie del globo, activando volcanes, terremotos y levantando montañas, son movidos por el calor del interior de la Tierra que tiene una temperatura cercana a los 5 000°C. La mayoría de este calor se crea debido a la descomposición de elementos radioactivos.

La tierra es el único de los planetas del Sistema Solar que tiene agua líquida en la superficie. Y este líquido tiene un papel importante en la forma del planeta. El calor del Sol evapora el agua de los mares y lagos. El vapor se eleva y se condensa para formar nubes que luego caen otra vez como lluvia o nieve. Es entonces cuando empiezan sus poderes para modificar el paisaje: erosionando las rocas y limpiando el material suelto, o triturando el paisaje bajo el empuje de un glaciar. El calor del Sol también produce el viento y las olas que erosionan la tierra.

La tercera fuerza —la gravedad— provoca las mareas, que mordisquean las orillas de los continentes, y los derrumbes, que modifican la forma de las montañas. Bajo la influencia de la gravedad, la lluvia se abre camino descendiendo como corrientes y ríos, cavando el terreno. En sus viajes lleva fragmentos de roca y arena que se depositan en el piso oceánico. Y a través de miles de años, este sedimento se convierte en más roca que puede entonces colapsar y levantarse por los movimientos de la corteza de la Tierra para formar nuevas montañas.

NUBES DE TORMENTA *Sobre las montañas de Arizona, un rayo ilumina una de las fuerzas que moldean el planeta: el clima, que es manejado por el Sol.*

CALOR DEL SOL
El calor del Sol evapora el agua de los océanos. El vapor forma nubes que luego producen lluvia, que forman ríos, entre las principales fuerzas que dan forma al paisaje. También el viento es producto del calor del Sol.

INTERIOR CALIENTE
El interior del planeta da mucho del calor que provoca erupciones volcánicas y terremotos. El calor se ha generado desde siempre, hace 4,500 millones de años.

GRAVEDAD
Durante millones de años las montañas se han reducido a colinas. El hielo y el agua las destrozan, luego los ríos llevan fragmentos a los océanos. Al mismo tiempo, otras fuerzas construyen montañas nuevas.

Por qué los continentes se deslizan por el globo

LA MÁS VIOLENTA FUERZA QUE DA FORMA A LA SUPERFICIE DE LA TIERRA ES EL MOVIMIENTO DE LAS PRINCIPALES PLACAS QUE FORMAN LA CORTEZA TERRESTRE

PRINCIPALES PLACAS *El mundo está dividido en siete placas principales, cada una abarca continentes y océanos. Unos límites se están separando (divergente), algunos se juntan (convergente) y otros se deslizan pasándose unos a otros (de transformación).*

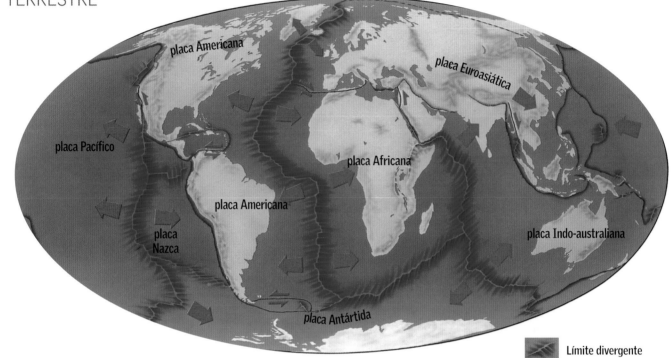

placa Americana

placa Euroasiática

placa Pacífico

placa Africana

placa Americana

placa Nazca

placa Indo-australiana

placa Antártida

▬ Límite divergente

▬ Límite convergente

▬ Límite de transformación

▬ Indefinido

A la velocidad con que crece una uña, pero con un poder que sobrepasa la imaginación, todos los continentes constantemente se deslizan por la superficie del planeta.

Los siete principales segmentos o placas que forman la corteza terrestre, se abren paso por el globo, viajando apenas unos cuantos centímetros al año. Pero en las edades del tiempo geológico, partes de la corteza han viajado de un lado a otro del mundo.

Este fenómeno, llamado movimiento tectónico, es la fuerza más importante que está incide en dar forma a nuestro planeta.

Dos tipos de corteza forman la superficie de la Tierra: la corteza continental, en la que vivimos y la más pesada que conforma el suelo de los océanos. La corteza continental es mucho más gruesa, con más de 40 km, la oceánica rara vez tiene más de 8 km de espesor.

EL CALOR QUE DIRIGE LAS PLACAS

Debajo de ambos tipos de corteza está el manto, la gruesa capa de material denso que separa la corteza del incandescente núcleo de metal que forma el centro de la Tierra.

El manto está formado de roca, pero debido a su gran calor en algunos lugares es

semilíquido, lo suficientemente suave para fluir perezosamente, como melaza sacada del refrigerador. El calor aún más fuerte del derretido centro tiene el mismo efecto sobre el manto, como un iluminado anillo de gas que tiene abajo una cacerola de caldo. Establece corrientes de convección que provocan que se levante el manto, esparciéndose en la cima donde pierde algo de su calor, y entonces se vuelve a hundir. Estas corrientes de convección en el manto son las que llevan a los continentes alrededor del globo.

Las corrientes de convección actúan debajo de los grandes océanos de la Tierra. El calor

causa que las rocas en el piso oceánico se fundan y se eleven en forma líquida, alcanzando la superficie como lava volcánica. Lentamente, la roca de manto se filtra a través del piso del mar, creando cordilleras volcánicas bajo el agua. Algunas veces empuja lo suficientemente alto para formar islas volcánicas, como Islandia y su isla satélite, Surtsey, que nació en 1963.

Conforme las corrientes en el manto se mueven hacia afuera de la cordillera, se llevan flotando en la cima las rígidas placas de la

411

corteza, junto con la capa más alta del manto. Los volcanes bajo el agua de las cordilleras oceánicas están continuamente creando nuevas cortezas al solidificarse la lava, reemplazando la

EL ATLÁNTICO ERA MÁS ESTRECHO CUANDO COLÓN LO NAVEGÓ

que se mueve hacia afuera. Así que, mientras se forma una nueva corteza oceánica, estas placas siempre están creciendo.

En ambos lados del océano Atlántico los continentes se separan alrededor de 25 mm cada año. Cuando Colón cruzó el Atlántico en 1492, era casi 12 m más estrecho que ahora.

Si todos los océanos del mundo se siguen expandiendo, toda la Tierra tendría que ser más grande, y claramente esto no está pasando. De hecho, el océano Pacífico, se está achicando. En sus orillas, la corteza se está zambullendo debajo de la corteza continental de Asia y América, conforme sigue a las corrientes de convección ha-

cia el manto. Esto ha producido un "anillo de fuego" de volcanes y terremotos en la tierra que bordea al Pacífico.

Las regiones donde las placas oceánicas desaparecen en el manto, llamadas zonas de subducción, están marcadas por profundas fosas oceánicas. La más profunda es la Fosa de las Marianas en el Mar Filipino, que tiene 11 033 m de profundidad 2 100 m más que la altura del monte Everest.

El Atlántico no seguirá expandiéndose por siempre; las zonas de subducción desarrollarán sus márgenes, y con el tiempo, Sudamérica y África se juntarán otra vez en un gran continente, como lo eran hace 150 millones de años. Esto no es nada nuevo en la larga historia del planeta, que tiene 4 600 millones de años. Los océanos se han abierto y cerrado, desviando los continentes. Seguirán haciéndolo mientras el planeta Tierra exista.

EL HOMBRE AL QUE NO CREYERON

Alfred Wegener, astronauta y meteorólogo alemán, propuso la teoría del movimiento de los continentes, sin embargo,

CHIMENEAS *Torres fabulosas se elevan del lecho del Atlántico (der.) mientras el agua, calentada en grietas alrededor del límite de la placa, deposita minerales.*

COSECHA *Los camarones se agrupan alrededor de las chimeneas para alimentarse de una bacteria que vive allí.*

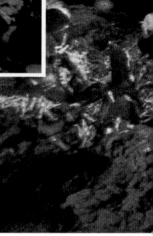

sus ideas fueron ridiculizadas durante toda su vida.

Wegener, nacido en Berlín en 1880, se interesó en los mapas que se habían publicado en Francia, señalando las formas concordantes de América y África. Como meteorólogo, Wegener fundamento la idea al examinar los climas pasados y los registros de fósiles.

Su teoría, publicada en 1915, propuso que los continentes se están moviendo sobre la superficie de la

CORDILLERA OCEÁNICA
La lava escurre por el piso oceánico a lo largo de la línea divisoria entre dos placas. Crea nuevas costras para llenar ese espacio al separarse las placas.

CONCHAS EN TIERRA *Al entender que las placas tectónicas habían elevado el lecho marino, rse supo por qué había conchas en montañas.*

CORTEZA OCEÁNICA

La corteza que originan el piso oceánico forma una delgada capa sobre el manto. Es más pesada que la corteza terrestre.

ZONA DE SUBDUCCIÓN

Siguiendo las corrientes de convección, la corteza oceánica se sumerge bajo el continente. Entonces se funde, creando áreas de volcanes y terremotos.

CORTEZA CONTINENTAL

La sección de la corteza que forma los continentes flota como balsa encima del manto. Frecuentemente tienen más de 40 km de profundidad.

MANTO

Una capa de roca se vuelve semilíquida por el calor del centro de la Tierra.

CORRIENTE DE CONVECCIÓN

Calentadas por el centro, las corrientes en el manto se elevan, se esparcen en la cima y se sumen otra vez. Al moverse hacia afuera, se llevan la corteza con ellas.

CORDILLERA DE FUEGO *La cordillera centro-atlántica se eleva sobre el mar en Islandia donde, entre 1975 y 1981, ocurrió una serie de espectaculares erupciones al explotar la lava en la superficie.*

LOS LUGARES OCEÁNICOS MÁS PROFUNDOS

PACÍFICO Fosa de las Marianas, (Challenger Deep), 11 033 m

ATLÁNTICO Fosa de Puerto Rico, 9 200 m

INDIA Fosa de Java (Sunda), 8 047 m

ÁRTICO (Cuenca Angará), 5 440 m

ANTÁRTIDA *(Sur)* Fosa Sur de Sándwich (Meteor Deep), 8 428 m

Nadie ha visitado el lugar más bajo en la Tierra: Challenger Deep, una parte de la Fosa de las Marianas en el Pacífico, al este de las Filipinas. Lo descubrió en 1951 el barco de Challenger y la profundidad de 11 033 m fue establecida por un barco de reconocimiento ruso utilizando eco sonoro. En 1960 un batiscafo norteamericano descendió a 10 915 m, lo que es casi 2 100 m más que la altura del Monte Everest.

Tierra. Encontró pruebas de que los continentes se habían separado desde sus posiciones originales. Creía que la "correspondencia" de África con la costa oriental de Sudamérica no era una coincidencia. Estaba convencido de que los continentes estuvieron alguna vez agrupados en un supercontinente llamado Pangea (en griego "todas las tierras").

Wegener encontró rocas y fósiles relacionados en continentes separados por océanos. Por ejemplo, los fósiles de Flora glossopteris encontrados en Brasil y en Sudáfrica, indican que hace 200 millones de años el Atlántico no separaba las dos masas de tierra. Habló de los depósitos de carbón en Liberia que se deben de haber formado en los trópicos y los depósitos glaciares en África, como evidencia de que los continentes se habían deslizado.

La prueba fósil de Wegener fue convincente porque Darwin había mostrado que si las especies se separan unas de otras, evolucionarán de forma diferente. Así que la diversificación de un ancestro común debe implicar que alguna forma de separación física se había llevado a cabo. Un geólogo argumentó que alguna vez existió un puente entre África y Sudamérica, y que cuando se rompió los animales ya no pudieron cruzar.

Wegener también sugirió que la colisión de continentes explicaría que las rocas se convirtieran en cadenas de montañas. Pero esto fue descartado por geólogos a favor de la teoría de que la Tierra se había encogido y arrugado en cadenas de montañas.

Wegener murió en una expedición en Groenlandia en 1930, a los 50 años de edad, más de 2 décadas antes de que su teoría fuera aceptada. En 1931 un geólogo británico, Arthur Holmes, postuló la idea de que las corrientes de convección en el manto semilíquido de la Tierra podrían provocar que secciones de la corteza se movieran.

Luego en 1963, llegó la evidencia de que el piso

oceánico se estaba expandiendo y en consecuencia, empujando a los continentes.

Cuando las rocas del manto se solidifican, recogen el campo magnético de la Tierra. Este campo se ha revertido muchas veces y se descubrió que los patrones de cambio magnético de ambos lados de la cordillera medio-oceánica eran simétricos y que las rocas aumentaron en años lejos de las cordilleras. Claramente, la corteza se estaba formando en las cordilleras y moviendo lateralmente. Se había encontrado la fuerza detrás de la teoría de Wegener.

CONFORT ÁRTICO *En una expedición a Groenlandia en 1912-13, Alfred Wegener llevó una colección de pipas para pasar el invierno ártico. Murió en Groenlandia en 1930.*

Volcanes: ardiente y activa juventud

SIN IMPORTAR DONDE HAYAN NACIDO –EN LA COSTA O MAR ADENTRO–, LOS VOLCANES ACTIVOS PROPORCIONAN MAGNÍFICOS ESPECTÁCULOS

 E l 20 de febrero de 1943, un agricultor mexicano vio salir gas y polvo de una grieta que se había abierto en su parcela. Por la noche, la fisura hizo erupción y en la mañana tenía un cono de 9 m de altura, que lanzaba ceniza y piedras. A fin de año, el cono había crecido 300 m y enterrado el pueblo de Paricutín. Luego, la lava emanó del costado de la recién formada montaña y se tragó un pueblo a 10 km de distancia. Después de nueve años de destrucción, el volcán murió y ha estado quieto desde entonces.

El Paricutín fue el primero en ser estudiado por los científicos desde su nacimiento. Su corto ciclo de vida lo hace inusual. Claro que el Paricutín –que está en una región volcánica– podría revivir en cualquier momento.

Los volcanes activos son las maravillas naturales más impresionantes del mundo. Nacen cuando la roca se funde en lo profundo de la corteza terrestre –o hasta abajo, en el manto– luego, es forzada hacia arriba y explota a través de la superficie.

La forma de un volcán depende de la lava que produce. La delgada y líquida se esparce en capas y se acumula en un ancho y achatado montículo, llamado volcán escudo. La gruesa y pegajosa realiza una forma cónica mucho más alta, como el monte Fuji. La lava líquida es manto fundido; la gruesa, corteza fundida. El mundo tiene 1 300 volcanes activos,

la mayoría están a lo largo de las orillas de las placas.

PUNTOS CALIENTES

Los volcanes también se pueden formar en medio de las placas sobre aislados "puntos calientes" en el manto. Las islas hawaianas son el mejor ejemplo. Son una cadena de enormes volcanes escudo que se formaron

cuando la placa del Océano Pacífico se desplazó sobre el punto caliente.

Actualmente, el volcán más activo del mundo, el Mauna Loa en Hawai, se está saliendo del punto caliente y disminuyendo su actividad. Hacia el sureste, justo sobre el punto caliente, yace el volcán Kilauea cuya actividad está aumentando. Los antiguos

FUENTE VOLCÁNICA *La lava emerge del flanco del volcán Kilauea, Hawai. La isla es la más joven de la cadena hawaiana, creada al avanzar la placa del Pacífico hacia el noroeste, sobre un punto caliente.*

volcanes que conforman las demás islas de la cadena, se encuentran ahora muy lejos del punto caliente, debido al movimiento de la placa.

Todos los volcanes en las islas hawaianas están hechos de una roca dura y oscura llamada basalto, que es el tipo de lava más común. La lava hawaiana es del tipo líquido y los volcanes se han creado de la larga sucesión de fluidos de lava que han emanado de ellos mismos. La lava basáltica es tan líquida que algunas veces, los ríos anaranjados se mueven a 100 km/h. Algunos de los flujos vienen de los respiraderos centrales en la cima del volcán, pero la mayoría emana de las largas fisuras sobre los flancos.

Con frecuencia, la lava desaparece por momentos bajo tierra, por un túnel de lava. Los túneles se forman cuando la lava de encima de un derrame se solidifica, pero el interior continúa caliente y sigue fluyendo. Cuando la erupción se detiene, a lo largo queda un túnel. Posteriormente, los derrames pueden correr por el mismo túnel.

El basalto hawaiano se solidifica de dos formas. Una, conocida como pahoehoe, refiriéndose a su superficie suave consistente en una estirada piel de lava fría. Algunas veces ésta se arruga como una cuerda. El otro tipo de lava, llamada *aa*, tiene una corteza más gruesa de lava fría que se corta y quiebra por el movimiento de la lava caliente de abajo, así forma una superficie de bloques sueltos angulosos.

VOLCANES EN EL PISO OCEÁNICO

En las cordilleras del fondo de los océanos, dividiendo una placa tectónica de otra, abundan los volcanes que en silencio y sin ser observados por los seres humanos, continuamente lanzan

RAROS PAISAJES *La suave lava pahoehoe en el Mauna Loa (izq.) contrasta con la irregular lava del Kilauea (arr.).*

lava que se enfría rápido con el agua y se encasilla en una piel, a fin de formar bultos del tamaño de un balón de futbol, que estallan y se amontonan unos encima de otros, lo que les da el nombre de "lavas almohada".

En ocasiones, los volcanes del fondo del mar crecen tanto que sobrepasan las olas y algunas veces son lo suficientemente altos como para formar islas inmensas. Islandia es un conglomerado de estos volcanes, situada justo encima de la cordillera centro-atlántica.

En 1963, el mundo observó una nueva isla, Surtsey, en las afueras de Islandia. Nacida entre nubes de vapor y gas, conforme la lava hacía que el mar hirviera. Surtsey fue un indicio de la inmensa máquina de calor que impulsa la activa corteza terrestre. Al expandirse el piso oceánico, Surtsey viajará de un lado a otro de la cordillera. Con el tiempo, se extinguirá y las olas la erosionarán para convertirla en montañas submarinas; del mismo modo, los volcanes hawaianos serán erosionados por el océano Pacífico.

EL ANILLO DE FUEGO

A la región que rodea al océano Pacífico se le llama "anillo de fuego" debido a los volcanes que hay en sus costas, están entre los más violentos del mundo. Formados sobre zonas de subducción donde las placas oceánicas se sumergen bajo los continentales, arrojan ceniza, lava, vapor y gas, producidos por la fundición de la corteza continental, mientras es llevada a las calientes profundidades.

La mayoría de los volcanes del anillo de fuego son clásicas montañas cónicas con un túnel central y, posiblemente, con unas cuantas fisuras secundarias al costado. Por lo general producen lava, que es mucho más delgada que la basáltica de los volcanes oceánicos. Se debe a que contienen una gran cantidad de silicio de la derretida corteza continental. La líquida lava de Hawai, que se forma con manto fundido y la corteza oceánica, contiene menos sílice. La combinación de la lava gruesa, las masas de cenizas y otros desperdicios de explosión acumulados alrededor de los respiraderos, dan a los volcanes del anillo de fuego su perfil cónico.

El volcán más grande del mundo está en este anillo, el Ojos del Salado se eleva a 6 887 m en los Andes, en la frontera de Argentina y Chile.

Los volcanes del anillo de fuego son más violentos que los oceánicos porque el vapor no puede escapar en la gruesa lava. Queda atrapado igual que las burbujas en el champagne y es posible que explote produciendo lava espumosa, llamada piedra pómez.

Si los volcanes permanecen dormidos por años, la lava enfriada en el cuello actúa como un corcho. La presión se acumula y los costados del volcán se pueden hinchar un poco, mientras la cámara se llena con más lava. Con el tiempo, el volcán alcanza un punto donde la explosión que le sigue puede ser tan violenta que toda la montaña estalle.

El 18 de mayo de 1980, la cima y el costado del monte Santa Elena, en el Estado de Washington, estallaron devastando una gran área. Una ardiente nube de cenizas, gas y vapor se elevó 25 km en el aire. Pero el Santa Elena fue una modesta explosión en la historia de los volcanes.

Cuando el volcán Tambora, en Indonesia, hizo erupción en abril de 1815, lanzó 165 km^3 de roca y lava hacia el cielo, dejando un cráter de 11 km de ancho. Más de 90 000 personas murieron.

A su vez, el Tambora fue sólo fuegos artificiales comparado con las erupciones del lejano pasado que han dejado grandes cicatrices en el paisaje, como la caldera de Yellowstone (cráter gigante), en Wyoming, que cubre 2 500 km^2.

INVITADO SORPRESA *El Paricutín apareció en un sembradío mexicano en 1943. Construyó un cono de 300 m de altura en un año.*

SACUDIDAS VOLCÁNICAS *En 1980, un terremoto provocó un derrumbe en el costado norte del monte Santa Elena. Esto liberó una explosión que devastó bosques de pinos hasta a una distancia de 20 km.*

CORDILLERAS OCEÁNICAS
A través del borde donde dos placas se separan, la lava se eleva para llenar el vacío, a veces formando islas volcánicas.

MONTAÑAS SUBMARINAS
Al moverse las placas, el volcán se aleja de la cordillera y se extingue. Las olas lo apagan.

PUNTO CALIENTE
Las rocas fundidas se elevan desde un "punto caliente" en el manto para formar un volcán en el piso oceánico. Puede crecer hasta rebasar el nivel del mar, y forma islas como Hawai. Como la lava es muy líquida, los volcanes son grandes y bastante planos. Se les llama "volcanes escudo".

VOLCÁN EXTINTO
El punto caliente permanece inmóvil mientras la placa se mueve. El volcán se extingue al ser arrastrado desde este punto pero queda como una isla, posiblemente en una cadena.

MOVIMIENTO DE PLACA

ZONA DE SUBDUCCIÓN

VOLCANES DEL "ANILLO DE FUEGO"
Los volcanes cónicos se forman con lava gruesa sobre las zonas de subducción, donde las placas oceánicas se sumergen bajo las continentales. Por lo grueso de la lava y al vapor, son altamente explosivos.

ESPECTÁCULO EXPLOSIVO
Cortinas de roca líquida, arrojadas desde las fisuras en la tierra, son típicas en las erupciones hawaianas. Los gases en la lava se propagan explosiva y espectacularmente.

LAS PEORES ERUPCIONES DEL MUNDO

TAMBORA, INDONESIA, 1815
Muertes: 92 000

KRAKATOA, INDONESIA, 1883
Muertes: 36 000

MONTE PELEE, MARTINIQUE, 1902
Muertes: 30 000

NEVADO DE RUIZ, COLOMBIA, 1985
Muertes: 22 000

MONTE ETNA, SICILIA, 1669
Muertes: 20 000

VESUVIO, ITALIA, 79 DC
Muertes, 16 000

MONTE ETNA, SICILIA, 1169
Muertes: 15 000

UNZEN-DAKE, JAPÓN, 1792
Muertes: 10 400

LAKI, ISLANDIA, 1783
Muertes: 10 000

KELUT, INDONESIA, 1919
Muertes: 5 000

417

Volcanes Ancianos

CUANDO LOS VOLCANES PIERDEN SU FUEGO JUVENIL, PUEDEN DEJAR PAISAJES DE AGUAS TERMALES, LODO BURBUJEANTE Y ESQUELETOS DE SU ACTIVIDAD INTERNA

 Las más impresionantes formaciones terrestres creadas por los volcanes son las gigantes calderas, grandes cicatrices circulares, a menudo de muchos kilómetros de ancho, aparecidas tras de que enormes volcanes del pasado hicieron erupción.

El lago Taupo en Nueva Zelanda es una típica caldera. Hace dos mil años un volcán yacía dormido, mientras en su interior se acumulaba la lava. En el año 186 d.C. hizo erupción tan violentamente que todo el centro de la montaña se colapsó dentro de la cámara de magma. Donde una vez estuvo la majestuosa montaña, con sus cimas en las nubes, ahora existe un gran lago adornado por un círculo de acantilados, que marcan el límite del colapso de la caldera.

En algún momento del año 1645 d.C., la parte central de la isla griega Santorini colapsó durante una masiva erupción que destruyó la antigua ciudad de Akrotiri. Esta isla podría tener las dimensiones de la mítica Atlántida, tragada por las olas, como Platón describió haber sido. El círculo de islas que constituyen la moderna Santorini son el borde de la caldera formada después de la explosión. En la laguna ha aparecido un volcán nuevo.

Cuando los volcanes quedan dormidos, pueden dejar un panorama de respiraderos de gas que emiten aguas termales o albercas de lodo, frecuentemente dentro de una caldera.

Las aguas termales se forman cuando el agua de la

CALDERA *El Faial en las islas Azores, en el Atlántico, se ha colapsado para formar una caldera. El piso de la caldera está a 300 m bajo la cima de las montañas.*

tierra se cuela hasta la roca fundida, llamada magma, luego se calienta y se eleva a la superficie de nuevo. Si se calienta lo suficiente, el agua hervirá y expulsará vapor hacia la superficie con fuerza como para formar géiseres. El Old Faithful, en el parque Yellowstone, sale a borbotones cada hora y media, más o menos, —el tiempo que le lleva a la presión del vapor acumularse en los depósitos subterráneos.

TORRENTE BASÁLTICO
La lava sale de las fisuras de la tierra y construye capa por capa.

CALDERA
Residuos de un volcán que colapsó dentro de la cámara de magma.

LACOLITO
Cuando la roca fundida de la cámara de magma impulsa la roca más vieja a salir, se enfría en forma de hongo.

RESPIRADEROS Y ESTANQUE DE LODO
Gases sulfurosos salen de la tierra, bañando las rocas con depósitos amarillos. Surge el agua caliente y se mezcla con la roca para formar lodo.

DIQUE
La lava que fluye en una grieta vertical se enfría para formar paredes de roca que quedan expuesta por la erosión.

CLAVIJA VOLCÁNICA
Roca fundida solidificada en el túnel conductor de un volcán que después queda expuesta.

AGUAS TERMALES Y GÉISERES
La lluvia se filtra hacia la roca fundida, donde se calienta y eleva para brotar como agua termal. Si hierve, el vapor saldrá en forma de géiser.

STOCK
Un derivado de la cámara de magma, con forma de bóveda, puede a la larga quedar en la superficie después de que las rocas más suaves han sido erosionadas.

DIQUES DE ANILLO

CLAVIJA VOLCÁNICA *La lava endurecida en un túnel alimentador ha quedado expuesta por la erosión en Camerún, África Occidental.*

DIQUE EXPUESTO *Roca líquida infiltrada en una grieta y solidificada bajo tierra, para formar este dique en las Islas Aleutianas, Pacífico Norte.*

A las rocas fundidas en las raíces de un volcán puede llevarles años enfriarse y solidificarse, debido a que la roca superpuesta actúa como una aislante bolsa de té.

Con el tiempo, un volcán dormido se extinguirá, aunque de ninguno que se halle en el margen de una placa activa se puede decir que esté extinguido en verdad. Entonces, el viento y el clima erosionan la ceniza y las rocas más suaves por donde el volcán hizo erupción, para exponer los túneles internos alimentadores. Debido a que la roca formada por magma enfriado es dura, los túneles de antiguos volcanes resisten la erosión y quedan como protuberancias en el paisaje.

Las Torres del Diablo en Wyoming, E.U., se hicieron famosas en la película *Encuentros cercanos del tercer tipo*. Es una clavija volcánica. Hace mucho que desapareció el perfil del volcán original, dejando intacta la lava solidificada dentro del túnel. Esto ha revelado la estructura interna

FILÓN-CAPA
Roca fundida que penetra entre las capas horizontales de rocas sedimentarias y se solidifican.

de columnas hexagonales de basalto que se formaron cuando la lava se enfrió.

Las columnas basálticas son más comunes en los flujos de lava, como la Calzada de los

LOS TÚNELES QUEDAN COMO PROTUBERANCIAS EN EL PANORAMA

Gigantes, en Irlanda del Norte, que en las clavijas volcánicas. Filas de columnas paralelas permanecen perpendiculares al flujo. Es común que este tipo de lava brote por una fisura en la tierra que de un volcán. El flujo de lava, también llamado basalto de avalancha, puede formar altas mesetas construidas de sucesivas capas. La meseta Deccan, que conforma una quinta parte de la India, fue una de las grandes emanaciones de lava en la historia de la Tierra.

Cuando la lava es comprimida hacia la superficie, sale por cualquier fractura en la roca. No siempre alcanza la superficie, sino que se solidifica bajo tierra. En grietas verticales, la roca fundida hace diques, paredes rectas de roca que resisten. Un dique de 15 km de largo se extiende desde Ship Rock en el desierto de Nuevo México.

Si la roca fundida calienta su camino entre las grietas horizontales, se endurece hasta hacer un filón. El Whin, al norte de Inglaterra, quedó como un acantilado, cuando las rocas inferiores más suaves se erosionaron. Los romanos lo usaron como barrera entre Escocia e Inglaterra y construyeron parte del Muro de Adriano encima.

La lava inyectada en las capas de roca sedimentaria se puede doblar hacia arriba y formar lacolitos. Algunas veces se apilan uno sobre otro al hacer erupción la lava en sucesivas capas que forman un lacolito como "árbol de navidad". Las montañas Judith en el estado norteamericano de Montana tienen forma de lacolitos.

Debajo de todo volcán, hay una cámara de magma. Cuando se enfría bajo tierra es frecuente que forme rocas cristalinas, como el granito. Los posteriores movimientos de la Tierra y la erosión pueden descubrir la roca que cubre a estos batolitos y exponer el granito en la superficie. En Cornwall, ramas redondas de una cámara de magma llamadas *stocks*, sobresalen de la superficie para hacer un páramo de granito como Bodmin Moor. La Sierra Nevada, en California, está compuesta de un enorme batolito que ha estado expuesto para formar una cadena de montañas.

COLUMNAS BASÁLTICAS *Al desfiladero del río Alcántara, en Sicilia, lo atraviesan columnas basálticas muy regulares. Las columnas hexagonales se formaron por lava que se encogió y partió al enfriarse lentamente.*

Las fracturas donde la Tierra se divide

AL MOVERSE LAS PLACAS, TECTÓNICAS, LA SUPERFICIE DE LA TIERRA CAMBIA

La superficie de la Tierra está entrelazada con las fracturas donde, al moverse las placas, las rocas se han cuarteado bajo las inmensas fuerzas ejercidas.

Algunas de estas grietas son visibles, otras no. Unas son tan pequeñas como para verse en una piedrita, mientras que otras se extienden a través de los continentes.

Si en algún momento en el pasado, las rocas de cualquier lado de la grieta se mueven, a ésta se le llama falla. Algunas están activas, se mueven de vez en cuando, en ocasiones cada determinados años o décadas, con un repentino desvío o raspadura de la roca, que libera una gran cantidad de energía. El impacto de las olas del movimiento, sacude la tierra y provoca terremotos, que pueden ser desde sismos casi imperceptibles hasta desastrosas convulsiones (ver páginas siguientes). La más famosa cicatriz sobre la faz de la Tierra —y la más peligrosamente activa— es la Falla de San Andrés, en California, que corre justo a través de la ciudad de San Francisco.

CUANDO LAS PLACAS QUE SE DESLIZAN PASAN UNAS A OTRAS

Las fallas más activas y de rápido movimiento son provocadas por secciones de corteza que se deslizan unas sobre otras. A veces, estas fallas ocurren a lo largo de los límites de placas y por lo general son extremadamente profundas, corren desde la superficie hacia el fondo de la corteza de la Tierra. Se les llama fallas transformadoras.

La Falla de San Andrés es una línea por donde la placa del Pacífico se está deslizando sobre la norteamericana. La orilla occidental de California está junto a la placa del Pacífico y se mueve lentamente, temblor tras temblor, por la costa y pasa al resto de Norteamérica.

Las secciones de la corteza de la Tierra se han movido junto con las fallas durante los pasados 3 o 4 mil millones de años. Así, el paisaje de ambos lados de una falla puede mostrar un severo contraste. Esto se ve en Escocia, donde la falla transformadora, llamada Great Glen, forma un corte a través del país y contiene una línea de lagos, incluyendo el Ness. Los Grampianos, al sur de la falla, son más jóvenes y más redondos, y tienen una altura promedio de 850 m. La Región Montañosa de Northwest al norte, es mayor y más pedregosa y baja, con una altura de unos 650 m.

LOS CONTINENTES SE ESTIRAN Y DESGARRAN

Cuando dos placas en movimiento se separan, un continente puede estrecharse. Bajo el enorme estiramiento, la corteza se desgarra y se forman las fallas. Luego, las rocas en un costado de una falla pueden caer abajo del nivel de las otras.

Estas fallas "normales" casi nunca ocurren individualmente. Un gran número de ellas, casi paralelas, pueden

PLACA DEL PACÍFICO
La orilla occidental de California está pegada a la placa, que se mueve unos 50 mm cada año con relación al resto de Norteamérica.

trazarse en las islas Griegas. Aún se mueven e indican que el mar Egeo se está ensanchando lentamente, causando temblores en el Mediterráneo oriental.

El par de fallas más conocido corre a través de Israel, bajo ambos lados del valle del mar Muerto, siguen al sur por el mar Rojo y por África oriental hasta Mozambique. Ambas son espejo una de otra y la tierra entre ellas ha caído para formar el valle del Rift, que tiene cerca de 50 km de ancho. Las fallas están marcadas por líneas de montaña, en lugares que forman afilados acantilados de cerca de 3,000 m de alto.

RÍO ENSANCHADO *El Río Grande en Nuevo México, E.U., fluye a lo largo de una falla que se ensancha conforme las placas se separan.*

PAÍS DIVIDIDO *Islandia se está cortando en dos, 25 mm al año, conforme dos placas se separan de la cordillera centro-atlántica.*

FALLA TRANSFORMADORA

Por la Falla de San Andrés, la placa del Pacífico y la norteamericana se están deslizando una sobre otra (ab.) La falla atraviesa San Francisco y se ve desde el aire (der.).

Sierra Nevada

Valle Sacramento

Desierto Mojave

Placa Norteamericana

Falla de San Andrés

Placa del Pacífico

• Los Ángeles

El piso del valle contiene una serie de mares y lagos: el mar Muerto, el mar Rojo, el lago Malawi, el Lago Tangañica y los lagos de agua salada del este de África Oriental. La parte sur del valle del Rift puede haber sido la cuna de la humanidad.

LOS CONTINENTES SE COLAPSAN

Si dos masas de tierra chocan entre sí, las enormes fuerzas liberadas crean fallas inversas.

La corteza a un lado de la falla se desplaza hacia arriba sobre la corteza del otro lado, y a la larga, varias capas de rocas pueden traslaparse.

Esto ha pasado en varias partes de los Apalaches del oriente de E.U. y en Bretaña, Francia. Ocurrió en los Alpes Europeos, en un reciente pasado geológico, hace 25-30 millones de años. Y aún está sucediendo en los Himalayas, mientras la India se eleva hacia el corazón de Asia.

FALLA INVERSA

Cuando dos placas continentales chocan (der.), una puede subirse sobre la otra, como en el Pico Culan en los Alpes Suizos.

FALLA NORMAL

Al separarse dos placas continentales, en la corteza terrestre se forman fallas. Un pronunciado valle puede formarse entre dos fallas cuando la tierra que las separa se desvanece. A lo largo del Gran Valle del Rift en África oriental, la tierra se ha hundido entre dos fallas paralelas. En Tanzania (der.), los acantilados forman una línea de las fallas que encumbra 460 m sobre del piso del valle.

Rocas que pueden ocasionar una terrible destrucción

LOS TERREMOTOS SUELEN OCURRIR A LO LARGO DE LOS LÍMITES DE PLACAS, PERO NINGUNA PARTE DE LA TIERRA ESTÁ A SALVO DE SU DEVASTACIÓN

Los más destructivos terremotos ocurren en los límites de las placas terrestres. Al moverse éstas y triturarse unas a otras a la velocidad del crecimiento de una uña, se acumula una inmensa tensión durante décadas o siglos, hasta que sin aviso y algunas veces con una terrible violencia las rocas se sacuden a través de las líneas defectuosas.

En 1906, en un devastador temblor que destruyó grandes partes de San Francisco, una sección de la Falla de San Andrés se movió 6 m en 48 segundos.

ONDAS DE CHOQUE

Cuando las rocas se mueven, las ondas de choque viajan a través de la Tierra y sacuden la superficie. En ocasiones esto provoca una sacudida que sólo mueve la vajilla de la cocina, pero otras destruye ciudades completas, con una enorme pérdida de vidas.

La intensidad sísmica depende de tres factores: la cantidad de energía liberada (se mide en la escala Richter); la profundidad en la cual el movimiento sucede y la natu-raleza de la superficie.

En el terremoto de San Francisco, en octubre de 1989, de 7 en la escala Richter, murieron 70 personas, pero un terremoto de la misma magnitud en Armenia, en diciembre de 1988, mató a 25 000 personas. El terremoto armenio ocurrió a sólo 5 km bajo la superficie, comparado con los 16 km del de San Francisco.

La devastación del terremoto de la Ciudad de México, en 1985, que mató a 2 000 personas, se debió a que la ciudad fue construida sobre los suaves sedimentos de un antiguo lago. Muchos edificios colapsaron debido a su mala cimentación.

La Falla de San Andrés se puede ver claramente sobre la superficie, pero no la mayoría de los límites de las placas. De hecho, las zonas de subduc-ción -donde la corteza oceánica se vuelve a zambullir hacia el manto- sólo se descubren por medio del patrón de terremotos y volcanes que producen. Como trazada en un mapa, una intensa concentración de volcanes y terremotos forman un "anillo de fuego" alrededor del Océano Pacífico.

Uno de los terremotos más devastadores del que se tenga memoria fue causado por la subducción de la Placa Pacífica bajo Alaska en 1964. Fue tan violenta, que la tierra y barro de la superficie parecían líquidos, perdiendo toda su solidez y "tragando" edificios. Se abrió un gran abismo y las capas de tierra se estrellaron en las laderas. Una ola gigante barrió tierra adentro, arrastrando barcos y todo a su paso.

NINGÚN LUGAR ESTÁ LIBRE DE RIESGOS

Es tentador pensar que si se vive lejos de los márgenes de la placa se está a salvo de terremotos. Pero no hay un lugar sin riesgos.

El constante empuje y desvío en la corteza, provoca que las rocas alrededor de antiguas fallas produzcan una presión que a la larga estalla.

En 1884, Nueva York, alejada de cualquier orilla de placa— sufrió un terremoto de 7 en la escala Richter; a pesar de eso, nadie murió. Y en el mismo año, se sintió otro a la mitad de Gran Bretaña, que también sucedió lejos de cualquier límite de placa. En la ciudad de Colchester, en Essex, 400 edificios se dañaron, pero tampoco hubo muertos.

Con frecuencia impercep-tibles, los temblores de tierra ocurren todo el tiempo por todo el mundo.

INUNDACIÓN
Si el terremoto ocurre cerca de la costa, la tierra baja puede ser inundada por las olas de rápido movimiento ("tsunamis").

DESNIVEL *Los sismos en California formaron un rizo en las dos franjas donde cruzaron una falla, y dejaron un naranjal desnivelado.*

RELIQUIAS TRÁGICAS *Una torcida línea ferroviaria (izq.) en Lázaro Cárdenas, en la costa del Pacífico en México, recuerda un terremoto, el que cobró 9 000 vidas en 1985.*

AVALANCHA
Un terremoto puede causar severos derrumbes en áreas montañosas, particularmente donde la tierra está mojada.

TERREMOTO DE FALLA TRANSFORMANTE
La presión que se forma entre dos secciones de la corteza al moverse en direcciones opuestas a lo largo de la falla.

CENTRO POCO PROFUNDO
Si el centro es poco profundo, es probable que el terremoto sea violento en la superficie.

EPICENTRO
La sacudida más fuerte es en la superficie inmediatamente sobre el centro

ONDAS DE CHOQUE
Las vibraciones pueden ir desde imperceptibles a devastadoras, levantando y desfigurando la superficie terrestre.

CENTRO PROFUNDO
Las ondas de choque radiadas desde un punto central o centro. Un centro muy profundo provoca un terremoto menos violento que un centro poco profundo.

TERREMOTOS DE ZONA DE SUBDUCCIÓN
Cuando un placa oceánica se sumerge bajo una placa continental, el movimiento puede provocar violentos terremotos.

LOS DIEZ PEORES TERREMOTOS EN LOS ÚLTIMOS 100 AÑOS

TANGSHAN, CHINA, 1976
Magnitud: 8
Muertes: 655 000

NAN-SHAN, CHINA, 1927
Magnitud: 8.3
Muertes: 200 000

KANSU, CHINA, 1920
Magnitud: 8.6
Muertes, 180 000

MESSINA, ITALIA, 1908
Magnitud: 7.5
Muertes: 160 000

TOKIO/YOHOHAMA, JAPÓN, 1923 Magnitud: 8.3
Muertes 99 000

QUETTA, IRÁN, 1935
Magnitud: 7.5
Muertes: 60 000

NORTE DE PERÚ, 1970
Magnitud: 7.7
Muertes: 50 000

BAM, IRÁN, 2003
Magnitud: 6.6
Muertes: 40 000

ERZINCAN, TURQUÍA, 1939
Magnitud: 7.9
Muertes: 40 000

ARMENIA, 1988
Magnitud: 6.9
Muertes: 25 000

Violenta formación de montañas

EN SU INTERMINABLE VIAJE ALREDEDOR DEL GLOBO Y AL COLISIONAR CON UNA FUERZA DEVASTADORA, LAS PLACAS TERRESTRES LANZA CADENAS DE MONTAÑAS

No hay que engañarse por la permanencia y longevidad de las montañas. A lo largo de la historia de la Tierra, las montañas han ido y venido, luciendo su esplendor, para ser erosionadas hasta convertirse en colinas. Las más altas son las más jóvenes. El mismo Everest se empezó a formar hace unos 15 millones de años, cuando los monos, padres de la humanidad, tenían una posición establecida en el planeta.

Las placas que llevan los océanos y continentes de la Tierra se mueven constantemente alrededor del globo, se empujan como gigantes, a veces en colisiones frontales. Y son estos encontronazos los que dan lugar al nacimiento de cadenas de montañas.

Cuando una placa oceánica se desliza debajo de una continental, sus rocas se funden mientras son forzadas hacia abajo, a las profundidades más calientes de la Tierra y algunas de ellas crean un cadena de montañas arriba. Al mismo tiempo, la sobrecargada placa continental se encoge junto con su principal orilla para crear más montañas.

Cuando dos placas continentales chocan de frente, una enorme cantidad de corteza terrestre es apretada y lanzada hacia arriba como un tren que choca en cámara lenta.

Sin embargo, una vez que las montañas se han elevado, otras fuerzas de la Naturaleza empiezan a erosionarlas hasta que todo el proceso empieza de nuevo, llevándose millones de años. La construcción de montañas es un ciclo interminable, y se les puede encontrar por todo el globo en diferentes etapas del ciclo.

UN ANILLO DE FUEGO

Mientras las placas se mueven, llevadas por corrientes de convección en el manto de la Tierra, el sedimento se acumula en los pisos de los mares y océanos. El sedimento consiste en fragmentos de vieja roca acumulada desde los continentes circundantes, así como los esqueletos de millones de pequeñas criaturas que viven y mueren en el mar. Sorprendentemente, estos sedimentos pueden destinarse a formar parte de una montaña en el futuro.

Con el tiempo, las orillas de la placa oceánica son forzadas hacia abajo de las placas que llevan los continentes. Las temperaturas son tan altas que la placa se derrite, junto con algo del sedimento y rocas de la placa continental de arriba.

Las rocas líquidas, más ligeras que las sólidas, se elevan a través de la corteza para formar una línea de volcanes a lo largo de la orilla del continente. Los volcanes producidos así forman cadenas de montañas jóvenes, como los Andes en la costa occidental de Sudamérica y las Cascadas en la costa occidental de Norteamérica.

Los volcanes jóvenes hacen erupción en intervalos cortos. Y, a pesar de su juventud, pueden alcanzar grandes alturas. El Aconcagua en los Andes es el punto más alto en América: 6,960 m.

Bajo la presión, las fallas también pueden desarrollarse

EL PICO MÁS ALTO

El punto más lejano del centro de la Tierra es la cima de un volcán dormido en el Ecuador: monte Chimborazo. Debido a que la Tierra se abulta en el Ecuador, el Chimborazo es 2 150 m "más alto" —desde el centro de la Tierra— que el Monte Everest. Pero medidos a nivel del mar, el primero tiene sólo 6 267 m de altura el segundo, 8 848 m.

CHIMBORAZO *Su pico (ab.) está más lejos del centro de la Tierra que el Everest.*

PLACA FUNDIDA *Cuando una placa se sume debajo de otra, la corteza líquida sube para formar montañas volcánicas, como las de japón o los Andes.*

Zona de subducción

Corteza oceánic

Roca líquida

MONTAÑAS VOLCÁNICAS *Las rocas de ambas placas se funden al alcanzar altas temperaturas en las grandes profundidades. Algunas rocas líquidas se elevan a la superficie.*

en una corteza continental y rocas de corteza son lanzadas encima una de otra, separadas por enormes fallas. En el Himalaya, el Annapurna, la octava montaña más alta del mundo, se formaron piedras calizas que fueron lanzadas sobre las rocas jóvenes.

ARCOS DE ISLA
Cadenas de islas suelen formarse por volcanes que generan la fundición de placa hundida.

PICOS VOLCÁNICOS *El monte Jefferson, en Norteamérica, está en una línea de picos que revelan el origen volcánico de las montañas.*

Las mismas presiones provocan pliegues de las cadenas de montañas del mundo están formadas por rocas plegadas y con fallas a una gran escala. La intensidad del pliegue decae desde la zona de colisión hasta crear montañas plegadas marginales, como las de las cordilleras exteriores de los Apalaches, al este de Estados Unidos.

MONTAÑAS PLEGADAS
Las rocas sedimentarias tienen pliegues más suaves en los bordes de la principal zona de compresión.

ROCA SEDIMENTARIA
Las partículas de roca que viajan arrastradas por los ríos hacia el mar, quedan en el piso del océano y junto con restos de animales marinos se convierten en capas de roca nueva.

Corteza continental

ZONA DE SUBDUCCIÓN
La corteza oceánica se desliza bajo la corteza continental, como está sucediendo en la costa oriental de Sudamérica.

PILARES TECTÓNICOS
Montañas bajas, llamadas pilares tectónicos son testigos de movimientos anteriores. Cuando una placa se estira ocurren las fallas y se producen valles agrietados con pilares tectónicos entre ellos.

Roca líquida

425

SELVA ALPINA *Los Alpes aún son empujados hacia arriba, en una selva de rocas plegadas, al colisionar las placas Africana y Europea.*

Fueron formados cuando África y Europa colisionaron hace cerca de 300 millones de años. Estos procesos produjeron las montañas de Gales hace 450 millones de años, pero desde entonces, los eones de erosión las han reducido a su medida actual.

COLISIÓN DE CONTINENTES

Cuando una placa oceánica ya no tiene una zona activa de construcción bajo una naciente corriente convectiva, el océano está condenado a cerrarse. Los continentes en cada lado se desplazan juntos y al final chocan con un devastador impacto.

Partes de la corteza continental colapsan y se apilan una sobre otra. Bloques de piso oceánico son lanzados hacia arriba de la pila y las rocas del fondo del montón se funden para formar granito. La fuerza de la colisión puede ser tan grande que un continente entra en el otro. Esto está pasando ahora bajo el Himalaya, conforme las fuerzas subcontinentales indias se abren camino bajo el resto de Asia. El Himalaya están siendo empujados cerca de 3 mm por año. La roca estrujada de los montes Himalaya y el altiplano tibetano representan los restos de dos márgenes continentales y un océano intermedio que originalmente tuvieron 2 000 km de ancho.

Mientras las fuerzas internas de la Tierra dan nacimiento a nuevas cadenas de montañas, las actuales son devoradas por la gravedad y la erosión. En cerca de 40 millones de años, los ríos y glaciares habrán reducido los poderosos Himalaya a las proporciones de las Montañas Rocosas norteamericanas. Pero, a la larga, la continua generación del movimiento de placa creará otra enorme cordillera de montañas, para suceder al Himalaya. Ese es el ascenso y caída de toda gran cadena de montañas.

LAS MONTAÑAS SE PLIEGAN

Cuando los continentes colisionan, algunas rocas reciben presión para plegarse, que puede ocurrir desde una fracción de centímetros a varios kilómetros. El pliegue sucede en rocas muy enterradas que están tan calientes que son suaves y maleables. A temperaturas más frías, la mayoría de las rocas son quebradizas y se rompen por las fallas en lugar de plegarse.

Los pliegues en las rocas se forman de igual manera que una manta sobre una mesita se empuja por ambos lados. Entre más compresión se haga, más altos son los pliegues, pero a la larga colapsan unos sobre otros.

El apilamiento de rocas plegadas aumenta, cuando una placa se empuja sobre otra en una zona de colisión. Las cadenas de montañas se construyen con pliegues sobre pliegues, lo que puede ser difícil de distinguir como un rasgo individual dentro de una región que esté cortada por fallas. Sin embargo, más lejos de la principal área de compresión se forman

PLIEGUE EROSIONADO *Las Sheep, en Wyoming, vestigio de una montaña plegada que ha sido erosionada, revela sus capas.*

pliegues más suaves que se pueden ver en la forma de la tierra. Las montañas Jura de Europa revelan sus pliegues claramente, lejos de las complejas deformaciones en el corazón de los Alpes.

IMPACTO DE PLACA *Cuando dos continentes chocan, se acumulan en una pila de roca plegada, como el Himalaya.*

CONTINENTE SOBRECARGADO *Bajo la presión, un continente puede abrirse camino bajo los demás, como está sucediendo ahora en el Himalya, donde la India se está sumergiendo bajo el resto de Asia.*

PUNTOS MÁS ALTOS EN LOS CONTINENTES

ÁFRICA, KILIMANJARO (TANZANIA)
5 895 m

ANTÁRTIDA VINSON MASSIF
5 140 m

ASIA, EVEREST (NEPAL/CHINA)
8 848 m

AUSTRALIA KOSCIUSKI (NSW)
2 230 m

EUROPA, MONT BLANC (FRANCIA)
4 807 m

NORTEAMÉRICA MCKINLEY (ALASKA)
6 194 m

SUDAMÉRICA ACONCAGUA (ARGENTINA/CHILE)
6 960 m

SURGIMIENTO DE ROCA *Una curva de roca se eleva en las montañas Zagros de Irán, conforme las placas Árabe y Europea colisionan.*

FALLAS COMPRIMIDAS
La corteza se resquebraja bajo el impacto, y los bloques se deslizan unos sobre otros.

EROSIÓN
Aún mientras las montañas se forman, el viento y el agua empiezan a erosionarlas. Los ríos barren fragmentos hacia el océano que forman rocas sedimentarias que son futuras montañas.

SEDIMENTOS PLEGADOS
Cuando dos continentes se juntan, los sedimentos sobre el piso oceánico entre ellos se contraen en pliegues.

GRANITO
Al fondo de la pila, las rocas empiezan a fundirse y a formar granito.

PISO OCEÁNICO
Bloques del deforme piso basáltico oceánico son lanzadas arriba de la pila.

ARCO DE PIEDRA CALIZA *Delgadas capas de piedra caliza se han deformado en un arco multicapa de 20 m, en la costa sudoeste de Gales.*

PICOS JÓVENES *Lhotse, en Nepal, la cuarta montaña más alta del mundo, muestra agudos picos y afiladas cordilleras que son características de las montañas jóvenes.*

Sol y gravedad: fuerzas de erosión

LA ENERGÍA DEL SOL, QUE CREA EL CLIMA, SE COMBINA CON LAS FUERZAS DE GRAVEDAD PARA APLANAR LAS MONTAÑAS MÁS ALTAS

 En lo alto de las montañas de los Andes, en Perú, había estado nevando regularmente varios días, pero el 10 de enero de 1962 era cálido. A las 6 p.m. todo estaba tranquilo en los nueve pueblos que rodean el monte Huascarán. Pero

20 minutos después, ocho pueblos fueron destruidos y por lo menos 3 500 personas murieron. Una masa de hielo y nieve aflojada se precipitó de la montaña, arrastrando rocas, árboles y casas en su viaje de 20 km.

Ocho años después, el 31 de mayo de 1970, un terremoto sacudió la misma región. Cerca de la cima del

Huascarán se liberó una losa de hielo y roca. Se lanzó montaña abajo a 480 km/h, mató a 21 000 personas y destruyó el único pueblo que había sobrevivido la catástrofe anterior.

El poder del Sol –creador del clima– había provocado que cayera nieve en las fatales montañas. Luego, su calor empezó a derretir la nieve,

causando inestabilidad en la masa antes del primer desastre. En ambas ocasiones, una vez que la masa se soltó, la fuerza de gravedad hizo su trabajo.

ENERGÍA DE LA GRAVEDAD

Los derrumbes ocurren cuando una ladera se vuelve inestable, debido, quizá, a las reacciones químicas que han erosionado la roca bajo tierra, y ya no puede soportar su propio peso. Algunas veces la fuerte lluvia puede accionar los derrumbes con sólo agregar más peso. O el agua que fluye a través de la tierra y rocas puede reducir su

EL SOL
La energía del Sol calienta la superficie de la Tierra, accionando al clima "motor".

RÍOS
Los ríos llevan sedimentos de las colinas a los océanos y lagos.

LLUVIA Y NIEVE
Las nubes formadas por vapor de agua, caen como lluvia y nieve que lentamente erosiona las montañas.

EVAPORACIÓN
El calor del Sol evapora el agua de los mares, lagos y plantas.

ELEVACIÓN
Al chocar las placas pueden elevar roca sedimentaria de la cama oceánica para formar nuevas montañas.

ROCA SEDIMENTARIA
Los desperdicios llevados al mar se compactan y se convierten en roca sedimentaria.

GRAVEDAD
Mientras que la lluvia erosiona la tierra, la gravedad arrastra los fragmentos.

agarre y precipitar movimientos repentinos.

A una escala mucho menor, el desmoronamiento de roca frecuentemente crea una típica característica de las montañas llamada rocalla. Los acantilados empinados que rara vez tienen plantas, están abiertos a todos los climas. Al caer la lluvia sobre la roca, el agua entra en las grietas. Cuando la temperatura cae por debajo del punto de congelación, el agua se convierte en hielo y se expande, fraccionando aún más la roca. Piezas de ella caen desde la cara del acantilado y se acumula más abajo de la cuesta, en un montón suelto (rocalla).

La gravedad también juega un papel en la formación de "arcilla fluida", que es similar en efecto a las arenas movedizas, y puede destruir

pueblos completos. Partículas muy finas de roca erosionadas por glaciares son llevadas colina abajo por la gravedad y depositadas en lagos. Si el agua se drena después, el fino cieno se endurece, pero si se vuelve a empapar o es sacudido por un terremoto, perderá su fuerza y "capacidad de fundirse". En el terremoto de Alaska de 1964, fue destruida parte de la ciudad de Anchorage debido a que se había construido sobre arcilla fluida que se licuó por la sacudida. Conforme la tierra se volvió inestable los edificios se desplomaron, unos se hundieron hasta el nivel del primer piso en la arena.

En una escala mucho mayor, la corteza de la Tierra puede arquearse cuando se acumulan grandes mantos de hielo. Esto sucedió al norte de Europa durante la última Edad de Hielo cuando los glaciares de más de 1.6 km de grosor se movieron por Escandinavia. Cuando el hielo se fundió hace 10 000 años, el

CAMAS DE ROCALLA *En las islas de Soalbard, la escarcha desmenuza los acantilados y la gravedad arrastra los fragmentos para formar montones de rocalla.*

PODER DEL VIENTO *Las tormentas del Mar del Norte, causadas por el Sol, inundan la isla de Gröde, tierra de pastoreo.*

Mar Báltico inundó la tierra, pero la pérdida de peso permitió a la tierra emerger lentamente hasta que formó una multitud de islas —el archipiélago de Estocolmo— que aún se están elevando cerca de 51 cm cada siglo.

En un nivel más general, la gravedad trabaja todos los días, cuando esculpe el panorama. Sin ella el agua no fluiría cuesta abajo, no caería en maravillosas cascadas ni daría forma a las colinas y valles que el ser humano encuentra tan hermosos.

LA ENERGÍA DEL SOL

El clima del mundo, que constantemente está erosionando el panorama en sus múltiples formas, es causado por la energía del Sol.

La radiación del Sol calienta la superficie de la Tierra, que luego calienta el aire a nivel de la tierra. Éste se expande al calentarse y se vuelve más ligero, y se eleva formando áreas de baja pre-

sión. El aire más caliente se mueve desde áreas de más alta presión para llenar el "espacio" y este movimiento produce los vientos. Como a los polos llega menos energía solar que al Ecuador, esto provoca una circulación de aire a gran escala entre estas dos áreas de altas y bajas temperaturas.

LA LLUVIA DEJA MILLARDOS DE AGUJERITOS

El aire caliente evapora el agua de los lagos, mares y plantas. El aire húmedo es forzado por los vientos a subir al cruzar colinas y montañas. En la mayor altitud se enfría y el vapor de agua se condensa para formar nubes de gotas de agua. Dentro de las nubes, pequeñas gotas la combinan para formar la lluvia o, en condiciones heladas, granizo o nieve.

TIERRA DESOLADA *Al ser arrastrada, la tierra roja de Madagascar pinta de rojo los ríos del país. La tala de árboles ha dejado las colinas vulnerables a la erosión de la lluvia.*

Las gotas de lluvia ordinarias que caen en tierra llana provocan que la tierra se esparza hacia arriba, dejando pequeños agujeros. Miles de millones de gotas de lluvia moverán enormes cantidades de tierra o restos de roca, y en una ladera, la mayoría de las partículas caerán un poco más lejos colina abajo. Por largos periodos geológicos, todas las cadenas de montañas pueden ser consumidas por la lluvia, o ser destruidas con los efectos de la congelación sobre las rocas. Entonces, los ríos y glaciares arrastran los restos, causando más erosión en su camino.

Donde la tierra se forma de partículas mezcladas con rocas, se pueden configurar curiosos pilares de tierra, como los Ritten del noreste de Italia. La lluvia se lleva el material más fino y deja las

rocas más grandes en la cima de un pináculo de arena y arcilla, como una sombrilla que protege el material de abajo. Los pilares Ritten tienen una altura de 40 m. A la larga, la piedra de la cima se colapsa y el pilar se erosiona. También se pueden encontrar pilares de Tierra en la región

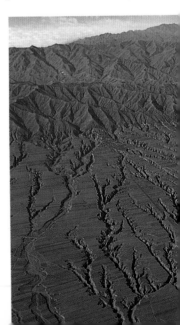

PÁRAMOS *La erosión del viento y la lluvia han arrasado la tierra hasta los huesos en la costa de la isla Santa Cruz, al sur de California. Esos desolados paisajes se conocen como páramos.*

de Cappadocia, en Turquía, y en páramos de Norteamérica.

En los desiertos, el viento puede labrar las rocas al golpearlas con arena. Las rocas más blandas se erosionan más rápido que las duras, creando extrañas formas características del escenario desértico.

El viento también es capaz de llevar el polvo a grandes distancias. La tierra del norte de China, llamada loes, está formada por polvo llevado de tierras secas y frías de Asia central. Depositado en capas de más de 300 m de grosor.

El calentamiento y enfriamiento son poderosos agentes de erosión en áreas secas donde no hay plantas. Algunos excursionistas han oído cómo se quiebran las rocas durante la noche, posiblemente antes de congelarse, después de las temperaturas de 50°C en el día. El rocío las moja y empieza una reacción química en la roca, causando que se parta.

A pesar de todas las fuerzas de erosión que crea la energía del Sol y de la atracción de la gravedad, la Tierra no está siendo reducida a un paisaje plano.

El avasallador movimiento de las placas bajo la corteza de la Tierra, asegura que se eleven cadenas nuevas de montañas para sustituir los picos que han sido reducidos a colinas.

PEÑÓN *El clima ha formado bloques de granito para crear el peñón Cheesewring en Bodmin Moor, Cornwall.*

ALTIPLANO CICATRIZADO *El agua erosiona la tierra suave llamada loes, que fue depositada por el viento al norte de China.*

País de piedra caliza: tierra de cuevas y valles secos

ESQUELETOS DE INCALCULABLES CRIATURAS MARINAS HAN FORMADO UN TIPO DE ROCA QUE TOMA LA FORMA DE UN PANAL, DEBIDO AL AGUA CORRIENTE

E l 10 de mayo de 1981, una higuera desapareció bajo un agujero que de pronto se abrió en un jardín de los suburbios de Florida. En las siguientes horas, el hoyo creció y al árbol le siguieron una casa de tres recámaras, cinco automóviles, un estacionamiento y muchas de las albercas municipales. El agujero, en el Parque Winter del distrito de Orlando, terminó tan largo como un campo de futbol, con unos 25 metros de profundidad.

El agujero del Parque Winter no fue nada nuevo en la Florida; sólo es más grande de lo normal.

Florida central está en una cama de piedra caliza de 300 m de grosor. El agua ha erosionado la piedra y creado cavidades que se llenan de agua o lodo. Pero si el nivel freático baja, como durante la sequía de 1981, los delgados techos de las cavernas vacías pueden colapsar, creando enormes sumideros.

Las áreas de piedra caliza, que están llenas de socavones y barrancos secos, también llamadas paisajes carst, por una región de piedra caliza en la frontera nororiental entre Italia y Eslovenia.

El paisaje carst se forma cuando el agua fluvial y pluvial se filtra por la piedra caliza, siguiendo sus comisuras. El agua se vuelve una débil forma de ácido carbónico después de absorber dióxido de carbono del aire y de la tierra. El ácido carcome la piedra, como un ataque de caries continuo, durante cientos de miles de años.

Casi toda la piedra caliza del mundo se creó de conchas y esqueletos de incontables millones de criaturas que vivieron y murieron en el mar hace millones de años. Los pequeños esqueletos se quedaron en el fondo del mar y se endurecieron hasta volverse piedra. En millones de años, los sedimentos se convirtieron en capas, a veces tan gruesas como la altura del monte Everest. Más tarde, la agitación de la corteza terrestre lanzó la piedra caliza sobre el nivel del mar.

Entre las criaturas que ayudaron a formar la piedra caliza están los corales, relacionados con el que ahora forma los arrecifes fuera de Australia, Indias Occidentales y algunas islas en los océanos Índico y Pacífico. En un futuro, los actuales arrecifes de coral pueden llegar a formar parte de paisajes de piedra caliza. Con frecuencia se le puede reconocer en los campos por los caminos de esta piedra en la superficie. Las calzadas son irregulares, de piedra lisa quebrada por grietas y bloques. Es probable que no haya agua en la superficie porque la lluvia se drena a través de las grietas y forma corrientes subterráneas.

PINÁCULOS DE PIEDRA CALIZA

El agua de lluvia un poco ácida disuelve la piedra caliza del monte Api, en Borneo, para crear pináculos con forma de cuchilla.

ESTALAGMITA *La estalagmita del Templo del Sol se eleva desde el piso de la cámara Big Room en las Cavernas Carlshad, Nuevo México.*

INMORTALIZADO EN PIEDRA

A finales del siglo XVIII, un científico francés, Déadat de Dolomieu, descubrió que las montañas en el noreste de Italia estaban hechas de piedra caliza, rica en magnesio. La roca es mucho más dura que el esquisto y la arcilla circundante. Después de que se formaron los Alpes, hace 50 millones de años, la erosión empezó a desintegrar la roca suave; a la larga, dejó el actual espectáculo de cordillera de costados verticales.

En las montañas Apalaches, al este de Norteamérica, se encuentran similares piedras calizas ricas en magnesio.

El nombre de Dolomieu, ha sido inmortalizado en el término piedra caliza dolomítica, y en las montañas Dolomite en Europa.

VALLE SECO
El río que baja por un sumidero, puede dejar un valle seco.

SUMIDERO
Con frecuencia una corriente se desvanece de la superficie por un gran sumidero.

DOLINA
El techo de una caverna puede colapsarse o disolverse, dejando un hueco en la superficie llamado dolina.

JINGLING POT Un arroyo en Yorkshire cae como cascada en el Jingling Pot, luego continúa su viaje subterráneo. Cientos de cavidades semejantes drenan esta área de piedra caliza.

DESFILADERO
Cuando un sistema de cavernas colapsa se puede formar un desfiladero.

CAMINO DE PIEDRA CALIZA La roca se rompe en grietas llamadas grikes en bloques llamados clints.

GALERÍAS Y COLUMNAS
El agua alarga las grietas en galerías horizontales y columnas verticales.

ESTALACTITA
La cal dejada sobre el piso al gotear el agua forma estalactitas.

MANANTIAL
El agua se filtra hasta que llega a una capa impermeable, entonces corre bajo tierra y finalmente emerge como un manantial.

CUEVAS
Galerías y columnas son alargadas por el agua hasta que se convierten en una cueva.

COLUMNA
Una estalagmita y una estalactita se pueden juntar, formando una columna.

ESTALAGMITA
La cal del goteo de agua construye las estalagmitas en el piso de la cueva.

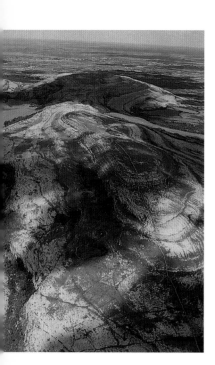

PAVIMENTO DE PIEDRA CALIZA *En Malham, Yorkshire, la piedra caliza fue erosionada por el agua hasta quedar un camino de roca llana.*

COLINAS REDONDEADAS *El Burren, en Irlanda, fue limpiado por glaciares hace 15 000 años, dejando colinas de piedra caliza.*

Conforme el agua sigue las junturas en la piedra caliza, lentamente disuelve la roca y alarga las grietas hasta convertirlas en galerías horizontales y columnas verticales, también llamadas pozas. Durante miles de años, las galerías y columnas se fueron agrandando por la caída de rocas, y formaron cuevas que podrían llegar a hacer enormes cavernas. La mayor del mundo, la Cámara de Sarawak, en Borneo, tiene 3.5 veces el tamaño de la Basílica de San Pedro, en Roma.

Los interiores de muchas cuevas son un mundo maravilloso de formaciones de piedra. Las estalactitas cuelgan del techo, formadas por pequeños depósitos carbonato de calcio. Con el tiempo, las estalactitas pueden crecer mucho.

En el piso de la cueva, las estalagmitas crecen mientras que el lento goteo de agua cae desde las estalactitas. Con el tiempo, las dos formas se juntan para formar una columna de piedra caliza. Con frecuencia, las formas son extrañas, fantasmales y muy coloridas, manchadas con químicos como el hierro y cobre disueltos.

ESTANQUES DE CUEVA

En algunas cuevas se forman estanques en el piso. Cuando el agua de evapora, el carbonato de calcio se deposita a lo largo de la "costa", formando un borde que sigue la línea trazada por el agua y con el tiempo se convierte en una presa natural que contiene un lago subterráneo. Debido a que bajo tierra el aire casi no se mueve, la superficie del agua actúa como un espejo, reflejando perfectamente todas las estalactitas y las demás estructuras del techo de la cueva.

Si el agua rica en calcio fluye al aire libre sobre el musgo o cualquier otra planta, deposita piedra caliza, en un proceso llamado petrificación.

Al sur de China, en las

DESFILADERO ESCULPIDO *Durante años, el agua ha tallado el Desfiladero Vikos en Grecia, a través de la piedra caliza.*

provincias de Guangxi y Yunnan, el mismo proceso que forma el paisaje carst ha producido torres de lados perpendiculares de piedra caliza de hasta 100 m de altura. Debido a que los bloques de piedra caliza gris en Yunnan semejan capas de un árbol viejo, el área se llama Bosque de Piedra.

LAS CUEVAS MÁS PROFUNDAS DEL MUNDO

CUEVA KRUBERA (VORONJA) GEORGIA, 2 080 m

LAMPRECHTSOFEN VOGELSCHACHT WEG SCHACHT, AUSTRIA 1 632 m

GOUFFRE MIROLDA/LUCIEN-BOUCLIER, FRANCIA 1 626 m

RESEAU JEAN BERNARD-FRANCIA, 1 602 m

TORCA DEL CERRO DEL CUEVÓN, ESPAÑA 1 589 m

SARMA, GEORGIA, 1 543 m

CEHI 2, ESLOVENIA 1 533 m

SHAKTA V. PANTJUKHINA, GEORGIA, 1 508 m

SISTEMA CHEVE (CUICATECO), MÉXICO 1 484 m

SISTEMA HUAUTLA, MÉXICO, 1 475 m

Costas: donde la tierra y el mar luchan por la supremacía

LAS RIVALIZANTES FUERZAS DE OLAS, MAREAS Y RÍOS, HACEN DE LA COSTA UN PAISAJE DE CURIOSAS FORMAS SIEMPRE CAMBIANTE

La frontera entre la tierra y el mar es una de las más violentas, donde cambian las zonas de la Tierra. Es un campo de batalla donde el viento y las olas asaltan la costa con enorme brutalidad. También es una región donde constantemente se está formando tierra nueva, mientras los ríos depositan sedimento en el mar para formar deltas e islas. Por lo tanto, el margen costero está alterando su apariencia de manera continua.

Todos los días, la mayoría de los mares del mundo tienen dos mareas que suben y bajan, en un movimiento aparentemente suave. Pero su fuerza varía de mes a mes y de año en año, y tienen un gran poder destructivo. A fines de enero de 1953, las altas mareas en el Mar del Norte coincidieron con vientos de fuerza huracanada, y generaron mareas de 2 m más altas de lo esperado. Las olas vertidas sobre las paredes del mar en el este de Inglaterra y Holanda inundaron casi 3 000 km² de tierra costera. Un total de 2 107 personas se ahogaron en los dos países.

DEMOLICIÓN POR OLAS

El implacable poder destructivo del mar puede verse en la constante demolición de una punta de tierra aparentemente de roca sólida. Es probable que cualquier capa o promontorio que se proyecte desde la costa al mar, esté hecho de roca más fuerte que el resto de la costa, y el mar erosione con más facilidad la tierra circundante. Entonces, el frente de la punta de tierra recibe la fuerza total de las pulverizantes olas.

El mar buscará los puntos más débiles en el acantilado y los erosionará para formar cuevas. A veces se partirán para formar un arco de mar. Conforme el mar sigue atacando la punta de tierra, los soportes del arco se harán más delgados hasta caer, dejando el final del promontorio como un solitario montículo en el mar. Uno de ellos es el Old Man, que se levanta 136 m sobre la costa de las islas Orkney, al norte de Escocia. Ha permanecido en solitario esplendor desde que el arco de mar que lo unía a la isla cayó hace 300 años. A la larga, el montículo será demolido por el mar.

El clima y las olas no son los únicos factores que afectan la figura y dan forma a las costas. Las rocas ejercen su influencia. Las piedras duras como el granito o las viejas piedras calizas forman acantilados. En Molokai, Hawai, las rocas volcánicas vuelan sobre el mar casi tres veces la altura del edificio Empire State.

La arcilla más suave, el lodo o el esquisto dan forma a los colapsantes acantilados de California y del este de Inglaterra. Erosionadas piedras conforman las arenosas playas del este de Australia, Florida y el sur de Gales.

LA TIERRA SE SUMERGE Y EMERGE OTRA VEZ

Sin embargo, la posición de las rocas costeras no tiene permanentemente relación con el nivel del mar. Alrededor de la punta norte del Golfo de Botnia, en las costas occidentales de Finlandia, la tierra se está elevando. Hace veinte mil años, durante la última Edad de Hielo, toda esta área estuvo cubierta de hielo de varios kilómetros de espesor. El peso del manto de hielo fue tan grande que la tierra se hundió.

ANTIGUO LECHO MARINO *La llanura Nullarbor termina abruptamente en acantilados de piedra caliza. Las rocas que ahora golpea el mar, yacían en su fondo hace 20 millones de años.*

Ahora que el hielo ha desaparecido, la tierra está resurgiendo. Se han encontrado peñascos con arillos de metal en medio de campos de cultivo de Finlandia. Cien años atrás estas rocas estaban en la costa y los barcos se amarraban a los arillos.

Hoy, Groenlandia aún soporta su carga de hielo. Si se derrite, este país puede empezar a surgir de nuevo. Tal vez los tataranietos de los actuales groenlandeses verán nuevas costas, con las actuales playas muy tierra adentro.

Similares "playas elevadas" se pueden ver ahora cerca de la isla de Arran en Escocia. Viejos acantilados, cuevas y arena se están elevando sobre el nivel del mar (7.5 m).

En otras partes del mundo, que no estuvieron cubiertas por hielo, las costas fueron anegadas cuando el mar se elevó cerca de 125 m al terminar la Edad de Hielo, hace 10 000 años. La mayoría del agua del hielo derretido desembocó en el mar hasta que sumergió las costas bajas y llenó las bocas de río para formar rías, como el puerto de Sydney en Australia. Al elevarse el agua también inundó valles cortados por glaciares para formar los fiordos de Noruega, Chile, Nueva Zelanda y Canadá.

CALENTAMIENTO GLOBAL
En el futuro puede suceder otro cambio en el nivel del mar, debido al "calentamiento global". Si el mundo se está calentando, como muchos científicos afirman, los mares también lo harán. El agua caliente ocupa más espacio que la fría; esto puede verse al llenar una taza hasta el borde con café caliente y dejarlo enfriar: frío estará por debajo del borde de la taza. Si los océanos del mundo se calientan, los niveles se

MONTÍCULOS DE ROCA *En la Bahía de Fundy, Nueva Escocia, la marea baja 14 m, exponiendo rocas erosionadas por el agua.*

DELTA
Sedimento depositado en la boca de un río y entra en el mar a través de varios canales.

FIORDO
Profunda ensenada cavada por un glaciar y después inundada.

RÍA
Antiguo valle de río, inundado cuando el mar se elevó tras la Edad de Hielo. Puede ser un excelente puerto.

CALETA
Labrada cuando el mar penetra un punto débil y erosiona las rocas detrás.

PLAYAS
Consisten en arena y grava formadas de roca quebrada por el mar o llevada por los ríos.

ACANTILADOS BAJOS
Compuestos de tiza, pie caliza suave, arena y arc Las olas los destruyen.

PLAYA DE TÓMBOL
Una línea de arena une a la isla con la playa.

SALINA
Planicies de lodo forman barreras desde atrás.

BARRA BOCA DE BAHÍA
El agua barre arena y piedras a través de la boca de una bahía.

DUNAS
Arena que lleva el viento es atrapada por plantas.

BANCO DE ARENA
Las olas depositan sedimento en la costa; se crean bancos de arena cuando la tierra cambia de dirección.

OLAS TRABAJANDO *El océano Pacífico ha cavado montículos y arcos en la costa de Oregon, en Norteamérica (arr.). El delicado arco Porte d'Aval y la aguja de roca L'Aiguille (izq.) fueron formados por el Atlántico, de arrecifes de tiza, al norte de Francia.*

BARRERA DE ARENA *Banco de arena llevada por las holas hasta la boca de un pequeño río en Drakes Beach, California, construido por arena.*

elevarán, inundando las llanuras costeras y los valles de río. La elevación en el nivel de agua empeorará por la cantidad extra que se vierte en el mar al derretirse los mantos de hielo. Si los mantos de hielo en la Antártida y Groenlandia se derritieran completamente, los océanos podrían elevarse unos 50 m.

Las corrientes marinas son otra fuerza que da forma a las costas. Pueden barrer piedras y arena por las playas y el suelo oceánico, formando bancos de arena. Éstos pueden seguir creciendo a través de una bahía. Es probable que se forme un pantano de sal detrás de ella, haciendo un hábitat ideal para las aves. Conforme el pantano crece, la tierra puede formar parte del continente, como en las costas de Massachussets y el noroeste de Alemania.

Es probable que un banco de arena que lleve un río se acumule en la boca de éste y forme un delta, que se puede esparcir lejos, mar adentro. El delta más grande del mundo, formado por la combinación de los ríos Ganges y Brahmaputra, cubre 78 000 km^2.

CANTILADOS ALTOS
uelen ser de roca como el
anito o piedra caliza dura.
s difícil que los dañe el mar.

PUNTA DE TIERRA
Generalmente hecha de piedra más dura que el resto de la costa.

MONTÍCULO
Quedó ahí cuando un arco de mar colapsó.

ARCO DE MAR
Cuando el mar ataca una punta de tierra, se forma una cueva que a la larga es cortada por el centro.

CUEVA
Producida cuando una debilidad en la roca es atacada por las olas.

PLATAFORMA CONTINENTAL
Área de tierra sumergida, que se inclina hacia lo más profundo del océano

ACANTILADO BLANCO *Al sur de Inglaterra, las Siete Hermanas presentan su perpendicular cara de tiza al mar.*

Los ríos labran la tierra

EL AVASALLADOR FLUJO DE AGUA DE LAS MONTAÑAS QUE SE PRECIPITA AL MAR, CREA VALLES DE RÍOS Y TRANSPORTA ENORMES CANTIDADES DE ROCA Y TIERRA

En todo campo, los ríos han ayudado a esculpir el paisaje. Algunos ríos sólo fluyen en la estación de lluvia, como en las tierras secas del sur de Europa, el sudoeste de América y tierra adentro en Australia. Algunos tal vez no llevaron agua por miles de años, como el Wadi Hadramut, en Arabia. Otros, como el Tíber y el Támesis, han fluido, inundado y decrecido desde siempre.

El río más largo del mundo es el Nilo, que corre 6 695 km desde las montañas de África Central hasta el Mar

Mediterráneo. El más corto es el río D en Oregon, E.U., que fluye sólo 37 m desde el lago Devil al Océano Pacífico. Sin importar su longitud, todos los ríos tienen el mismo ciclo.

Cuando la lluvia y la nieve caen sobre la tierra, escurren por la gravedad hasta alcanzar el punto más bajo, usualmente un lago o el mar. Al fluir, el agua erosiona las rocas y

arrastra el sedimento hacia abajo. Los ríos erosionan continuamente las montañas del mundo. Por lo común, un río fluye con rapidez en su parte más alta, erosionando la tierra a su paso.

El proceso de labrado sucede en tres formas: cuando un río fluye muy fuerte, como en una inundación, las piedras más grandes y los peñascos se mueven. Ruedan y rebotan a lo largo del fondo del río como "arrastre de fondos".

Piezas de lodo, sedimento y arcilla son recogidas y llevadas como "arrastre

LOS RÍOS MÁS LARGOS DEL MUNDO

NILO, ÁFRICA,
6 695 km

AMAZONAS, SUDAMÉRICA,
6 440 km

CHANG JIANG (YANGTZE),
CHINA 6 300 km

MISSISSIPPI-MISSOURI,
EEUU 6 019 km

OB'IRTYSH, RUSIA,
5 570 km

ZAIRE (CONGO), ÁFRICA,
4 670 km

HUANG HE, CHINA,
4 670 km

AMUR (HEILONG, JIANG),
RUSIA/CHINA
4 510 km

CABECERA

Todas las fuentes de un río se juntan para formar un solo canal.

DESFILADERO

Debajo de una cascada o rápido, el valle sule ser estrecho y con costados.

SERPENTEAR

En una llanura, un río se nivela y desarrolla curvas.

SUBAFLUENTE

Un pequeño río que se une a otro más grande es un subafluente.

VALLE SUPERIOR

Fluyendo rápidamente el río corta un valle en V.

FUENTE

El agua de un glaciar, lago o manantial puede ser la fuente de un río.

CASCADA

La roca suave en la cama se erosiona más rápido que la roca dura. Puede crearse una cascada.

LAGO EN HERRADURA

Un serpenteante río puede desbordarse en una curva, y crear un lago de herradura.

DELTA

Al llegar al mar, el río puede configurar un área de sedimento en forma de abanico.

DIQUES

Cuando un río inunda, deja grietas en los bancos, elevándolos sobre la llanura.

suspendido". Algunos químicos de las rocas se disuelven en el agua y se mueven en solución, es el "arrastre disuelto". Frecuentemente lleva piedra caliza.

La cantidad de sedimento que llevan algunos ríos es enorme. En el norte de China el Huang He (Río Amarillo) lleva cada año 1600 millones de toneladas desde las tierras altas de China hasta el mar Amarillo. Han servido para construir bancos de río sobre el nivel de las granjas circun

dantes, así que el río fluye por encima de la tierra. En años de fuertes lluvias, el río puede desbordar por los bancos (o diques) y provocar devastadoras inundaciones. En 1887, cuando reventó sus bancos cerca de la ciudad de Zhengzhou, más de un millón de personas murieron ahogadas, por hambre y epidemias que le siguieron. En otros años, la falta de lluvia ha traído hambruna por la sequía. No es de extrañarse que el Huang He sea conocido también como el "sufrimiento de China".

La velocidad del agua no es el único recurso con que un río labra su valle. El caudal encuentra diferentes tipos de materiales, algunos duros como el granito y el basalto, otros suaves como la cal o el aluvión. La fuerza de la roca influye en la forma del valle.

Si una banda de roca dura pasa a través de un valle, el río erosionará más rápidamente a la piedra más suave que se encuentra arriba y debajo de

CAMBIO DE PASO *En Provenza, el río Regalon (arr., izq.) cruza un desfiladero. En Venezuela (izq.), un río serpentea por una selva tropical.*

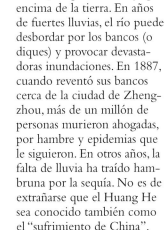

ella. La cama de río se volverá accidentada y se desarrollarán rápidos. Si las piedras suaves de un cauce descendente se erosionan muy rápido, se creará una cascada. En las cataratas del Niágara y en las Victoria se han erosionado profundos desfiladeros debido al enorme poder del agua que se precipita sobre las camas de roca dura.

EL PAPEL DEL MAR

Cuando un río llega al mar, su energía se reduce a cero. Entonces el mar toma el mando. Si hay corrientes o mareas fuertes, el sedimento llevado por el río es barrido para formar parte de la cama del mar o posiblemente para alimentar la playa a través de la costa.

Sin embargo, si el río fluye a un mar que sólo tiene corrientes y mareas suaves, como el Nilo en el Mediterráneo y el Mississippi en el Golfo de México, el arrastre es descargado en la costa y construye bancos de arena y lodo. Estos se convierten en deltas: enormes redes de ríos serpenteando lentamente entre bancos de arena. El fino material que forma un delta conforma una de las tierras más fértiles sobre la Tierra y algunos de ellos están entre los lugares de mayor densidad de población. Pero debido a que están a ras del suelo también son muy vulnerables a inundaciones y vientos. Los deltas del Ganges y del Brahmaputra componen la

LAS CATARATAS MÁS ALTAS DEL MUNDO

ÁNGEL, VENEZUELA
979 m

TUGELA, SUDÁFRICA
948 m

UTIGÅRD, NORUEGA
800 m

MONGEFOSSEN, NORUEGA
774 m

MTARAZI, ZIMBABWE
762 m

YOSEMITE, E.U.
739 m

MARDALSFOSSEN, NORUEGA
656 m

TYSSESTRENGANE, NORUEGA 646 m

CUQUEÑAN, VENEZUELA
610 m

(Las cifras señalan la caída total)

mayoría del campo de Bangladesh, con más de 100 millones de habitantes. El enorme delta es frecuentemente devastado por las inundaciones del río, así como por las oleadas debidas a la marea y a los huracanes, causando gran pérdida de vidas.

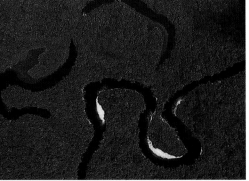

PLANO Y ALTO *El río Sacramento en California (izq.) termina en un delta con un patrón rural. Las cataratas Kegon (der.) son uno de los hermosos puntos más apreciados de Japón.*

La breve vida de los lagos

LOS LAGOS SE PUEDEN FORMAR POR EL DESPLAZAMIENTO DE CONTINENTES, EL COLAPSO DE VOLCANES, GLACIARES Y HASTA METEOROS, PERO POCOS TIENEN UN LARGO FUTURO

Si la edad de la Tierra se pudiera mostrar como un año, pocos lagos sobre el planeta serían mayores de 2 ó 3 minutos. Los largos y estrechos lagos del norte de Italia o del Lake District inglés son un poco más viejos, casi de 30 minutos, en realidad cerca de 15 000 años. Los Grandes Lagos de Estados Unidos son todavía mayores: casi de una hora.

En la misma escala, la gente ha vivido en el planeta casi tres horas. Sólo el lago Baikal, en Asia central, algunos de los lagos africanos del valle Rift y el más grande del mundo, el Mar Caspio, habrían existido más tiempo.

Un lago nace cuando el agua llena una cavidad en la tierra. El movimiento de los

UN LAGO EN EL CRÁTER PUEDE ESTAR TAN CALIENTE QUE EMANE VAPOR

continentes alrededor de la Tierra da nacimiento a lagos de varias formas. Cuando dos continentes chocan, se colapsan y el agua se colecta en pliegues subterráneos. Cuando esto sucedió en Asia occidental hace 250 millones de años el resultado fue el Mar Caspio.

Las placas en movimiento también pueden separarse. En África Oriental y el Medio Oriente, los grandes lagos forman patrones en forma de cadena que corren desde el

lago Malawi, al sur hacia el Mar Muerto al norte, siguiendo el valle Rift. Donde la corteza se ha separado, las laderas perpendiculares del valle –haciendo las líneas de falla de la grieta– caen a las cuencas del lago.

Muchos volcanes extintos o dormidos tienen una cavidad en forma de embudo en la cima, que se llena con la lluvia o la nieve descongelada y forman un lago circular, llamado lago cráter. El agua puede calentarse y hasta emanar vapor si el volcán está activo.

Si el lago es grande, como el Toba, en Sumatra, que tiene 90 km de largo, es probable que haya sido formado en una enorme cavidad volcánica llamada caldera. Cuando un volcán hace erupción, puede dejar un espacio vacío bajo el cono que luego colapsa, creando un gran agujero que se llenará de agua.

Similares lagos grandes pueden estar contenidos en unos cráteres formados por la colisión de un meteoro contra la faz de la Tierra. Uno es el Cratère du Nouveau Québec, en Canadá, que tiene alrededor de 400 m de ancho.

Los glaciares formaron la mayoría de los lagos del mundo durante los últimos 2 millones de años, el tiempo de la Edad de Hielo, cuando esos grandes mantos, de kilómetros de espesor, se desprendieron de las regiones polares. Conforme se fueron moviendo, erosionaron las rocas bajo ellos. Luego, cuando el clima se volvió más

cálido otra vez, el hielo empezó a retraerse, dejando sedimentos.

En muchos profundos valles glaciales, pilas de sedimentos obstruyeron los ríos para formar largos y estrechos "dedos" de lago como los lagos Maggiore, Como y Garda al norte de Italia, el Windarmere, Coniston y Wastwater, en Lake District, Inglaterra.

En lo alto de algunas montañas hay cavidades con forma de silla, erosionadas por el hielo. Muchas tienen un lago casi circular en el fondo. En Francia se les llama *cirques*, en Gales *cwms*, en Escocia son *corries* y en Inglatera *tarns*. Actualmente muchos de estos nombres se usan por todo el mundo, pero todos se refieren a la misma clase de lago.

Conforme los mantos de hielo rasparon las enormes y planas áreas, conocidas como escudo en Canadá y el Báltico, ahuecaron algunas partes y descargaron sedimentos en otras. Cuando el hielo se contrajo, dejaron

LAGUNA DE MONTAÑA *El Tarn Grisedale yace en las alturas de Lake District inglés en una oquedad que el hielo saco de la roca.*

LAGO TECTÓNICO

Cuando una placa se deforma, puede desarrollarse un lago en el pliegue inferior.

LAGO VOLCÁNICO

El cráter de un volcán se llena de lluvia o nieve descongelada.

LAGOS DE VALLE DE FALLA

Cuando las placas se separan, se crean valles de falla y se pueden acumular lagos en el fondo.

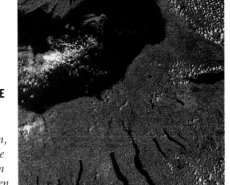

CIRQUES, CORRIES, TARNS

En las montañas se forman lagos circulares en oquedades cavadas por el hielo.

DEDOS DE LAGOS

En valles labrados por glaciares se pueden formar lagos tras las pilas de sedimentos.

LAGO SALADO

Un río que fluye tierra dentro puede formar un lago poco profundo, dejando detrás camas de sales.

LAGOS ESCUDO

Cuando terminó la Edad de Hielo, las cavidades erosionadas por los mantos de hielo se llenaron de agua.

HOYOS DE CALDERAS

Cuando el manto de hielo desaparece, en los sedimentos quedan bloques. Al derretirse, éstos se colapsan formando huecos.

LOS LAGOS MÁS GRANDES DEL MUNDO

MAR CASPIO (SALADO) ASIA SUDOESTE; 393 900 km²

LAGO SUPERIOR (DULCE), EU/CANADÁ; 82 400 km²

LAGO VICTORIA (DULCE) ÁFRICA ORIENTAL; 69 500 km²

LAGO HURÓN (DULCE) EU/CANADÁ; 59 570 km²

LAGO MICHIGAN (DULCE) EU; 57,750 km²

MAR DE ARAL (SALADO) ASIA OCCIDENTAL; 40 400 km²

LAGO TANGAÑICA (DULCE) ÁFRICA ORIENTAL; 32 900 km²

LAGO GRAN LAGO DEL OSO (DULCE), CANADÁ; 31 900 km²

LAGO BAIKAL (DULCE) RUSIA; 30 600 km²

MANICOUAGAN *Este lago canadiense está al borde de un cráter dejado por un meteorito.*

mantos irregulares de morena y con frecuencia, la llana superficie del escudo rocoso quedó expuesta.

A veces, cuando se derriten las capas de hielo, quedan bloques de hielo envueltos en sedimentos a la espera de tiempos más cálidos. Poco a poco, el hielo derretido y los sedimentos forman masas lodosas.

Los ríos también forman lagos. No todos los ríos tienen salida al mar, pero en ese caso las aguas drenan por corrientes subterráneas. Los ríos llevan en sus aguas sales disueltas, provenientes de las rocas que se han encontado a su paso. Si es alta la evaporación de las aguas del lago, la concentración de las sales aumenta gradualmente, lo que produce como consecuencia

un lago de agua salada. El lago Eyre en Australia, el lago Chad, en Africa Central, y el Great Salt Lake, en Estados Unidos, figuran entre los lagos salados más grandes del mundo.

Los lagos, normalmente de corta vida, pueden morir por diversas razones. A veces su lecho se llena de lodo que los ríos depositan; a veces la represa natural se rompe y el agua inunda una gran zona, que se deseca después. Los movimientos de la corteza terrestre pueden provocar fisuras por las que escapa el agua hasta secarse el lago. Y un lago vecino de un volcán puede evaporarse del todo y desaparecer cuando el volcán haga erupción.

SALINAS *En el Gran Lago Salado, Utah, se evaporan minerales de las salinas.*

El impresionante poder de los glaciares para esculpir el paisaje

PULVERIZAR Y EXCAVAR LOS GLACIARES ES UNA DE LAS MÁS ESPECTACULARES FORMAS EN QUE LOS VALLES SON LABRADOS Y LAS ROCAS MOVIDAS DESDE LAS MONTAÑAS

LENGUAS DE HIELO *Dos glaciares (arr.) fluyen de la capa de hielo de Groenlandia a una profundidad de 3 km. En el Mont Blanc (der.), dos glaciares se ciernen sobre una aldea francesa en el valle de Chamonix.*

Un glaciar es una de las más poderosas fuerzas erosivas de la naturaleza. El gran río de hielo, peñascos y fragmentos de roca baja lenta pero implacablemente por la presión de su propio peso. Los sedimentos que recoge en su viaje lo convierten en una gigantesca lavadora de ropa que restriega y gasta la roca de los valles que inunda, dejándolos con una típica forma en U con laderas perpendiculares.

Los glaciares han dejado esta "firma" en áreas montañosas por toda Europa, el norte de Eurasia y parte de Norteamérica, debido a que en la última Edad de Hielo,

que terminó hace 10 000 años, estas tierras estaban cubiertas de mantos gélidos, algunos de las cuales tenían más de 1 km de grosor.

Actualmente, el hielo se ha limitado a las regiones polares y a las cimas de las montañas, pero aún cubre cerca de una décima parte de la superficie de tierra del mundo.

A los vastos campos de hielo en Groenlandia y la Antártida se les conoce como glaciares continentales. Constantemente están fluyendo de su centro hacia las orillas, donde el hielo se descongela o rompe en el mar.

FORMAS DE UN GLACIAR
Donde la nieve se acumula en áreas montañosas, con el tiempo el peso vence la tensión que estaba soportando inmóvil y empieza a deslizarse colina abajo. Se ha convertido en un glaciar.

Los glaciares se pueden formar en cualquier lugar en una cuesta y permanecer ahí años. Un trozo de hielo pronto pesará tanto que la presión en su base provoca deshielo y toda la masa se desliza por su base.

Sobre las partes más perpendiculares de su curso, un valle de glaciar puede tener un témpano —una masa de bloques de hielo rotos. En la superficie se desarrollan grietas conocidas como fisuras. Éstas pueden estar cubiertas por puentes de hielo y nieve que las hacen invisibles, y son lugares traicioneros para los escaladores. El

témpano Khumbu, bajo el paso del Everest del Sur, es muy peligroso y ha matado a muchos alpinistas.

Mientras que la mayoría de los glaciares viajan sólo unos cuantos centímetros al día, algunos casi corren. El más rápido conocido es el Quarayaq, al norte de Groenlandia, que se mueve en promedio de 20 a 24 m al día.

Cuando el glaciar se mueve, recoge fragmentos de roca por donde viaja. Otros materiales liberados por la acción de la escarcha y el agua de los costados del valle caen también en él y pueden incorporarse al hielo. Este pulverizante y abrasivo material que lleva la base del glaciar es su principal medio para cavar los paisajes.

Los glaciares tienen el poder para erosionar rocas diez a veinte veces más rápido que los ríos. Pueden desgastar hasta 3 mm de la superficie de la roca en un año. Los glaciares también mueven físicamente rocas, grandes y pequeñas, de las montañas y las redistribuyen en la llanura.

Mientras que la corriente de una montaña corta un valle en forma en V en un corte transversal, por lo general, un glaciar crea un valle con una forma U, de costados perpendiculares.

EL "TERMINUS"
La luz del sol, especialmente en verano, puede ser fuerte y caliente en el enrarecido aire de las montañas, y los mantos de hielo y glaciares pierden

hielo al derretirse. En el punto donde el índice de descongelación excede aquel en el cual el glaciar puede reemplazar el hielo, llegará a su fin como un terminus.

Rara vez, el terminus del manto de hielo y los glaciares permanecen en la misma posición por mucho tiempo. Avanzan y retroceden constantemente.

Conforme el hielo se funde, el glaciar suelta el sedimento a lo largo de los costados del valle y el piso. Algo de él alcanza el terminus del glaciar y si éste permanece estacionario por algún tiempo, deja una cordillera de sedimento por el valle.

Los valles escarbados por los glaciares proporcionan un escenario espectacular. Uno de los mejor conocidos es el Yosemite, en California. Existen muchos en los Alpes europeos y en los del sur de Nueva Zelanda, las montañas de Noruega también tienen su participación. En Noruega, algunos valles en forma de U se han inundado para formar fiordos.

MUERTE DE UN ICEBERG *Nacido en la Antártida, el viaje de esta masa ya terminó. Debilitado por las olas, se vino abajo después de haberle tomado esta foto.*

ARÈTE
Cordillera de montaña puntiaguda que se forma cuando los glaciares erosionan ambos lados de la cordillera.

PICO DE CUERNO, SPITZE O PIRAMIDAL
El pico de una montaña formado cuando los cirques se cortan en un pico.

FIRN, NÉVÉ O NEVIZA
Nieve que se acumula y compacta bajo su propio peso para formar el hielo del glaciar.

MORENA CENTRAL
Cuando dos glaciares se encuentran, sus sedimentos laterales emergen en el centro de los glaciares combinados.

ESPUELA TRUNCADA
Espuela de montaña o colina, cuya punta ha sido eliminada por un glaciar.

SEDIMENTOS LATERALES
El sedimento que cae desde los costados del valle se acumula a lo largo de la orilla del glaciar.

VALLE COLGANTE
El costado izq. del valle se mantiene varado, sobre el valle principal.

CIRQUE, CORRIE O CWM
Roca con forma de silla hecha por la erosión del hielo.

LAGO GLACIAL
Laguitos cuyo drenaje lo impiden los sedimentos.

MORENA FINAL
Cresta de sedimento depositado por el glaciar en su terminus.

CIRQUE POST-GLACIAL
Esta cuenca de roca fue formada por un glaciar, pero ahora está desocupada.

LOS GLACIARES MÁS GRANDES DEL MUNDO

LAMBERT, TERRITORIO ANTÁRTICO AUSTRALIANO
Longitud: 402 km
Grosor: 64 km

PETERMAN, GROENLANDIA DEL NORTE
Longitud: 200 km

BEARDMORE, TERRITORIO ANTÁRTICO NUEVA ZELANDA
Longitud: 200 Km

HISPAR-BIAFO, CORDILLERA KARAKARAM PAKISTÁN
Longitud: 120 km
Grosor: 3.2 km

HUBBARD, MONTAÑAS SAN ELÍAS ALASKA, EU
Longitud: 114 km

HUMBOLDT GROENLANDIA NOROCCIDENTAL
Longitud: 114 km
Grosor: 45 km cerca del final

KOETTLITZ, CORDILLERA ROYAL SOCIETY TERRITORIO ANTÁRTICO NUEVA ZELANDA
Longitud: 85 km
Grosor: 13 km cerca del final

Desiertos: cambiantes panoramas que el viento pule con arena

LAS TORMENTAS DE ARENA COMBINADAS CON CALOR, FRÍO Y AGUACEROS CREAN LAS REGIONES MÁS DESOLADAS DEL MUNDO

GUELTA
Permanente estanque de rocas en la montaña.

MESA
Montaña de cima plana con laderas verticales.

UADI O WADI
Barranco formado por repentinas inundaciones.

MESILLA
Pequeño farallón de roca de cima plana.

SALINA
Lago salado que se seca, dejando una planicie salada.

TERRENO ROCOSO
Muchos desiertos calientes consisten en una gran región plana de rocas, llena de piedras.

OASIS
Áreas fértiles donde un manantial suministra el agua.

YARDANG
Pilares alargados, con surcos en dirección al viento.

ROCA DE PEDESTAL
La arena de bajo vuelo, llevada por el viento, erosiona una roca cerca de su base.

DEPRESIÓN
Cavidades en la tierra formadas por la arena que lleva el viento.

PIEDRAS PULIDAS
El viento ataca las piedras con arena.

DUNAS DE ARENA *Cubren una quinta parte de los desiertos calientes del mundo.*

La imagen del desierto como un mar de dunas de arena —hogar de nómadas cabalgando en camellos— sí existe, pero es sólo uno en muchos paisajes desérticos. El tipo más común de desiertos es el pedregoso: un gran terreno plano rocoso. Para los viajeros, es una escena casi atemorizante de vaciedad y desolación.

No es fácil definir los desiertos. Indicios de lluvia son engañosos porque algunas lluvias pueden caer en unos pocos aguaceros torrenciales. Un promedio de menos de 150 mm al año puede significar que hay poca lluvia por unos años, luego un tremendo aguacero en un día.

El geógrafo francés Robert Capot-Rey, hacia 1930, supuso que había alcanzado el desierto cuando los erizos de la planta cram-cram empezaron a pegarse a sus medias.

La vida vegetal aún se usa para identificar a los desiertos. Una vez que la falta de agua ha provocado que las plantas cubran menos de un tercio de la tierra, el suelo y las rocas quedan expuestos a la intensiva erosión, creando un paisaje desértico.

El mundo está rodeado por dos cinturones de desiertos calientes. El hemisferio norte tiene el Sahara, el Empty Quarter de Arabia, los desiertos de Asia central y los americanos. El hemisferio sur tiene los desiertos Kalahari y Namib en África, el Atacama en Sudamérica y los australianos.

Estas áridas regiones se han creado debido a los

ESCULTURAS DE ARENISCA *En el Parque Nacional Canyon-lands, Utah, la arenisca ha formado mesas y buttes, debido al clima.*

AGUA DESÉRTICA

El agua también puede ser una poderosa fuerza para dar forma al paisaje. Ocasionales torrentes de agua acometen sobre el deshidratado suelo desértico como una rápida inundación, y corta barrancos llamados *wadis*. Personas se han ahogado en los desiertos. Mientras cruzan o acampan en un wadi, han sido sorprendidos por el torrente de una tormenta cerca de montañas.

Una vez que la tierra inundada se seca otra vez, el viento levanta fácilmente el material desprendido por el agua, y así colabora en el abrasivo ataque.

Los desiertos tienden a recolectar sal. Las corrientes y ríos con frecuencia fluyen tierra dentro desde las montañas y terminan en lagos poco profundos donde el agua se evapora. Toda el agua de los ríos contiene sal que se ha disuelto de la tierra. Así que cuando los lagos del desierto se secan, dejan restos de sal que se acumula por años. Algunas veces, los altiplanos desérticos se inundan y secan una y otra vez, dejando áridos páramos de sal, como el Chott Djerid, de Túnez, y el Gran Lago Salado de Estados Unidos.

GUELTA *Las plantas crecen alrededor del estanque o guelta, en el Sahara.*

LOS DESIERTOS FRÍOS DEL MUNDO

No todos los desiertos son calientes. Unos pocos son fríos como el desierto de gran altura Gobi, en Asia, que yace fuera de los trópicos a una altura de hasta 2 000 m.

Debe su sequedad a su lejanía del mar y al efecto "sombra de precipitación" de las montañas. Los vientos del sudoeste levantan la humedad sobre el océano Índico. Pero conforme se elevan sobre el Himalya, se enfrían y la humedad se condensa y cae como lluvia. Para cuando los vientos llegan al Gobi, han perdido toda su humedad y soplan, fríos y secos a través del desolado altiplano del norte de China y Mongolia.

movimientos globales del aire. El aire caliente del ecuador se eleva, perdiendo mucha de su humedad como lluvia. Luego se mueve al norte o al sur y desciende para formar áreas de alta presión a lo largo de los trópicos, de Cáncer al norte y de Capricornio al sur. Vientos calientes y secos fluyen desde estas áreas, abrasando el paisaje y provocando densas tormentas de arena y polvo.

Debido a que el viento lleva mucha de la arena cerca del suelo, las grandes rocas reciben el embate por la base, las erosiona y a la larga las deja situadas precariamente en estrechos y erosionados nidos.

Las piedras duras y suaves son erosionadas en diferentes grados para crear extrañas formas: *yardang*, como cascos de barco volteados; las típicas montañas desérticas de cima plana, llamadas mesas, y los pequeños remanentes conocidos como *buttes*.

Conforme la arena vuela por las planicies desérticas, puede erosionar oquedades donde las rocas se suavizan, como en la Depresión Qattara en Egipto. La profundidad de estas depresiones está restringida por el agua subterránea. Si alcanza una capa empapada de agua, las partículas de arena se compactarán y serán muy pesadas para que las levante el viento. Las plantas empezarán a crecer, creando esa otra clásica escena desértica: el oasis.

Las temperaturas desérticas pueden elevarse y caer dramáticamente durante un solo día, cuando el sol azota desde el cielo sin nubes y puede llevar la temperatura hasta 55°C. Pero en la noche el calor se escapa porque no hay nubes que lo mantengan y la temperatura, hasta en el Sahara central, puede caer por debajo del punto de congelación. Las rocas que se han horneado bajo el sol durante el día, se pueden quebrar al enfriarse rápidamente, igual que un plato al cambiarlo de un horno caliente a una superficie fría. Si el rocío entra en la ruptura, ésta se expandirá al congelarse, forzando que la fisura se agrande. Si esto pasa continuamente, fragmentos de roca se astillarán para romperse más adelante al chocar con el viento.

PEÑASCOS DESÉRTICOS *Esculpidos por temperaturas extremas y fieros vientos, peñascos redondos permanecen en Tibesti Massif, Chad.*

Océanos de arena movediza

LAS DUNAS DE ARENA CUBREN LA QUINTA PARTE DE LOS DESIERTOS CALIENTES DEL MUNDO, MOVIÉNDOSE SIN CESAR A TRAVÉS DEL PAISAJE Y EMPANTANANDO TODO A SU PASO

Dunas de arena proporcionadas, con sus sinuosas líneas, son algunas de las formas de tierra más elegantes del mundo. Las dunas se forman al juntarse granos de arena. Una pequeña pila atrae más y más granos, como si fuera imán. De hecho, la atracción sucede por los cambios de velocidad del viento sobre áreas muy pequeñas. Esto puede deberse a un obstáculo, como una planta, un grupo de piedras o la unión de dos corrientes de aire. Conforme el viento disminuye deja caer algo de la arena que lleva. Una vez que una pequeña pila se ha acumulado, se convierte en un obstáculo aún más grande y atrae más arena movediza. Al crecer de esta manera, las dunas pueden alcanzar grandes proporciones. Algunas en el Grand Erg Occidental en Argelia, parte del desierto del Sahara, son más grandes que el edificio Empire State.

Una quinta parte de los desiertos calientes del mundo son mares de arena. Muchos de estos inmensos océanos son estacionarios, cualquier movimiento se frena por los cambios de dirección del viento. Otros son lentos pero con un movimiento constante, empantanando todo a su paso: aislados árboles, caminos, oasis y hasta todo un pueblo. Viajan en la dirección del viento. Los diminutos granos de arena ruedan y brincan a la gradual vertiente del lado que recibe el viento y cae sobre la cresta para bajar por donde no llega el viento.

Las dunas viajantes toman una forma creciente y se les llama *barchans*. Pueden ocurrir a solas o en grupo, las más pequeñas viajan más rápido que las grandes. Durante una tormenta de polvo se puede ver una pequeña duna, no más grande que la altura de un zapato, cruzar la suave superficie de un camino en minutos. Las dunas más grandes son más lentas; se mueven a menos de 18 m al año.

Dunas mayores aparecen en grupos paralelos. Cada una puede ser de hasta 20 km de largo y de 1.5 km de ancho. Largas dunas "dorso de ballena" se acumulan al abrigo de una mesa o roca grande.

La perspectiva de que un viajero se pierda por completo en el desierto es atemorizantemente verdadera.

¿SE MUEVE EL SAHARA?

Algunos científicos creen que el margen sur del Sahara, conocido como Sahel está avanzando unos 15 km por año. Los espeluznantes reportes de sequías, hambre y muerte en Etiopía, Somalia y Sudán han impactado al mundo. Pero, ¿el Sahara se está moviendo, en realidad, hacia el sur o son los devastadores fracasos de cultivos causados por la política y un mal manejo de la tierra?

Se atribuyen las hambrunas en Sahael al calentamiento global, causado por el incremento del dióxido de carbono en la atmósfera debido a las actividades humanas, pero no hay una prueba contundente. Sin embargo, sí existen pruebas de que el clima ha fluctuado en grandes ciclos durante los pasados 2 millones de años: las pinturas de la Edad de Piedra

SIN ENTRADA
Una duna de arena errante bloquea una carretera en Egipto, cerca de la frontera con Libia. Las dunas de este tamaño pueden viajar a través del desierto unos 18 m por año.

BARCHAN *Una duna barchan se mueve en la dirección que apuntan sus cuernos.*

DUNAS DE MANTEQUILLA *Los vientos soplan desde los desiertos en Asia central, al sur en el valle Gez, de las montañas Lamir de China.*

DUNA ESTRELLA *Un arbotante de arena irradia del centro de una duna estrella en el desierto Namib. El viento cambia constantemente su forma.*

muestran antílopes, elefantes y leones en el Tassilli N'Ajjer, en el Sahara Argelino. Y las ciudades romanas por toda África del Norte, como Leptis Magna, en Libia, una vez gobernadas por los ganaderos del Imperio Romano donde en los campos se cultivaban granos —sin necesitar irrigación— para exportarse a Roma. Actualmente las antiguas granjas son terrenos semidesérticos. Esto forma parte del natural ciclo climático —a cada uno le toma miles de años— causado por los cambios en la órbita de la Tierra alrededor del Sol. Es el mismo ciclo que provocó la Edad de Hielo y ahora pudiera estar causando que el Sahara avance sobre Sahel.

Sin embargo, el crecimiento de los desiertos puede también deberse a la forma en que el hombre trata la tierra. Un mal manejo de la tierra en laderas, como abrir surcos verticales en lugar de horizontales, puede provocar que el suelo se deslave. Una mala práctica de sembrado en el medio oeste de Estados Unidos durante la década de 1930 redujo un área de tierra agrícola de casi el tamaño de Inglaterra a una extensión de polvo.

También se afirma que el

MARES DE ARENA *Superficies de arena forman el Sahara, quinto desierto más grande del mundo.*

"sobreapacentamiento" de animales de granja es causa de erosión, pero la evidencia es inconclusa. En realidad, los animales pueden estimular el crecimiento de las plantas al fertilizar la tierra con su estiércol. Los agricultores nómadas, que han vagado y prosperado en los desiertos por miles de años, nunca permanecen mucho tiempo en el mismo lugar. Mueven sus manadas con frecuencia, dando tiempo al pasto para que crezca. Sólo si ellos se detuvieran, sus animales sobreapacentarían la tierra.

Es probable que a corto plazo, las políticas sean un fuerte factor, igual que el cambio de clima, para provocar las hambrunas en Sahel. Las guerras en Etiopía y Somalia han forzado a los refugiados a migrar hacia la tierra semiárida que no puede alimentarlos. Las presiones social y económica, como las políticas gubernamentales de asentamientos, también han obligado a la gente a dejar su tradicional forma de cultivo nómada y cambiar a los estáticos métodos del occi-dente, propina para la tierra y el clima, y esto conduce a las "extensiones de polvo".

El cambio de clima es una fácil excusa para los países que sufren de hambruna, pero esto no se ha probado.

LOS DESIERTOS MÁS GRANDES DEL MUNDO

SAHARA, ÁFRICA DEL NORTE
Área 9 100 000 km²

GRAN AUSTRALIANO, AUSTRALIA
Área: 3 830 000 km²

GOBI, ASIA
Área: 1 295 000 km²

RUB AL KHALI, PENÍNSULA ARÁBIGA
Área: 650 000 km²

KALAHARI, SUDÁFRICA
Área: 520 000 km²

KARAKUM, TURKMENISTÁN, ASIA OCCIDENTAL
Área: 340 000 km²

Índice

Agradecimientos

Las ilustraciones de *Maravillas naturales del mundo* fueron proporcionadas por las personas abajo enlistadas. Las fotografías propiedad de Reader's Digest aparecen en *cursivas*.

ar. = arriba; c. = centro; ab. = abajo; d. = derecha; i = izquierda.

Portada GEO/Uwe George; (inserciones) i. Paul Wakefield, d. Explorer/Katia Krafft, 2–3 Digital Vision, 4–5 istockphoto.com, 12 The Image Bank/Keone, 13 Explorer/Bruno Guiter, 14 c.i. Colorific/Pierre Boulat, c.d. Bruce Coleman/Giorgio Gualco, 15 ab. Colorific/Sylvain Grandadam, 16 ar.i. Jean-Marc Durou, c. Syndication International, 17–19 *(todas)* Philippe Lafond, 20–21 Daniele Pellegrini, 22–23 Odyssey Images/Colorific/J. L. Manaud, 23 ar.d. Colorific/J. L.Manaud, 24–25 Chris Johns, 26–27 AllStock/Chris Johns, 28 *(todas)* AllStock/Chris Johns, 29 John Hillelson/Georg Gerster, 30 AllStock/Chris Johns, 31 ar. AllStock/Chris Johns, c. Patrick Frilet, 32 c. Osterreichische National Bibliothek, d. Douglas Botting, 33 Colorific/Mirella Ricciardi, 34 ab. GEO/Uwe George, 35 Guy Yeoman, ar.i. Colorific/© James Sugar/Black Star, 37 ab. Allstock/Chris Johns, 38 Planet Earth Pictures/Sean Avery, 39 i. Gerald Cubitt, ab.d. Magnum/George Rodger, 40–41 Planet Earth Pictures/A. y M. Shah, 42–43 National Geographic Society/Robert Caputo, 43 *Stanley* The Mansell Collection, ab.d. The Hulton Picture Company, 44–45 John Hillelson/Georg Gerster, 45 Real Sociedad de Geografía, 46–47 Minden Pictures/Frans Lanting, 47 Minden Pictures/Frans Lanting, 48 Chris Johns, 49 AllStock/Chris Johns, 50–51 AllStock/Chris Johns, 51 Magnum/Michael K. Nichols, 52 ar. Colorific/© James Sugar (Black Star), 53 ab. Minden Pictures/Jim Brandenburg, 54–55 Gerald Cubitt, 55 ab.i. Minden Pictures/Jim Brandenburg, 56 ar.i. Anthony Bannister Photo Library, c. Bruce Coleman/Eckart Pott, 57 ab. Anthony Bannister Photo Library, 58 ar.i. John Hillelson/George Gerster, 58–59 Anthony Bannister Photo Library, 60–61 Minden Pictures/Frans Lanting, 61 Robert Estall/David Coulson, 62 ar. Anthony Bannister Photo Library, ab. Minden Pictures/Frans Lanting, 63 ar. NHPA/Peter Johnson, ab. Anthony Bannister Photo Library, 64 ar.i. Cortesía del Depto. de Servicios Bibliotecarios, Museo Estadounidense de Historia Natural, reg. No. 410988, Foto: Shackelford, c.i. Impact/Alain Le Garsmeur, 64–65 *Fondo Vernon Morgan*, c. Doug Scott, ab. Real Sociedad de Geografía, 65 ar.i. Fundación Alexandra David Neel, ar.d. Mountain Light/© Galen Rowell, c.d. Planet Earth Pictures/Howard Platt, 66 ab. Minden Pictures/Frans Lanting, 67 Aspect/Antoniette Jaunet, 68–69 Network/ Herman Potgieter, ab.c. The Hulton Picture Company, ab. Johan W. Elzenga, 72–73 National Geographic Society/James L. Stanfield, 73 ab.i. Real Sociedad de Geografía, ab.c. Gerald Cubitt, ab. Gerald Cubitt, 76 ar.i. y ar.c. Peter Newark's Pictures, 77 Photo Access/David Steele, 78 ar.d. Bruce Coleman/Gerald Cubitt, c.d. Art Publishers, Durban/John Hone, ab. Photo Access/Walter Knirr, 80 Walter Knirr, 80–81 Walter Knirr, 83 Minden Pictures/Frans Lanting, 84–85 Minden Pictures/Frans Lanting, 85 Tras una fotografía de Frans Lanting, 88–89 Fotógrafos Aspen/Paul Chesley, 89 ar. Robert Harding Picture Library/L. Giraudou, c. Samfoto/Kim Hart, 90–91 Explorer/Katia Krafft, 91 ab.d. Colección privada/Universidad de Heidelberg, 93 Samfoto/Pal Hermansen, 94–95 Paul Wakefield, 96 ar.d. Museo Ulster, Belfast, c.d. Museo Marítimo Nacional, Londres, ab. Museo Ulster, Belfast, 97 Paul Wakefield, 98–99 Paul Wakefield, 100–101 Slide File, 102–103 Jon Wyand, 103 c. Ronald W. Clark, ab.d. John Cleare/Mountain Camera, 104 ar. Images Colour Library, 105 Patricia Macdonald, 106 ab. David Noton, 107 ab. Colorific/Mike Yamashita, 108–109 Martti Rikkonen, 110–111 Husmofoto, 111 Werner Forman Archive/Statens Historiska Museum, Estocolmo, 112–113 Patrick Frilet, 113 Explorer/Jean Loup, 114 ar. Biblioteca del Congreso (USF34-4052-E), c.i. Thomas Stephan, c.d. John Hillelson/Georg Gerster, ab. The Image Bank/Guido Alberto Rossi, *114–115 Fondo Vernon Morgan*, 115 ar. ZEFA/Rossenbach, c. Aspect/Geoff Tompkinson, ab.i. Thomas S. Lang, ab.d. Roger-Viollet, 116–117 Odyssey Productions/Robert Frerck, 118 i. Network/Silvester/Rapho, 119 ar. Network/Silvester/Rapho, 120–121 Network/Silvester/Rapho, 122–123 Odyssey Productions/ Robert Frerck, 124 ab.i. Scope/Jacques Sierpinski, 125 i. John Cleare/ Mountain Camera, 126 ar.d. The Mansell Collection, 127 ar. y c. Eisriesenwelt, 128 ab. Images Colour Library, 129 ar.c. y ar.d. Ronald W. Clark, 130 ab.c. Overseas/E. Gavazzi, 130–131 Gerhard y Waltraud Klammert, 132–133 Helga Lada Fotoagentur/Ernst Wrba, 133 Bildarchiv Huber/R. Schmid, 134–135 Explorer/Katia Krafft, 135 *Violeta Etna* Tras una fotografía de E. Poli Marchese, 136–137 Daniele Pellegrini, 138–139 Ric Ergenbright, 139 Daniele Pellegrini/Dottore Lino Pellegrini, 140–141 Network/Klaus D. Francke (Bilderberg), 141 NHPA/David Woodfall, 144–145 Colorific/© 1992, Lee Day (Black Star), 145 Robert Harding Picture Library/Nicolas Thibaut, 146 Explorer/R. Mattes, 147 R Colorific/Richard Nowitz, 148–149 Aspect/Peter Carmichael, 150 John Hillelson/Georg Gerster, 151 Robert Harding Picture Library/J. Edwardes, 152–153 Aspect/Barrie Christie, 153 ab.i. Aspect/Barry Christie, 154 ab. Agence de Presse/Vadim Gippenreiter, 155 ar. ZEFA/Vadim Gippenreiter, ab.d. Agence de Presse/ Vadim Gippenreiter, 156 ar. NHPA/John Hartley, 157 Wolfgang Kaehler, 158–159 Daniele Pellegrini, 160–161 Novosti/Piotr Malinovskij, 161 ab.d. Museos Tyne y Wear, 162–163 NHPA/John Hartley, 164–165 Ric Ergenbright, 165 ab. Explorer/P. Montbazet, 166 Mountain Light/© Galen Rowell, 1986, 168–169 Novosti/A. Lyskin, 170–171 John Cleare/Mountain Camera, 172–173 Mountain Light/© Galen Rowell, 174 ar. The Aerial Display Company/Mandy Dickinson, c.i. The Aerial Display Company/Leo Dickinson, 175 ar. Colorific/Lee E. Battaglia, 176 Magnum/H. Hamaya. 176–177 Bruce Coleman/Orion Press, 177 ar.d. Cortesía del Trustees of the Victoria y el Albert Museum, Londres, c. The Bridgeman Art Library/Colección privada, 178–179 Aspect/Tom Nebbia, 180 ab. ET Archive/Museo del Palacio Nacional, Taiwán, 180–181 China Travel y Tourism Press, 182–183 Lu Kai Di, 184–185 Aspect/Peter Carmichael, 186 i. y ab.d. AJ Eavis, 187 ar. John Hillelson/Georg Gerster, ab. Explorer/Jean-Louis Gaubert, 188 ar.i. Frank Spooner/Greg Lowe, c. Christian Bonington, 188–189 Colorific/© James Balog (Black Star), *Fondo Vernon Morgan*, 189 ar.i. Mary Evans Picture Library, ar.d. Explorer/Katia Krafft, ab.i. Biblioteca del Parque Nacional Yosemite/George Fiske, ab.d. Network/Serraillier (Rapho). 190–191 The Image Bank/Nevada Wier, 192 Robert Harding Picture Library/A. C. Waltham, 193 d. Bruce Coleman/John Waters, 194 ab. Parque Nacional Taroko, 195 Parque NAcional Taroko, 196–197 Robert Harding Picture Library/Robert Francis, 198–199 Robert Harding Picture Library/Robin Hanbury-Tenison, 199 c.d. Robert Harding Picture Library/A. C. Waltham, 200 ZEFA/DAMM-ZEFA, 201 i. Bruce Coleman/Dieter y Mary Plage, 202–203 John Hillelson/Georg Gerster, 204 Explorer/Katia Krafft, 205 ab. Bruce Coleman/Dieter y Mary Plage, 206–207 A. Compost, 210–211 Bill Bachman, 212–213 R. Woldendorp, 213 Bill Bachman, 214 d. Bill Bachman, 215 ab. Photo Index/R. Woldendorp, 216 ab. Photo Index/R. Woldendorp, 217 Bill Bachman. 218–219 John Hillelson/Georg Gerster, 220–21 Robin Morrison, 222–3 Auscape/Reg Morrison, 223 ab.c. A partir de una fotografía de I. R. McCann/Australasian Nature Transparencies, 224 ar.i. David Muench Photography, c.i. Fotografía cortesía de Hirschl & Adler Galleries, Inc., Nueva York/The Collection of Mr. & Mrs. C. Kevin Landry, c.d. Real Sociedad de Geografía, ab.d. Colin Monteath/Hedgehog House, NZ, 224–225 *Fondo Vernon Morgan*, ar. Prestada por el Departamento de Interior de EUA, Oficina de la Secretaría, 225 ar.d. Michael D. Yandell, c.i. The Bridgeman Art Library/Museo Pushkin, c.d. Yale Center for British Art/Paul Mellon Collection, ab.i. Colorific/Patrick Ward, ab.d. Bruce Coleman/Geoff Dore, 226–227 John Hillelson/Georg Gerster, 228–229 Auscape/Gunther Deichmann, 230 Auscape/Jean-Paul Ferrero, 231 ar.i. Auscape/Jean Paul Ferrero, ar.d. JohnHillelson/Georg Gerster, 232–233 Photo Index/R. Woldendorp, 234 ar. Auscape/Jean-Paul Ferrero, 235 c.i. Auscape/D. Parer y E. Parer-Cook, 236–237 Auscape/Reg Morrison, 238 i. Bill Bachman, 239 ar. Bill Bachman, 240 David Austen, 240–241 Bill Bachman, 242–243 AllStock/Art Wolfe, 243 Auscape/J. M. La Roque, 244–245 Auscape/Jean-Paul Ferrero, 246 ar. Bill Bachman, ab. Tras una fotografía de A. P. Smith/Australasian Nature Transparencies, 247 ab. Photo Index, 248 c.d. y ab.d. Auscape/L. Newman y A. Flowers, 248–249 Colorific/Penny Tweedie, 250 ar. Auscape/Kevin Deacon, ab. Auscape/L. Newman y A. Flowers, 251 ab. Auscape/Jaime Plaza van Roon, 252 c. y d. Auscape/ Reg Morrison, 253 R. Armstrong, 254 ar. David y Anne Doubilet, 258–259 Explorer/Katia Krafft, 259 Alexander Turnbull Library, NZ/Auckland Star Collection, 260–261 Bruce Coleman/Frances Furlong, 261 c.d. Brian Enting Projects, *Figura de jade* Bruce Coleman/J. Fennell, 262 John Hillelson/Brian Brake, 263 ar. Auscape/Kevin Deacon, c. Alexander Turnbull Library, NZ/Gifford Collection, 264 ab.d. Colin Monteath Hedgehog House, NZ/Pat Barrett. 264–265 Bruce Coleman/G. Egger, 266–267 Bill Bachman, 268 John Hillelson/Brian Brake, 269 ar. The Image Bank/List Dennis, 270–271 The Image Bank/Margarette Mead, 272 ar.i. NHPA/Stephen Krasemann, ar.d. The Hulton Picture Company, ab. David Muench Photography, 273 ab. Minden Pictures/Frans Lanting, 274–275 The Image Bank/Don King, 275 ab. Minden Pictures/Frans Lanting, 276–277 Network Hans-Jurgen Burkard (Bilderberg), 280–281 ar. DRK/ Krasemann, ab. Planet Earth Pictures/Jim Brandenburg, 282 ab.i. National Geographic Society/Collection Robert E. Peary, ab.c. Reed Consumer Books Picture Library, 283 Tom Bean, 284–285 Jeff Gnass Photography, 286–287 Tom Bean, 287 Science Photo Library/Jack Finch. 288–289 ar. Network/© 1991 Sarah Leen (Matrix), ab. Colorific/© James Balog (Black Star), 290–291 Tim Thompson Photography, 291 c. National Geographic Society, 292–293 Colorific/Erich Spiegelhalter, 293 Fred Bruemmer, 294 ar. Colorific/Erich Spieglehalter, 295 ab. Matt Bradley, 296–297 Matt Bradley, 298 ar. y c.i. Matt Bradley, 299 ab.d. Yva Momatiuk/John Eastcott, 300 ab. The Image Bank/William A. Logan, 300–301 Ric Ergenbright, 302 ar.i. The Ronald Grant Archive Diamond Films Ltd. (Paramount), c.i. Cinema Bookshop/Colombia Pictures, c. Camera Press/Snowdon, ab.d. The Kobal Collection/Colombia Pictures, 302–303 *Fondo Vernon Morgan*, ab. The Kobal Collection/MGM, 303 ar.i. British Film Institute/Universal, c. The Ronald Grant Archive, c.d. The Kobal Collection, 304–305 ZEFA/S. Dauner, 305 ab.i. The Mansell Collection, 306–307 Larry Ulrich Photography, 308 ar. Peter Newark's Pictures, 309 ab.d. Sierra Club/William E. Colby Memorial Library, ab. Planet Earth Pictures/Robert A Jureit, 310 Jeff Gnass Photography, 311 c. Universidad de California/The Bancroft Library, d. Propietario desconocido, Póster de la colección del Parque Nacional Yosemite/Fotografía de Bob Woolard, ab. David Muench Photography, 312 ar.i. David Muench Photography, d. Planet Earth Pictures/John Downer, 313 Photographers Aspen/Paul Chesley, 314–315 National Geographic Society/W. A. Allard, 316 ar.i. David Muench Photography, 316–317 Ric Ergenbright, 317 ab.i. Jeff Gnass Photography, 318–319 Mountain Light/© Galen Rowell, 319 c. National Park Service, 320 ab. David Muench Photography, 321 ar. NHPA/John Shaw, 322 d. Bruce Coleman/Michael Freeman, 323 Lloyd Smith, 324–325 Colorific/Michael J. Howell, 326–327 Jeff Gnass Photography, 327 ar. Tom Bean, 328 ar. The Image Bank/James H. Carmichael Jr, ab.i. David Muench Photography, 329 d. Magnum/Michael Nichols, 330 Magnum/Michael Nichols, 331 c.d. y ab. Magnum/Michael Nicols, 332–323 Dietrich Stock Photos, Inc., 334 ar. David Muench Photography/Marc Muench, ab. David Muench Photography, 335 c.i. Instituto Smithsoniano (1,591) c.d. Colección privada, ab. Tom Bean, 336 c.i. Magnum/Bruno Barbey, BL National Geographic Society/E.C. Erdis, ab.d. Loren McIntyre, 336–337 *Fondo Vernon Morgan*, ar. Svenska Aero-Bilder AB/G. Soderberg, 337 ar.d. Aerofilms, c.i. John Hillelson/Brian Brake, c.d. Richard Alexander Cooke III, ab. Slide File, 338–339 Woodfin Camp & Associates/Jonathan Blair, 339 Cortesía del Depto. de Servicios Bibliotecarios, Museo Estadounidense de Historia Natural, neg. no. 329148, 340–341 David Muench Photography, 341 ar.d. Archivos Nacionales, Washington, neg. no. 75-BAE-2421B-6, ab.d. David Muench Photography/Bonnie Muench, 342 ar. Peter L. Kresan Photography, c. David Muench Photography, 343 i. David Muench Photography, 344 c.i. Colorific/Michael Melford, 344–345 i. Ric Ergenbright, 345 c.d. John Hillelson/Georg Gerster, 346 ar.d. Bruce Coleman/Charlie Ott, 347 Jeff Gnass Photography, 348 ab.i. David Muench Photography, ab.d. Biblioteca del Congreso, neg. no. 300195 LC-262 78279, 349 d. DRK/Marty Cordano, 350 David Muench Photography, 350–351 Carr Clifton, 352–353 Warren Marr, 354–355 Eduardo Fuss, 356 i. David Muench Photography, ab.d. Cortesía de The Scheinbaum & Russek Gallery of Photography/Foto de David Scheinbaum, 357 Photographers Aspen/David Hiser, ab. Colorific/© John Running (Black Star), 358–359 Colorific/Michael Melford, 359 Loren McIntyre, 362 *Kinkajou* tras una fotografía de Loren McIntyre, ar. Loren McIntyre, 363 NHPA/George Bernard, 364 c.i. Loren McIntyre, 364–365 Loren McIntyre, 366–367 GEO/Charles Brewer-Carias, 368–369 GEO/Uwe George, 370–371 ab. The Lost World Balloon Society/Michael Lawton, 371 c. Galería Nacional de Retratos, Londres, c.d. John Murray (Editores) Ltd./Sir Arthur Conan Doyle, *El mundo perdido*, 372–273 Ardea, Londres/Adrian Warren, 374 GEO/Uwe George, 375 ab. Loren McIntyre, 376–377 Nigel Press Associates Ltd., 377 ab.d. Loren McIntyre, 378–379 NHPA/Martin Wendler, 379 c. Explorer/José Moure, 380 ar.i. Photographers Aspen/Nicholas Devore III, ar.d. Bruce Coleman/ Gunter Ziesler, 381 ar. Loren McIntyre, 382–383 Loren McIntyre, 384–385 Loren McIntyre, 385 Magnum/F. Scianna, 386–387 Rex Features Ltd./Michael Friedel, 388 Loren McIntyre, 388–389, Loren McIntyre, 390 ar. Loren McIntyre, 391 ab. South America Pictures, 392–393 Loren McIntyre, 394 ab. Fideicomisos del Museo Británico (Historia Natural), 394–395 Explorer/Revel, 395 ab.d. Aspect/Julia Bergada, 396–397 Colin Monteath Hedgehog House, NZ, 397 c.d. The Mansell Collection, ab. Colorific/© Olaf Soot (Black Star), 398–399 Daniele Pellegrini, 402–403 Jim Snyder, 404 National Geographic Society/George Mobley, 405 ar. Colin Monteath Hedgehog House, NZ, 406–407 Colin Monteath Hedgehog House, NZ, 408 ab.i. y ab.c. Popperfoto, 409 Colin Monteath Hedgehog House, NZ/Pat Tinnelly, 410–411 Thomas Ives, 412 ar. Images Unlimited, Inc./Al Giddings, ab. Biofotos, 412–413 National Geographic Society/Emory Kristol, 414 ar. Icelandic Photo & Press Service/Mats Wibe Lund, ab. Bildarchiv Preussischer Kulturbesitz, 415 Ardea, Londres/Francois Gohier, 416 ar.i. y ab.c. Explorer/Katia Krafft, 416–417 ab. Explorer/Katia Krafft, 417 ar.i., ar.c., ar.d., © Gary Rosenquist, 1980. Los editories no pudieron contactar al fotógrafo, 418–419 ar. Andreas Stieglitz, 419 ar.c. Colorific/P. Maitre (Odyssey), ar.d. Entheos/Steven C. Wilson, ab. Daniele Pellegrini, 420 ab.i. Colorific/© James Sugar (Black Star), ab.d. Icelandic Photo & Press Service/Mats Wibe Lund, 421 ar. Colorific/© James Balog (Black Star), ab.i. Natural Science Photos/A. J. Sutcliffe, ab.d. Photo Researchers, Inc./Ronny Jaques, 422 ab.i. Rob Lewine, ab.c. John S. Shelton, 423 ar.i. Guillermo Aldana, 424 Explorer/K. Krafft, 425 Ric Ergenbright, 426 Telegraph Colour Library, 426–427 Geoscience Features, 427 ar.d. Aerofilms, c. Robert Harding Picture Library/A. C. Waltham, ab.d. Mountain Camera/John Cleare, 429 ar. John Cleare (Mountain Camera), ab.i. ab.d. Network/H. Silvester (Rapho), 430 ar.i. & c. David Gasser, 430–431 ar. Minden Pictures/Frans Lanting, ab. John Hillelson/Georg Gerster, 431 ar.d. DRK/Stephen J. Krasemann, ab.d. Landscape Only/Images Colour Library Limited Roger Moss, 432 ab.i. David Muench Photography, 432–433 B Peter Dombrovskis/West Wind Press, 433 ar.i. Geoscience Features, 434 ar.i. Robert Harding Picture Library/Daphne Pochin-Mould, ar.d. Bruce Coleman/Geoff Dore, c. Robert Harding Picture Library/N. A. Callow, 435 Photo Index/R. Woldendorp, 436 ar-i. DRK/Stephen J. Krasemann, 436–437 ar. David Muench Photography, 437 ar.d. The Image Bank/Steve Proehl, c.i. The Image Bank/Alain Choisnet, ab.d. Sheila y Oliver Mathews, 439 ar.i. Geoscience Features/Dr. B. Booth, c.i. Ardea, Londres/Adrian Warren, ab.i. The Image Bank/Barrie Rokeach, ab.d. The Image Bank/Tom Mareschal, 440 Aspect/Rob Moore, 441 ar.c. Proceso de datos de imagen satelital por el Instituto de Investigación Ambiental de Michigan (ERIM), Ann Arbor, Michigan, c. National Air Photo Library, Canadá, ab.i. David Muench Photography, 442 ar.d. Kort-OG Matrikelstyrelsen, Copenhague, ab.i. Colin Monteath Hedgehog House, NZ/Mark Jones, 443 ar.i. Photographers Aspen/Paul Chesley, 445 ar.i. David Muench Photography, ar.d. Colorific/ Koene, ab. GEO/Uwe George, 446 Impact/Yann Arthus-Bertrand (Altitude), 446–447 The Image Bank, 447 ar.i. Mountain Light/© Galen Rowell, ar.c. John Hillelson/Georg Gerster, ar.d. Loren McIntyre. **Guardas** PhotoDisc.